복잡성으로 밝히는 비밀

시장의 숨겨진 패턴

이재우 지음

The Hidden Patterns of the Market

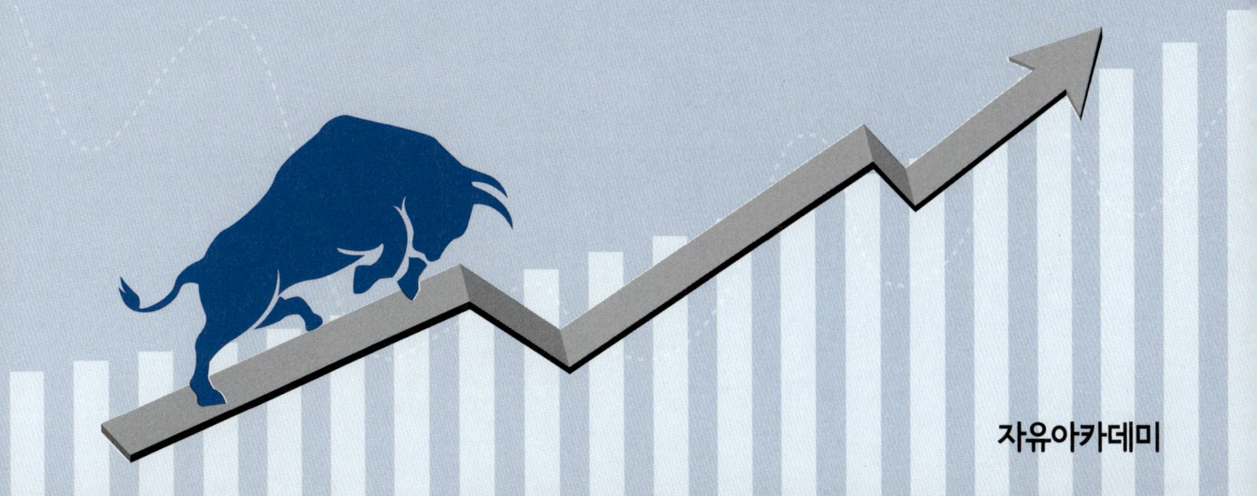

자유아카데미

서문

시장과 경제는 대표적인 복잡계이다. 개인은 자신의 판단에 따라 자연스럽게 경제 활동을 하지만, 그 개별적인 선택들이 모여 전체적인 경제 현상을 만들어낸다. 이러한 창발적(創發的) 특성은 전통적인 경제학만으로는 설명하기 어려운 측면이 있다. 복잡계 연구가 확장되면서 경제 현상을 복잡계 관점에서 이해하고자 하는 시도가 활발해졌고, 특히 통계물리학 분야의 연구자들이 이 흐름을 이끌었다. 이들은 시장과 경제를 물리학과 복잡계 이론을 통해 분석하는데, 우리는 이러한 학문 영역을 경제물리학이라 부르고, 이 분야에서 활동하는 연구자를 경제물리학자라 부른다.

1905년, 알베르트 아인슈타인은 박사학위 논문에서 "분자 크기의 새로운 결정 방법"을 제시하였다. 이 논문은 물속의 꽃가루가 지그재그로 불규칙하게 움직이는 '브라운 운동'을 설명하면서, 입자의 확산 계수를 이용해 분자의 크기를 계산할 수 있음을 보였다. 브라운 운동은 물리학에서는 '멋대로 걷기(random walk)'라 부르며, 이는 통계물리학에서 오랫동안 연구된 중요한 주제다. 사실 아인슈타인보다 앞서, 1900년 프랑스 수학자 앙리 푸앵카레의 제자 루이 바슐리에는 옵션 가격이 무작위로 움직인다는 논문을 발표하였다. 그는 금융시장에서 가격이 멋대로 걷는다는 개념을 제안했고, 이는 훗날 금융시장의 시계열 분석에 필수적인 아이디어가 되었다. 바슐리에의 논문은 오랫동안 주목받지 못했지만, 1950년대에 이르러 MIT의 경제학자 폴 사무엘슨이 이를 재조명했다. 사무엘슨과 유진 파마는 모든 시장 참여자가 정보를 완전히 알고 있으며 합리적으로 행동한다는 "합리적 시장 가설"을 제시했다. 이 이론은 신고전파 경제학자들 사이에서 널리 받아들여져 계량경제학의 기초가 되었다. 1973년에는 피셔 블랙과 마이런 숄즈가 이 가설과 멋대로 걷기 개념을 기반으로 블랙-숄즈 방정식을 유도하였다. 이 방정식은 옵션 가격을 수학적으로 계산할 수 있게 해주었고, 이후 미국을 중심으로 다양한 파생상품이 개발되면서 금융시장은 고도화되었다. 미국은 첨단 금융기법으로 무장하며 세계 금융 시장의 주도권을 쥐게 되었다.

하지만 2008년 글로벌 금융위기는 이러한 이론의 허점을 드러낸 계기가 되었다. 합리적 시장 가설에 따르면 극단적인 위기는 발생 확률이 거의 없는 예외적인 사건이다. 그러나 실제로는 25 시그마 수준의 예외적 사건이 발생했고, 이는 기존의 가우시안 분포로 설명할 수 없었다. 브누아 망델브로는 이미 1960년대에 금융시장에서 가격 변동의 분포가 "두꺼운 꼬리 분포(fat-tailed distribution)"를 가진다면 극단적인 사건이 빈번히 일어날 수 있음을 지적했다. 통계물리학자들에게 두꺼운 꼬리 분포는 낯선 개념이 아니다. 물질이 상전이점 근처에서 상태를 변화시킬 때, 이런 비정상적인 분포가 자연스럽게 나타난다. 물리학자들은 시장이 스스로 상전이점 근처에서 작동하는 것이 아닐까 의심하기 시작했다. 1990년대 중반부터는 경제 현상에 통계물리학과 복잡계 이론을 적용하는 경제물리학자들이 등장했고, 2000년대 이후에는 다양한 연구 성과가 이어졌다. 특히 빅데이터가 개방되면서 복잡계 이론을 경제학에 접목하려는 시도는 급속히 확산되었다. 전통 경제학자들은 이러한 단순화된 물리학 모델이 현실성이 부족하다고 비판하지만, 아이러니하게도 경제물리학자들의 단순 모형은 실제 경제 현상의 복잡한 패턴을 효과적으로 설명해주고 있다.

이 책은 복잡계 이론, 혼돈 이론, 프랙털 이론, 그리고 상전이 이론으로 무장한 물리학자들이 경제와 금융 현상에서 발견한 흥미로운 패턴들을 소개한다. 필자는 복잡계 과학을 공부하면서 자연스럽게 경제물리학에 관심을 가지게 되었고, 연구실과 학술 논문 속에 잠자고 있던 이론들을 대중과 공유하고자 이 책을 집필했다. 경제물리학과 복잡성 경제학에 관심을 가지는 독자들이 더 많아지길 바라는 마음에서다. 미국과 유럽에서는 경제물리학과 복잡계 이론을 바탕으로 금융기관이나 스타트업에서 활약하는 '퀀트(quant)'들이 점점 늘어나고 있다. 반면 우리나라에서는 아직 이에 대한 개념조차 생소하다. 하지만 복잡계 경제학과 금융이론을 겸비한 인재들이 금융 창업에 뛰어든다면, 국내 금융 산업 역시 한 단계 도약할 수 있을 것이다.

필자는 경제물리학과 복잡성 경제학에서 시장의 아름다운 패턴을 발견하는 과정 자체에 큰 재미를 느껴서 연구에 몰두했지만, 이 패턴들은 단순한 호기심을 넘어서 실제 금융 투자 전략에 응용될 수 있을 만큼 실용적이기도 하다. 앞으로 경제물리학을 기반으로 성공적인 실물 투자자가 나타나기를 기대해 본다. 책에는 경제학적인 내용도 일부 포함하고 있는데 필자는 경제학자가 아니기 때문에 경제적 내용을 기술하는 데 한계가 있었다. 혹여 그릇된 정보가 있다면, 미리 양해를 구하며 틀린 점을 지적해 주기를 부탁드린다. 이 책이 완성되기까지 많은 분들의 도움이 있었다. 인하대학교 통계물리연구실의 조창희, 김동빈, 김재성, 노승훈 군에게 감사드리며, 특히 김동빈 군은 책 전체를 꼼꼼히 읽고 방향 설정에 큰 도움을 주었다. 이 자리를 빌려 진심으로 감사의 마음을 전한다.

2025년

용현벌에서

차례

1
경제 원자

현대인은 과학과 경제의 발전 덕분에 편리한 삶을 누리고 있다. 일상생활에서 경제 활동을 생각해 보자. "학교나 직장에 갈 때 대중교통을 이용한다. 버스를 기다릴 때 나는 스마트폰의 버스 앱을 켜서 하릴없이 버스가 어디쯤 오고 있는지 확인한다. 버스 앱을 실행할 때 앱의 한 귀퉁이에 광고가 뜬다. 버스 앱에서는 광고를 지워버리는 기능은 지원하지 않는다. 버스에서 내린 후 사무실로 가기 전, 별다방의 커피를 사서 즐기기도 한다. 유명한 커피를 사서 걸어가면, 자신의 가치가 높아진 것 같은 기분이 들어서 기분이 좋다. 이런 작은 소비로 기분 전환이 되고 정신 건강에도 도움이 된다면 나쁠 게 없다. 이제 월급을 받기 위해 일을 해야 할 때이다." 이렇게 우리의 일상은 다양한 경제 활동과 밀접하게 연결되어 있다.

모든 사람이 평생 경제활동을 하지만, 경제와 금융 시스템은 워낙 복잡하여 누구도 이를 완벽히 이해할 수 없다. 경제 시스템을 완벽하게 이해하고 있는 사람이 있다면, 그 원리를 이용해서 억만장자가 되었거나 경기의 변동이나 경제적 위기를 조절할 수 있을 것이다. 가치투자의 귀재 피터 린치는 "금리 변화를 연속해서 3번 맞춘 사람은 억만장자가 될 것"이라고 말했다. 주식 가격의 변화, 금리변화 등 경제 현상을 예측하는 것은 거의 불가능하다.

경제 현상을 예측하기 어려운 이유는 무엇일까? 그 이유는 경제 시스템이 대표적인 **복잡계**이기 때문이다. 경제의 가장 작은 단위는 한 개인이지만, 개인이 모여서 가정을 이룬다. 각 가정이 모여서 마을을 형성하고, 마을에는 다양한 가게들이 모여있어 쉽게 물건을 살 수 있다. 개인은 돈을 벌기 위해서 취업을 하거나 자영업을 하여 스스로 소득을 창출한다. 기업도 소기업, 중소기업, 중견기업, 대기업 등 다양한 규모를 가지고 있다. 자동차나 철강 등 전통적인 제조업을 담당하는 기업이 있는가 하면, 소프트웨어, 게임, 인터넷 서비스를 제공하는 기업이 있다. 경제는 시간, 공간, 규모의 측면에서 다양한 형태로 존재하며 이들이 유기적으로 얽혀서 한 국가의 경제를 형성한다. 세계화된 경제에서 국가 간 무역과 금융 거래는 경제의 중요한 한 축을 담당한다. 얽혀있는 세계 경제의 **복잡성**은 날이 갈수록 **증가**하고 있다.

1.1 주식시장의 탄생

주식시장은 기업들이 자본을 모으는 중요한 수단으로 자리 잡았다. 주식시장의 역사를 간단히 살펴보자. 1492년, 콜럼버스가 신대륙을 발견하면서 유럽은 아메리카 대륙으로 진출하게 되었다. 1588년, 스페인의 무적함대가 영국 해군에게 패배하면서 대서양의 주도권은 영국으로 넘어갔다. 이 틈을 타 네덜란드는 인도와 남아시아로 진출을 가속화하였다. 1602년, 네덜란드 동인도회사가 설립되었고, 1606년 이 회사는 투자자들에게 주식을 배분하여 미래의 수익을 얻을 기회를 제공했다. 이로써 주식시장의 기반이 마련되었고, 1609년에는 투자자가 자신의 주식을 다른 투자자에게 팔 수 있는 제도가 생겨났다.

17세기 초, 네덜란드는 유럽 금융의 중심지로 자리 잡았고, 1610년에는 암스테르담 증권거래소가 설립되었다. 이때부터 주식, 옵션, 선물 거래와 같은 제도가 도입되었으며, 현재 금융 시장에서 거래되는 많은 파생상품의 개념도 이 시기에 시작되었다. 1631년부터 1637년까지는 튤립 가격이 급등하며 경제적 혼란이 발생했고, 1634년에는 프랑스에 튤립 시장이 개설되면서 증권 상품의 국제화가 시작되었다.

17세기 네덜란드 암스테르담이 국제 금융의 중심지가 될 수 있었던 배경에는 718년부터 1492년 사이에 이베리아반도[1] 북부의 가톨릭 왕국들이 남부의 이슬람 국가를 축출한 **레콩키스타** Reconquesta, **재정복** 때문이다. 8세기부터 이베리아반도를 지배한 이슬람 국가인 우마이야 왕조는 다양한 종교와 인종에 대해 관대한 정책을 펼쳤다. 이로 인해 가톨릭의 박해를 피해 많은 유대인이 이슬람이 통치하던 알안달루시아[2]에 정착했다. 그 결과, 아랍인들이 계승하던 고대 그리스 학문과 이슬람의 과학이 보존되고, 헬레니즘 문화가 유럽에 퍼질 수 있는 기반이 마련되었다.

1492년 아라곤 왕국과 카스티야 왕국의 연합군이 이슬람 최후의 왕국 그라나다 왕국을 멸망시킴으로써 에스파냐 왕국이 건국되었다. 에스파냐 왕국은 1492년 에스파냐에서 유태인을 추방하는 알함브라 칙령[3]을 내렸다. 이 때문에 로마에 의한 이스라엘 멸망으로 발생한 유대인들의 디아스포라[4] 이후 가장 큰 유대인 디아스포라가 다시 일어나 유대인들은 유럽 전역으로 퍼져나갔다. 많은 유대인이 포르투갈을 거쳐서 네덜란드로 이주하였다.

---

1 스페인, 포르투칼이 위치한 반도로 지브롤터 해협으로 아프리카와 접해 있다.

2 알 안달루시아(Al-Andalus)는 이베리아반도를 차지했던 중세 무슬림 세력을 뜻한다.

3 알함브라 칙력(Alhambra Decree)은 1492년 3월 31일 조인된 칙령으로 이베리아반도에서 유대인을 추방하는 것이 골자이다. 카스티야의 이사벨 1세와 아라곤의 페르디난드 2세가 함께 만든 칙령으로 1492년 7월 31일까지 유대인을 추방한다는 내용을 담고 있다.

4 디아스포라(diaspora)는 특정 민족이 자의적이나 타의적으로 기존에 살던 땅을 떠나 다른 지역으로 집단 이주하는 것을 말한다.

네덜란드로 이주한 유대인들은 에스파냐로부터 독립하기 위해 전쟁 중이던 네덜란드 17개 독립 주[5]를 지원했다. 당시 네덜란드의 암스테르담은 캘뱅주의 개신교를 공식 종교로 채택했지만, 종교적 관용 정책을 펼쳐 유대교를 허용했다. 이러한 종교적, 경제적 개방성 덕분에 암스테르담은 국제 금융의 중심지가 될 수 있었다.

한편, 그리스의 데살로니키에 살던 세파르디[6] 유대인들도 스페인과 포르투갈로 이주해 살고 있었는데, 이들 역시 알함브라 칙령으로 인해 많은 수가 암스테르담으로 이주했다. 또한, 지식인과 숙련된 노동자가 많았던 독일과 동유럽에 살던 아쉬케나지[7] 유대인들도 네덜란드로 유입되었다. 네델란드로 이주한 유대인들은 암스테르담 금융의 발전에 크게 기여했다. 16세기에는 암스테르담을 중심으로 아프리카, 인도네시아, 아메리카를 연결하는 무역 네트워크가 형성되었고, 암스테르담은 세계 금융의 중심지로 도약했다.

17세기 말에 영국 런던이 유럽의 금융과 주식시장의 선도자가 되는 계기가 발생했다. 1688년 명예혁명[8]으로 영국에서 개신교와 의회파가 권력을 잡으며 의회민주주의가 형성될 기반이 마련되었다. 이때 스튜어트 왕가의 제임스 2세가 퇴위하고, 네덜란드의 오렌지공 윌리엄 3세가 그의 아내 메리 2세와 함께 영국의 공동 왕위에 올랐다. 1689년 권리장전[9]의 제정으로 영국은 입헌군주제로 전환되었고, 의회가 정치적 권력을 확보하게 되었다.

---

5 네덜란드 저지대 지방의 17주가 스페인(합스부르크 군주국)에 대항하여 벌인 독립전쟁으로 80년 전쟁으로도 불린다. 1648년 베스트팔렌 조약으로 국제사회로부터 독립을 인정받았다.

6 세파르디(Sefaradi)는 디아스포라 이후 이베리아반도에 정착한 유대인들의 후손을 가리킨다.

7 아슈케나지(Ashkenazi)는 독일, 오스트리아-헝가리 등 중부유럽과 러시아, 우크라이나, 벨라루스, 폴란드, 리투아니아 등 동유럽에 정착하여 살던 유대인을 말한다.

8 명예혁명(Glorious Revolution)은 1688년 영국에서 일어난 혁명으로 의회와 네달란드 오렌지공이 연합하여 영국의 제임스 2세를 퇴진시키고 오렌지공이 잉글랜드의 윌리엄 3세로 즉위한 사건을 말한다. 피 한 방울 흘리지 않고 명예롭게 이루어진 혁명이라고 해서 명예혁명이라 한다.

9 1689년 12월 영국에서 제정된 법률로써 의회정치를 확립하고 절대 왕정을 종식시켰다. 이로써 입법권과 조세권이 의회가 가지고 왕은 실질적인 권력을 상실한 입헌군주제가 확립되었다.

윌리엄 3세는 영국을 침공할 때 유대인들로부터 전쟁 자금을 빌렸고, 그가 영국 왕이 되면서 암스테르담의 금융업자들이 대거 영국으로 이주하게 되었다. 이를 계기로 네덜란드의 선진 금융 기법이 영국으로 이전되었고, 17세기 후반부터 19세기까지 금융의 중심은 영국으로 이동했다. 유대인 금융업자들의 이동은 곧 세계 금융의 이동을 의미했다.

1692년에는 최초의 "유로 증권정보지"가 발행되면서 선물 거래가 더욱 다양화되고 일반화되었다. 1693년, 영국 의회가 국가채무를 보장하면서 **신용** 개념이 확립되었고, **자본가**들이 등장하기 시작했다. 1694년에는 영란은행이 설립되었고, 채권과 복권을 결합한 금융 상품이 출현했다. 1696년, 영국 재무성이 채권을 발행했고, 이를 기반으로 영국은 산업혁명과 더불어 본격적인 식민지 개척의 길로 들어섰다. 영국의 세계 제패와 금융 혁명은 긴밀하게 연결되며 발전했다.

18~19세기 유럽에서는 새로운 시장을 개척하기 위해 아시아, 아프리카, 아메리카 대륙으로의 진출이 가속화되었다. 이 과정에서 대규모 자금이 필요하게 되었고, 1818년에는 파운드화로 표시된 프로이센 채권이 발행되었다. 1824년에는 남미 금광 개발 붐이 일면서 런던 증시에 거품이 발생했으나, 이듬해 거품이 꺼지며 시장이 붕괴되었다. 1845년에는 영국 철도회사 투자 붐이 일어났다가, 거품이 터지면서 많은 사람들이 파산했다.

당시에는 자유방임주의 시장경제가 지배적이었기 때문에 시장을 통제할 수단이 없었다. 이로 인해 투기로 큰 부를 축적하는 사람도 있었지만, 파산으로 전 재산을 잃는 경우도 많았다. 결국 이 시대는 '**제로섬 게임**'과도 같았고, 아마도 파산으로 고통받는 사람이 더 많았을 것이다.

오늘날의 주식시장도 이와 유사하게 단기적으로 제로 섬 게임과 같은 양상을 보인다. 짧은 시간 동안 시장을 관찰해보면, 누군가 수익을 올리면 반드시 그만큼 손해를 보는 사람이 존재한다. 하지만 주식시장에는 자금의 유입과 유출이 발생하기 때문에, 장기적인 자금 유입의 합이 양수이면 플러스섬 게임이 되어 총이익의 합이 총손실보다 커질 수 있지만, 반대로 자금이 유출된다면 마이너스 섬 게임으로 변할 수 있다. 즉, 주식시장은 **플러스-마이너스 섬 게임**Plus-Minus Sum Game이라고 할 수 있다.

오늘날의 주식시장에는 19세기보다 더 정교한 규제 시스템과 투기를 억제하기 위한 장치들이 마련되어 있지만, 투기로 돈을 벌고자 하는 인간의 욕망은 여전히 변하지 않았다.

19세기 말과 20세기 초는 경제의 중심이 유럽에서 미국으로 이동하던 시기였다. 식민지에 의존한 유럽 경제는 지속 가능성을 담보할 수 없었고, 식민지 경제의 모순으로 인해 점차 하락세를 걷게 되었다. 반면, 미국은 유럽으로부터의 지속적인 이민, 풍부한 천연자원, 산업화를 추진할 수 있는 인력, 그리고 유대인 금융업자들의 뉴욕 진출 등 다양한 요인 덕분에 급속한 발전을 이뤘다.

미국 증권거래소는 1792년, 뉴욕 월가 68번지에서 증권 중개업자들과 상인들이 증권거래법과 수수료 협정을 맺으면서 탄생했는데, 이것이 **뉴욕증권거래소** NYSE[10]의 기초가 되었다. 증권시장의 성장은 1861년 남북전쟁을 계기로 가속화되었다. 전쟁 비용을 조달하기 위해 연방정부는 8천만 달러의 국채를 발행했고, 이를 거래하기 위해 증권 거래가 활성화되었다.

1914년부터 1918년까지의 제1차 세계대전은 미국이 유럽의 배후 생산기지로 성장할 기회를 제공했고, 이는 미국이 선진 산업사회로 발전하는 기반을 마련했다. 1925년, 미국 연방준비제도[11]는 이자율 인하를 결정하면서 증권시장이 더욱 활성화되었다. 20세기 초 미국 경제의 호황은 투자 열풍을 불러왔고, 1928년에서

---

10 뉴욕증권거래소(New York Stock Exchange, NYSE)는 1792년 5월 17일에 미국 뉴욕에 설립된 증권거래소로 세계 주요 기업의 주식이 상장되어 거래되는 곳이다. 뉴욕 맨하탄의 월 스트리트 11번가에 위치하고 있어서 뉴욕의 금융가를 월스트리트(Wall Street)라고 부른다.

11 미국 연방준비제도(Federal Reserve System)은 연방준비법에 의해서 1913년 12월 23일에 설립되었다. 연준은 미국 달러를 발행하고, 미국내 금융에 대한 감독, 규제, 이자율 등을 결정한다. 연방준비이사회 의장은 미국 대통령이 지명하고 연방 상원에서 인준한다.

1929년 사이에는 미국 전역에 약 800개의 증권사 지점망이 구축되었다.

그러나 1929년 10월 29일, 이른바 '**검은 화요일**Black Tuesday'에 미국 증시는 하루에 20% 이상 폭락했으며, 그 결과 증권시장은 1929년 고점 대비 약 90% 하락했다. 이 사건은 **대공황**Great Depression을 초래했으며, 그 영향은 1939년까지 지속되었다. 1929년 미국의 실업률은 3.2%였으나, 1933년에는 24.9%에 달했다.

허버트 후버와 프랭클린 루즈벨트 행정부는 정부 개입을 통해 인프라를 확충하는 **뉴딜정책**을 시행했으나, 1938년에도 실업률은 여전히 18.9%에 달했다. 1941년 일본이 진주만을 공격할 당시, 미국의 실질 GDP는 1929년의 수준보다 낮은 상태였다.

제2차 세계대전 이후, 미국은 장기 불황에서 벗어나게 되었다. 전쟁 전과 비교해 국민의 실질 소득이 2배 이상 증가했으며, 미국 경제는 1960년대에 큰 호황을 맞이했다. 이후 2007년, 뉴욕증권거래소NYSE는 유럽 4개국(프랑스 파리, 네덜란드 암스테르담, 벨기에 브뤼셀, 포르투갈 리스본)의 통합증권거래소인 유로넥스트EURONEXT를 인수 합병했다. 이로써 NYSE는 세계 최대의 증권거래소로 자리잡았고, 세계 자본 거래의 약 1/3을 차지하는 거대한 금융 중심지로 성장했다.

우리나라의 증권시장은 해방 이후 시작되었고, 1956년 3월에 '대한증권거래소'가 개장하면서 본격적으로 운영되기 시작했다. 1968년 11월에는 '자본시장 육성에 관한 법률'이 제정되었으며, 1972년 12월 '기업공개촉진법'이 제정되면서 기관투자가인 투자신탁회사가 설립되어 증권시장이 더욱 활성화되었다. 1980년대의 경제성장과 1990년대 자본시장의 성숙으로 인해 개인 투자자들도 증권시장에 적극적으로 참여하기 시작했다.

우리나라 종합주가지수는 1980년 1월 4일을 기준으로 100을 설정해 1983년 1월부터 발표되기 시작했고, 코스닥 지수는 1996년 7월 1일을 기준으로 100을 설정해 1997년 1월부터 발표되었다. 2024년 7월, 한 일간지에 따르면 우리나라의 주식 계좌수가 7,377만 개를 넘어섰다. 중복 계좌를 감안해도 상당수의 국민이 주식시장에 참여하고 있음을 알 수 있다. 실제로 주식거래 활동 계좌는 예탁 자산이 10만 원 이상이고, 최근 6개월 동안 한 번 이상 거래한 증권 계좌를 의미한다.

1.2 시장과 복잡성

현대 자본주의와 시장경제가 발전하면서 사회적, 경제적 복잡성이 더욱 커지고 있으며, 이러한 복잡한 경제 체제 속에서 새로운 특징들이 나타나고 있다. 복잡계는 1980년대부터 본격적으로 연구되기 시작하여, 오늘날에는 다양한 분야에서 이 방법을 통해 경제, 사회, 자연 현상을 이해하고 있다. 경제와 사회 시스템은 대표적인 복잡계의 예다.

복잡계에 대한 더 깊은 이해를 위해서는 관련 서적, 예를 들어 『복잡계 과학 이야기』**이재우, 2023**를 참고할 수 있다.

"**복잡계**complex systems는 많은 **구성요소들**constituting elements이 비선형적으로 상호작용하며 얽힌 비평형 시스템이다. 시스템의 상태는 동역학적으로 변하며 구성 요소 하나에는 없는 새로운 특징인 **창발현상**emerging property이 나타난다."

복잡계는 많은 구성 요소를 가진 비평형 다체계이다. 비평형 다체계는 열역학적 평형 상태에 있지 않은 많은 구성 요소를 갖는 시스템을 말한다. 구성 요소들은 서로 상호작용할 뿐만 아니라 환경과 에너지, 물질, 정보 등을 교환하면서 상태가 변한다. 따라서 시스템은 동적으로 변하고 복잡한 양상을 나타낸다. 환경으로부터 시스템으로 유입되는 양과 소실되는 양이 균형을 이루면 시스템은 정상상태에 있게 되는데, 정상상태의 비평형 다체계는 매우 흥미 있는 연구 대상이다. 사람, 가계, 기업, 행정 부서 등으로 구성된 사회는 대표적인 비평형 시스템이다.

하지만 모든 다체계가 복잡계인 것은 아니다. 예를 들어, 다이아몬드는 많은 탄소 원자들이 규칙적인 결정 구조를 형성하여 아름다운 모양과 색깔을 만들어 낸다. 이 구조는 매우 규칙적인 다체계이지만 단순계로 볼 수 있다. 단순계는 구성 요소 사이의 상호작용이 비교적 간단하고 시스템의 동작 원리를 명확하게 예측할 수 있다. 에메랄드나 루비 등과 같은 보석, 비행기나 자동차 등과 같은 기계장치, 반도체 집적회로를 포함한 컴퓨터 등은 다체계이지만 단순계라 할 수 있다.

표 1.1 단순계, 무질서계, 복잡계의 특징 비교

특징	단순계	무질서계	복잡계
정의	구성 요소 사이의 관계가 단순하고 명확하며 예측 가능한 시스템	구성 요소 간의 상호작용이 작고 무질서한 특성을 가진 시스템	구성 요소 사이의 상호작용이 비선형적이고 새로운 질서를 생성하는 시스템
구성 요소	소수 또는 단순하고 균질적인 요소로 구성됨	구성 요소가 다수이고 비조직적이고 무작위적인 특성을 가짐	구성 요소가 많고 구성 요소 사이의 얽힌 상호작용
구조	규칙적이고 정형화된 구조	무작위하고 조직이 없는 구조	자발적인 조직화 된 패턴이 발현
상호작용	선형적이고 약한 상호작용	독립적이거나 약한 상호작용	비선형적이고 강한 상호작용
예측 가능성	높은 예측 가능성	통계적인 예측	낮은 예측 가능성
응답성	정적인 반응 또는 단순한 규칙성	단순한 반응	적응적이고 동적인 응답
설계와 제어	설계와 제어가 용이	어느 정도 제어 가능	설계와 제어 어려움
창발성	단순한 특성이 나타남	단순한 특성이 나타남	새로운 질서와 패턴이 출현함

무질서계는 구성 요소들 사이의 상호작용이 매우 약하기 때문에 집단적인 행동보다는 통계적으로 취급할 수 있다. 공기는 많은 분자로 구성되어 있지만, 공기 분자들은 무작위로 움직인다. 기체 분자들의 평균적인 특성인 온도, 압력, 부피 등의 거시적 변수를 통해 설명할 수 있으며, 이를 열역학과 통계역학에서 확률을

써서 다룰 수 있다. 공기는 다체계이지만, 복잡계가 아닌 무질서한 시스템으로 분류된다.

표 1.1에서 단순계, 무질서계, 복잡계의 특성을 비교하였다. 복잡계는 단순계와 무질서계의 중간 지점에 위치한 비평형 시스템이다. 예를 들어, 생명체는 대표적인 비평형 시스템으로, 끊임없이 에너지를 흡수하고 방출하지만 개체의 에너지는 거의 일정하게 유지된다. 따라서 생명체는 복잡계라 할 수 있다.

17세기 이후, 과학혁명과 함께 물리학을 포함한 다양한 과학적 발견이 지속적으로 이루어졌고, 인류는 자연 현상을 과학적으로 이해하게 되었다. 유럽에서 일어난 산업혁명은 열기관의 발전과 함께 시작되었으며, 인력, 동물의 힘, 바람, 물의 힘을 사용하는 방식에서 벗어나 석탄을 태워 발생한 열을 이용해 인위적인 동력을 생산하게 되었다. 이로써 인류는 기계 동력을 사용하는 새로운 발전 단계에 들어섰고, 이러한 발전은 오늘날까지 계속되고 있다.

20세기 이후에는 전기 동력과 전자공학의 발전으로 반도체 칩, 컴퓨터, 인터넷, 월드와이드 웹, 소셜 네트워크, 메타버스, 인공지능, 로봇 등의 디지털 문명이 등장했다. 이러한 모든 성취는 지난 400년 동안 인류가 이룩한 과학적, 공학적 발전의 결과이다.

지금까지의 과학적 발전은 '**환원주의**reductionism' 사고에 바탕을 두고 있다. 환원주의는 대상의 복잡성을 분석적으로 살펴보는 접근 방식이다. 예를 들어, 아름다운 장미꽃의 꽃잎을 현미경으로 들여다보면, 꽃잎은 많은 생체 고분자로 구성되어 있다는 것을 알 수 있다. 이러한 분자들의 특성을 이해하면 꽃잎의 특징도 이해할 수 있다. 분자의 구조를 살펴보면, 분자는 원자들로 구성되어 있고, 원자는 원자핵과 전자로 이루어져 있다. 원자핵은 양성자와 중성자로 구성되며, 이들은 다시 쿼크로 이루어져 있다. 현대 과학은 물질을 구성하는 세부 단위를 분석적으로 탐색하여, 각 구성 요소를 잘 이해하면 그로부터 형성된 상위 단위의 특성을 이해할 수 있다고 본다. 구체적인 예를 들자면, 뇌과학에서 뇌를 구성하는 신경세포, 신경아교세포, 혈관의 구조를 이해함으로써 뇌의 다양한 기능을 파악할 수 있다는 접근은 환원주의의 한 예다. 이와 같은 환원주의는 큰 성공을 거두었고, 오늘날 인류는 고도의 물질문명을 형성하게 되었다.

인류는 자연을 탐색하면서 그 속에 존재하는 법칙을 발견하고 이해했을 뿐만 아니라, 이러한 법칙을 이용해 자연에서는 볼 수 없는 새로운 물건들을 만들어냈다. 예를 들어, 문명이 전혀 침투하지 않은 아마존 정글에서 반도체 소자와 같은 기능을 가진 자연물을 발견하는 것은 불가능하다. 반도체 소자는 전자공학, 양자역학, 통계역학을 발전시키며 인위적으로 만들어낸 **인공물**로, 그 전기적 특성 덕분에 계산기, 컴퓨터, 핸드폰 등을 만들 수 있다. 현대 인류의 가장 큰 장점은 이러한 인공물을 수없이 만들어 사용함으로써 사회의 **복잡성**을 극도로 증가시킨 점이다.

반면 복잡계는 환원주의와는 상반된 견해를 갖고 있다. 복잡계는 구성 요소 각각의 특성만으로는 설명할 수 없는 새로운 성질이 나타나기 때문에 시스템을 분석할 때 '**전일주의**holism' 접근을 취한다. 전일주의는 시스템 전체를 고려하여 개별 구성 요소들의 상호작용과 전체적인 맥락을 이해하려는 접근법이다. 복잡계의 특성상, 전체 시스템의 동작이나 현상은 구성 요소들의 단순한 집합으로는 설명할 수 없고, 이들 사이의 복잡한 상호작용이 중요한 역할을 한다.

"복잡계는 하나 더하기 하나는 둘이 아니고,
그 이상의 전혀 새로운 창발 현상이 생겨나는 시스템이다."

사회의 구성 요소는 인간이므로, 환원주의적 관점에서는 개별 인간의 특성을 철저히 탐색한다. 그러나 단순히 개인의 특성만으로는 많은 인간이 모였을 때 나타나는 사회적 특성을 전부 설명할 수 없다. 예를 들어, 가수가 솔로로 노래를 부를 수 있지만, 여러 명의 가수가 모여 걸그룹을 만들 수 있다. 이 걸그룹이 콘서트를 열면, 수만 명이 모여 떼창을 하거나 휴대폰 라이트를 단체로 켜서 반딧불이들이 모인 것 같은 광경을 만들어낸다. 이러한 콘서트는 가수 한 명이 관객 없이 노래 부를 때에는 일어날 수 없는 **창발현상**이다. 콘서트는 가수와 관객 간의 상호작용에서 만들어지는 성질이다. 이와 같은 집단적 성질은 구성 요소 하나하나를 이해한 다음, 구성 요소들 사이의 집단적 상호작용을 이해해야만 알 수 있다. 이러한 접근법이 바로 전일주의이다. 즉, 생태계를 이해할 때는 개별 나무의 특성을 잘 이해하면서도, 동시에 숲 전체를 조망하는 관점을 가져야 한다.

사람이 모인 사회는 사람들 사이의 상호작용 때문에 매우 다양한 복잡계적 특징을 나타낸다. 사람들이 모여 살다 보니 자연스럽게 시장을 형성하고, 기업, 가계, 정부 등의 구조를 만들어냈다. 이러한 사회의 구조는 특정한 기획자나 지휘자 없이, 단지 사람들이 서로 상호작용하는 과정에서 형성된 것이다. 따라서 사회는 복잡계의 전형적인 사례가 된다.

사회에서 발현하는 경제 현상 또한 복잡계의 예이다. 시장은 처음에 남는 물건을 거래하는 곳으로 시작되었지만, 시간이 지나면서 사람들이 필요한 물건을 사고파는 곳으로 변모하였다. 시장에서의 거래는 시장의 행위자들 사이의 상호작용에 의해 이루어지며, 시장 자체는 거래자들이 모여 얽힌 복잡한 구조를 갖고 있어 복잡계이다.

시장과 경제를 복잡계의 관점에서 바라보는 것은 최근에야 시작된 일이다. 과거에는 경제 현상에 대해 분석적이고 환원주의적인 사고를 적용한 경제학이 발전해 왔지만, 이제는 경제 시스템을 전일적 관점에서 이해하려는 시도가 이루어지고 있다. 이러한 관점에서 경제 현상을 탐색하는 과학자들을 '**경제 물리학자** econophysicist'라고 한다. 앞으로 경제 물리학자들이 발견한 주요한 내용들을 살펴볼 것이다.

1.3 경제 불평등

복잡계에서 나타나는 대표적인 특징 중 하나는 **멱함수 법칙**거듭제곱 법칙, power law[12]이다. 이 법칙은 데이터의 분포가 특정한 방식으로 감소하는 것을 설명한다. 예를 들어, 멱함수 법칙을 따르는 경우, 어떤 변수의 값이 커질수록 다른 변수의 값이 더 빠르게 감소하거나 느리게 감소한다. 그림 1.1은 멱함수와 $p(x)=1/x$와 $p(x)=1/x^3$을 함께 그린 것이다. 멱함수 법칙의 지수가 크면 감소가 급격하게 일어나고, 지수가 작으면 감소가 느리게 진행한다.

자연에서 멱함수 법칙을 자주 볼 수 있다. 예를 들어, 중력의 법칙을 생각해 보자. 태양과 지구 사이의 중력은 거리의 제곱에 반비례한다. 즉, 거리가 멀어질수록 중력의 힘은 빠르게 감소한다. 중력의 감소는 멱함수 법칙을 따른다. 중력은 멀리까지 작용하며 서서히 감소한다.

멱함수 법칙은 "**특성 척도**characteristic scale"가 없는 특징이 있다. 특성 척도는 함수가 특정한 값에 도달하는 데 걸리는 시간이나 거리와 같은 기준을 말한다. 예를 들어, 지수함수[13]는 특성 척도를 가지며, 감소하는 지수함수는 특성척도의 크게에 따라 감소하는 경향이 결정된다. 함수의 값이 특정 값에 도달할 때까지 걸리는 시간을 기준으로 특성 척도를 정의할 수 있다. 많은 함수는 이러한 특성 척도를 가지고, 이를 통해 측정의 기준을 설정할 수 있다.

---

12 멱함수 법칙은 $f(x)=x^{-\gamma}$를 의미한다. 여기서 γ를 멱함수 지수라 한다.

13 지수함수는 $f(x)=e^{-x/x^*}$의 꼴로 표현된다. 여기서 x^*는 특성 척도가 된다.

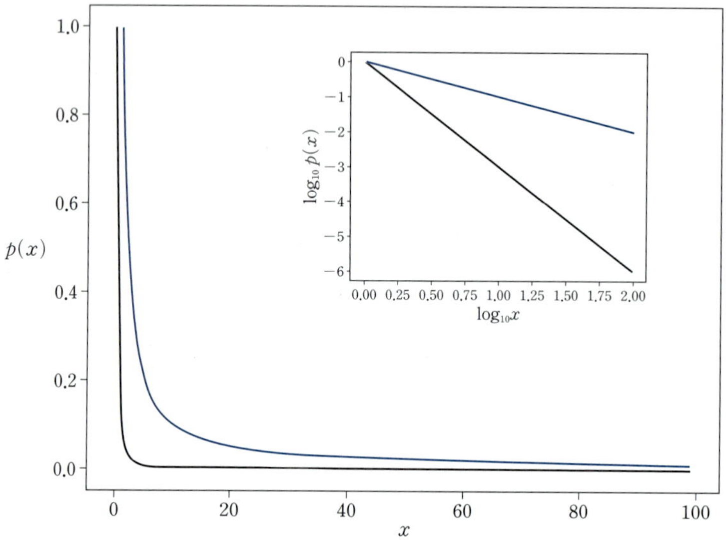

[그림 1.1] 멱함수인 $p(x)=1/x$(천천히 감소하는 그래프)와 $p(x)=1/x^3$(급격히 감소하는 그래프)을 그린 것이다. 삽입 그림은 가로축과 세로축에 상용로그를 취해서 그린 것이다. 로그-로그 그림에서 멱함수는 직선이며 기울기가 멱함수 지수이다.

멱함수는 특성 척도를 가지지 않는 대신, "**축척 대칭성**scale invariance[14]"이라는 특성을 가진다. 축척 대칭성이란 특정한 축척 비율에 대해서, 축척 함수의 형태가 변하지 않는 성질을 말한다. 독립변수를 특정 비율로 축척하였을 때, 출력된 종속 변수의 값에 축척 비율의 멱함수 지수를 거듭제곱해서 곱하면 그 값은 축척하기 전의 값과 같아진다. 이런 특성 때문에 멱함수는 "**축척 없음**scale-free"이라고 부른다. 이는 독립변수의 크기에 상관없이 그 값을 발현하는 원리가 보편적으로 같다는 뜻이다.

또한, 멱함수는 로그를 사용하여 분석할 수 있다. 그림 1.1의 삽입 그림과 같이

14 독립변수 x_o에 배수 a를 곱한 값인 $x=ax_o$에서 종속변수 값은 $p(ax_o)=a^{-\gamma}p(x_o)$이다. 종속변수의 값에 a^{γ} 만큼 축척을 해주면 $a^{\gamma}p(ax_o)=p(x_o)$가 되어 축척 대칭성을 갖는다.

15 멱함수 법칙 $f(x)=ax^{-\gamma}$에 로그를 취하면 $\log[f(x)]=\log a-\gamma log(x)$이므로, 가로축을 $\log(x)$로 세로축을 $\log[f(x)]$로 그리면 직선이 되고, 기울기는 $-\gamma$이다.

멱함수의 가로축과 세로축에 각각 로그를 취하면, 함수의 형태가 직선[15]이다. 이 직선의 기울기는 멱함수의 지수에 해당한다. 이는 멱함수가 특정한 수학적 패턴을 가지며, 이를 통해 함수의 특성을 분석할 수 있음을 의미한다.

사회와 경제 현상에서 나타나는 복잡한 특징들을 살펴보자. 현재 사회가 직면한 문제 중 하나는 '**부의 불평등**'이다. 애덤 스미스Adam Smith, 1723-1790는 소득 분배는 사회제도에 영향을 받지만, 경제 성장에는 큰 영향을 미치지 않는다고 보았다. 반면 존 스튜어트 밀John Stuart Mill, 1806-1873은 경제적 발전이 중산층의 비율을 높이지만, 저소득층의 소득에는 별다른 도움이 되지 않을 것이라고 생각했다.

19세기에는 데이터 분석을 통해 소득 분포의 통계적 특성을 연구하는 작업이 진행되었다. 1896년에 빌프레도 파레토Vilfredo Federico Damaso Pareto, 1848-1923는 이탈리아의 가계 소득 분포를 분석하여 그의 이름을 딴 "**파레토 분포**[16]"를 발견했다.

파레토는 이탈리아뿐만 아니라 영국, 독일, 파리 등 다른 나라의 가계 소득을 조사했을 때도 똑같이 파레토 법칙이 적용되었고, 파레토 지수도 동일했다. 처음에 그는 자신의 발견을 "**사회 피라미드**"라고 불렀지만, 지금은 '**파레토 법칙**'이라고 부른다. 이 발견은 매우 놀라운 것이었다. 소득 분포 함수는 **정규 분포**[17]와는 확연히 다르며, 정규 분포보다 훨씬 느리게 감소한다.

파레토 법칙은 가계 소득의 극단적인 **불평등**을 의미한다. 즉, 소득이 많은 가계의 수는 상대적으로 적고, 소득이 적은 가계가 상대적으로 많다는 것을 뜻한다. 일반적으로 상위 20%의 가계가 전체 부의 약 80%를 소유하고 있기 때문에,

---

16 파레토는 소득이 x보다 큰 가계의 수 $N(w > x)$를 조사해 보았다. 누적 소득분포가 $N = A/x^{\alpha}$임을 발견하였고, 지수 α를 파레토 지수(Pareto exponent)라 불렀다. 이탈리아 가계속에서 발견한 파레토 지수는 $\alpha \simeq 1.5$였다.

17 정규분포는 가우씨안 분포라고도 부르며, 분포함수의 꼴은 $p(x) = \frac{1}{\sqrt{2\pi\sigma^2}} \exp\left(-\frac{(x-\mu)^2}{2\sigma^2}\right)$이다. 여기서 μ은 평균이고, 분산은 $\sigma^2 = \langle x^2 \rangle - \langle x \rangle^2$이다.

파레토 법칙은 "**80~20 법칙**"이라고도 부른다. 파레토는 이러한 불평등이 인간의 본성에 기인한다고 생각했다. 현대 경제 개념으로 보면, 소득 불평등은 시장 경제와 자본주의 사회에서 자연스럽게 발생하는 현상이다. 시장 경제에서는 개인들 간의 경쟁이 부의 집중과 빈곤을 초래하며, 자본주의 경제에서는 소득이 조금이라도 높은 경쟁자가 더 큰 부를 창출할 수 있는 가능성이 커지는 반면, 소득이 낮은 사람은 부를 확보하는 경쟁에서 뒤처지기 쉽다.

파레토는 사회를 이끄는 두 엘리트 집단, 즉 '여우'와 '사자'의 반복적인 순환 역할이 경제 성장을 이끈다고 보았다. 연약한 엘리트 집단인 여우는 느린 경제 성장과 사회의 혼란을 초래하며, 그러다 보면 강력한 엘리트인 사자가 나타나 사회를 이끌어 간다고 주장했다. 평화주의자였던 파레토의 이러한 주장은 파시즘을 지지하는 것으로 비쳤고, 이탈리아에서 무솔리니의 집권을 막지 못했다.

파레토 법칙이 발표된 후에는 다양한 비판이 일어났다. 1936년에 코라도 지니Corrado Gini, 1884-1965[18]는 파레토 지수가 나라마다 다르기 때문에 법칙이라고 할 수 없다고 주장했다. 피고Arthur Cecil Pigou, 1877-1959[19]와 달턴Hugh Dalton, 1887-1962[20]은 파레토 법칙이 좁은 소득 구간에서만 발견되므로, 소득의 전체 영역에 적용하는 것은 잘못된 주장이라고 공격했다.

파레토 법칙에 대한 비판과 함께, 이를 옹호하는 학자들도 나타났다. 1949년에 조지프 지프George Kingsley Zipf, 1902-1950는 "**최소 노력의 법칙**"을 제시하며, 탐욕스러운 상위자와 존엄성을 지키고 싶은 하위자 사이의 균형이 파레토 법칙을

---

18 코라도 지니(Corrado Gini)는 소득 불평등에 대한 지니계수를 제시했지만, 우생학을 지지했으며 이탈리아 파시즘을 옹호한 파시스트이다.

19 아서 피고(Arthur Cecil Pigou, 1877-1959)는 영국의 경제학자로 1912년에 출판한 『Wealth and Welfare』에서 파레토 법칙의 한계를 지적하였다.

20 휴 달턴(Hugh Dalton, 1887-1961)은 영국의 경제학자이며 정치가이며, 1945~1947년까지 노동당 정부에서 영국 재무장관을 지냈다. 달톤은 부의 분포하에서 평균을 유지하면서 부자로부터 가난한 자로 부를 이전하는 피고-달톤 이전을 주장하였다. 이를 이전의 원칙이라 부르며 소득 재분배의 한 방법이다.

설명한다고 보았다. 1969년에 스티글리츠Joseph Eugene Stiglitz, 1943-[21]는 **'자본의 무작위 수익'**이 파레토 법칙을 이끈다고 주장하며 신고전파 성장 이론을 제시했다. 1960년에 브누아 망델브로Benoit B. Mandelbrot, 1924-2010는 레비 분포Lévy distribution를 일반화하여 멱함수의 발현을 지지했다. 1972년에 사무엘슨Paul Samuelson, 1915-2009[22]과 치프만John Chipman, 1926-2022은 파레토 지수가 복지에 미치는 영향을 연구했다.

파레토 법칙을 옹호하는 학자들은 **'파레티안(Paretian)'**이라 불린다. 1990년대에는 물리학자들이 경제 문제에 관심을 가지면서 파레토 법칙이 다시 주목받게 되었다.

경제 물리학에 대한 연구가 깊어지면서 학자들은 사회에서 부의 분포에 더 많은 관심을 가지게 되었다. 현재는 파레토가 살던 시대보다 훨씬 더 정밀한 소득과 부의 분포에 대한 데이터를 확보할 수 있다. 그림 1.2는 미국에서 개인이 소유한 재산의 분포를 로그-로그 축으로 나타낸 것이다.

이 그림에서, 개인 재산이 평균의 약 3배인 $3\langle w \rangle$까지 재산 분포는 **지수함수**[23]로 감소한다. 지수함수는 독립변수의 값이 증가할수록 급격히 감소하는 함수이다. 분포함수가 감소하는 비율을 나타내는 **곁수**coefficient는 지수함수의 감소 비율을 조절한다.

재산이 평균보다 커질수록 부자들의 수는 급격히 감소하는 것을 볼 수 있다. 대부분의 미국인은 재산이 평균 이하에 해당한다.

---

21 조지프 유진 스티글리츠(Joseph Eugene Stigliz, 1943~)은 MIT에서 폴 새뮤얼슨의 지도로 경제학 박사 학위를 받았다. 그는 미국 뉴케인스학파에 속한 경제학자로 '비대칭정보 하의 시장에 대한 분석'에 대한 연구로 2001년에 노벨경제학상을 수상하였다.

22 폴 새뮤엘슨(Paul Samuelson, 1915-2009)는 "효율적 시장 가설"이론을 개발하는데 일조한 신고전파 경제학의 창시자 중의 한 명이다. 1970년에 미국 경제학자로 처음 노벨 경제학상을 수상하였다.

23 재산이 $w < 3\langle w \rangle$일 때, 재산의 분포는 지수함수 $\langle w \rangle p(w) \sim e^{-b(w/\langle w \rangle)}$를 따른다. 곁수 $b/\langle w \rangle$는 감소비율을 조절한다.

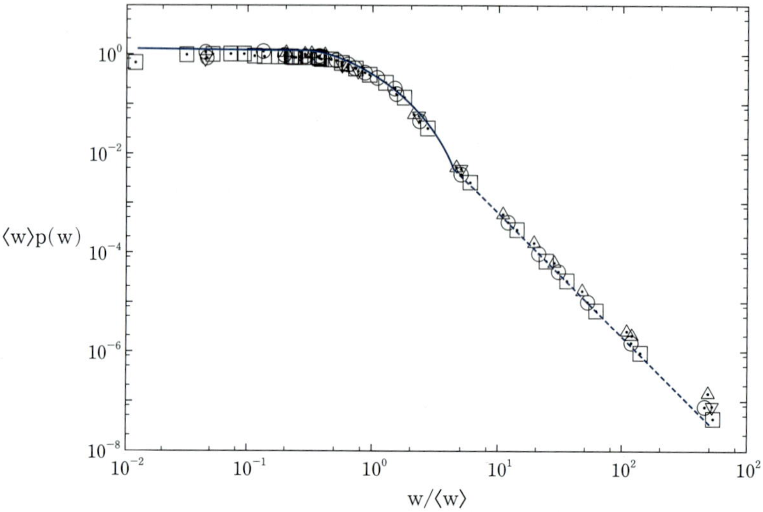

[그림 1.2] 미국에서 개인이 소유한 재산 분포함수. 가로축은 재산을 평균 재산으로 나눈 값이고, 세로축은 재산 분포함수에 평균 재산을 곱한 것이다. 가로축과 세로축은 상용로그를 취한 눈금으로 나타내었다.

재산이 평균의 3배 이상인 사람들의 분포는 지수함수가 아니라 **멱함수 법칙**[24]을 따른다. 멱함수 법칙 지수는 매우 큰 값이다. 즉 재산이 많을수록 그에 해당하는 인구가 급격히 줄어들지만, 멱함수 분포는 정규분포보다 훨씬 완만하게 감소한다. 따라서 멱함수 분포는 최대 재산을 가진 사람들까지 성립한다.

왜 많은 재산을 가진 사람들의 분포가 멱함수 형태를 가지는지에 대한 정확한 이유는 아직 밝혀지지 않았지만, 연구에 따르면 부의 이전 방식이 중요한 역할을 한다. 즉, 사람들이 소득을 소비할 때 자신보다 가난한 사람들에게 부를 이전하는 비율보다 자신보다 부유한 사람들에게 부를 이전하는 비율이 더 크다면, 멱함수 법칙이 자연스럽게 나타난다고 한다.

예를 들어, 내가 S사의 고가 핸드폰을 구매하면, 내 돈은 나보다 훨씬 부유한

24 재산이 $w > 3 < w >$이면, 멱함수 법칙 $p(w) \sim (w/ < w >)^{-\alpha}$를 따른다. 멱함수 지수는 $\alpha = 2.52$로 상당히 큰 값이다.

사람에게 이전된다. 이런 식으로 '**부의 불균형적인 흐름**'이 이루어지고, 이는 멱함수 법칙의 원인이라고 볼 수 있다. 자유 시장 경제에서 이러한 부의 불균형 흐름은 자연스럽게 발생한다. 큰 부를 가진 사람들은 자신의 재화를 더 고급 제품이나 부가가치가 큰 상품으로 생산하여 판매하고, 대부분의 사람은 부자들이 생산한 상품을 구매함으로써 자신의 부를 부자에게 이전한다. 이 현상은 컴퓨터 시뮬레이션을 통해 살펴볼 수 있다.

이 원리는 "부자는 더욱 부자가 된다"는 "**마태의 효과**Matthew effect"와 유사하다. 이는 성경 마태복음 25장 29절의 "무릇 있는 자는 받아 풍족하게 되고, 없는 자는 그 있는 것까지 빼앗기리라"는 구절과 비슷한 의미를 가지고 있다.

자연, 사회, 경제 현상에는 다양한 멱함수 법칙이 나타나는데, 이들 시스템이 복잡계적 성질을 가지고 있기 때문이다. 멱함수 법칙의 다양한 예는 저자의 다른 저서 『복잡계 과학 이야기』에서 다루었다. 멱함수 법칙은 특성 척도가 없기 때문에 과거나 현재의 정보로부터 미래를 예측하기가 매우 어렵다. 뒤에서 경제 행위자들의 행동 특성에 따라 멱함수 법칙이 나타나는 예를 살펴볼 것이다.

1.4 경제 원자

현대의 주류 경제학은 경제에 참여하는 행위자들이 완벽한 합리성을 갖추고 있다고 가정한 "**합리적 시장 가설**"을 제창하였다. 이 가설에 따르면, 시장에 참가하는 행위자는 시장의 모든 정보를 알고 있으며, 이를 바탕으로 가장 합리적인 선택을 하므로 시장은 수요와 공급이 완벽하게 일치하는 지점에서 재화의 가격이 결정된다. 즉, 시장은 "**보이지 않는 손**"을 통해 공급과 수요의 불일치를 줄여가며, 결국 합리적 시장 가격이 형성된다는 것이다. 이론상으로는 시장의 붕괴나 증권 시장의 급격한 변동은 발생하지 않아야 한다.

그러나 실제 시장은 안정된 상태를 유지하다가 갑자기 큰 변동이 일어나 불안정해지기도 한다. 안정과 불안정이 불규칙적으로 발생하기 때문에, 시장의 미래를 예측하는 것은 매우 어려운 일이다.

시장에서 개인은 합리적인 행위자와는 거리가 멀다. 오늘날과 같은 초연결 사회에서는 많은 정보를 쉽게 얻을 수 있지만, 오히려 합리적인 판단을 내리기 어려운 상황에 놓이는 경우가 많다.

예를 들어, 차에 기름을 넣기 위해 우리는 종종 단골 주유소를 이용한다. 비록 더 먼 곳에 더 저렴한 주유소가 있지만, 귀찮아서 그냥 단골 주유소에서 기름을 넣는 경우가 많다. 또 다른 예로, 아침에 홈트레이딩을 켜놓고 주가가 갑자기 하락하자 팔아야 할지 고민하게 된다. 어제 주가가 떨어져 10%의 손실이 발생했지만, 손절매를 하지 못했다. 오늘도 주가가 오를 것이라는 희망을 품고 호가창을 주시하지만, 주가는 계속 떨어지기만 한다.

옆 팀의 강대리는 어제 S사 주식 100주를 팔아서 백만 원의 수익을 올렸다고 자랑한다. 어제 본 증권 소식지는 내가 보유한 H사의 주가가 오를 것이라고 추천했지만, 소식지의 내용과는 달리 주가는 계속 떨어지고 있다. 나는 주식에 대한 정보를 주로 신문이나 증권 소식지에서 얻지만, 이 정보들은 종종 늦은 경우가 많다. 기관 투자자나 전문 투자자들은 더 나은 정보를 가지고 트레이딩을 하지만, 나는 가치가 없는 정보를 가지고 주식을 거래하고 있다. 때로는 늦은 정보를 이용하여 주식을 사고파는 것이 동전을 던져 무작위로 주식을 거래하는 것보다 수익률이 더 낮은 것은 아닌지 의심이 들기도 한다.

주식시장은 투자자들이 투기적으로 돈을 주고받는 곳이다. 많은 사람이 주식시장에 참여해 단기 매매를 하곤 한다. 이들은 주식 차트를 매 순간 확인하며 주가 변동을 보고 즉각적으로 사고팔기를 결정한다. 돈을 조금 벌면 기뻐하고, 돈을 잃으면 절망하게 된다. 주식시장은 인간의 욕망이 지배하는 곳이다. 자신의 욕망을 잘 제어하는 사람은 게임을 즐길 수 있지만, 그렇지 못한 사람은 게임에 지배당할 수 있다.

하루의 기분을 시장에 맡기고, 내가 산 주식의 가격이 떨어질 때마다 기분이 나빠진다면 스스로를 돌아볼 필요가 있다. 자신의 기쁨과 즐거움을 시장의 변동에 의존할 필요는 없다. 스스로가 인생의 주인이 되지 못하고 시장에 주도권을 넘기는 삶은 피해야 한다.

많은 경제 행위자는 비합리적이고 제한된 정보를 바탕으로 시장에 참여한다. 시장의 행위자들은 다양한 상호작용 속에서 얽혀 있기 때문에 시장의 변화를 예측하는 것은 몹시 어렵다.

예를 들어, 나는 회사의 구성원으로서 맡은 일을 열심히 하고, 우리 회사의 제품은 아프리카까지 수출된다. 이 제품을 만들기 위해 우리는 수십 개의 협력사에서 부품을 조달받는다. 내가 번 돈으로 가족을 부양하고 국가에 세금을 납부하는 등, 나와 얽힌 경제 활동은 매우 많다.

사회와 경제 시스템은 얽힌 복잡계로, 스스로 조절 작용을 통해 아슬아슬한 균형을 유지하고 있다. 비합리적 행위자들이 제한된 정보를 가지고 경제 활동을 하면서도, 이러한 다양한 상호작용이 모여 큰 경제를 형성한다. 우리는 비합리성과 제한된 정보를 가지고 행동하는 "**경제 원자**economic atom"이다. 이제 주식시장과 경제 시스템에서 나타나는 복잡계적인 성질을 더 깊이 살펴볼 것이다.

2
경제학과 물리학은 쌍둥이

경제학이라는 용어는 언제부터 사용되었을까? 인간이 공동체 생활을 시작한 이후로 경제적 활동은 이루어졌지만, **경제학**이라는 용어가 등장하고 학문적으로 연구되기 시작한 것은 비교적 최근이다. '**경제**'는 '경세제민(經世濟民)'의 줄임말로, '세상일을 잘 다스려 도탄에 빠진 백성을 구함'을 의미한다. 이는 봉건 군주제에서 왕이 백성의 삶을 전적으로 책임진다는 개념에서 출발한 것이다. 자본주의와 민주주의가 발전하면서 경제의 주체는 한 나라의 국민이 되었고, 국민이 권한을 위임한 통치자들이 나라를 다스리게 된다. 그러나 모든 권력과 경제 행위는 결국 국민에게서 비롯된다.

영어로 '경제'는 'economics'라고 한다. 이 단어는 그리스어 'οἰκονομία'에서 유래되었으며, 'οἰκονομία'는 'oikos'(집, 가정)와 'nomos'(규칙 또는 법)의 결합으로 이루어졌다. 따라서 경제라는 용어는 "가정을 잘 꾸리는 방법"이라는 의미를 지닌다. 복잡한 현대 사회에서 가정을 잘 꾸리기 위해서는 다양한 사회적 및 경제적 활동이 필요하다.

2.1 고전 경제학

애덤 스미스Adam Smith, 1723-1790는 경제학을 '부에 대한 학문'이라고 정의했다. 그림 2.1은 경제학자들과 경제학의 발전 과정을 시각적으로 설명한다. 애덤 스미스는 1776년에 출판한 『**국부론**An Inquiry into the Nature and Causes of the Wealth of Nations』에서 자유경쟁 시장이 '**보이지 않는 손**'에 의해 사회와 경제의 질서가 유지되고 발전한다고 주장했다. 그는 **고전 경제학**의 대표적인 이론가로, 경제학의 아버지로 불린다.

데이비드 리카도David Ricardo, 1772-1823는 애덤 스미스의 이론을 발전시켜, 1817년에 출판한 『정치경제학 원리Principles of Political Economy and Taxation』에서 '**노동 가치설**'을 주장했다. 리카도는 또한 국제무역에서 '**비교 우위론**'을 제시했다. 비교 우위론은 국제무역에서 한 나라가 다른 나라보다 절대적으로 열위에 있더라도, 생산 기회비용 등을 고려했을 때 상대적 우위가 있을 수 있음을 설명한다. 즉, 비교 우위에 있는 국가는 자신이 유리한 분야의 재화를 생산하고 다른 나라에 수출하여 이익을 얻을 수 있다. 리카도의 사상은 카를 마르크스Karl Heinrich Marx, 1818-1883와 존 스튜어트 밀John Stuart Mill, 1806-1873에 의해 발전되었다.

토머스 맬서스Thomas Robert Malthus, 1766-1834는 1798년에 출판한 『**인구론**An Essay on the Principle of Population』에서 인구는 기하급수적으로 증가하지만 식량은 산술급수적으로 증가하기 때문에 인류는 필연적으로 식량 부족을 겪을 것이라고 주장했다.

존 스튜어트 밀은 영국의 경제학자로서, 벤담Jeremy Bentham, 1748-1832의 양적 공리주의를 질적 공리주의로 발전시켰고, 자유주의와 사회 민주주의 사상의 발전에 기여했다. 밀은 1861년에 출판한 『**공리주의**』에서 '**최대 다수의 최대 행복의 원리**'를 주장했다. 이 원리는 공리주의의 핵심으로, 모든 행동의 목표는 최대한 많은 사람에게 최대한의 행복을 주는 것이어야 한다고 설명한다. 또한, 밀은 1848년에 출판한 『정치경제학 원리Principles of Political Economy』에서 자본주의의 모순을 해소하기 위해 정부의 제한적인 개입이 필요하다고 주장했다.

마르크스는 1867년에 출판한 『자본론Das Kapital』에서 '**유물론적 변증법**'을 바탕으로 자본주의의 모순을 지적했다. 그는 자본주의 경제 체제의 본질과 그 내재적 모순, 특히 착취와 불평등 문제를 분석했다.

앨프리드 마셜Alfred Marshall, 1842-1924과 레옹 발라스Marie-Esprit-Léon Walras, 1834-1910는 존 스튜어트 밀의 이론을 확장하여 '**한계효용 이론**'을 발전시켰다. 한계효용 이론은 각 재화의 가치가 소비자에게 주는 추가적인 만족감, 즉 '**한계효용**'에 따라 결정된다고 설명한다.

존 메이너드 케인스John Maynard Keynes, 1883-194는 마셜과 발라스의 영향을 받아 '**재정정책**'을 통한 정부의 개입을 주장했다. 그의 이론은 거시경제학의 기초를 마련했으며, 특히 정부가 경제를 안정시키기 위해 재정정책을 활용해야 한다고 강조했다.

현대 경제학은 다양한 재화와 인간의 행동을 연구하는 사회과학 이론으로 발전하였다. 현대 주류 경제학은 인간의 합리성과 이기심을 전제로 경제 행위를 설명하며, 경제 행위자들의 행동을 정량적으로 분석하는 '**미시경제학**'과 경제 현상의 거시적 변수 간의 관계를 다루는 '**거시경제학**'으로 나뉜다.

경제학에서 미시와 거시의 개념은 통계물리학에서 '**미시 상태**micro state'와 '**거시 상태**macro state'의 개념과 일맥상통한다. 통계물리학에서 미시 상태와 거시 상태를 기체로 예를 들어 생각해 보자. 기체의 미시 상태는 기체를 구성하는 입자들의 위치, 속도, 에너지 등 미시적 세부 정보를 파악하는 것을 말한다. 기체의 미시 상태의 수의 로그값은 시스템의 엔트로피에 비례하기 때문에 미시적 정보로부터 기체의 거시적 정보를 유추할 수 있다. 기체의 거시적 상태는 기체의 평균적인 특성인 온도, 압력, 부피 등으로 기체를 묘사하는 것이다. 따라서 기체의 상태를 나타내는 거시 상태 변수의 수는 소수이고, 개별 입자 수준이 아니라 전체적인 특성을 고려하는 것이다. 통계물리학에서 미시 상태와 거시 상태는 같은 시스템을 바라보는 두 가지 관점이다. 거시 상태는 미시 상태의 통계적 표현이며, 통계물리학은 이 두 관점을 연결하는 학문이라 할 수 있다. 두 관점을 연결하는 중심에 미시적 상태의 수와 거시 변수인 엔트로피가 놓여 있다.

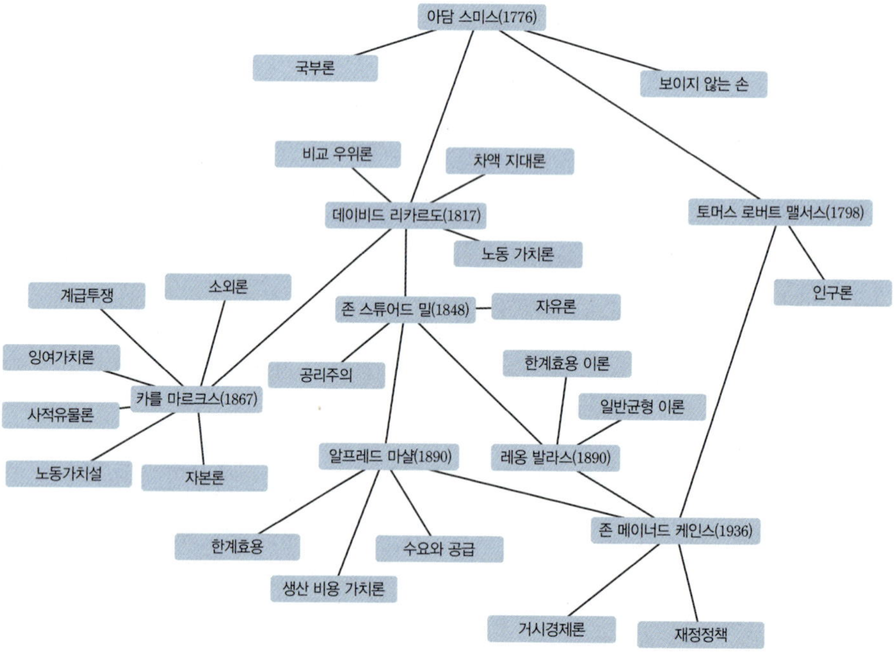

[그림 2.1] 고전 경제학의 발전 계보와 경제학자가 주장한 이론 경제학자들은 과거의 이론에 영향을 받으며 새로운 관점을 제시하였다.

물리학과 경제학의 발전은 서로에게 영향을 미치면서 진화해 왔다. 1687년에 아이작 뉴턴이 출판한 『자연철학의 수학적 원리Philosophiæ Naturalis Principia Mathematica』, 흔히 '**프린키피아**'는 과학사에서 중요한 이정표가 되는 저작이다. 이 책에서 뉴턴은 태양 중심설(지동설)을 수학적으로 엄밀하게 증명했으며, 행성의 운동과 중력(만유인력)에 관한 법칙을 제시했다. 이로 인해 그리스 시대부터 중세까지 지배적이었던 천동설과 모든 행성이 원운동을 해야 한다는 믿음을 과학적으로 반박할 수 있었다.

19세기 말까지 유럽은 **기계론적** 또는 **결정론적 세계관**을 형성했다. 뉴턴 역학의 주요 특징은 물체의 운동을 수학적 방정식으로 정확하게 예측할 수 있다는 점이다. 19세기 유명한 수학자이자 물리학자인 시몽 라플라스Pierre-Simon, Marquis de Laplace, 1749-1827는 "우주의 초기 조건과 모든 힘을 알고 모든 수학적 계산을 할 수 있다면 미래는 완벽하게 예측할 수 있다"고 주장했다. 이 주장은 19세기 이전까지 서양 과학과 철학의 입장을 잘 반영한다.

표 2.1 물리학과 경제학의 상호 영향을 미친 학자와 개념. 경제학의 많은 개념이 물리학의 개념을 받아들이면서 발전하였다.

시기	분야	학자	적용된 개념
1687	물리학	아이작 뉴턴	『프린키피아』에서 뉴턴은 기계론적 세계관을 확립
1728	물리학	다니엘 베르누이	"효용성(utility)" 개념 제시
1776	경제학	애덤 스미스	『국부론』에서 뉴턴 역학의 "원동력(causative force)"을 경제법칙에 적용
1788	물리학	조제프루이 라그랑주	라그랑주 방정식을 유도하고 라그랑주 역학 도입
1812	물리학	피에르 시몽 라플라스	"확률론"에서 사회 현상에 자연법칙과 비슷한 법칙이 존재할 것이라고 주장함
1827	물리학	윌리엄 해밀턴	"해밀턴의 원리"라 부르는 "최소작용 원리" 발견
1835	통계학	아돌프 케틀레	"사회물리학(Social Physics)" 용어 제창. 사회 데이터의 정규분포 발견
19C	물리학	제임스 클럭 맥스웰과 루드비히 볼츠만	기체의 성질을 기체 운동론으로 설명
19C	경제학	앨프리드 마셜과 프랜시스 에지워스	경제학에 평형 개념 도입
1874	경제학	레옹 발라스	효용함수와 일반균형이론
1897	사회학	빌프레도 파레토	소득에서 거듭제곱법칙은 물리학자에게 영감을 줌
1900	수학	루이스 바슐리에	파리 주식시장 주식 가격에서 멋대로 걷기 현상 발견
1905	물리학	알베르트 아인슈타인	브라운 운동을 설명하는 물리 이론 발표

시기	분야	학자	적용된 개념
1930	수학	노버트 위너	멋대로 걷기(random walk) 현상을 설명하는 무작위 과정인 위너 방정식 발표
1930s	수학	폴 레비	레비분포, 레비 과정 제창
1952	경제학	해리 마코위츠	포트폴리오 이론 도입
1959	물리학	오스본	주가지수 수익률의 정규분포 발견
1963	수학자	브누아 망델브로	면화 가격 수익률의 레비분포 발견
1964	경제학	윌리엄 샤프	자본자산 가격결정 모형(CAPM) 제안
1965	경제학	폴 새뮤얼슨	주가지수의 기하적 브라운 운동
1965	경제학	유진 파마	효율적 시장 가설 제창
1967	수학자	브누아 망델브로	해안선의 프랙털 이론 제시
1968	수학자	브누아 망델브로, 반 네스	분수 브라운 운동(fractional Brownian motion) 이론 제시
1972	물리학 경제학	피셔 블랙, 마이런 숄즈, 로버트 머튼	블랙-숄즈 방정식 발견
1991	물리학	로사리오 만테냐	주가지수 로그 수익률의 멱함수 법칙 발견
1995	물리학	유진 스탠리	경제 물리학 용어 창시

2.2 물리학과 경제학

뉴턴의 기계론적 세계관은 많은 과학자에게 영향을 미쳤으며, 경제학의 아버지라 불리는 애덤 스미스도 그 예외는 아니었다. 스미스는 물리학의 정교한 수학적 방법과 결정론적 예측 가능성에 매료되어, 이러한 개념들이 경제학에도 적용될 수 있다고 생각했다. 그는 경제 현상의 역동성을 '**원동력**causative force' 개념을 통해 설명하였고, 이는 뉴턴의 역학과 유사하게 경제 현상을 기계론적으로 분석하려는 시도였다.

스위스 연방 공과대학의 디디에 소네트Didier Sornette는 경제학과 물리학의 차이를 지적하면서, 경제학은 모델과 이론적 원리를 우선시하지만, 물리학은 실험

데이터가 먼저라고 주장하였다. 물리학과 경제학이 매우 이질적이고 접근 방식이 서로 다르지만, 궁극적으로는 이론적 원리를 찾으려고 노력한다는 점에서 유사하다고 할 수 있다.

뉴턴의 기계론적 역학을 바탕으로 발전해 온 물리학과 애덤 스미스의 국부론에서 시작된 경제학은 지난 300년 동안 서로 영향을 주며 발전해 왔다. 수학자이자 물리학자인 다니엘 베르누이Daniel Bernoulli, 1700-1782는 1738년에 '**효용성**utility' 개념을 소개했다. 베르누이는 상트페테르부르크 패러독스St. Petersburg paradox[1] 문제를 다룬 책에서 효용성 개념을 제시하였다. 이 개념은 오늘날 경제학에서 널리 사용되는 중요한 개념이 되었다.

19세기 초, 뉴턴 역학은 더 일반화되었다. 1834년에 윌리엄 로완 해밀턴William Rowan Hamilton, 1805-1865은 '**해밀턴의 원리**'를 발견하여 뉴턴 역학이 성립하는 근본 원리를 제시했다. 해밀턴의 원리는 '역학계에서 입자의 운동은 **작용**action을 최소화하는 경로를 따른다'는 것이다. 이를 '**최소작용의 원리**' 또는 '**해밀턴의 원리**'라고 한다. 작용은 운동에너지에서 위치에너지를 뺀 **라그랑지안**Lagrangian[2]을 시간에 대해 적분한 값이다. 경제학에서 효용함수를 최소화하는 것과 유사한 개념이다.

---

1 상트페테르부르크 게임(St. Petersburg game)은 기대 수익률이 무한대인 게임을 말한다. 한 카지노는 동전을 던져서 앞면이 나오면 돈을 지불하고 뒷면이 나오면 다음 게임에서 판돈을 2배로 올려서 지불한다. 첫 판돈을 2달러로 시작하는 경우를 생각해 보자. 첫판에서 동전이 앞면이 나오면 게임 참가자는 2달러를 받는다. 처음 뒷면이 나오고 다음 판에서 앞면이 나오면 4달러를 받는다. 연속 2번 뒷면이 나오고 세 번째 앞면이 나오면 8달러를 받는다. 이 과정이 반복된다. 이 게임에서 기대 수익률은 $E=\frac{1}{2}\times2+\frac{1}{4}\times4+\frac{1}{8}\times8+\cdots=1+1+1+\cdots=\infty$이다. 카지노는 게임 참가비로 얼마를 받아야 할까? 베르누이는 게임 참가 비용과 자신이 가진 돈을 기준으로 효용함수를 정의하였다. 베르누이가 제안한 효용함수는 w=ln(사건 이후의 부)-ln(사건 이전의 부)이다. 이 효용함수는 유한한 값으로 수렴한다.

2 한 역학계에서 운동에너지를 K, 위치에너지 U라고 하면, 라그랑지안은 $L=K-U$이다. 작용은 $S=\int_0^T Ldt$로 정의한다.

조제프루이 라그랑주Joseph-Louis Lagrange, 1736-1813는 **변분법**[3]을 이용하여 뉴턴 방정식보다 더 일반적인 '라그랑주 방정식'을 유도했다. 19세기 후반까지 뉴턴 역학의 일반화가 이루어졌으며, 과학자들은 역학계를 더 쉽게 이해할 방법을 찾았다. 뉴턴의 역학 체계는 입자들 사이에 작용하는 힘과 입자의 초기 상태를 알면, 임의의 시간에 입자의 위치와 속도를 예측할 수 있게 해준다. 뉴턴 역학은 현재 상태에서 입자의 미래 상태를 예측하는 데 도움을 준다.

기체와 같이 많은 입자가 있는 시스템의 상태는 열역학과 통계역학을 통해 설명할 수 있다. 수많은 입자의 운동을 복잡하게 얽힌 뉴턴의 운동 방정식으로 서술할 수 있지만, 손으로 완전히 풀 수는 없다. 이에 대한 대안적 방법으로 다체계의 물리적 상태를 통계적으로 해석할 수 있다. 통계역학은 다체계를 구성하는 입자들 사이의 상호작용을 바탕으로 시스템의 미시적 상태를 확률적으로 기술한다.[4] 시스템의 거시적 변수는 미시적 변수들의 평균으로부터 계산된다. 예를 들어, 기체의 온도는 입자들의 운동에너지 평균값[5]으로부터 구할 수 있다.

물리학에서 개발된 역학계의 미시적 기술은 경제학의 미시경제학에 영향을 주었고, 열역학과 통계역학의 거시적 기술 방법은 거시경제학에 큰 영향을 미쳤다. 특히 뉴턴과 라이프니츠가 개발한 미적분학과 물리학에서 널리 사용된 선형대수학은 경제학에도 널리 적용되었다. 이로 인해 경제학은 수리 경제학과 금융경제학으로 발전하게 되었다.

1827년에 스코틀랜드의 식물학자 로버트 브라운Robert Brown, 1773-1858은 현미경을 사용해 물 위에 떠 있는 꽃가루를 관찰했다. 그는 꽃가루 입자가 물 위에

---

3 라그랑주는 변분 $\delta S = S(t+\delta t) - S(t)$가 최대 또는 최소가 될 조건으로부터 오일러-라그랑주 방정식을 유도했다. 랑그랑주 방정식은 뉴턴의 운동법칙과 동등한 방정식이다.

4 다체계를 통계적으로 기술하는 통계 물리학은 열역학과 통계역학을 기반으로 한다.

5 밀도가 낮아 이상기체에 가까운 기체의 평균 운동에너지 K는 온도에 비례한다. 즉, $K \simeq kT$이다. 여기서 T는 절대온도, k는 볼츠만 상수이다.

서 매우 불규칙하게 지그재그로 움직이는 것을 발견했다. 이를 '**브라운 운동**'이라고 부른다. 처음에 브라운은 꽃가루가 살아있어서 저절로 움직인다고 생각했지만, 생명이 없는 작은 입자도 물 위에서 비슷한 움직임을 보이기 때문에 생명현상 때문은 아니라는 것을 알게 되었다.

그렇다면 물 위에 떠 있는 입자들은 왜 이렇게 무질서하게 움직일까? 그 이유는 물 분자들의 **열운동** 때문이다. 온도가 올라가면 물 분자들의 열운동이 더 활발해진다. 눈에 보이지 않는 물 분자들이 끊임없이 꽃가루 분자와 충돌하면서, 사방에서 오는 충돌로 인해 꽃가루에 가해지는 힘이 순간적으로 불균형해진다. 이런 불균형 때문에 꽃가루는 어떤 알짜 힘의 방향으로 움직이게 된다. 다음 순간에는 또 다른 물 분자들이 꽃가루에 충돌하면서 힘의 균형이 또다시 무너지며, 꽃가루는 전혀 다른 방향으로 움직인다. 이렇게 꽃가루는 예측할 수 없는 방향으로 계속해서 멋대로 움직이게 된다.

브라운 운동이 처음 보고된 후 73년 동안 이를 설명할 수 있는 과학적 이론은 발견되지 않았다. 1905년, 취리히 공과대학을 졸업하고 스위스 특허청에서 일하고 있던 아인슈타인은 물리학을 공부하며 많은 연구를 진행했다. 같은 해에 그는 박사학위 논문을 취리히 대학교에 제출하여 박사학위를 받았다. 이 논문의 제목은 「분자 크기를 결정하는 새로운 방법A New Determination of Molecular Dimensions[6]」이다. 논문에서는 브라운 운동을 물리학적으로 설명하는 내용이 담겨 있었다.

아인슈타인은 브라운 운동하는 입자의 위치 분산이 시간에 따라 증가한다는 것을 발견했다. 그는 입자들이 확산하는 현상을 이론적으로 설명할 수 있는 근거를 제시했다. 예를 들어, 향수 한 방울을 손등에 떨어뜨리면 시간이 지남에 따라 향기가 멀리 퍼지는데, 이는 **확산현상** 때문이다. 아인슈타인은 확산 시간이 입자

---

6 아인슈타인의 1905년에 박사학위 논문을 완성했으며, 그 논문은 그해의 두 번째 물리학 논문이었으며 물리학 년보(Annalen der Physick)에 실렸다. A. Einstein, "A new determination of molecular dimensions", Annalen der Physick 19, 289–305 (1906).

들이 움직인 거리의 제곱근[7]에 비례한다는 것을 이론적으로 계산했다. 즉, 향수의 냄새를 멀리서 맡기 위해서는 더 긴 시간이 필요하다는 것을 설명한 것이다. 아인슈타인은 분자의 확산현상으로부터 그때까지 알려지지 않은 아보가드로수[8]를 계산해 냈다.

1905년 아인슈타인은 브라운 운동에 관한 이론 외에도 「특수 상대성 이론」과 「광전 효과 설명」 등 여러 중요한 논문을 발표했다. 특수 상대성 이론은 그의 가장 위대한 업적 중 하나로 평가되며, 광전 효과에 관한 논문은 그에게 노벨 물리학상을 안겨준 논문이다. 과학사에서는 브라운 운동에 대한 이론이 1905년 아인슈타인에 의해 처음 발견된 것으로 알려져 있지만, 실제로는 그렇지 않다.

수학자이자 물리학자인 앙리 푸앵카레의 제자였던 루이 바슐리에Louis Bachelier, 1870-1946는 1900년에 프랑스 소르본 대학교에 「**투기이론**Theory of Speculation[9]」이라는 제목의 박사학위 논문을 제출했다. 이 논문은 최우수 등급을 받지 못하고 "우수" 등급을 받았다. 당시의 "우수" 등급은 수학적인 엄격함과는 거리가 멀지만, 여러 논거를 포함한 가장 높은 등급의 논문에 주어졌다.

바슐리에의 논문은 파리 증권거래소의 **옵션 가격** 움직임을 예측하려는 이론을 담고 있었다. 그는 주식 옵션 가격이 무작위로 변동한다고 주장하며, 예측할 수 없다고 설명했다. 바슐리에의 주장에 따르면, 옵션 가격은 시장의 뉴스와 경제 정보 등 이미 알려진 정보에 따라 결정되므로, 수익을 내기 위한 '시장 이기기'는 동전을 던지는 것과 같다고 했다. 그의 이론은 물 위의 꽃가루가 무작위로 움직이는 브라운 운동과 수학적으로 일치했다.

---

7 시간 t까지 입자가 움직인 평균 거리는 $< R^2(t) >= Dt$이다. 여기서 D는 확산계수이다.

8 아인슈타인은 그때까지 알려진 물에서 설탕분자의 확산계수를 기반으로 아보가드로수(Avogadro's number)가 3.3×10^{23}이라고 계산했다. 1906년에 다른 실험 결과를 바탕으로 아보가드로수가 6.56×10^{23}이라고 추정하였다. 이 값은 오늘날 알려진 아보가스로수 6.022×10^{23}에 근접한 값이다.

9 바슐리에의 박사학위 논문은 에콜노말슈피리에 학술지에 실렸다. L. Bachelier, "Theorie de la speculation", Annels Scientifiques de l'Ecole Normale Superieure, Vol. 3(17), 21–86 (1900).

바슐리에는 주식시장에서 옵션 가격을 연구하여, 아인슈타인보다 5년 먼저 브라운 운동을 수학적으로 설명하는 방법을 발견했다. 그의 연구에 따르면, 채권 가격의 수익률 분포는 정규 분포를 따른다. 이는 **멋대로 걷기**random walk, 막걷기에서 예측되는 분포와 정확히 일치하며, 결과적으로 수익과 손실이 정확히 같은 비율로 존재하여 평균 수익률이 영이 되는 것과 같다. 바슐리에의 논문은 1950~1960년대에 미국의 경제학자들에 의해 재발견되기 전까지 오랫동안 잊혀져 있었다.

1952년 해리 마코위츠Harry Markowitz, 1927-2023는 **위험**과 **수익률**의 관계를 이용하여 **포트폴리오 이론**portfolio theory[10]을 제안했다. 그는 포트폴리오에 포함된 개별 자산의 표준편차가 아니라, 전체 자산의 수익률 변동성을 고려했다. 즉, 포트폴리오의 위험을 포트폴리오의 분산으로 정의했다. 그는 "높은 수익률을 기대하면 큰 위험이 따른다"는 사실을 깨달았다.

마코위츠는 자산의 위험을 **분산**[11]으로 정의했는데, 분산이 무한히 커지거나 정의되지 않으면 재무 이론이 성립할 수 없다고 주장했다. 따라서 유한한 분산을 가질 때 이론적 계산이 가능하다. 그의 "효율적 포트폴리오 이론Markowitz Efficient Portfolio Theory"은 주어진 기대 수익에 대해 제거 가능한 모든 위험을 제거한 포트폴리오를 말한다. 이론에 따르면 포트폴리오의 위험이 증가하지 않으면서 추가적인 수익을 얻을 수는 없다.

포트폴리오 이론은 **자본자산 가격결정 모형**Capital Asset Pricing Model, CAPM[12]과 다양한 파생상품 가격 결정 모형으로 발전했으며, 유한한 분산은 이론의 필수적인 요소가 되었다. 마코위츠의 논문은 정량적 재무 이론의 출발점이라고 할 수 있다.

---

10 H. M. Markowitz, "Portfolio selection", Journal of Finance 7(1), 77–91 (1952).

11 확률변수 x의 분산은 $\sigma^2 = < x^2 > - < x >^2$으로 정의한다.

12 William F. Sharpe, "Capital Asset Prices–A Theory of market equilibrium under conditions of risk", Journal of Finance X1X(3), 425–442 (1964).

오스본M. F. M. Osborne, 1916-2003은 미국 버지니아 대학에서 천체물리학으로 학사학위를 받고, 캘리포니아 주립대학 버클리에서 박사학위를 하던 중 1939년 제2차 세계대전이 발발했다. 군에 지원했지만 시력이 좋지 않아 입대할 수 없었다. 대신 해군연구소Naval Research Laboratory에서 일하게 되었다.

1956년에 오스본은 월스트리트 저널에서 주가지수를 보고 주식시장의 가격 변화를 고민했다. 그는 처음에는 주가지수 자체가 정규분포를 따른다고 생각했지만, 곧 그 가정을 포기했다. 주식 가격이 정규분포를 따르는지 확인하려면 여러 주식 가격 데이터를 수집해 분포를 그려보면 된다. 오스본은 주식 가격 자체는 정규분포를 따르지 않음을 발견하였다.

오스본은 100달러를 은행에 저축한 경우와 주식시장에서 100달러의 주식을 산 경우를 비교해 보았다. 은행에 저축하면 고정된 이자를 받지만, 주식은 오르기도 하고 내리기도 한다. 주식 100달러를 투자하여 수익이 나면 그 수익률을 은행의 이자처럼 생각할 수 있다. 즉, 주식의 수익률을 가격의 변동률로 볼 수 있다.

오스본은 주식 가격의 **로그 수익률**logarithmic return[13] 분포를 그려보았고, 그것이 정규분포처럼 보인다는 것을 발견했다. 로그 수익률이 정규분포이면 주식 가격 자체는 **로그-정규분포**log-normal distribution[14]를 따른다는 의미다. 그는 투자자들이 주식 가격 자체의 움직임보다는 수익률에 더 관심을 갖기 때문에, 주식 가격이 무작위로 움직이는 것이 아니라 수익률이 무작위로 움직이는 것이라고 생각했다. 투자자들은 주식 차트에서 수익률이나 손실 퍼센트, 또는 가격이 어제보다 올랐는지 내렸는지에 더 집중한다. 오스본은 로그 수익률이 투자자들이 느끼는 수익과 손실을 잘 반영한다고 보았다.

---

13 어떤 시점 t에서 주식의 가격이 $I(t)$일 때, 로그 수익률 $r(t)$는 $r(t) = \log I(t) - \log I(t-1)$으로 정의한다.

14 확률변수 X의 로그값인 $\ln X$가 정규분포를 따른다. 분포함수는 $p(x) = \frac{1}{x\sqrt{2\pi\sigma^2}} \exp\left(-\frac{(\ln x - \mu)^2}{2\sigma^2}\right)$이다.

물리학자들은 정규분포가 나타나는 상황을 잘 알고 있었다. 그 예가 바로 브라운 운동을 설명하는 "**멋대로 걷기**" 현상이다. 주식 가격 변동이 무작위로 일어난다면, 그 분포는 정규분포를 따라야 한다. 오스본은 통계물리학에서 멋대로 걷기 현상을 주가지수의 변동률에 그대로 적용했다.

1959년에 오스본은 자신의 논문을 경제학 저널이 아닌 '경영과학Operations Research' 학술지에 「주식시장의 브라운 운동Brownian motion in the stock market[15]」이라는 제목의 논문을 발표했다. 그는 주식 가격이 통계적 평형 상태에서 결정된다고 가정하고, 주식 가격 변화의 **앙상블**ensemble[16]에서 가격이 결정될 때, 주식 가격의 로그 수익률이 정규분포를 따른다는 것을 발견했다. 주식 가격의 로그 수익률이 무작위로 변동하는 현상을 "**기하 브라운 운동**Geometric Brownian Motion"이라고 한다.

오스본이 주식시장에 멋대로 걷기를 적용한 이유는 통계물리학에서 입자들의 미시 상태를 설명하는 앙상블 이론과 비슷하게 주식 가격의 앙상블[17]을 고려했기 때문이다. 오스본은 바슐리에의 논문을 알지 못한 채, 주식 가격이 무작위로 움직인다면 로그 수익률이 브라운 운동처럼 무작위로 변할 것이라는 사실을 발견했다. 바슐리에는 옵션 가격 자체가 멋대로 걷기 한다고 생각했지만, 오스본은 주식 가격의 '**수익률**'이 멋대로 걷기 한다고 보았다. 사실 바슐리에의 생각은 틀렸고, 오스본의 생각이 맞았다. 오스본의 연구에 따르면, 주식 시장에서 수익을 올리는 방법은 없으며, 주식 가격을 예측할 수 없기 때문에 투자자의 평균 수익률은 제로가 되어야 한다.

1963년에 IBM 왓슨 연구소의 수학자 브누아 망델브로Benoit Mandelbrot, 1924-2010

---

15 M. F. M. Osborne, "Brownian motion in the stock market", Operations Research 7(2), 145-173(1959).

16 거시적 상태는 같지만 계가 가질 수 있는 모든 미시적 동역학 상태의 모음을 의미한다.

17 앙상블(ensemble)은 동일한 거시적 조건을 만족하는 모든 가능한 미시적 상태를 말한다. 현재의 주식 가격을 바탕으로 미래 시점의 주식 가격을 결정할 때, 가능한 모든 가격 경로들의 집합을 앙상블이라 부른다.

는 면화 가격의 변동 누적 분포가 멱함수 법칙power law과 안정적인 "**레비 분포**"[18]를 따른다는 사실을 발견했다. 망델브로는 주식시장에서 1년이나 1개월 동안의 주식 가격 수익률 패턴이 서로 유사하다는 점을 또한 인식했다. 즉, 시간의 축척에 따라 "**자기 닮음성**self-similarity"이 있다는 것을 깨달았다. 이러한 깨달음은 1967년 해안선 구조의 자기 닮음성에 관한 논문을 발표한 후 더욱 확고해졌다. 비슷한 시기에 유진 파마Eugene Fama, 1939~ 또한 주식시장에서 가격 변동의 누적 분포가 멱함수 법칙을 따르는 경우를 발견했다.

1964년에 윌리엄 샤프William F. Sharpe, 1934-는 마코위츠의 포트폴리오 이론을 확장하여 **자본자산 가격 결정 이론**Capital Asset Pricing Model, CAPM을 발표했다. 샤프는 1961년 캘리포니아 대학교 로스앤젤리스UCLA에서 경제학으로 박사학위를 받은 후 워싱턴대학교에서 자리를 잡은 후에 자산 가격 결정이론을 계속 연구하였다.

샤프는 자산의 **기대 수익률**[19]을 계산하는 방법을 제시했다. 이 방법은 자산의 수익률이 **무위험 수익률**과 시장의 평균 수익률 사이의 차이에 기반한다고 설명한다. 무위험 수익률은 은행 금리나 채권 수익률처럼 위험이 없는 수익을 의미하며, 시장의 평균 수익률은 시장 전체의 평균적인 수익을 말한다.

자산의 수익률이 시장 전체의 수익률에 얼마나 민감한지에 따라 자산의 기대 수익률이 결정된다. 샤프는 자산의 수익률이 시장 수익률의 변동에 따라 어떻게 변하는지를 측정하기 위해 '**베타계수**[20]'를 도입했다. 베타계수는 자산의 시장 민감

---

18 망델브로는 면화의 가격 변동 u의 누적 분포가 멱함수는 $P(U>u) \sim u^{-\alpha}$이고 $\alpha < 2$임을 발견하였다.

19 어떤 자산이 기대수익은 $E(r_i) = r_f + \beta_i [E(r_M) - r_f]$로 표현된다. 여기서 무위험 수익률 r_f는 은행 금리나 채권 수익률과 같이 위험이 없는 수익을 의미한다. $E(r_M)$은 시장의 기대 수익(market return)이다. 시장수익이 무위험 수익률을 넘어서면 초과수익 $E(r_M) - r_f$이 생긴다.

20 주식시장에서 베타계수(Beta coefficient, β)는 주어진 기간 동안 시장 전체의 변동에 대한 개별 자산 수익률의 민감도를 나타낸다. 예를 들어 A 주가의 베타가 $\beta = 0.5$이면, 주가지수가 1% 증가했을 때 주식 A의 수익률은 0.5% 증가한다는 의미이다.

도를 나타내며, 이 계수를 통해 자산의 위험과 수익의 관계를 이해할 수 있다.

샤프는 1962년에 이 논문을 Journal of Finance에 제출했으나 거절당했다. 하지만 1964년에 논문이 다시 심사되어 같은 저널에 「자본 자산 가격: 위험 조건에서의 시장 균형 이론Capital Asset Prices: A Theory of Market Equilibrium under Conditions of Risk」이라는 제목으로 발표되었다. 이 논문은 금융 경제학의 중요한 이론적 기초를 마련하였다.

2.3 효율적 시장 가설

1955년에 MIT의 폴 새뮤얼슨Paul Anthony Samuelson, 1915-2009은 친구인 시카고대학교 교수 레너드 새비지Leonard Jimmie Savage, 1917-1971로부터 엽서 한 장을 받았다. 새비지는 『확률론』 교재를 집필하던 중 20세기 초에 바슐리에가 출판한 논문들을 발견하고, 그의 투기 이론을 읽고 깜짝 놀랐다. 그래서 급히 새뮤얼슨에게 엽서를 보내 바슐리에의 논문을 본 적이 있는지 물어보았다. 새뮤얼슨은 바슐리에라는 이름조차 들어본 적이 없었다. 그는 즉시 도서관으로 달려 가서 1914년에 출판된 바슐리에의 박사학위 논문이 담긴 책 『투기 이론』을 찾아냈다. 당시 새뮤얼슨의 연구 그룹은 주식시장에서 주가지수의 무작위 변동 문제를 연구하고 있었지만, 바슐리에의 논문을 알지 못했다. 새뮤얼슨은 프랑스어로 된 바슐리에의 논문을 영어로 번역해 그 내용을 검토하였고, 자신이 55년 전에 바슐리에가 발견했던 이론을 재발견했다는 것을 깨달았다.

주가지수의 무작위 변동 문제와 효율적 시장 가설에 대한 이론은 1965년에 두 경제학자에 의해 재발견된다. 시카고 대학의 유진 파마와 폴 새뮤얼슨이 그들이다. 유진 파마는 1965년에 「주식시장에서 가격의 행동Random walks in stock market prices[21]」

21 Eugene F. Fama, "Random walks in stock market prices", Financial Analysts Journal 21(5), 55–59 (1965).

이라는 논문을 Financial Analysts Journal에 발표하였다. 같은 해, 새뮤얼슨은 「적절히 예측한 가격은 무작위로 변동한다는 증거Proof that properly acticipated prices fluctuate randomly[22]」라는 논문을 International Management Review에 출판하였다. 두 사람의 주식시장에서의 무작위 변동 재발견은 바슐리에의 논문을 모른 채 연구하다가 비슷한 문제에 대한 답을 찾은 결과였다.

바슐리에와 새뮤얼슨이 주식 가격 변동을 무작위적으로 생각한 이유는 시장에서 정보가 소실되기 때문이다. 바슐리에는 투자자들이 자신에게 유리한 정보를 바탕으로 시장에 참여한다고 보았다. 주식을 사려는 사람은 주가가 오를 것이라고 생각하고, 반대로 주식을 팔려는 사람은 주가가 내릴 것이라고 믿는다. 그러나 이러한 유용한 정보는 투자자가 시장에 들어오는 순간 즉각적으로 반영되어 사라진다. 주식 가격은 모든 정보를 이미 반영하고 있기 때문에 시장 정보를 이용해 수익을 올릴 방법이 없다. 그래서 주식 시장의 가격 변동은 동전을 던져서 결정하는 것과 같다고 설명했다.

바슐리에의 이러한 생각은 "효율적 시장 가설"의 원형이라 할 수 있다. 이 개념은 1965년에 유진 파마는 「주식시장에서 가격의 행동[23]」 논문에서 시장의 무질서한 변동이 효율적 시장 가설을 반영한다고 주장했다. 즉, 그의 주장에 따르면 투자자들이 과거 정보를 열심히 활용할수록 정보는 빨리 사라지고 시장은 더 무질서하게 작동한다. 이로 인해 주가지수의 변동은 예측이 불가능해진다.

파마는 주식 가격 변동에 대한 두 가지 가정을 세웠다. 첫째, 연속적인 가격 변화는 서로 독립적이다. 둘째, 주식 가격 변화는 어떤 특정한 분포를 따른다고 가정했으며, 그 분포가 정규분포라고 생각했다. 주가는 투자자들의 다양한 정보

---

22 Paul A. Samuelson, "Proof that properly anticipated prices fluctuate randomly", Industrial Management Review 6(2), 41–49(1965).

23 E. F. Fama, "The behavior of stock-market prices", The Journal of Business 38(1), 34–105 (1965).

잡음을 반영하며, 각 투자자는 주식이 본질 가치를 가지고 있다고 생각하지만, 그 가치를 정확히 알 수는 없다. 바슐리에와 오스본은 정보와 본질 가치의 불확실성이 주식 가격 변동을 시간에 따라 독립적으로 만들 것이라고 보았다. 이를 "**바슐리에-오스본 가정**"이라고 한다.

주식 가격 변동의 독립성은 가격 변동을 무작위적으로 이해할 수 있음을 의미한다. 파마와 새뮤얼슨은 효율적 시장에 대한 관점에서 약간의 차이를 보인다. 파마는 경쟁 시장에서 가격 변화의 무질서한 요동 때문에 주식 가격이 결국 본질 가치로 수렴한다고 보았다. 반면, 새뮤얼슨은 가격 변동의 무작위성이 본질 가치 때문이 아니라 투자자들 사이의 예측 불가능한 경쟁 때문이라고 생각했다. 바슐리에, 오스본, 파마, 새뮤얼슨의 관점이 서로 다른 것처럼 보이지만, 궁극적으로 그들은 시장이 효율적으로 동작한다고 생각했다.

시장 내에서 가치 투자자나 차트 변동을 이용하는 **차티스트**의 행동은 결국 정보의 소실을 초래하고, 이는 주식 가격의 무작위성을 유발한다. 유진 파마는 주식 가격의 독립적인 변동이 효율적 시장이 형성됨을 나타낸다고 주장했다. 현명한 차티스트들은 서로 경쟁하면서 이득을 보려 하지만, 그럴수록 주가의 변동은 더욱 무질서해진다. 정치적, 경제적 사건을 분석하여 시장을 예측하는 분석가의 지속적인 개입도 무질서한 가격 변동을 일으키고 주식 가격의 독립성을 강화한다.

무질서한 주식 가격 변동은 가격 변동의 분포가 정규분포에 가까움을 의미하며, 이는 극단적인 변동이 발생할 가능성이 적다는 것을 나타낸다. 클로드 섀넌 Claude Elwood Shannon, 1916-2001의 정보 이론에 따르면 무질서 정도가 클수록 정보의 양이 많아진다. 이것은 열역학에서 엔트로피가 높을수록 정보량이 많다는 점과 비슷하다. 따라서 멋대로 변하는 효율적 시장은 비효율적 시장보다 더 많은 정보를 내포하고 있어 예측하기가 더욱 어려워진다.

유진 파마는 주식 시장에서 효율적 시장 아이디어를 발전시켜 1970년 Journal of Finance에 「효율적 자본시장: 이론과 실증 연구 리뷰Efficient capital markets: a review of theory and empirical work[24]」라는 논문을 발표했다. 이 논문은 오늘날 주류 경제학자들이 신봉하는 효율적 시장 가설의 이론적 기초를 마련하는 중요한 계기가 되었다. 새뮤얼슨은 1970년에 노벨 경제학상을 수상했고, 유진 파마는 2013년에 같은 노벨 경제학상을 수상했다.

정규분포를 기반으로 한 "**평균-분산 최적화 이론**mean-variance optimization"은 금융 경제학 분야에서 확장되었다. 1964년에 피셔 블랙Fischer Black, 1938-1995은 하버드 대학교에서 물리학을 공부하다 수학으로 전공을 바꾸어 응용수학으로 박사학위를 받았다. 하버드에서 공부하는 동안 MIT의 교수이고 인공지능 분야의 선구자인 마빈 민스키Marvin Minsky, 1927-2016의 지도를 받았다. 1973년에 마이런 숄즈Myron Sholes, 1941-와 함께 오늘날 "**블랙-숄즈 방정식**Black-Sholes equation"으로 알려진 옵션 가격을 결정하는 논문을 정치경제학 저널The journal of political economy[25]에 발표한다.

1973년 블랙과 숄즈의 논문 출판을 도왔던 머튼Robert C. Merton, 1944~은 같은 해에 단독 저자로 벨 경제학 경영과학 학술지The Bell Journal of Economics and Management Science에 「합리적 옵션 가격 이론Theory of Rational Option Pricing」이란 제목의 논문을 발표하였다. 이 논문은 블랙-숄즈 논문을 수학적으로 확장하고 응용문제를 포함하고 있었으며 그의 논문에서 "옵션가격의 **블랙-숄즈 이론** Black-Scholes theory of options pricing"이란 이름을 처음 사용하였다.

1997년에 숄즈와 머튼은 노벨 경제학상을 수상했는데 블랙은 2년 전에 지병으로 사망했기 때문에 두 사람이 노벨 경제학상을 수상했다. 블랙-숄즈 방정식은 블랙-숄즈-머튼Black-Scholes-Merton, BSM 모형이라고도 한다. 이 방정식은 옵

---

24 B. G. Malkiel, E. F. Fama, "Efficient capital markets: a review of theory and empirical work", Journal of Finance 25(2), 383-417 (1970).

25 F. Black, M. Scholes, "The pricing of options and corporate liabilities", Journal of Political Economy, 81(3), 637-654 (1973).

션 가격을 결정하는 미분방정식이다. 블랙-숄즈 방정식은 주식이나 선물과 같은 금융상품이 일정한 **유동성**과 **변동성**을 가지고 멋대로 걷기할 때 옵션 가격을 결정한다. 블랙-숄즈 방정식은 파생상품의 기초 가격을 결정하는 기본 공식으로 자리 잡았고, 이를 통해 파생상품을 시장에서 거래할 수 있는 길이 열렸다. 이 과정에서 1970년대에 금융자본이 산업자본을 지배하기 시작하는 기틀이 마련되었다. 이후 금융공학과 자본시장에 대한 연구와 발전이 급속히 이루어졌고, 주로 미국을 중심으로 크게 성장했다.

2.4 비합리적 시장

주가지수의 변동이 레비 분포를 보이고, 영국 해안선의 길이가 자기닮음 구조를 가진다는 사실을 발견한 브누아 망델브로는 1975년에 이러한 구조를 "**프랙털** fractal"이라고 명명했다. 자기닮음 구조는 혼돈 현상의 동력학적 측면에서 큰 주목을 받았다. 망델브로는 1982년에 출판한 『자연의 프랙털 기하학The Fractal Geometry of Nature[26]』에서 다양한 분야에 프랙털을 소개하고, 이를 특징짓는 차원 개념을 설명했다. 그는 경제 시계열, 특히 주가지수 변동이 무질서하지 않고 자기닮음 구조를 가진다는 점을 인식했다. 프랙털은 멱함수 법칙을 따르며, 그 멱함수 지수는 무리수인 프랙털 차원을 가진다. 경제 시계열은 시간에 따라 변동하므로, 시간 차원의 축소와 확대에서도 자기닮음 구조를 띈다. 예를 들어, 그림 2.2와 같이 1년과 20년 동안의 주가지수 변동 시계열을 비교하면 두 시계열의 변동 양상이 유사하다는 것을 확인할 수 있다.

1963년에 망델브로는 가격 변동에 "레비 분포 함수[27]"를 도입했다. 이 분포에

26 B. B. Mandelbrot, "The fractal geometry of nature", Times Books, 1982.

27 가격 변동 $|x|$가 큰 값을 가지는 영역에서 안정한 레비분포는 $P(x) \sim x^{-(1+\alpha)}$ $(0 < \alpha < 2)$를 의미한다.

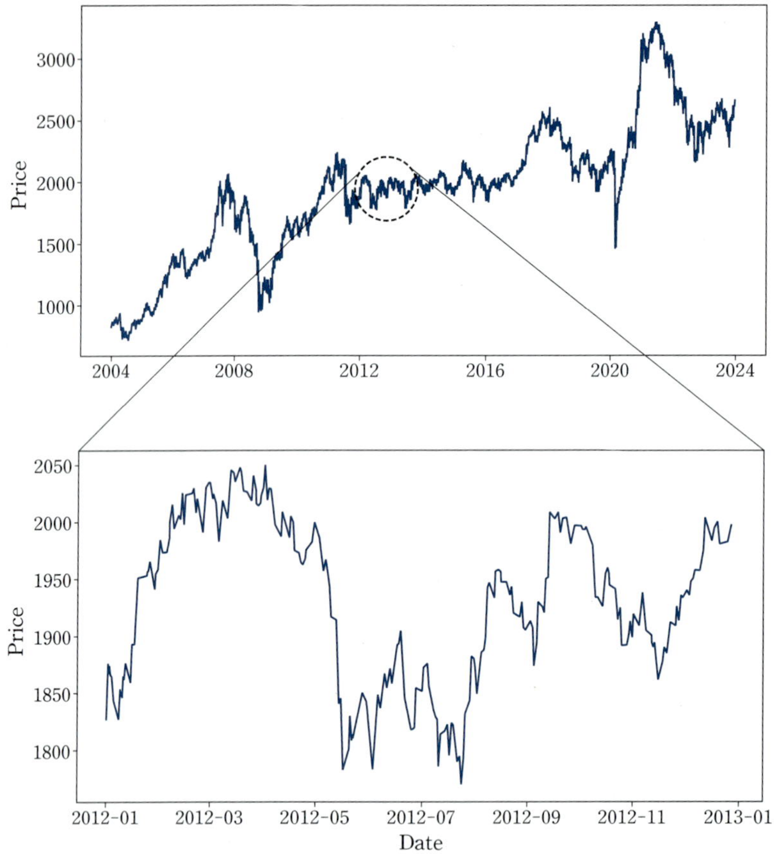

[그림 2.2] 주가지수 시계열의 자기 닮음성. 20년간 코스피 주가지수 그래프와 1년간의 코스피 주가지수 그래프는 어딘가 닮아있다.

서 멱함수 지수가 클 경우 분산이 무한대로 증가하며, 멱함수 지수가 작을 수록 큰 변동 사건이 더 자주 발생한다. 지수가 1이면 로렌치안 분포, 2이면 파레토 분포, 2보다 클 경우에는 정규분포에 가까워 진다. 이러한 다양한 분포는 가격 변동의 특성과 위험을 이해하는 데 중요한 역할을 한다.

안정한 레비 분포는 멱함수 법칙을 따르며 "**두꺼운 꼬리 분포**fat-tailed distribution"라고 불린다. 이는 가격 변동에서 큰 사건이 자주 발생하고, 가격이 불연속적으로 큰 점프 할 수 있음을 의미한다. 이런 큰 변동의 빈도는 분포함수가 유한한 분산을 유도하지 못하게 하여, 분산이 발산하는 현상을 초래한다.

금융학에서 분산은 위험을 정의하는 중요한 요소인데, 분산이 발산하면 전통적인 경제학자나 금융학자들이 사용하는 위험의 수학적 정의가 불가능해진다. 이로 인해 정량적 계산이 어렵고, 마르코비치의 평균-분산 최적화 이론을 적용하는 데 큰 제약이 생긴다.

1965년에 유진 파마는 안정한 파레토 분포를 다룰 수 있는 적절한 통계적 도구의 필요성을 강조했지만, 이 문제는 금융학 분야에서 아직도 해결되지 않은 과제로 남아 있다. 1970년대는 금융학이 막 태동하던 시기라 분산이 발산하는 레비 분포에 대한 집중적인 연구가 어려웠다.

이때 경제학자들이 간과했던 논리적 빈틈을 물리학자들이 발견해 잽싸게 뛰어들었다. 통계 물리학자들은 발산 현상에 익숙했고, 특히 상전이가 일어나는 임계점 근처에서 물리량이 발산하는 이유를 이해하고 있었다. 그러나 물리학자들이 다루었던 상전이 시스템은 자유의지가 없는 기체나 분자, 스핀 등으로 구성된 비유기체적 다체계였다. 반면 경제 현상에서 경제적 행위자들은 의지를 가지고 상호작용하기 때문에 이 둘은 매우 달랐다.

그럼에도 불구하고 의지가 없는 기체분자와 주식시장에서 가격 변동의 멱법칙 구조가 어떻게 유사할 수 있는지에 대한 질문은 물리학자들의 흥미를 자극했다. 이 문제를 탐구함으로써 물리학자들은 경제적 행동과 자연 현상 간의 깊은 연관성을 이해하고자 했다.

1970년대 이후, 냉전 과학이나 **철의 장막 과학**Iron-Curtain Sciences에 종사하던 일부 과학자들은 **철의 장막 이후의 과학**post Iron-Curtain Sciences을 제안했다. 철의 장막 과학은 2차 세계대전과 동서 냉전 기간동안 핵폭탄 개발에 관여했던 과학을 일컫는다. 전쟁이 끝난 후 많은 과학자들이 이전 직장이나 새로 세운 연구소로 이동했지만, 일부는 여전히 핵무기 관련 업무를 수행했다.

이런 과학자들 중에서 새로운 과학의 방향성을 고민하는 학자들이 나타났다.

그중 한 명인 조지 카원George A. Cowan, 1920-2012은 복잡계 연구의 메카로 알려진 "**산타페 연구소**Santa Fe Institute, SFI"를 설립하는 데 중요한 역할을 했다.

그는 1941년 매사추세츠주 우스터 공과대학Worcester Polytechnic Institute 화학과를 졸업한 후 프린스턴 대학교 물리학과에서 유진 위그너Eugene Paul Wigner, 1902-1995 그룹의 사이클로트론 실험에 참여했다. 이후 카원과 위그너는 우라늄 연쇄 반응에 대한 연구도 함께 진행했다.

제2차 세계대전이 발발하자 카원과 위그너는 핵무기 개발 프로젝트인 맨해튼 프로젝트에 참여하게 되었고, 시카고 대학교의 **야금 실험실**Metallurgy Laboratory[28]에서 연구하며 핵 개발에 기여했다. 전쟁이 끝난 후, 카원은 박사 학위를 취득하고 로스앨러모스 국립연구소LANL에서 근무하며 아시아에서 수집한 방사성 낙진을 분석해 소련이 수소폭탄을 개발했다는 사실을 밝혀냈다.

카원은 LANL에서 근무하는 동안 통계 물리학자를 비롯한 여러 이론 물리학자들과 친분을 쌓았다. 그는 아스펜 연구소에서 열리는 정규 컨퍼런스에도 일찍부터 참여했는데, 이 컨퍼런스는 과학, 공학, 철학, 인문학 등 다양한 분야의 학자들이 모여 세계의 중요한 문제를 논의하는 간학제 모임이었다.

1982년부터 1983년까지 카원은 레이건 행정부에서 백악관 과학위원회 위원으로 활동하며 실용 과학의 중요성을 인식하게 되었다. 이후 LANL로 복귀한 그는 학제 간 융합 연구의 필요성을 느끼고, 동료 학자들과 함께 새로운 융합 연구소 설립을 구상했다.

카원은 일을 성사시키는 재능과 훌륭한 리더십을 지니고 있었다. 그는 노벨

---

28 2차 세계대전이 발발하고 맨해튼 프로젝트를 지원하기 위해서 1942년 미국 시카고 대학에 설립된 야금실험실로 Met Lab이라 불렸다. 노벨 물리학상 수상자 아서 콤프턴(A. H. Compton)이 수장으로 있으면서, 엔리코 페르미(E. Fermi)가 실시했던 조절 가능한 방사선 붕괴 실험인 시카고 더미(Chicago Pile) 실험을 지원하였다. 시카고 더미 실험은 우라늄 벽돌을 쌓아 놓고 인위적으로 중성자를 조절하면서 급격한 폭발이 일어나지 않도록 설계한 인류 최초의 조절 가능한 핵분열 실험이었다. 시카고 풋볼구장을 개조하여 우라늄을 쌓았기 때문에 시카고 더미라 불렸다.

물리학상을 수상한 머레이 겔만, 필 앤더슨 등의 지원을 이끌어내었고, 몬테카를로 방법에서 중요한 메트로폴리스 알고리즘을 개발한 닉 메트로폴리스와 함께 1984년에 산타페 연구소를 설립했다. 연구소는 처음에 "**복잡성**"을 연구 방향으로 설정했지만, 다양한 논의 끝에 "**복잡 적응계**"로 방향을 바꾸어 "**복잡계**"를 중심으로 연구를 진행하게 되었다.

산타페 연구소는 연구의 방향을 확장하기 위해 1987년에 "국제경제학의 진화과정"이라는 워크숍을 개최했다. 이 워크숍은 씨티그룹 회장인 존 리드John Shepard Reed, 1939~의 후원으로 열렸으며, 물리학자와 경제학자가 그룹을 이루어 서로의 관심사를 발표하고 협력 연구를 모색하는 자리였다. 이런 워크숍을 씨티그룹이 지원했다는 자체가 매우 이례적이었으며, 리드 회장이 실물 경제에서 느끼고 있던 무언가 해결하지 못한 현실 문제에 대한 갈증을 느낄 수 있다.

물리학 측에서는 머리 겔만Murray Gell-Mann, 1929-2019, 필 앤더슨Philip Warren Anderson, 1923-2020, 데이빗 파인즈David Pines, 1924-2018 등 저명한 물리학자들이 참여했으며, 경제학 측에서는 노벨 경제학상 수상자인 케네스 애로우Kenneth Arrow, 1921-2017, 시티그룹 회장 존 리드, 브라이언 아서Brian Arthur, 1945~ 등이 참석했다. 워크숍은 처음에는 물리학자들과 경제학자들 간의 싸움처럼 보였지만, 워크숍이 진행되는 동안에 두 진영은 연구 방향에 대해 대체적인 합의에 이르렀다.

양측은 물리학과 복잡계 과학을 경제학에 적용하는 "**복잡계 경제학**"이 필요하다는 데 동의했다. 주류 경제학에서 사용되는 합리적 행위자와 완전한 정보를 가진 행위자 개념을 버리고, 한정된 정보와 비합리성을 지닌 경제 행위자들을 바탕으로 경제 현상을 탐구하기로 합의한 것이다. 물리학자들은 물리학의 원리를 경제학에 적용해야 한다고 보았으며, 경제학자들 또한 경제 현상을 이해하는 데 물리학적 접근이 필요하다는 데 공감했다.

1987년 산타페 연구소 워크숍의 중심 인물은 경제학자 브라이언 아서였다. 아서는 영국 출신의 비주류 경제학자로, 박사학위 취득 후 "제3세계의 인구 문제"에 대한 실증 연구로 명성을 쌓았다. 그는 국제응용시스템 분석연구소International Institute for Applied Systems Analysis, IIASA[29]에 체류하며 물리학자들과 교류하면서 당시 주목받던 혼돈이론, 비선형 동역학, 비평형 소산 시스템 개념을 받아들였다.

아서의 연구는 경제 주체들의 비합리성과 동역학적 변화를 강조했다. 그는 경제 시스템에서 자체 강화에 의해 "**양의 되먹임**positive feedback"이 발생하면, 전통적인 "**효용 체감**decreasing return[30]" 대신 "**효용 체증**increasing return[31]"이 나타날 수 있음을 발견했다. 또한, 경제와 사회 현상에서 "우연의 **고착화**accident lock-in" 현상을 주장했으며, 그 예로 "시계방향으로 도는 시계"와 컴퓨터의 "QWERTY" 자판 배열[32]을 들었다. 벽시계가 발명되었을 때 시계방향 시계와 반시계방향 시계가 동시에 만들어졌지만, 시계방향 시계에 대한 사람들의 약간의 더 큰 선호도가 모든 반시계방향 시계는 도태되고, 시계방향으로 도는 시계로 고착하였다.

비록 아서의 견해는 산타페 연구소 워크숍에서 큰 지지를 받았지만, 경제학계에서는 오랫동안 외면당했다. 그러나 산타페 연구소의 설립은 복잡계와 복잡계 경제학 연구를 가속화했고, 전 세계적으로 복잡계 과학이 확산하는 계기가 되었다. 1990년대에 들어서면서 "경제 물리학", "사회 물리학", "복잡계 네트워크" 등 다양한 분야에서 복잡계 이론이 활발히 발전하기 시작했다.

비선형 시스템의 동역학에서 나타나는 혼돈 이론은 경제 현상에 적용될 수 있을 것으로 일찍이 기대되었다. 혼돈 이론의 주요 특징은 시스템이 혼돈 상태에

---

29 IIASA는 1972년에 설립된 비정부 연구기관으로 오스트리아 빈 근교의 락센부르크에 있으며, 환경, 경제, 기술, 사회 분야에 상호 관련된 과학적 연구를 수행한다. 복잡계 과학을 응용하는 연구소로 알려져 있다.

30 한계효용 체감의 법칙은 어떤 소비자가 동일한 재화나 서비스를 소비함에 따라 느끼는 주관적인 만족도가 점차 감소한다는 것이다.

31 효용 체증의 법칙은 브라이언 아서가 제안한 개념으로 재화나 서비스를 소비함에 따라서 만족도가 오히려 점증하는 현상을 말한다. 첨단 소프트웨어 제품들이 효용 체증에 속한다. 안드로이드 핸드폰을 사용한 사람은 계속해서 안드로이드 핸드폰을 구입하게 되어 안드로이드 폰 업체는 지속적인 매출 증가를 누릴 수 있다.

32 쿼티 키보드에 대한 에피소드는 『복잡계 과학 이야기』를 참조한다.

있을 때 발생하는 "**초기 조건의 민감성**the sensitivity of initial conditions"과 "**이상한 끌개**strange attractor"이다. 이상한 끌개는 동역학적 시스템이 시간이 흐르면서 궁극적으로 끌려가는 "**고정점**fixed point"과 관련이 있다. 이 끌개는 동역학적 시스템이 끌려가는 고정점의 수가 무한히 많고, 그 구조는 자기 닮음성을 가진 **프랙털 구조**를 형성한다. 자기 닮음과 프랙털은 10장에서 자세히 소개한다.

초기 조건의 민감성은 시스템이 혼돈 영역에 있을 때, 아주 미세한 초기 조건의 차이가 동역학적 궤적에 엄청난 변화를 일으킬 수 있음을 의미한다. 이러한 특성은 혼돈 현상에서 미래를 예측하는 것이 매우 어렵다는 점을 보여주며, 흔히 "**나비 효과**butterfly effect[33]"라고 불린다. 경제 현상에서 사용되는 수치는 실수(real number)로 표시되지만, 경제 현상의 초기값을 정확하게 알 수는 없다. 실수로 나타낸 초기값은 항상 불확실성을 포함하고 있기 때문에, 혼돈 영역에서 동작하는 경제 시스템은 미래를 예측할 수 없게 된다.

1980년대 초반, 산타페 연구소에서는 혼돈 이론을 경제 현상에 적용하려는 관심이 높았다. 그러나 1980년대 후반에 접어들면서 이러한 관심은 급격히 줄어들었다. 경제 현상은 주로 현재의 데이터를 기반으로 미래를 예측하는 것이 중요한데, 혼돈 이론은 미래의 예측 불가능성을 강조하고 있었기 때문이다. 혼돈 현상에 대한 논의는 9장을 참고한다.

경제 현상에 복잡계 이론을 도입하려는 산타페 연구소의 시도는 1990년대에 통계 물리학자들에 의해 새로운 전환점을 맞이했다. 통계 물리학자들은 경제 데이터 속에 숨어 있는 "**패턴**"과 그 원인에 주목하기 시작했다. "**경제물리학**Econophysics"이라는 분야에서 주가지수의 구조를 연구한 첫 논문은 이탈리아 통계 물리학자 로세토 맨테그나R. N. Mantegna가 1991년 Physica A 학술지에 발표한 「밀라노 주가지수의 레비 걷기와 향상된 확산Levy walks and enhanced diffusion in Milan stock

---

33 나비효과와 예측의 불가능성에 대한 논의는 『복잡계 과학 이야기』 등 혼돈 현상을 다룬 책을 참고한다.

exchange」이라는 논문이다. 이 논문이 경제물리학이라는 이름 아래에서 주가지수 구조를 분석한 첫 번째 연구로 평가된다.

맨테그나는 밀라노 주식시장의 MIB 지수의 일별 변동률을 분석하면서, 변동량이 작은 영역에서는 그 분포함수가 정규분포에 가깝지만, 변동량의 절댓값이 큰 영역에서는 정규분포에서 급격히 벗어나는 현상을 발견했다. 대신 이 분포는 '레비 안정 분포'에 더 가까웠다. 이 연구는 통계 물리학자들이 주식시장에서 패턴을 발견하려는 연구의 시발점이 되었으며, 경제 데이터 분석에 새로운 길을 열었다.

맨테그나가 밀라노 주가지수를 분석할 수 있었던 이유는 당시 이탈리아가 대규모 주식 관련 빅데이터를 통계 물리학자들에게 개방했기 때문이다. 빅데이터 분석에 대한 개념조차 없던 시대에, 이탈리아 주식시장은 물리학자들의 요청을 받아들여 자신들이 축적한 데이터를 연구자들에게 과감하게 공개했다. 이 데이터를 바탕으로 맨테그나는 주식시장에서 새로운 패턴을 처음으로 발견할 수 있었다. 물리학자들은 기존의 경제학적 분석이 아닌, 전혀 새로운 관점에서 데이터의 구조를 바라보기 시작한 것이다.

맨테그나의 연구 결과를 접한 보스턴대학교의 유진 스탠리Harry Eugene Stanley, 1941~ 교수 그룹은 미국 주가지수의 빅데이터를 분석해, 주가지수 변동에 숨어 있는 패턴을 찾아냈다. 스탠리 그룹은 미국 S&P 500 지수에 포함된 상위 100대 기업의 1분 단위 주식 가격 시계열 데이터를 분석했다. 이들은 로그 수익률을 계산하고, 그 분포함수를 구했다. **누적 분포 함수**[34]는 긴 꼬리 형태를 보여주었다. 수익률은 양의 수익률과 음의 수익률 모두 가질 수 있기 때문에 양과 음의 수익률에 대한 누적 분포함수도 조사하였다.

---

34 분포함수를 $p(R)$이라 하면 플러스 누적 분포함수는 $P_+(r) = \int_r^{r_{\max}} p(x)dx$로 정의하고, 손실률의 누적 분포함수는 $P_-(r) = \int_{-r}^{-r_{\max}} p(x)dx$로 정의한다. 두꺼운 꼬리 분포일 때 $|P_\pm| \propto |r|^{-\alpha_\pm}$인 멱함수 법칙을 나타내고, 멱함수 지수는 $\alpha_\pm$이다.

이들은 누적분포함수가 "**멱함수 법칙**"을 따른다는 사실을 발견했으며, 양의 수익률에서 멱함수 법칙의 지수는 2.92, 음의 수익률에서 3.02임을 확인했다. 이를 통해 이들은 주식 가격 변동 분포에서 나타나는 이 현상을 "**역세제곱 법칙**"이라고 명명했다.

스탠리 그룹은 멱함수 지수가 3에 가까운 값을 나타내며, 주식 시장에 상관없이 **보편지수**일 가능성이 있다고 추측했다. 그러나 이후 다른 연구자들의 연구에 따르면, 이 지수는 모든 주식 시장에서 동일하지 않고, 각국의 주식 시장에 따라 다른 값을 나타낼 수 있음을 확인했다.

주가지수의 로그 수익률 분포함수가 '**두꺼운 꼬리 분포**'를 보이는 현상은 이후 여러 나라의 주식시장에서 관찰되었다. 특히 주가지수뿐만 아니라 개별 회사의 주식 가격의 로그 수익률도 긴 꼬리 분포를 나타냈다. 이러한 맥락에서 일단의 물리학자들이 경제 현상을 통계 물리학의 방법을 적용하여 이해하려는 시도가 증가하였다. 스탠리 그룹의 1992년 논문 이후, 경제 물리학에 대한 관심이 커지면서 많은 연구자들이 이 분야를 광범위하게 탐구하기 시작했다.

"**경제물리학**Econophysics[35]"이라는 용어는 1995년에 유진 스탠리 교수가 처음 제시하였다. 경제학economics과 물리학physics을 결합한 신조어이다. 경제물리학은 통계물리학을 기반으로 복잡계를 연구하는 과학자들에게 일반적으로 받아들여져 사용되고 있지만, 경제학이나 다른 분야에서는 여전히 보편화되지 않고 있다. 주제가 금융 분야에 집중된 경우에 **금융 물리학**financial physics이라는 용어도 종종 사용된다. 경제물리학은 축척 이론, 자기 조직화, 비선형 동역학, 복잡계의 창발 현상과 같은 물리학 개념을 경제학과 금융 문제에 적용하여 새로운 특징을 찾고 문제에 대한 해답을 제시하는 분야이다.

---

35 경제물리학(Econophysics)는 1995년 H. E. Stanley가 인도 콜카타에서 열린 통계물리 학술회의에서 처음 언급했다. 그는 생물물리학(Biophysics), 천체물리학(Astrophysics)처럼 경제를 대상으로 한 물리학을 경제물리학이라 불렀다.

맨테그나와 스탠리 그룹에 의해 촉발된 경제물리학 연구는 2000년대에 들어서면서 물리학자, 경제학자, 금융학자, 사회학자 등 다양한 분야의 연구자들의 관심을 끌었고, 발표 논문 수가 급격히 증가했다. 엘스비어Elsevier에서 발행하는 "피지카 에이Physica A" 학술지에 "경제물리학" 세션이 신설되었으며, 다른 국제 학술지에서도 경제물리학 관련 연구가 본격적으로 출판되기 시작했다. 학위 과정부터 복잡계 분야를 연구하던 필자도 2000년부터 경제물리학에 관심을 가지고 KOSPI 주가지수 시계열, 세계 무역 데이터, 환율, 암호화폐 가격 시계열 등에서 나타나는 새로운 특징을 연구하고 있다. 경제학과 물리학은 이러한 맥락에서 쌍둥이라 할 수 있다. 이제 경제물리학 분야에서 발견된 다양한 창발 현상을 살펴보려 한다.

3
경제물리학

산타페 연구소에서 촉발된 복잡계 연구는 경제학 분야로 확산하였다. 1987년 산타페 연구소가 주관했던 <진화하는 복잡계로서 경제학> 워크숍에서 가장 두각을 나타낸 학자는 스탠퍼드 대학교의 브라이언 아서였다. 주류 경제학인 신고전파 경제학은 발라스 이후 체계가 잡혔다. 주류 경제학에서 경제 주체는 자신의 효용과 이윤을 극대화하기 위해서 행동한다고 생각했다. 이들은 항상 모든 정보를 알고 있으며 완전히 합리적으로 행동하기 때문에 항상 최선의 행동을 한다. 이렇게 행동하면 한계효용이 체감하는 효용함수와 한계 비용이 체증하는 비용함수가 균형을 이루는 최적의 상태인 균형 상태에 도달한다. 시장에서 모든 상품은 수요곡선과 공급곡선이 만나는 점에서 안정한 균형이 이루어진다는 일반균형이론에 도달한다.

물리학에서 평형과 균형은 매우 친숙한 개념이다. 자연은 보통 안정된 상태 근처에서 움직이는 경향이 있다. 예를 들어, 태양계에서 지구의 궤도는 매우 안정적이다. 작은 소행성이 지구에 충돌한다고 해도, 지구의 공전 궤도는 약간만 변화할 뿐, 새로운 궤도에서도 안정적으로 유지된다.

많은 물리학 문제는 시간에 따라 변하는 동역학 문제로 표현된다. 이러한 동역학 문제는 여러 개의 얽힌 일차 미분 방정식[1]으로 나타낼 수 있다. 특히 비선형 상호작용이 포함된 비선형 동역학 문제는 혼돈 현상과 같은 독특한 성질을 보인다.

동역학 시스템의 안정성은 대개 고정점[2] 근처에서 변화를 따져보면 된다. 고정점 근처에서 궤도의 안정성은 **선형 안정성 해석**[3]으로 쉽게 이해할 수 있다. 이 해석은 고정점에서 약간 벗어난 상태에서 궤도가 안정적인지를 분석한다. 이를 위해 고정점에서의 미소 변화를 테일러 전개 방법을 이용해 분석한다.

이 방법은 물리학 외의 다른 분야에도 적용 가능하다. 예를 들어, 혼돈 시스템의 이해뿐만 아니라, 생태학에서 종의 개체수 변화를 다루는 인구 동역학 문제에도 활용된다. 또한, 경제 시스템에서 경제 변수들의 시간적 변화가 결합된 일차 미분 방정식으로 표현될 경우, 선형 안정성 해석을 동일한 방식으로 적용할 수 있다.

3.1 평형과 균형

경제학의 **균형이론**은 물리학의 **평형**에서 개념을 가져온 것이다. 움푹 파인 골짜기에 놓여 있는 커다란 바위는 미끄러져 내려갈 염려가 없이 역학적으로 안정한 상태에 있다. 설악산 울산바위를 올라가는 길에서 만나는 흔들바위는 넓적한 암반 위에 위태롭게 놓여 있지만, 그 무게 때문에 사람이 아무리 밀어도 굴러떨어지지 않는다. 흔들바위는 평형 상태에 있지만 불안정한 국소적 평형 상태에 있다. 그림 3.1과 같이 움푹 파인 골짜기에 놓여 있는 바위는 매우 안정한 전역적 평형

---

1 결합된 일차원 동역학 시스템의 예로 $dx/dt = f(x,y)$, $dy/dt = g(x,y)$를 생각해 보자. 독립변수 x,y의 시간적 변화는 서로 결합되어 있으며, 그 변화는 일차원 미분 방정식의 오른쪽 함수 $f(x,y)$, $g(x,y)$에 의해서 결정된다.

2 고정점은 독립변수의 시간적 변화가 없는 상태를 말한다. 앞의 얽힌 일차 미분 방정식에서 $dx/dt = 0, dy/dt = 0$인 점이 고정점이고, $f(x,y) = 0$, $g(x,y) = 0$를 연립해서 풀어서 얻은 근이 고정점이다.

3 선형 안정성 해석(Linear stability analysis)은 고정점에서 조금 벗어났을 때 궤도의 안정성을 해석하는 방법이다. 고정점에서 미소 변위에 대해서 테일러 전개를 기반으로 안정성을 알 수 있다.

상태를 유지한다. 방 안 공기의 압력과 온도는 거의 변함이 없는 열적 평형 상태에 있다. 라면을 끓이기 위해서 냄비의 물을 끓이면 열적 평형 상태는 깨져서 물이 격렬하게 끓어오르는 데 이런 상태는 비평형상태이다.

경제학에서 가치를 증대하는 요인과 그 가치를 줄이는 요인이 경쟁하게 되면 어떤 균형 상태에 도달하게 된다. 그러한 균형 상태에서 어떤 물건의 수요와 공급이 잘 맞아서 균형 가격이 형성된다. 그런데 시장에 가보면 균형 가격이 있는지 의심이 든다. 똑같은 물건인데 이 점포와 저 점포의 물건 가격이 다르다. 난 시장의 정보를 모두 알 수 없으므로 시장의 한 가게에서 물건을 샀는데, 시장을 둘러보다 훨씬 싸게 파는 다른 매장을 발견했다. 나는 시장 전체의 완전한 정보를 모르기 때문에 한정된 합리성으로 물건을 샀다. 더군다나 상점 판매원의 친절한 행동은 물건을 사는 데 결정적인 영향을 주었다.

(a) (b)

[그림 3.1] (a) 불안정 평형점에 놓인 바위 (b) 안정 평형점에 놓인 바위

신고전파 경제학은 1870년대에 오스트리아의 카를 멩거Carl Menger, 1840-1921의 '한계효용 이론'과 프랑스의 레옹 발라스의 '균형이론'을 기초로 발전한 학파를 말한다. 영국의 윌리엄 스탠리 제번스William Stanley Jevons, 1835-1882도 비슷한 주장을 했다. 멩거는 1871년에 발표한 "경제학 원리Principles of Economics"에서 한계

효용체감의 법칙, 한계효용균등의 법칙을 주장하였고, 경제 주체의 합리적 수요 행동 이론을 주장하였다. 멩거 이후 오스트리아에서 **빈 학파**가 형성되었다. 제번스는 영국 한계효용학파인 **케임브리지학파**의 창시자이다. 그는 공리주의에 근거하여 평균적인 시민의 쾌락, 고통을 계산하기 위해서 한계효용 이론을 제시하였다. 재화의 교환 가치는 그 최종 효용에 의해서 결정된다는 한계효용 균등의 법칙을 수학적으로 증명하였다.

경제학자 어빙 피셔Irving Fisher, 1867-1947는 제번스가 1862년에 출판한 『정치 경제학의 일반적 수학 원리A general mathematical principle of political economy』를 계량 경제학의 시초로 보았다. 일반균형이론을 확립한 사람은 프랑스의 레옹 발라스이다. 발라스는 스위스 로잔대학교 경제학과 교수를 지냈기 때문에 수리경제학파인 **로잔학파**의 창시자이다. 발라스는 1874년에 출판한 『순수 경제학의 구성 요소Elements of the pure economics』에서 기계적 평형 상태 개념을 경제학 이론에 적용하였다. 애덤 스미스의 "보이지 않는 손"에 의해서 시장은 항상 균형 상태를 유지하게 된다. 멩거, 제번스, 발라스에 의해서 균형이론과 한계효용 이론이 확립되었고 이후 신고전파 경제학이 크게 발전하였다.

이후에 경제학자들은 수학을 경제학에 도입하여 수리 경제학을 극도로 발전시키기 시작한다. 케네스 애로우와 제라르 드브뢰Gérard Debreu, 1921-2004는 수많은 상품의 거래에 수요와 공급 개념을 적용하여, 1954년에 공저논문을 이코노메트리카Econometrica 학술지에 「경쟁 시장에서 균형의 존재Existence of an equilibrium for a competitive economy」란 제목으로 발표하였다. 그들은 일반적인 균형 상태의 특징으로 시장의 조정력이 시장의 평형 상태를 가져온다고 보았다. 예를 들어 소비자의 욕구가 아무리 엉뚱하더라도 개별 소비자의 모든 욕구는 생산자들의 자발적 공급으로 충족되어 시장은 스스로 균형 상태가 되는 시장 균형이론을 주장하였다. 모든 자원이 소비자의 수요를 만족시키는 데 가장 적절히 사용되어 "경제적 균형 상태"에 도달하는 "**파레토 최적**Pareto optimal"에 도달한다. 파레토 최적

상태에서 모두에게 향상된 결과를 가져오는 변화의 방향은 존재하지 않는다. 이를 "후생 경제학 기본 정리welfare theorem"라고 한다. 시장은 경쟁 때문에 자원을 경쟁 산업에 최적으로 할당한다. 예를 들어 자원인 밀은 빵, 밀가루, 피자 등 경쟁 산업에 최적의 상태로 분배되는데, 이들의 조정은 오로지 시장의 보이지 않는 손이 저절로 한다. 애로와 드브뢰의 일반 균형 이론을 "**애로-브드뢰 모형**Arrow-Debreu model"이라 한다. 애로는 1972년에 노벨 경제학상을 수상했고, 드브뢰는 1983년에 노벨 경제학상을 수상하였다.

균형이론의 발전을 이어받은 학자는 MIT의 폴 새뮤얼슨과 시카고대학교의 유진 파마이다. 이들은 비슷한 시기에 시장에서 '정보의 효용성'을 고려하였다. 시장은 무작위로 변동하는데 투자자가 게걸스럽게 정보를 더 모아서 사용하면 시장은 더 무질서하게 변동한다는 것이다. 시장이 더 효율적일수록 시장에서 발생한 연속적인 가격 변화는 더 무질서해진다. 그들은 가장 효율적인 시장은 가격 변화가 완전히 무작위하고 예측 불가능한 곳이라고 보았다. 이렇게 신고전파 경제학이 완성되어 가고 있었다.

신고전파 경제학은 시장에서 경제 행위자들의 행동을 첫째 "**완벽한 합리성**"을 가지고 있다고 가정했다. 행위자들은 시장의 모든 정보를 알고 있으며 완벽하게 경제 행위를 하므로 시장에 개입할 때 최적의 행동을 알고 있다. 두 번째 가정은 "**대표 행위자**"를 가정한다. 시장에는 다양한 경제 주체들이 있지만, 그들을 대표하는 대표 행위자를 설정한다. 이 대표 행위자들이 똑같은 행동 양식에 따라서 시장에 참가한다. 완벽한 정보와 완벽한 합리성으로 행동하는 대표 행위자들은 시장에서 어떤 결정을 할 때 무작위한 선택을 해야 하므로 대표 행위자들의 경제 행위의 누적인 시장 가격의 분포는 **중심극한정리**[4]에 의해서 **정규분포**를 따를 것

4 중심 극한 정리는 무작위로 추출된 표본의 크기가 커질수록 표본 평균의 분포는 모집단의 분포 모양과는 관계없이 정규분포에 가까워진다는 정리이다.

이다. 세 번째 가정은 행위자들이 "**상식적**"으로 행동한다는 것이다. 시장에 참가하는 행위자들은 자신만의 독특한 의견을 갖지 않고 모두가 공유하는 상식으로 행동한다. 따라서 시장에서 행위자들의 경제 활동은 서로 비슷하다. 네 번째 가정은 시장은 "**균형 상태**"를 유지한다는 것이 마지막 가설이다. 시장에 참가한 대표 행위자들은 모든 정보와 합리성을 겸비하고 상식적으로 행동함으로 이들이 형성한 시장은 일시적 변동성이 있지만, 종국에 균형 상태에 도달한다. 균형 상태에 도달하면 더 이상 큰 시장의 변화가 일어나지 않고 모든 시장 참여자가 그 상태를 유지할 것이다. 이러한 가정을 바탕으로 "**효율적 시장 가설**Efficient Market Hypothesis, EMH"이 출현했으며 경제학자들은 시장의 상태를 수학적으로 묘사할 수 있었다. 표 3.1은 효율적 시장 가설에서 경제 행위자들의 행동 속성을 요약한 것이다. 균형 이론에서 커다란 변동성은 일어나지 않기 때문에 멋대로 행동하는 경제 주체들은 수요와 공급의 균형을 발생시킨다. 합리적 시장 가설을 확립하는 데 기여한 새뮤얼슨은 신고전파 계량 경제학 이론을 "엄숙한 미적 우아함을 갖춘 이론"이라고 하였다.

표 3.1 효율적 시장 가설에서 경제 행위자의 행동 속성

행위자	속성
합리성	행위자는 완벽하게 합리적으로 행동
정보	행위자는 시장의 모든 정보를 알고 있음
대표 행위자	시장에서 모든 사람을 고려하지 않고 대표 행위자 한 명의 행동을 고려하면 됨
상식	행위자는 시장의 상식에 따라 행동함
균형	시장의 변동성은 일시적이며 결국 균형에 도달함

3.2 수확 체증

신고전파 경제학에서 "**수확 체감의 법칙**law of diminishing returns"은 다른 생산요소의 투입을 고정하고 한 생산요소의 투입을 증가시킬 때 생산량이 점진적으로 증가하다가 투입량이 일정 수준을 넘게 되면 산출량의 증가율이 점진적으로 감소하는 현상을 뜻한다. 예를 들어 한 사과 농장에서 생산을 높이기 위해서 노동과 같은 생산요소를 증가시키면 초기에 생산량은 늘어나지만, 결국 수확량의 증가는 갈수록 줄어들어 종국에는 전혀 생산량이 늘어나지 않는다. 그림 3.2의 **시그모이드 함수**[5]처럼 S자 모양의 변화를 나타낸다. 노동이나 자본과 같은 생산요소를 투입하면 처음에는 수확량이 증가하지만, 생산요소를 더 투입하면 수확량의 증가율은 감소하여 수확량은 어떤 값으로 수렴한다.

18세기 중순에 프랑스의 튀르고Anne Robert Jacques Turgot, 1727-1781는 **수확 체감**에 대한 개념을 제시하였다. 리카도는 생산에서 입력을 늘려도 출력이 줄어드는 현상을 언급하였다. 맬서스Thomas Robert Malthus, 1766-1834는 인구는 기하급수적으로 증가하지만, 식량은 산술급수적으로 증가한다는 **인구폭발**[6]을 주장하였다. 그는 수확 체감의 개념을 식량 생산에서 확장하였다. 식량 생산을 높이기 위해서 투입량을 늘려도 생산량은 더 이상 늘어나지 않는 상태에 도달하기 때문에 맬서스는 인구폭발에 의한 인류 종말을 예고했다. 그러나 인구는 기하급수적으로 늘어나지 않고 서식지의 수용 한계 때문에 결국 어떤 최댓값으로 수렴할 것

---

5 시그모이드 함수는 S자 모형의 수렴함수이다. 로지스틱 함수는 대표적인 시그모이드 함수 형태이다. 함수의 형태는 $f(x)=\frac{1}{1+e^{-ax}}$ 이다. 상수 a 값에 따라서 수렴 속도가 다르다. 머신러닝, 딥러닝이 발전하면서 시그모이드 함수가 많이 쓰인다.

6 맬서스의 인구 폭발이론은 $N_{t+1}=rN_t$이고, 인구성장률이 $r>1$이면, $N_t=r^tN_o$가 되어 인구가 지수함수적으로 증가한다.

이다. 신고전파 경제학자들은 '노동' 한 단위의 가치는 같다고 본다. 노동이 늘어날 때 수확 체감이 일어나는 이유는 자본이 한정된 상태에서 한 단위의 노동을 추가하더라도 생산과정 전체가 방해되어 한계수익이 감소한다고 가정한다.

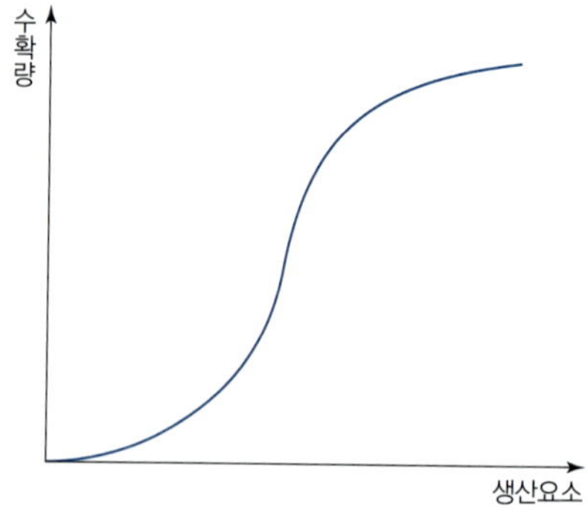

[그림 3.2] 수확 체감의 법칙. 생산요소를 증가하면 처음에는 생산량이 늘어나지만, 생산요소가 더 늘어나면 수확량은 점차 줄어들어 생산량은 수렴한다.

수확 체감의 법칙은 상품의 공급이 많을수록 수요가 감소한다. 예를 들어 사과의 인기가 높아지면, 농부들은 사과의 재배를 늘릴 것이다. 사과의 가격이 계속 오르면 농부들은 공급을 높이려 한다. 그런데 재배 면적은 제한되어 있어서 농부들은 척박한 땅에서 사과를 재배하게 되고, 질이 나쁜 사과를 공급하게 된다. 질이 나쁜 사과를 먹어본 소비자는 결국 사과의 소비를 줄이게 되어 결국 수요와 공급이 안정된 균형 상태에 도달하게 된다. 우리는 최근에 이런 현상을 샤인머스캣 포도 재배에서 확인할 수 있었다. 많은 포도 재배 농가가 샤인머스캣을 심고, 질이 나쁜 포도를 조기에 출하함으로써 샤인머스캣에 대한 명성이 옛날과 같지 않게 되었다. 수확 체감의 법칙을 따르는 상품들은 제품이 다른 상품으로 변형할 수 없다. 예를 들어 김이란 제품은 다른 제품으로 변형하거나 다른 것으로 대체할 수 없다. 생산자들이 이런 제품들을 지속적으로 반복 생산하여도 꾸준히 팔리기 때문에 제품의 수명이 상당히 길다. 보통 전통산업, 공산품, 필수품 등에 속하는 제품이 이런 부류에 속한다. 사람들은 이러한 제품을 소비할 때 합리적으로 소비하기 때문에 시장은 균형 가격을 형성한다. 따라서 어느 시점이 되면 생산요소를 더 투입하여도 시장에서 수확량이 정체되는 현상이 발생한다. 거시적인 측면에서 경제학의 수확 체감의 법칙과 균형이론은 상당히 설득력을 가지고 있다. 물론 시장이 급변하지 않고 안정한 상태에 있을 때 균형이론은 의미가 있다.

경제 활동을 할 때 사람은 항상 합리적 행동을 하지 못하는 경우가 많다. 따라서 합리적 시장 가설에서 세웠던 가설이 실질적이지 않음으로, 우리는 이러한 가설을 완화해야 한다. 1980년대 말에 산타페 연구소를 중심으로 이러한 움직임이 생겨났으며, 그 중심에 브라이언 아서가 있었다. 1990년대에 경제 주체의 제한된 합리성과 주변 상황에 적응하는 행위자를 고려한 **복잡계 경제학**complexity economics에 관심을 가진 경제학자가 출현했으며, 통계 물리학자들이 경제물리학 분야를 개척하기 시작했다. 복잡계 경제학이란 용어는 1999년에 아서가 사이언스지에 기고한 논문에서 처음 나타났다. 신고전파 주류 경제학자들은 균형 상태의 시장은 결정론적이고, 기계론적으로 예측 가능하다고 보았다. 그러나 우리가 알다시피, 시장은 시시각각으로 변하는 "**비평형상태**out-of equilibrium"에 있다.

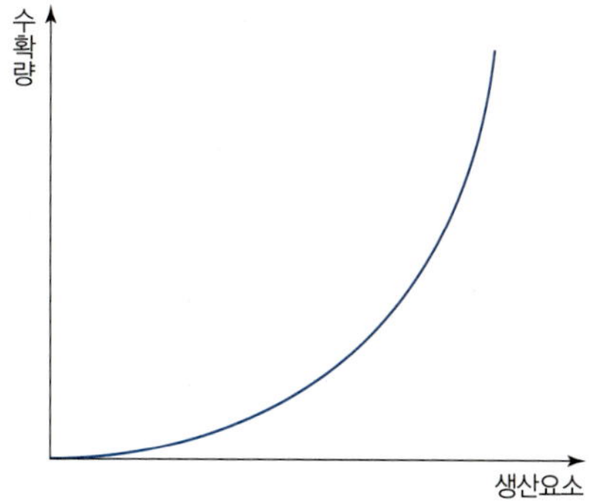

[그림 3.3] 수확 체증의 법칙. 수확 체증이 생기는 제품은 생산 요소를 늘일 수록 수확량이 기하급수적으로 늘어나는 경향성이 있다.

브라이언 아서는 그림 3.3와 같이 하이테크 산업에서 생산되는 제품이나 서비스에서 "**수확 체증**" 현상을 주장하였다. 첨단기술 제품, 소프트웨어 제품 등은 제품을 조금만 변형하여도 새로운 제품을 만들 수 있다. 그러나 첨단기술 제품을 만들기 위해선 초기에 거액의 선투자를 해야 하는 경우가 많다. 이러한 선투자로 생산한 제품이 시장에서 성공을 거두면 수요가 폭발적으로 늘어나고 시장을 거의 독점하기 때문에 그 이후에 제품 생산에 적은 비용을 들이고도 큰 수익을 올리게 되어 수확 체증이 일어난다. 예를 들어 현재 컴퓨터의 운영 체제는 윈도우, Mac OS, 리눅스 등 매우 제한된 운영 체제만 쓰이고 있다. 개인용 컴퓨터가 성장할 때 마이크로소프트의 운영 체제는 PC에 깔려서 제공되었기 때문에 사람들이 좀 불편하더라도 널리 사용하기 시작했다. 마이크로소프트의 운영 체제는 명령어 기반의 DOS 운영 체제에서 그림 아이콘 방식의 윈도 운영 체제로 변경된 다음 버전을 고도화하면서 컴퓨터 운영 체제를 석권하였다. 개인용 컴퓨터가 성장하던 시기에 마이크로소프트의 수익은 수확 체증의 법칙에 따라 폭발적으로 증가하였다. 수확 체증이 발생하는 시장에서 행위자들은 "**제한된 합리성**bounded rationality"으로 행동한다.

초연결 사회에서 소비되는 첨단기술 제품들은 수명이 매우 짧은 경우가 많고 성능이 더 좋거나 흥미를 끄는 제품이 나오면 새 제품으로 대체되기 쉽다. 제품의 경쟁력과 시장에서 수요는 비선형적이고 문화나 관습 등에 영향을 받아 "**경로 의존성**"을 가진다. 소비자들이 첨단기술 제품을 한 번 사용하면 그 제품의 편의성에서 헤어 나오지 못하거나 주변의 누군가 사용하기 때문에 자신도 그 제품을 사용하게 된다. 모든 사람이 같은 제품을 사용하면 **호환성** 문제 때문에 결국 같은 제품을 쓰게 된다. 이렇게 특정 상품이나 서비스를 이용할수록 그 사용자가 폭발적으로 늘어나는 현상을 "**네트워크 효과**network effect"라 한다. 소비자들은 제품이나 서비스에 익숙해져 타성에 젖기 때문에 다른 제품을 사용할 생각을 하지 못하여 "**소비의 덫**consuming trap"에 갇힌다. 브라이언 아서는 소비의 덫에 걸려서 더 좋은 기술을 가진 제품을 선택하기보다는 이미 써보고 자신에게 익숙한 제품을 계속 사용하고 다른 사용자에게 전파하는 현상을 '**잠김**lock-in **현상**'이라 하였다.

2장에서 예를 들었던 QWERTY 컴퓨터 자판이나 시계방향으로 회전하는 시계가 대표적인 잠김 현상이다.

표 3.2 신고전파 경제학과 복잡계 경제학 비교

특징	신고전파 경제학	복잡계 경제학
행위자	대표 행위자	다양한 행위자
핵심 원리	균형이론	비평형 복잡적응이론
행위	최적화	불확실에 직면한 적응 행위
합리성	완벽한 합리성	제한된 합리성과 비합리성
되먹임	효용체감	효용 체증
시간	경로에 무관	시간 경로에 의존
시스템	닫힌계	열린계
상호작용	균일하고 선형	불균일하고 비선형
이론	수학적 균형이론	비평형 이론과 시뮬레이션
진화	진화하지 않고 안정	진화하는 단속 평형
패턴	안정하고 단순한 문양	창발 현상

표 3.2는 신고전파 경제학과 복잡계 경제학의 특징을 서로 비교한 것이다. 효율적 시장 가설은 시장에서의 균형과 최적화는 보이지 않는 손이 저절로 가져온다고 보았지만, 복잡계 경제학에서 시장은 복잡한 적응계이고 행위자들은 제한된 합리성과 제한된 정보를 가지고 행동하기 때문에 균형 상태에 도달하기 어렵다고 본다. 완벽한 효율성을 가진 행위자들이 상호작용하는 시장이 아니라 사실 우리는 제한된 합리성과 어떤 때에는 비합리적으로 행동하기까지 한다.

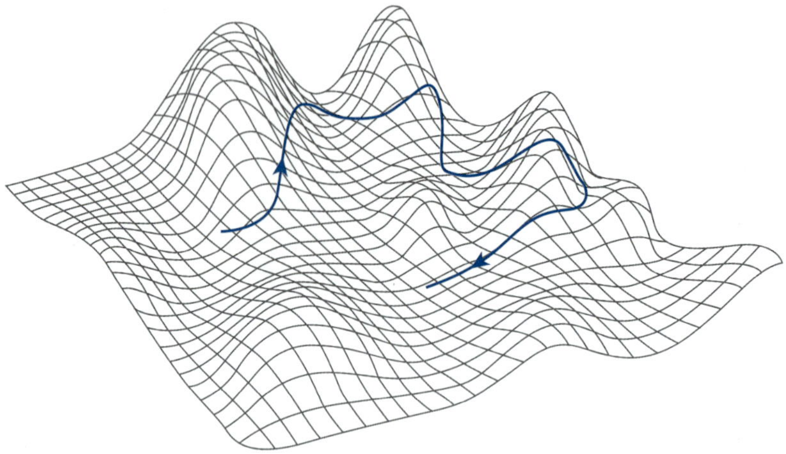

[그림 3.4] 국소적 균형점이 내재해 있는 경제 환경 지형도. 시장의 동역학은 경제 환경 지형도에서 멋대로 걷기에 비유할 수 있다. 시장이 균형 상태를 찾아 멋대로 움직이지만, 환경 지형도 자체가 춤을 추듯이 변할 수 있다.

시장에 균형점이 있어도 시장은 그 균형점 근처에서 동작하다가 비선형적인 상호작용 때문에 폭발적인 불안정성이 발생하기도 한다. 시장은 끊임없이 진화하며 어떤 때에 갑작스럽게 변화가 발생하는 "**단속 평형**punctuated equilibrium"을 나타낸다. 한 균형점 근처에서 동작하다 갑작스러운 변동은 시장을 다른 균형점 근처로 도약하게 한다. 사실 경제학자들도 균형 상태가 매우 불안정한 상태임을 알고 있었다. 그림 3.4는 경제 환경 지형도를 나타낸 것이다. 지형도에서 움푹 들어간 곳이 안정점이고, 볼록한 꼭대기는 불안정점이다. 전일적 균형점은 오목한 안정점 중에서 가장 아래에 있는 오목한 골짜기이다. 경제의 변동은 경제 환경 지형도에서 멋대로 움직이는 것에 비유할 수 있다.

경제 환경은 끊임없이 변화하며, 그 지형도 역시 동적으로 변화한다. 따라서 경제는 마치 춤을 추는 지형도에서 멋대로 걷기 문제와 비슷하다. 시장에서 행위자들 사이의 상호작용은 상태 공간의 국소적 안정점으로 경제 체제를 몰고 간다. 하지만 경제 환경 자체의 변화는 상태 공간의 형태를 일그러뜨려 조금 전까지만 해도 국소적 안정점이었던 지점이 더이상 안정점이 아니게 될 수도 있다. 안정 상태라고 여겼던 상태는 불안정한 상태나 중립적인 상태가 될 수 있다. 춤추는 경제 환경 지형도의 풍경은 진화 동역학에서 생물 종들을 연구했던 스튜어트 카우프만 Stuart Alan Kauffman, 1939~[7]이 처음 주장하였다. 생물종은 "**춤추는 적응도 지형** dancing fitness landscape"에서 진화를 거듭하는 것에 비유할 수 있는데, 이 개념을 경제 변동에도 적용할 수 있다.

효율적 시장 가설을 따르는 경제 체제에서 경제적 변동의 크기 분포는 정규분포를 따를 것이기 때문에 변동의 크기가 평균에서 조금만 벗어나도 큰 변동이 일어날 확률은 극히 낮다. 정규분포에서 표준편차를 σ로 나타낸다. 평균에서 5σ 떨어진 사건이 일어날 확률은 정규분포의 최댓값이 일어날 확률의 약 10^{-6}정도이다. 즉, 평균에서 조금만 벗어나도 그런 규모의 사건은 발생확률이 극히 낮다. 그런데 현실 세계는 어떠한가? 2장에서 살펴보았듯이 자본주의 경제가 발생하면서 극단적인 붕괴 현상들이 일어나고 있다. 주식시장에서 주식 가격의 변동을 보고 있으면 큰 변동을 보이는 주식들이 너무나 많다. 글로벌 금융위기가 발생했을 때 주가지수의 폭락을 "25σ **사건**"이라 한다. 정규분포에서 25σ 사건이 일어날 확률은 최댓값이 일어날 확률의 약 10^{-136}이다. 이러한 확률은 거의 0이라고 해도 무방함으로, 정규분포를 따르는 효율적 시장 경제 체제에서 25σ 사건은 절대로 일어날 수 없다. 25σ 사건은 금융학에서 극단적 사건을 지칭하는 용어로 쓴다. 효율적 시장 가설을 따른다면 절대로 일어날 수 없는 현상들이 실제 세상에서는 빈번히 발생하고 있다. 경제 현상에서 거품과 붕괴는 생각보다 많이 일어난다. 복잡계 경제학은 비효율적 시장의 특성을 있는 그대로 보자는 태도다. 앞에서 자주 보았던 멱함수 법칙에서 큰 규모의 사건들은 상당히 자주 일어나며 그러한 사건들이 작은 규모의 사건들과 본질적으로 별로 다르지 않았다. 경제 거품과 붕괴는 복잡계적

---

7 Stuart Kauffman(1939~)은 의사이자 이론 생물학자로, 유전형질의 변화 과정을 설명하기 위해 NK 모형을 제안했다. 이 모형에서는 춤추는 적응도 지형에서 돌연변이에 의해 유전형질이 멋대로 움직인다.

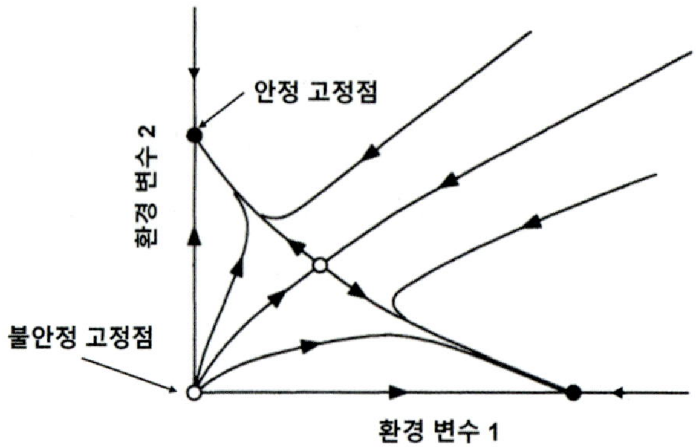

[그림 3.5] 경제 상태 공간에서 안정 고정점과 불안정 고정점. 안정 고정점 주변의 상태는 시간이 지나면서 고정점으로 끌려온다. 반대로 불안정 고정점 근처의 상태는 시간이 지나면서 고정점에서 멀어진다.

"**이머징 현상**[8]"이다.

복잡계 경제학의 개념과 물리학에서 사용되는 개념은 밀접한 연관성이 있다. 물리학의 비선형 동역학과 통계물리학의 상전이 현상의 개념은 복잡계 경제학에서 널리 채용되었다. 표 3.3은 복잡계 경제학과 물리학에서 사용되는 개념을 비교한 것이다. 역학에서 평형 상태는 모든 힘이 균형을 이루고 있다. 비선형 동역학에서 평형은 "**고정점**fixed point[9]"이라 부르는 데 모든 독립변수의 시간 변화가 없는 상태를 의미한다. 변수의 시간 변화가 없으므로 시스템이 고정점에 있으며 그 상태를 무한히 지속할 것이다. 역학에서 독립적인 변수들로 이루어진 공간을 "**상태 공간**state space[10]"이라 부른다. 고정점의 안정성은 상태 공간에서 이해할 수 있다. 그림 3.5와 같이 고정점에 가까운 근처의 점들이 고정점으로 끌려 들어오면 그러

8 창발 현상이라고도 하며 시스템을 구성하고 있는 구성단위의 특성을 더한 값으로 묘사할 수 없는 특징을 말한다. 저자의 졸고 『복잡계 과학 이야기』를 참고한다.

9 동역학적 변화가 일어나지 않은 상태를 말한다. 시스템의 독립변수는 시간에 따라 변함이 없이 일정한 값을 유지한다.

10 물리학에서 상태 공간은 시스템을 수학적으로 묘사할 수 있는 독립적인 변수들로 이루어진 공간을 의미한다.

한 고정점은 안정하다. 반대로 불안정 고정점 근처의 점들은 시간이 지나면서 고정점에서 멀어져간다.

표 3.3 물리학과 복잡계 경제학에서 서로 연관된 개념

개념	물리학	복잡계 경제학
평형	준 안정점(metastable state)	다중 평형점
예측 불가	예측 불가능(unpredictability)	예측 불가능(nonpredictability)
잠김현상	모드 잠김(mode-locking)	잠김(lock-in)
경로 의존성	경로 의존성	경로 의존성
대칭성	대칭성 깨짐(symmetry braking)	비대칭
임계성	자기 조직화 임계성	자기 조직화
비선형성	비선형 동역학	비선형 동학
되먹임	양의 되먹임	수확 체증

3.3 시장의 상전이

복잡계 경제학은 경제 체제를 정적인 상태로 보지 않으며, 끊임없이 변하는 동역학 시스템으로 본다. 경제 행위자들의 상호작용은 선형과 비선형이 혼재되어 있다. 안정성을 유도하는 음의 되먹임과 불안정성을 유발하는 양의 되먹임 역시 섞여 있다. 양의 되먹임이 강하게 작용하는 경제 체제는 수확 체증 현상을 나타낼 것이다.

물리학에서 대칭성 깨짐은 상전이 현상에서 발생한다. 1기압에서 0℃에서 얼음은 물로 전이한다. 물이 얼음 결정을 이룰 때와 액체 상태인 물 상태로 바뀔 때 대칭성은 크게 변한다. 물질이 상전이를 하면, 대칭성의 변화인 "**대칭성 깨짐**symmetry braking[11]"을 동반한다. 얼음이 물로 변하는 상전이는 1기압에서 조절변수인 온도를 0℃에 맞추어야 일어난다. 상전이가 일어나는 상태에서 물질의 성질을 이

해하기 위해서 온도를 "**임계온도**[12]" 근처로 잘 조절해 주어야 한다. 얼음과 물은 물 분자인 H_2O가 구성 요소이고, 수많은 물 분자가 상호작용하여 물질의 상태가 결정된다. 온도가 낮을 때에는 물분자들이 결합하여 얼음 결정과 같은 대칭성이 낮은 상태를 선호하게 된다. 한편 온도가 임계온도보다 훨씬 높은 25℃인 상태에서 물 분자는 결합하여 결정을 이루기보다는 열 때문에 물분자들이 자유롭게 움직일 수 있어서 액체 상태를 이룬다. 액체 상태는 등방성을 (즉, 방향과 상관이 없음) 보이므로 회전에 대한 대칭성이 높아진다. 온도와 같은 물리적 변수를 조절하여 상전이가 일어나는 경우를 "**평형 상전이**"라 한다. 상전이가 일어나는 "**임계점**" 근처에서 물리적 현상은 매우 특이한 특성을 나타낸다. 임계점 근처에서 물리계는 매우 먼 거리까지 "**상관관계**[13]"를 가지며, 전이점 근처에서 많은 물리량은 "**멱함수 법칙**"을 따른다. 또한, 온도가 임계점으로 다가갈 때 발산하는 "**특이성**singularity[14]"을 나타낸다.

사회나 경제 체제는 온도와 같은 조절 변수가 존재하지 않는 **비평형 다체계**이다. 그런데 비평형 다체계에서도 상전이가 일어날 수 있다. 비평형계에서 일어나는 상전이를 "**비평형 상전이**"라 한다. 코로나-19와 같이 전염성이 큰 감염병의 전파를 생각해 보자. 감염병의 "**기초재생산지수**basic reproduction number"를 알노트(R_o)라고 한다. 그림 3.6와 같이 기초재생산지수는 한 명의 감염자가 미감염자를 감염시키는 정도라고 할 수 있다. 재상산지수가 $R_o > 1$이면 감염병이 계속 퍼져나가서 팬데믹 상태가 된다. 반대로 재상산지수가 $R_o < 1$이면 감염병을 일시적

---

11 대칭성 깨짐은 상전이 전과 후에서 대칭성의 극적인 변화를 뜻한다.

12 상의 변화가 일어나는 온도를 임계온도라 한다. 초전도체를 얼리면 임계온도에서 물질의 전기 저항이 0이 되는 초전도 상전이가 일어난다. 이 온도를 초전도 전이의 임계온도(critical temperature)라 한다.

13 임계점 근처에서 상관성은 먼 거리까지 있어서 한 곳에서 물 분자의 상태를 교란하면 아주 멀리 떨어져 있는 지점까지 그 교란 효과가 퍼져나간다. 즉, 임계점 근처에서 물은 **장거리 상관성**을 갖는다.

14 특이성은 물리량이 발산하는 효과로 나타난다. 물의 상태를 나타내는 물리량이 임계점으로 접근하면 무한대에 가까운 값으로 발산한다.

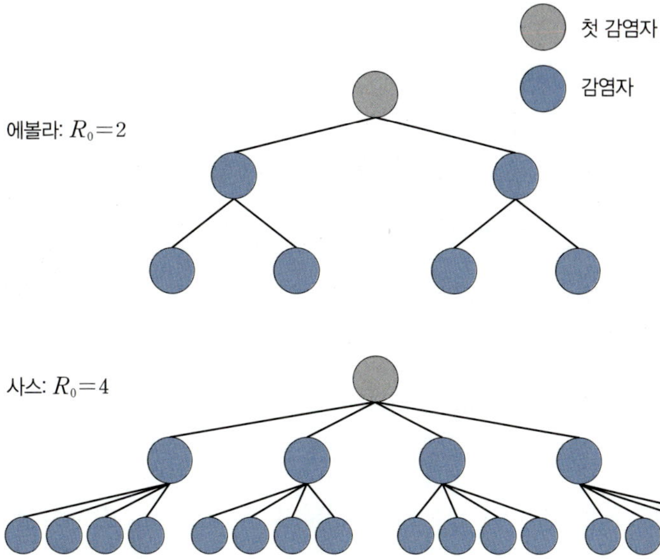

[그림 3.6] 감염병에서 기초재생산지수 R_0는 한 명의 감염자가 감염시킬 수 있는 정도를 나타낸다. $R_0 \geq 1$ 이면 감염병은 사멸하지 않고 대유행으로 발전할 수 있다.

으로 발생했다가 결국 사멸하여 사라질 것이다. 감염병은 기초재생산지수 $R_o = 1$을 넘어서면 감염병 사멸 상태에서 팬데믹 상태로 전이한다. 감염병의 전파는 동역학적인 과정이고 사람들의 이동과 접촉으로 발생하는 비평형 현상이다. 감염병은 팬데믹-감염병 사멸 사이의 비평형 상전이가 일어나는 시스템이라고 할 수 있다. 그런데 감염병의 기초재생산지수는 감염률과 회복률 등의 비율로 주어지므로 이러한 변수들이 일종의 조절변수라 할 수 있다. 감염병 상전이는 조절변수가 있는 비평형 상전이이다.

앞으로 살펴볼 다양한 경제 현상에서 장거리 상관관계와 멱함수 법칙이 자연스럽게 나타나는 것을 볼 수 있다. 2008년 글로벌 금융위기처럼 갑작스러운 시장의 붕괴는 시장에서 대칭성 깨짐이 일어나서 비평형 상전이가 일어나는 것처럼 보인다. 안정한 시장에서 불안정한 시장으로 전이가 일어났다고 할 수 있다.

물리학에서 자석의 상전이를 생각해 보자. 철이나 코발트와 같은 금속은 온도를 바꾸면, 자기적 성질이 바뀐다. 온도가 임계온도보다 높으면 이런 금속은 강한 자성을 띠지 않는 "**상자성**paramagnetism" 상태에 있다. 금속을 구성하는 원자들을 아주 작은 자석이라 할 수 있다. 원자들이 가지는 자석의 상태는 "**스핀**spin"이라는 물리량으로 결정할 수 있다. 스핀은 일종의 원자 자석에 대응한다고 할 수 있다. 삼차원 공간에 놓인 원자 자석의 방향은 임의의 방향을 향할 수 있다. 자석이 지구의 중심에 놓여 있다고 비유하면, 그림 3.7(a)와 같이 원자 자석의 방향이 북쪽을 향할 수도 있고, 위도 30도, 경도 50도인 지점을 향할 수도 있다. 그런데 금속에 구속된 원자들은 그림 3.7(b)와 같이 독립적으로 존재할 수 없다. 사회에서 인간이 다른 인간들과 상호작용하듯이 금속의 원자들 역시 다른 원자들과 상호작용한다. 보통 원자들은 멀리 떨어져 있는 다른 원자들과도 상호작용한다. 그렇지만 자성을 나타내는 금속일 때 원자 자석들은 자신한테서 멀리 떨어져 있는 원자들과는 굉장히 약하게 상호작용하는 대신, 자신의 이웃에 있는 원자들과 강하게 상호작용한다. 사회에서 우리는 가족이나 학교 친구, 직장 동료와 강하게 상호작용하는 것과 비슷하다. 인간은 자유롭게 이곳저곳을 움직일 수 있지만, 금속의 원자들은 자유롭게 움직일 수 없고 금속 내부에 고정되어 있다. 움직일 수 없는 금속 원자들의 스핀은 자신의 이웃과의 상호작용과 외부의 온도에 영향을 받는다.

온도가 전이온도보다 높으면 스핀은 무질서하게 배열하는 것이 자연스럽다. 높은 온도에서 열은 원자 스핀을 무질서하게 만든다. 원자 자석의 스핀들은 서로

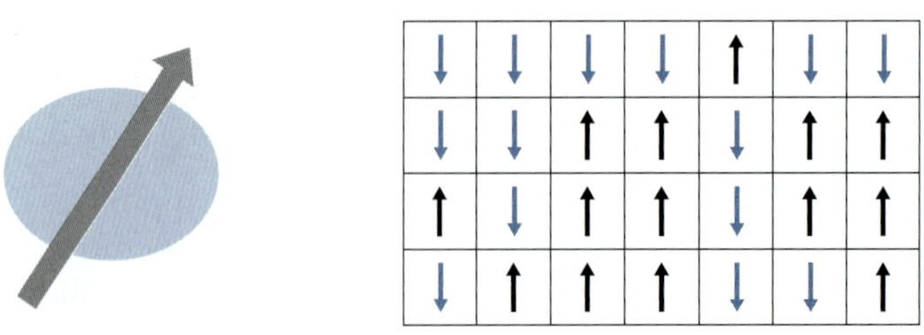

[그림 3.7] 원자 자석의 스핀과 배열. (a) 원자 자석 하나가 가지는 스핀의 방향, (b) 2원 사각격자 위에서 업 스핀(↑)과 다운 스핀(↓)을 가지는 스핀들의 정렬 모습

같은 방향으로 배열할 때 에너지를 낮추지만, 높은 온도에서 원자 자석들 사이의 질서를 유도하는 상호작용보다 무질서를 유도하는 열이 주도권을 가진다. 따라서 높은 온도에서는 금속의 스핀들이 무질서하게 배열되어 전체적으로 아무런 자성을 띠지 않는 상태에 있다. 상온에서, 많은 금속은 사실 상자성 상태에 있어 강한 자성을 띠지 않는다. 이제 온도를 임계온도 근처로 낮추어 보자. 높은 온도에서 임계온도 근처로 온도를 낮추면 원자 자석들은 무질서한 상태와는 확연히 다른 상태를 나타낸다. 온도가 높을 때 원자 자석은 거의 독립적으로 행동한다. 옆에 있는 다른 원자 자석의 상태에 무관심하다.

그러나 온도가 전이온도 근처로 다가가면 열에 의한 무질서한 교란이 약해지므로 원자 자석들 사이의 상호작용이 큰 역할을 하기 시작한다. 이제 그림 3.7(b)와 같이 스핀이 딱 2가지 방향만 가지는 경우를 생각해 보자. 북쪽을 향하는 자석을 업 스핀(↑), 남쪽을 향하는 자석을 다운 스핀(↓)이라 한다. 그림 3.7에서 이웃해 있는 한 쌍의 스핀은 같은 방향일 때 에너지가 낮고, 서로 반대 방향일 때 에너지가 높다. 온도가 전이온도 근처로 낮아지면 이웃한 스핀들이 같은 방향을 향하면서 덩어리를 형성하는 것이 안정한 상태가 된다. 높은 온도에서 독립적으로 행동하던 스핀들이 온도가 낮아지면 끼리끼리 무리를 짓기 시작한다. 열 요동은 스핀을 뒤집을 수 있어 덩어리 스핀 집단의 상태를 교란할 수 있지만, 교란된 스핀 배열의 상태가 안정적이지 못하기 때문에 결국 더 낮은 에너지 상태끼리 모인 상태가 유지된다. 온도가 전이온도로 다가갈수록 끼리끼리 모인 덩어리의 크기가 점점 커진다. 큰 덩어리 내부는 열 요동에 안정하기 때문에, 덩어리의 경계에 있는 스핀들이 뒤집히면 더 안정하고 큰 스핀 덩어리 상태가 될 수 있다. 이렇게 스핀들은 열적 요동으로 뒤집히면서 차츰 안정한 평형 상태에 도달한다. 즉, 주어진 온도에서 가장 안정적인 스핀 배열 상태를 금속이 스스로 찾아가게 된다.

그림 3.7(b)와 같은 바둑판 격자에 놓인 스핀 중에서 업 스핀의 수에서 다운 스핀의 수를 뺀 값의 절댓값을 총 스핀 수로 나눈 값을 "**질서 변수**order parameter[15]"

라 하자. 높은 온도에서 업 스핀의 수와 다운 스핀의 수는 평균적으로 같아서 그림 3.8에서 보듯이 질서 변수가 영이다. 조절변수인 온도가 전이온도 이하로 낮아지면 업 스핀의 수가 다운 스핀의 개수보다 많아져 질서 변수는 양보다 커진다. 스핀이 무질서하게 배열된 상태의 대칭성과 스핀들이 배열되어 덩어리를 이룬 구조의 대칭성이 확연히 달라져 대칭성 깨짐이 발생한다.

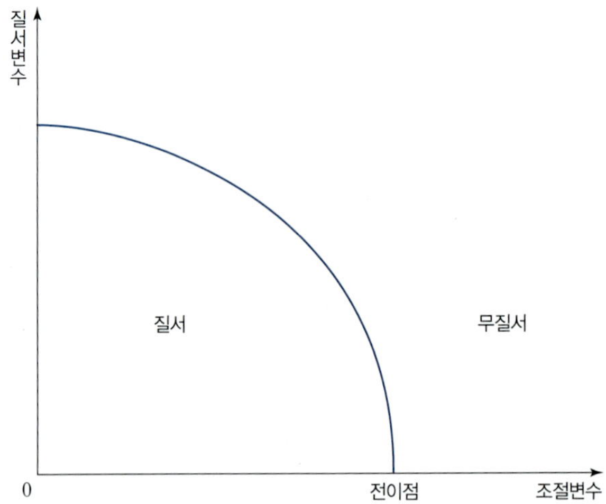

[그림 3.8] 조절변수의 변화에 따른 질서 변수의 변화. 전이점에서 질서 변수가 0보다 큰 값을 가진다.

물리학자들은 업 스핀과 다운 스핀 상태만을 고려한 "**이징 모형**Ising model[16]"에서 상자성-강자성 상전이 현상을 이론적으로 이해했다. 이 모형에서 스핀들은 서로 이웃한 경우에만 상호작용한다. 이징 모형의 "**자유에너지**free energy[17]"는

15 업 스핀의 수를 $N_\uparrow$, 다운 스핀의 수를 $N_\downarrow$이라 하고 총 스핀의 수가 N이면 질서 변수 m의 정의는 $m = |N_\uparrow - N_\downarrow|/N$이다.

16 이징 모형에서 스핀은 $S=+1$ 또는 $S=-1$의 값을 가질 수 있고, 강자성 상전이를 나타내는 스핀들의 상호작용 에너지는 $E=-J\sum_{<i,j>} S_i S_j$이다. 여기서 J는 에너지 단위를 가지는 스핀들 사이의 상호작용 크기를 나타내고, $<i,j>$는 서로 이웃한 모든 스핀 쌍을 나타낸다. $J>0$인 경우 강자성이 일어날 수 있다.

17 평형 통계역학에서 계가 할 수 있는 최대 일은 자유에너지 변화량의 절댓값과 같다.

경제학에서 "**효용함수**utility function"에 비유할 수 있다. 자유에너지의 변화량은 물리계가 할 수 있는 최대 일과 같다. 열역학 제2법칙은 평형 상태에서 자유에너지가 최소인 상태와 같다. 헬름홀츠의 자유에너지는 시스템의 총에너지에서 절대온도와 엔트로피의 곱한 항을 빼기로 정의한다.[18] 주어진 온도에서 헬름홀츠 자유에너지를 최소화하려면 총에너지는 가능한 한 낮아야 하고, 엔트로피는 커야 한다.

이징 모형에서 이 두 가지 상태는 상반된 결과를 발생시킨다. 총에너지가 낮은 상태는 스핀들이 같은 방향으로 배열된 상태인데, 이런 상태의 엔트로피는 낮다. 따라서 주어진 온도에서 총에너지 상태와 엔트로피 상태가 서로 조화를 이루어 적절한 배열이 자유에너지를 최소화한 상태가 된다. 결국 주어진 온도에서 에너지를 낮추는 원자 자석의 스핀 배열과 그러한 에너지를 가질 수 있는 모든 스핀 배열의 가짓수에 비례하는 엔트로피 사이의 균형점을 찾을 수 있는데 그 상태가 주어진 물리 조건에서 평형 상태이다. 경제 체제가 어떤 균형 상태에 있다면 물리학의 자유에너지와 비슷하게 효용함수를 최소로 만드는 경제적 조건이 존재할 것이다. 물리학에서 상전이가 일어나듯이 경제학에서도 상전이가 일어날 수 있을 것이다. 금융위기를 상전이에 빗대어 생각해 보자.

3.4 시장의 자기조직화

금융위기를 발생시키는 조절변수는 무엇일까? 금융위기가 발생할 때 조절변수는 존재하기는 하는 것일까? 금융위기는 시장에서 스스로 발생하는 듯이 보인다. 보이지 않는 손은 조절변수가 명확히 드러나지 않지만, 시장이 스스로 어떤 균형 상태로 접근하도록 한다는 뜻이다. 경제 주체들 사이의 비합리적 거래, 제한된

18 온도 T인 시스템에서 헬름홀츠 자유에너지 F, 계의 총에너지를 E, 엔트로피를 S로 표현하면 $F=E-TS$이다.

합리성에 기반한 행동 등은 시장의 위기를 가중하고, 어느 순간에 대칭성이 깨지면서 위기가 발생한다. 시장이 자기 조직화하여 임계상태에 도달하는 현상을 "**자기조직화 임계성**self-organized criticality" 현상으로 설명할 수 있지 않을까 하는 학자들이 생겨냈다.

자기조직화 임계성에 대한 개념을 처음 제시한 과학자는 브룩헤이븐 국립연구소Brookheaven National Laboratory[19]에 근무하던 페르 박Per Bak, 1948-2002 그룹이다. 이 연구소는 고에너지의 핵자와 소립자를 주로 연구하는 곳이지만, 이론 통계 물리학자도 고용하여 연구의 자율성을 부여하였다. 결합한 진동자들이 함께 진동하는 현상을 연구하던 페르 박은 탕Tang Chao, 1958~, 비젠펠트Kurt Wiesenfeld, 1958~와 함께 연구했다. 그들은 1987년에 조절변수가 없는 비평형 상전이 모형을 창안하였다. 이들이 만든 모래더미 모형을 세 사람의 이름을 따서 **BTW 모형** 또는 **모래더미 모형**이라 한다. 그들은 어린아이들이 해변에 모래더미를 쌓을 때, 모래더미가 성장하다가 무너지는 현상에 주목했다. 모래를 한 주먹 움켜쥐고 모래를 흘리면 모래더미가 원뿔 모양으로 형성된다. 모래더미는 점점 커지다가 원뿔의 각도가 **안식각**[20] 이상이 되면 갑자기 무너지기 시작한다. 한 번 무너져 내린 모래더미에 모래를 더 쌓으면 모래가 다시 안식각을 찾아가고 모래더미는 무너지기 직전의 불안정한 상태가 된다. 이런 불안정한 상태에서 떨어뜨린 모래알 한 알은 엄청난 크기의 모래 사태를 유발할 수 있다. 박, 탕, 비젠펠트는 모래더미의 무너져 내리는 모형을 격자 위에서 모래알이 쌓이다가 무너져 내리는 모형으로 바꾸었다.

일차원 BTW 모형에서 모래알의 쌓임과 무너짐은 무작위성과 동역학적 성질을 가지고 있다. 일차원 격자의 위치는 첨자 $i=1,\cdots,N$으로 나타낸다. 이제 각

---

19 미국 롱아일랜드 브룩헤이븐에 소재한 고에너지 입자물리연구소

20 안식각은 모래더미가 쌓일 때 모래더미가 무너지기 직전에 수평면과 모래더미 사면 사이의 각도를 말한다.

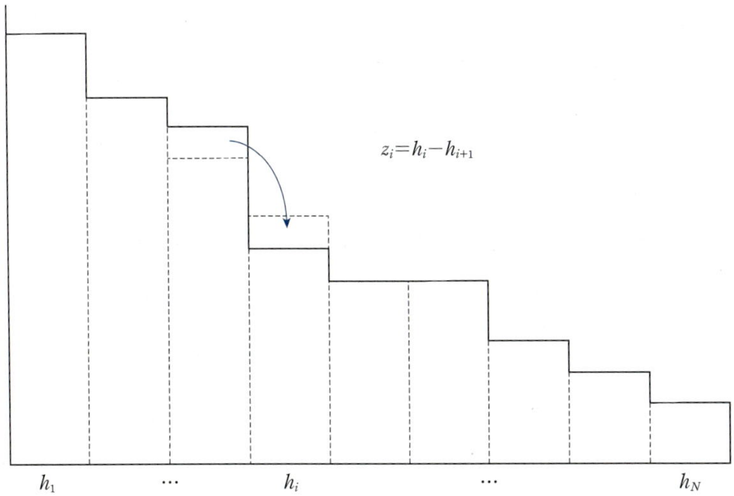

[그림 3.9] 박, 탕, 비젠펠트가 제안한 1차원 격자 위에 쌓인 모래더미가 무너져 내리는 모형. 네모난 모래 알갱이는 멋대로 선택한 칸에 떨어지고 이웃한 칸과의 높이 차가 2가 넘으면 모래알을 오른쪽은 넘긴다. 연속적인 모래알 넘김을 모래 사태라 부른다.

위치에서 모래알의 높이를 h_i 라고 하자. 모래알은 단위 크기를 가지고 있으므로 모래알의 높이는 모래알의 개수와 같다. 따라서 모래알 높이는 0 이상인 자연수이다. 그림 3.9와 같이 모래알은 오른쪽으로만 넘긴다. BTW 모형의 동작은 매우 단순하다. 처음 시작할 때 모든 위치의 모래알 높이는 0이다. 이제 N개의 위치 중에서 멋대로 한 곳을 선택해서 모래알을 하나 떨어뜨린다. 선택된 위치가 i이면, $h_i = h_i + 1$으로 바뀐다. 페르 박은 이 모형을 컴퓨터 시뮬레이션으로 구현하기 위해서 모래 높이 대신에 격자에 쌓인 모래 높이의 차이로 모형을 바꾸었다. 모래알이 위치 i에 떨어졌다면 오른쪽과 모래알 높이차 $z_i = h_i - h_{i+1}$를 구한다. 만약 $z_i \geq z_{th}$이면, i에서 모래알 하나를 오른쪽을 넘긴다. 일차원 모형에서 $z_{th} = 2$이고, 사각격자 이차원 모형에서 $z_{th} = 4$이다. 모래알을 넘겨받은 위치에서 다시 오른쪽과 높이 차이를 계산하고 모래알을 다시 넘길 것인지 판단한다. 이 과정을 되풀이하여 모든 위치에서 모래알 높이차가 z_{th} 미만이 되면 모래알 넘김은 멈추고, 시간은 한 단위 증가한다. 연속해서 모래알 넘김이 일어나는 현상을

모래 사태라 하고 모래알 넘김이 일어났던 위치의 개수가 모래 사태의 규모 s라고 하자. 모래알 넘김은 무척 빨리 일어나기 때문에 사실 업데이트 시간은 모래알 하나가 시스템에 투입될 때마다 한 단위 증가한다. 모래알 투입 시간과 모래 사태가 일어나는 시간 단위는 완전히 분리된다. 이 모형에서는 모래 사태가 일어나는 시간은 전체 시간을 결정하는 데 아무런 영향을 주지 않고, 눈 깜짝할 사이에 일어난다고 생각한다. 한편 오른쪽 맨 끝의 모래알 높이는 무조건 $h_{N+1}=0$으로 놓는다. 즉, 위치 N에서 $N+1$으로 모래알이 넘어오면 그 모래알은 시스템에서 사라진다. 일차원 BTW 모형은 이차원 사각격자로 쉽게 확장할 수 있다.

BTW 모형은 모래알이 외부에서 **입력**되고 오른쪽 끝의 경계에서 모래알이 **소실**되어 사라지기 때문에 완전한 비평형 동역학 모형이다. 페르 박 그룹은 형성된 모래더미와 무너져 내리는 모래 사태 규모에 대한 구조를 살펴보았다. 무너져 내린 모래 사태를 시간에 따라 관찰하면, 작은 규모의 모래 사태는 자주 발생하고 큰 규모의 모래 사태는 가끔 발생했다. 그런데 그들은 큰 규모의 모래 사태가 생각보다 더 자주 일어나는 것을 발견했다. 어떤 모래 사태는 시스템 전체를 휩쓸 정도로 컸다. BTW 시뮬레이션의 초기 단계에서 모래더미는 안식각을 이루지 못하기 때문에, 초기 상태를 완전히 잊어버릴 정도의 "**과도기 시간**transient time"이 지난 후부터 모래 사태의 규모를 측정했다. 그들은 모래 사태 규모에 대한 막대 그래프를 그려 보았다. 모래 사태 규모의 분포 함수 그래프의 양 축에 로그를 취해서 그렸더니 데이터가 직선으로 나타났다. 로그-로그 그림이 직선이면, 분포함수는 멱함수 법칙을 의미했다. BTW 모형에서 모래 사태 규모의 분포함수는 멱함수 법칙[21]이고, 멱함수 지수는 공간의 차원에 따라서 다른 값을 나타내었다.

BTW 모형에서 멱함수의 발현은 사실 놀라운 결과였다. 그전까지 상전이는 온도와 같은 조절변수를 조절하여 임계점에 맞추어 주고, 시스템을 평형 상태에

21 모래 사태 규모 s의 분포 함수는 $p(s)\sim s^{-\tau}$인 멱함수 법칙을 따르며, 사태 규모 멱함수 지수는 τ이다.

머물게 하면서 물질의 상태를 조사하는 평형 상전이가 주류였다. 비평형 상태에서 일어나는 상전이에 관해선 관심이 별로 없었다. 페르 박 그룹은 컴퓨터 모형을 이용해서 비평형 상태에서 발현하는 상전이 현상을 발견했다. 이러한 상전이는 조절변수가 없으므로, 그들은 이 상전이를 "**자기조직화 임계성**SOC, Self-Organized Criticality"이라 이름 붙였다. 시스템의 동역학이 스스로 임계상태를 유도하고 멱함수 법칙을 따르는 모래 사태를 지속적으로 발생시킨다. 모래알이 시스템에 유입되면 모래알 높이 차가 점점 무너지기 직전의 높이차로 다가간다. 높이 차이를 시스템의 스트레스라고 하면 모래 사태가 일어나기 직전까지 시스템에 스트레스가 광범위하게 쌓인다. 시스템은 톡 건드리면 무너질 정도로 불안정한 상태에 진입한다. 이러한 상태에 도달했을 때, 모래알 하나가 입력되어 모래 사태가 촉발되면 모래 사태는 걷잡을 수 없게 퍼져나간다. 물론 스트레스는 국소적으로 작게 쌓인 곳과 많이 쌓인 곳이 혼재한다. 스트레스가 작은 곳에 모래알이 떨어지면 사태의 규모는 좀 작을 것이다. 스트레스가 광범위하게 쌓인 곳에 모래알이 떨어지면 큰 규모의 모래 사태가 발생한다. 모래 사태는 시스템에 쌓인 스트레스를 해소하는 과정이라 할 수 있다. 그렇지만 모래알 한 알이 떨어진 후에 어떤 규모의 모래 사태가 발생할지 예측하는 것은 무척 어렵다. 자기조직화 임계현상은 어떤 면에서 미래의 예측 불가능성을 내재하고 있다고 할 수 있다. BTW 모형에서 일어나는 자기조직화 임계현상을 "**모래더미 패러다임**sand pile paradigm"이라고 부른다.

BTW 모형은 지진과 경제위기의 발생 현상에 비유할 수 있다. 지진 현상에서 모래의 무너짐은 지진의 발생에 대응한다. 지진은 두 개의 지각판이 충돌하는 판의 경계에서 주로 발생한다. 두 판이 밀리면서 판의 각 부위에 변형력이 쌓이게 된다. 판 사이의 마찰력은 밀리는 변형력을 견디지만, 변형력이 어떤 임계치를 넘어서면 더 이상 버티지 못하고 일시에 판이 밀리거나 변형이 일어난다. 이것이 지진이며 지진의 발생은 변형력이 쌓이는 시간 스케일보다 엄청 짧은 시간에 발생한다. 이러한 현상은 마치 모래알이 쌓였다가 무너지는 모래 사태와 유사하다.

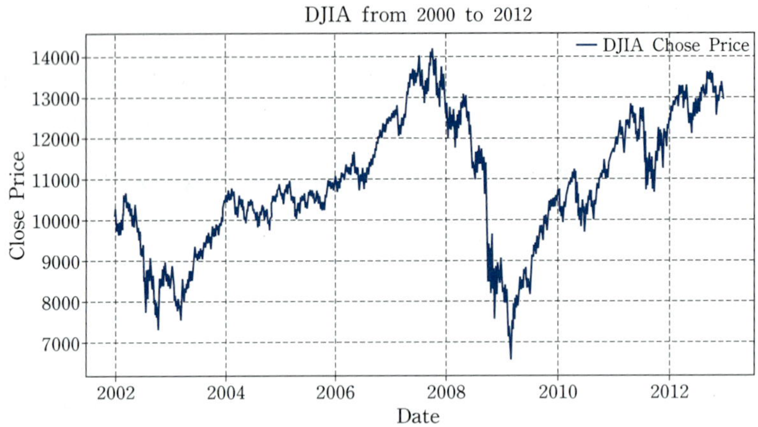

[그림 3.10] 2002년 1월 1일부터 2012년 12월 31일 사이의 DJIA 지수의 종가를 나타낸 그림. 2007년 10월 9일에 DJIA는 14,164.53포인트로 최고치를 찍은 후 금융위기가 발생하면서 급락하였다. 2008년 11월 21일에 DJIA는 7,552.37포인트까지 떨어졌다.

2008년 글로벌 금융위기처럼 경제위기의 발생 역시 모래 사태에 비유할 수 있다. 2008년 글로벌 금융위기는 서브프라임 모기지와 규제하지 않은 파생상품의 붕괴로 발생하였다. 2007년 이전부터 미국 주택 시장의 활황은 새로운 파생상품의 출현을 촉발했으며, 부실 파생상품에 의한 경제적 스트레스는 지속적으로 쌓이고 있었다. 서브프라임 모기지를 기반으로 증권화된 파생상품은 무분별하게 발행되었다. 이런 파생상품의 거래는 엔 캐리트레이드[22]에 기반을 두고 있었지만 2007년 엔화의 급등은 큰 충격을 가져왔다. 축적된 부실은 모래 사태나 지진이 발생하는 것처럼 임계치를 넘어서자 일시에 폭발적으로 붕괴하였다. 금융위기가 모래 사태와 다른 점은 기업의 파산이 단시간에 일어나지 않고 상당히 긴 시간 동안에 일어났다는 것이다. 2007년 10월 9일에 DJIA의 종가는 14,164.53포인트로 최고치를 찍었다. 2008년 9월 15일에 미국 4대 투자은행인 리먼브라더스(Lehman Brothers)가 파산하였다. 2008년 11월 21일에 DJIA는 7,552.37포인트까지 급락하

22 엔 캐리 트레이딩(Yen carry trading)은 일본에서 저금리의 엔화 자금을 차입해서 금리가 높은 다른 나라에서 투자하여 수익을 올리는 금융 기법을 말한다.

였다. 2008년 12월 DJIA의 최저는 6547.05포인트였다. 미국연방 준비위원회는 부실 금융기관에 유동성을 대규모로 지원하면서 미국은 단기간에 글로벌 금융위기에서 벗어날 수 있었다. 2012년 말에 DJIA는 2007년 최고치를 거의 회복하였다. 글로벌 금융위기 과정에 많은 중산층이 서브프라임 모기지 때문에 집을 잃었으며, 많은 금융기관이 파산하거나 인수 합병되었다.

금융위기의 발생은 모래 사태처럼 자기 조직화하는 비평형 상전이에 가깝다. 시장을 조절하는 조절변수는 뚜렷하게 보이지 않지만, 시장 자체의 동역학이 시장을 임계상태에서 멀리 떨어뜨려 놓으면 시장은 안정한 상태를 보인다. 작은 붕괴들이 발생하지만 그러한 붕괴는 시장이 쉽게 감내할 수 있어서 금방 안정된 상태로 돌아간다. 그러나 가끔 시장은 스스로 자신을 임계점으로 몰고 간다. 금융위기가 바로 임계점이었다. 금융위기가 발생한 임계점에서 시장은 커다란 변동성을 유발하고, 그로 인한 여파로 인해 경제와 사회에 엄청난 파괴적 영향을 주었다.

3.5 네트워크 경제

1998년에 와츠Duncan James Watts, 1971~와 스트로가츠Steven Henry Strogatz, 1959~는 '**좁은세상망**small-world network'에 대한 논문을 발표하였다. 1999년에 팔로웃소스Christos Faloutsos 등과 바라바시Albert-László Barabási, 1967~ 그룹은 서로 독립적으로 '**축척 없는 네트워크**scale-free network'를 발견하였다. 좁은세상망과 축척 없는 네트워크는 복잡계 네트워크라는 새로운 과학 분야를 활짝 열었다. 복잡계 네트워크는 통계물리학자들의 순수한 과학적 호기심에서 발견되었는데, 그 개념은 사회학과 경제학에 파급되어 세상을 바라다보는 방식에 새로운 지평을 열었다.

축척 없는 네트워크는 각 노드의 연결선수 분포함수가 멱함수 법칙을 따른다.

멱함수 법칙은 상전이 현상과 자기 조직화 임계현상에서 자연스럽게 발현하는 법칙이다. 축척 없는 네트워크 역시 조절 인자가 없음에도 불구하고 네트워크의 성장 동역학에 내재한 요인이 네트워크의 구조를 축척에 자유로운[23] 구조를 갖도록 하는 자기조직화 시스템이라 할 수 있다.

물리학자들은 익숙한 규칙적인 네트워크나 **무작위 망**random network 이외에 다른 구조의 네트워크를 생각해 보게 되었다. 인터넷과 휴대폰의 대중화로 컴퓨터 간 연결은 물론, 컴퓨터와 사람, 나아가 사람과 사람 간의 연결이 기하급수적으로 증가하면서 초연결 사회로 발전했다. 이에 따라 네트워크에 대한 관심도 폭발적으로 증가했다. 통계 물리학자들이 연구하던 좁은세상망, 축척 없는 네트워크, 모듈 네트워크, 멀티플렉스 네트워크multiplex network, 멀티 레이어 네트워크multilayer network, 고차원 네트워크higher order network 등을 망라하는 '**복잡계 네트워크** complex network'의 개념은 물리학을 벗어나 경제학, 사회학, 정치학, 공학, 생물학, 화학, 지질학 등 다양한 분야로 확산하기 시작했다.

경제 현상은 다양한 네트워크를 기반으로 일어난다고 볼 수 있다. 경제에서 생산 활동, 소비자들의 경제 활동, 상품의 이동, 물류의 이동, 자본의 이동, 세계 무역 등은 "**경제 네트워크**economic network"의 예이다. 네트워크에서 상호작용은 매우 불균일하고 비선형적이다. 경제 활동으로 발현하는 네트워크의 구조는 매우 다양할 뿐만 아니라 경제 행위자의 상호작용 동역학으로부터 이머징 한다. 경제 네트워크에서 두 노드 사이의 상호작용은 경제 현상에 따라서 다를 것이다. 세계 무역 네트워크에서 노드는 각 국가이고 연결선은 두 나라 사이를 이동하는 물품이다. 반면 물류 네트워크에서 노드는 생산자와 소비자가 될 수 있고 연결선은 배달되는 물건일 것이다. 이렇듯 경제 네트워크는 우리 주변에 다양한 형태로 산재해

---

23 축척에 자유로운(scale-free) 네트워크는 네트워크의 연결선수 k의 분포함수가 $p(k) \sim k^{-\gamma}$의 멱함수 법칙을 따른다. 멱함수 법칙은 1장의 그림 1.1을 참조한다.

있다. 네트워크 이론을 경제학에 적용하던 초기에는 경제 현상에서 네트워크를 발견해 내는 것에 집중하였다. 세계 무역 네트워크처럼 데이터만 있으면 명확하게 드러나는 "**명시적 네트워크**explicit network"가 있는가 하면, 겉으로 드러나지 않아 깊이 들여다봐야 알 수 있는 "**암묵적 네트워크**implicit network"도 많이 있다. 예를 들어 주식시장에서 각 회사 사이의 주식 가격 변동성의 상관성이 큰 경우 서로 연결선을 부여하는 "**상관관계 네트워크**correlation network"를 형성한다. 그런데 이 네트워크 구조는 개별 회사의 주식가격 변동과 시계열을 분석하는 시점에 크게 의존할 것이다. 따라서 상관성을 고려하는 시점이 달라지면 상관관계 네트워크 역시 크게 변하게 될 것이며, 이러한 네트워크는 시장에서 명시적으로 나타나는 것이 아니라 주식가격 시계열에 암묵적으로 숨어 있다.

경제 현상에서 나타나는 네트워크 구조를 시점에 따라 살펴보면 네트워크의 변화 패턴을 알 수 있다. 경제 네트워크에서 추출한 많은 네트워크는 축척 없는 네트워크이며 네트워크의 연결선수 분포함수가 멱함수 법칙을 따른다. 무역 네트워크, 주식시장의 상관관계 네트워크, 상품생산 네트워크, 특허 사이의 인용 네트워크 등은 축척 없는 네트워크의 특성을 가진다. 경제 현상을 분석할 때 우리는 항상 과거의 데이터를 기반으로 분석할 수밖에 없다. 과거의 데이터를 이용하여 생성한 경제 네트워크들이 시간에 따라서 변화하는 양상을 파악하고, 어떤 경제적 요인이 네트워크의 변화에 큰 영향을 미치는지 살펴봄으로써 경제 현상을 이해하는데 큰 힌트를 얻을 수 있을 것이다. 최근에는 경제 네트워크의 변화 양상을 "**시스템 리스크**system risk"와 연결하려는 연구가 활발하다. 경제적 위기가 없을 때 형성된 경제 네트워크의 구조와 경제위기가 발생하기 전후의 네트워크 구조는 확연한 차이를 보인다. 이로부터 네트워크의 구조 양상을 나타내는 정량적인 지표를 개발하고 이러한 지표를 시간에 따라서 관찰하면, 다가오는 경제위기의 전조 현상을 찾아낼 수 있을까 하는 희망을 품고 있다. 물론 경제 체제 자체가 자기 조직화하는 시스템이기 때문에 경제 행위자들의 행동은 금방 시스템 전체에

스며들어 스스로 새로운 구조로 귀결될 것이다.

경제 네트워크를 시스템 리스크에 활용하는 것은 네트워크의 안정성을 고려하는 것이다. 경제 상황에 따라서 네트워크 전체의 구조에 어떤 변화가 생기는지 파악해 볼 수 있다. 경제적인 변동이 크지 않은 시기에 경제 네트워크 역시 매우 안정된 구조를 나타낸다. 안정 시기에는 시점이 변하여도 네트워크의 구조는 여전히 비슷한 구조를 형성하고 있다. 그렇지만 네트워크 내의 개별 노드에 연결된 연결선은 동역학적으로 변할 수 있다. 무역 네트워크를 생각해 보자. 한중 사이의 관계가 좋을 때 두 나라의 교역은 매우 활발하고 두 나라 사이의 다양한 기업들 사이에 수입과 수출이 이루어졌다. 그러나 한중 관계가 소원해지자 기업들 사이의 수출입 관계가 단절되고 두 나라 사이의 전체적인 무역 규모도 축소되었다. 세계적인 경제 변화가 없었지만, 두 나라 사이의 정치적 관계가 경제 현상에 지대한 영향을 미쳤다. 이렇듯 경제 네트워크에서 노드 사이의 관계 변화는 국소적인 안정성에 영향을 준다. 이러한 국소적인 연결의 불안정성은 세계 경제가 어려움에 부닥치면, 폭발적으로 증폭되기 시작하면서 어느새 시스템 리스크로 귀결되기도 한다. 경제 네트워크의 연결성을 시간에 따라서 지속적으로 관찰할 수 있다면, 각 노드의 국소적 안정성 역시 파악할 수 있을 것이다.

한 기업, 한 국가, 전 세계 등 경제 규모의 위계에 따른 시스템 리스크를 어떻게 측정할 것인가는 정답이 없는 열린 문제이다. 한 국가는 다양한 경제 지표를 생산해서 발표하고 있다. 예를 들어 자영업자나 개인의 연체율, 기업의 부채, 기업 파산 정보 등은 한 국가의 경제 상황을 파악하는 데 도움을 줄 것이다. 한 기업이 경제 네트워크의 연결이 약하면 그 기업은 경제 상황에 상관없이 거의 독립적으로 행동할 것이다. 반면 한 기업이 경제 네트워크에서 연결성이 많다면 그 기업의 파산은 전체 경제 네트워크의 붕괴를 가져올 것이고 이는 시스템 전체의 위협으로 대두될 것이다. 예를 들어 경제적 연결성이 높은 산업인 자동차 회사를 생각해 보자. 자동차 생산 회사는 부품회사들과 복잡한 **가치사슬**value chain을 형성하고 있다. 자동차 회사는 부품회사뿐만 아니라 자동차 정비 회사, 전기차 충전회사, 자동차 금융 회사 등과도 복잡하게 얽혀있다. 거대 자동차 회사가 파산하는 경우 연관된 회사들은 연쇄적으로 영향을 받을 것이며, 추가적인 파산이 뒤따를 것이다. 이러한 파산은 마치 "**폭포수 효과**cascading effect"처럼 경제 네트워크 전체에 퍼져나간다. 2008년 글로벌 금융위기는 이러한 현상의 전형을 보여준다. 개인의 대출은 은행과 투자회사와 얽혀있고, 위험을 분산하기 위해서 만들어낸 부실한 파생상품은 대형 투자회사, 대형 은행, 세계적 보험회사의 파산을 가져왔다. 한 기업의 파산에 영향을 받은 회사들을 은행-회사 네트워크에 그려보면 마치 모래더미가 일시에 무너져 내리는 듯한 사태 현상을 볼 수 있다. 2008년 글로벌 금융위기는 어마어마한 규모의 글로벌 금융 모래사태가 발생했다고 할 수 있다.

3.6 시스템 리스크

경제 복잡계 네트워크 분석을 포함한 복잡계 경제학은 위험, 불안정성, 파산 등이 시스템에 내재한 현상으로 본다. 시스템에 축적된 스트레스가 일시에 풀리면서 스케일에 자유로운 사태를 발생하는 자기조직화 임계성을 보인다.

경제사회 시스템은 다양한 위해hazard, 위험risk, 위기crisis, 재난disaster에 직면하고 있다. 위해는 주어진 시간과 장소에 피해를 줄 가능성이 있는 사건 또는 상황을 의미한다. 위험은 자연 또는 인위적 위해와 취약성이 상호작용하여 발생하는 부정적 결과나 예상되는 손실을 의미한다. 손실은 사망, 부상, 경제 활동 위협, 환경 파괴 등을 포함한다. 여기서 **위기**는 짧은 시간에 극적인 부정적 변화를 유발하는 결정적 순간 또는 전환점을 의미한다. **재난**은 피해를 본 공동체가 스스로의 힘으로 피해를 극복할 수 없는 광범위한 인명, 재산 또는 환경 피해를 불러일으키는 심각한 사회 기능의 붕괴를 의미한다. 경제에서 경제위기, 금융위기 등과 같이 위기란 용어를 많이 사용한다. 2008년 글로벌 금융위기, 1997년 우리나라가 IMF 구제 금융을 받은 외환위기 등이 좋은 예이다.

경제사회 시스템에서 "**시스템 리스크**systemic risk"는 개별 요소뿐만 아니라 전체 시스템이 붕괴할 위험을 의미한다. 따라서 전통적인 위기관리는 충분하지 않으며, 광범위하고 여러 부문 걸쳐서 일어나고 심지어 국가 전체 또는 전 세계적인 영향을 미치는 위험도 일어날 수 있다. 시스템 리스크는 구성요소의 상호 의존성 때문에 발생한다. 국지적 초기 실패가 치명적인 영향을 주어, 원칙적으로 시스템 전체의 구성요소에 피해를 초래할 수 있다. 1997년 외환위기는 우리나라 전체에 엄청난 영향을 준 시스템 리스크였고, 2008년 글로벌 금융위기는 미국에서 촉발되어 전 세계에 영향을 준 글로벌 시스템 리스크였다. 금융 분야에서 발생한 리스크가 산업, 사회, 정치 등 다른 분야에 광범위한 영향을 줄 때 그러한 리스크를 "**하이퍼 리스크**hyper-risk"라고 한다. 우리나라의 IMF 외환위기는 대표적인 하이퍼 리스크의 예이다. 시스템 리스크가 가지는 4가지 특성을 표 3.4에 요약하였다.

표 3.4 시스템 리스크가 가지는 네 가지 주요 특성

특징	내용
복잡성(Complexity)	시스템의 개별 구성 요소에서는 관찰되지 않는 특징이, 얽힌 비선형 상호작용을 통해 창발 현상으로 나타난다. 이러한 창발성을 정량화하는 척도는 복잡계를 설명하는 중요한 요소이다. 그러나 복잡계 내 많은 구성 요소 간의 인과관계는 명확하지 않으며, 쉽게 측정하기도 어렵다.
불확실성(Uncertainty)	환경과 시스템이 변동성, 측정 오류, 무지, 불확정성, 초기조건의 민감성 등의 요인 때문에 시스템의 미래 예측 신뢰가 불확실한 정도다.
모호성(Ambiguity)	상황을 이해하는 데 사용하는 기준이나 표준의 차이로 인해 유사한 관찰에 대해서 다양한 해석이 도출될 수 있다.
파급효과(Ripple Effects)	위험이 발생한 영역을 넘어서까지 영향을 미칠 수 있는 능력을 의미하며 경제적, 사회적, 정치적 영역 등에서 새로운 위험과 기회가 발생할 수 있다.

경제학과 경제 물리학에서 시스템 리스크에 대한 개념은 **브레튼우즈 체제**

Bretton Woods system[24]의 붕괴와 함께 거론되기 시작했다. 국제 금융 시스템이 위기에 처했다고 생각했다. 2008년 글로벌 금융위기는 규제되지 못한 시스템 리스크에 의해서 발생했다고 생각했다. 2008년을 지나면서 시스템 리스크는 다양한 분야로 확산하였다. 특히 글로벌 시스템 리스크의 가능성이 부각되었다. 핵무기의 확산, 팬데믹, 사이버 테러, 테러리즘 확산, 인터넷과 같은 주요 인프라의 붕괴, 식량 빈곤, 기후 위기, 지구 온난화 등은 글로벌 시스템 리스크의 후보로 거론되었다. 특히 세계 경제포럼은 글로벌 리스크 리포트를 매해 발행하면서 미래에 발생할 수 있는 리스크를 예측하였다.

경제 체제는 복잡성, 불확실성, 모호성의 속성을 가지고 있다. 경제 주체들 사이의 얽힌 상호작용으로 발생하는 복잡성은 날로 증가하고 있다. 복잡한 상호작용 때문에 경제 체제의 동역학적 변화는 불확실성과 모호성을 내재한다. 이러한 속성 때문에 시스템에서 발생하는 대규모 경제 위기는 사태 현상으로 나타나며 파급효과 때문에 경제를 넘어서 사회 전체에 영향을 줄 수 있다.

금융위기가 발생한 후에 영국 여왕은 "왜 아무도 금융위기를 예측하지 못했느냐?"고 질문했다. 영국 학술원은, "모두가 자기 일을 제대로 하는 것처럼 보였습니다. 그런데 모든 문제가 집합적으로 작용하여 일련의 상호 연결된 불균형을 초래해서 붕괴가 발생했습니다."고 답했다. 개별적인 리스크는 작게 보였을 수 있지만, 시스템 전체에 대한 리스크는 엄청났던 것이다.

시스템 리스크에 의해서 촉발되는 재난을 규모, STEEP 분야(재난을 사회Social, 기술Technological, 환경Environmental, 경제Economical, 정치Political로 구분하는

---

24 브레턴우즈 체제는 2차 세계대전 종전 직전인 1944년 연합국 44개가 참여하여 미국 뉴햄프셔주 브래튼우즈에서 맺은 국제통화 체재이다. 미국 달러를 기축 통화로 금본위제, 고정 환율제를 채택하였다. 다음 논문과 책을 참고한다. 1) B. Eichengreen, "Bretton Woods after 50", Review of Political Economy, 33(4), 552-569. 2) 벤 스틸, "브레턴우즈 전투", 아산정책연구원. 2015, 3) 정필모, "달러의 역설", 21세기북스, 2022.

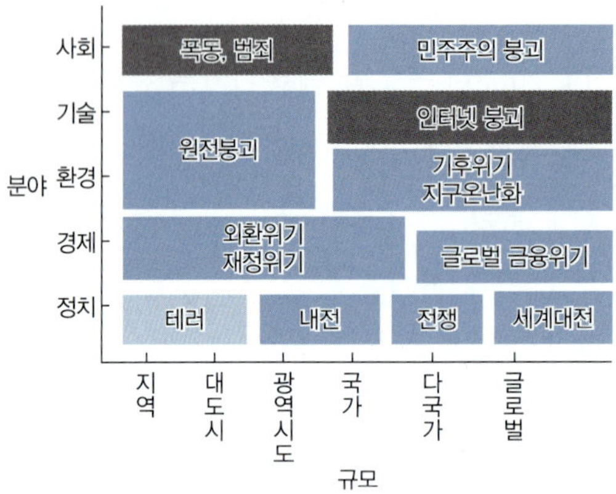

[그림 3.11] 재난의 규모와 분야별 예시. 시스템 리스크의 누적은 재난 발생을 촉발한다. 연한 하늘색은 단기, 회색은 중기, 진한 하늘색은 장기간 지속되는 재난이다.

분석법), 지속시간으로 분류해 보면 그림 3.11과 같다. 재난의 규모가 미치는 영향에 따라서 지역local, 대도시metropolitan, 광역시도sub-national, 국가national, 다국가regional, 전 세계global로 분류할 수 있다. 재난의 지속시간은 단기, 중기, 장기로 분류한다. 글로벌 금융위기(경제), 세계 대전(정치), 지구 온난화(환경), 민주주의 붕괴(사회) 등은 장기적 재난이라 할 수 있다. 폭동(정치), 지진(환경) 등은 중기적 재난이라 할 수 있다. 테러(정치), 범죄의 증가(사회) 등은 단기적 재난이라 할 수 있을 것이다.

시스템의 불안정성을 일으키는 원인을 파악하는 것과 그 결과를 이해하는 것은 매우 어렵다. 오늘날과 같은 초연결 사회는 리스크 확산을 가중한다. 불안정을 일으키는 요인들이 초기에는 긍정적인 효과로 여겨지기도 하지만, 시간이 지남에 따라 다양한 요인에 의해서 시스템의 불안정성을 크게 한다. 불안정성을 누적하는 주요한 요인을 분류하면 표 3.5와 같다.

시스템의 불안정성을 불러오는 요인 4가지는 "크기 증가", "여유 감소", "네트워크 연결성 증가", "혁신의 가속"이다. 첫 번째 요인은 "**크기 증가**"이다. 사회가 점점 고도화되고 복잡해지면서 시스템의 규모는 날로 증가한다. 처음에는 작은 규모로

표 3.5 시스템 리스크를 가중하는 불안정성 요인들

불안정성 요인	의미와 예시
크기 증가 (Increasing Size)	• 시스템의 크기가 점점 커지면 제어 불가능한 불안정성이 가중된다. • 예를 들어, 인터넷은 스스로 규모가 점점 커지고 있으며 어느 순간 발생할 수 있는 인터넷 붕괴는 큰 파급효과를 가질 것이다.
여유 감소 (Reducing Redundancies)	• 시스템의 안정성을 유지하기 위해선 어느 정도 여유(redunduncy)가 확보되어야 하지만, 자원감축이나 경제성에 대한 압박은 시스템의 여유를 없앤다. • 데이터 백업 시스템의 부족으로 시스템이 붕괴했을 때 대비 불가 현상이 발생한다. • 보조 시스템 가동 등을 경제적 이유로 줄이게 되면 고장이 발생했을 때 시스템 유지가 불가능해진다.
네트워크 연결성 증가 (Denser Network)	• 네트워크의 연결성은 지속적으로 증가하고, 네트워크의 중요한 부분 간의 상호 의존성이 증가한다. • 결국 중요한 한 부분의 붕괴는 고장이 폭포수 효과로 시스템 전체에 전파된다.
혁신의 가속 (Accelerating Innovation)	• 경제성과 효율성을 추구하는 경제사회 시스템은 지속적인 혁신을 요구하여 시스템의 혁신이 지나치게 가속한다. • 이는 "인지하지 못한 모르는 것(unknown unknowns)을 촉발하여 문제를 인지하지 못하고 그 발생 시기나 파급효과를 모르는 초붕괴(super collapse)를 초래한다.

시작한 조직도 성장하면서 점점 복잡해지고 규모가 커진다. 예를 들어, 미국 공군의 프로젝트로 시작된 컴퓨터 간 연결이 민간에 개방되면서 다양한 기관의 컴퓨터들이 연결되었고, 이는 오늘날 우리가 매일 사용하는 인터넷으로 발전했다. 현재도 인터넷에서 일부 컴퓨터가 연결이 끊기지만, 새롭게 연결되는 컴퓨터가 더 많아 전체 규모는 계속 확장되고 있다. 그러나 이러한 규모의 증가는 통제하기 어려운 요소를 만들어내며, 시스템의 불안정성을 키울 위험도 함께 커진다.

시스템 불안정성의 두 번째 요인은 "**여유 감소**reducing redundancy"이다. 시스템이 안정성을 유지하기 위해서 여유분이 있어야 한다. 우리가 컴퓨터를 사용할 때

하드디스크 용량을 꽉 채워서 데이터를 저장하지 않는다. 컴퓨터는 저장 용량이 일정 수준이 넘어가면 경고를 한다. 컴퓨터가 안정적으로 동작하려면, 여유 메모리를 유지해야 한다. 기업도 위험을 줄이기 위해서 사내 유보금으로 일정 부분의 유동성을 유지하거나 신용을 바탕으로 차입을 하게 된다. 차입할 수 있는 한도까지가 재정적 여유분이라고 할 수 있다. 차입 한도에 도달하거나 초과한 기업의 주가가 내려가면서 파산을 걱정하게 된다. 이렇듯 많은 시스템은 안정성을 유지하기 위해서 여유분을 둔다. 그런데 경영자의 처지에서 재정적, 경제적 이유에서 여유분을 줄이려 한다. 시스템 전체에서 여유분의 감소는 시스템 전체에 스트레스를 가중하며, 종국에 시스템 전체가 붕괴할 수 있다.

시스템 불안정성의 세 번째 요인은 "**네트워크 연결성 증가**"이다. 현재의 초연결 사회에서 네트워크의 연결 노드와 연결선이 한꺼번에 증가한다. 인터넷에서 노드는 컴퓨터나 핸드폰 단말기 등이고, 연결성은 컴퓨터 사이의 인터넷에서 연결을 의미한다. 우리는 인터넷을 통해서 많은 경제적, 사회적 활동을 하고 있다. 오늘 주식 거래 앱에서 주식을 거래했다면, 네트워크의 연결성을 이용한 것이다. 네트워크 규모의 증가와 연결성의 증가는 우리가 제어하지 못하는 부분을 생성해 내어 시스템 자체의 불안정성을 증가시킬 것이다. 네트워크의 연결이 증가하면 중요한 노드 사이의 연결성도 강화한다. 이에 따라 중요한 노드의 고장 또는 중요한 노드 사이의 연결선의 고장은 고장이 폭포수 효과로 시스템 전체를 붕괴하는 전역적 붕괴를 가져온다.

시스템 불안정성의 네 번째 요인은 "**혁신의 가속**"이다. 대개 혁신은 긍정적인 용어로 사용되지만, 복잡한 사회에서 지나친 혁신의 가속화는 그러한 혁신이 촉발하는 "**인지하지 못한 모르는 것**unknown unknowns"을 만들어낼 것이다. 우리는 무엇이 위험 요인인지 모르면 그러한 것에 대해서 인지조차 하지 못하는 현상이 발생할 수 있다. 따라서 시스템의 안정성을 유지하기 위해서 적절한 혁신의 속도가 조절되어야 한다.

시스템 리스크와 불안정성 요인들은 다양한 경제 현상에 그대로 적용할 수 있다. 우리나라의 외환위기, 여러 나라의 재정위기, 글로벌 금융위기 등은 불안정성 4가지 요인이 지속적으로 증폭하면서 발생하였다. 이러한 사건을 일으키는 동역학은 우리 사회에 내재한 자체적인 동역학에 의해 만들어졌고, 시스템 내부에서 조절과 규제가 있었지만, 그러한 제어 요인들이 어느 순간 고장이 나게 되면서 "**사건의 시한폭탄**time bomb of event"이 작동하게 되었다. 우리가 할 수 있는 일은 스스로 내부적 동역학을 조절할 수 있는 조절과 규제를 확립하는 것이고 시한폭탄의 폭발을 지연시키거나 폭탄을 해체할 수 있는 적응적 행동을 지속해야 한다.

4

뉴턴도 피하지 못한 시장의 붕괴

시장경제가 태동한 이후 가장 큰 시장 붕괴는 1929년에 발생한 미국 증권시장의 대폭락, 즉 '검은 화요일'이다. 검은 화요일 이후 미국은 대공황1929~1939에 빠졌다. 뉴욕 증권시장이 붕괴하기 전, 다우존스 지수는 1921년부터 1929년 9월 사이에 381번의 등락을 거치며 6배에서 63배까지 폭등했다. 경제학자 어빙 피셔Irving Fisher, 1867-1947는 주가가 "영속적인 고점에 도달한 것 같다"고 말했으며, 모든 사람은 주가가 계속 오를 것이라 믿었다.

1차 세계대전이 일어나면서 미국은 세계의 제조업 강국으로 떠올랐으며, 경제는 활황을 맞고 있었다. 헨리 포드는 컨베이어 벨트 대량 생산 체제를 도입해 대중적인 자동차 시대를 열었고, 전화, 전기, 항공, 석유 산업도 급격히 발전했다. 이로 인해 미국의 중산층이 대폭 늘어났고, 중산층은 새로운 경제주체로 등장했다. 경기가 좋던 시기에 평범한 사람들도 주식이나 채권에 투자하기 시작했고, 쉽게 돈을 빌릴 수 있었다. 사람들은 주식을 담보로 돈을 빌려 그 돈을 주식시장에 투자했다. 상업은행들은 투기자들에게 무분별하게 자금을 대출해 주었고, 주식시장은 투기시장으로 변해 거품이 급격히 부풀어 올랐다.

하지만 1929년 10월 말, 미국 증시는 갑자기 대폭락했다. 뉴욕의 주가는 10월

28일(월요일)에 폭락하기 시작했으며, 다우존스 지수는 12.82% 하락했다. 다음 날인 10월 29일(화요일)에도 다우존스 주가지수는 11.73% 더 하락했다. 10월 29일이 화요일이었기 때문에 이날을 **검은 화요일**Black Tuesday이라 부른다. 이틀 동안 다우존스 지수는 최고점 대비 24.55% 폭락했고, 11월 중순에는 반 토막이 났다. 1929년 9월 3일에 다우존스 지수는 최고점인 381.77을 기록했지만, 1932년 7월 8일에는 41.22로 마감했다.

주식 폭락은 실물 시장에 즉각적인 영향을 미쳤다. 포드는 대규모로 직원을 해고했고, 해고된 노동자들은 대출금을 갚지 못해 실물경제는 더욱 위축되었다. 시장의 위축은 전 분야로 확산되면서 고통스러운 대공황이 시작되었다. 주식 대폭락 당시 후버 행정부는 경제의 "펀더멘털은 건전하다"고 주장하며 경제가 곧 회복될 것이라고 낙관했다. 그러나 1929년 이전의 주가지수는 2차 세계대전과 한국전쟁이 끝난 1954년 11월이 되어서야 회복되었다.

1929년 미국에서 발생한 검은 화요일이 대공황으로 이어진 원인은 여러 가지가 있다. 가장 큰 요인은 주식 대폭락과 함께 미국 금융 시장의 붕괴였다. 대공황 동안 미국 은행의 절반이 사라졌고, 금본위제는 외국 중앙은행의 금리 인상을 초래하여 지출과 투자를 억제했다. 높은 관세는 세계 무역을 위축시켰고, 이러한 복합적인 요인이 검은 화요일 이후 대공황을 유발했다.

대공황 동안 미국의 산업 생산은 47% 하락했고, GDP는 30% 감소했다. 실업률은 20%를 넘었으며, 약 1,500만 명 이상이 실직했다. 각 국가는 금본위제를 포기하고 통화를 평가 절하하여 공급을 늘리고 대출과 투자를 촉진했다. 미국은 뉴딜 정책을 통해 정부 지출을 확대하고 경제 총수요를 높였다. 많은 나라의 경제가 1933년 이후 회복되기 시작했지만, 미국은 1939년까지 회복되지 못했다. 2차 세계대전이 발발하면서 군비 지출이 증가해 실업률이 낮아졌고, 1942년에 이르러 실업률이 대공황 이전 수준으로 회복되었다. 결국 미국의 2차 세계대전 참전이 전시 경제를 통해 경제 회복에 기여한 것으로 볼 수 있다.

시장과 정부는 경제가 활황일 때 증권시장의 붕괴를 예견하지 못했고, 붕괴가 발생했을 때도 효과적인 대응 정책을 마련하지 못해 장기간의 경제침체를 초래했다. 물론 경제 시스템에 내재된 불안정성을 시장이 해소하지 못한 요인도 컸다. 소위 시스템 리스크가 무엇인지, 그러한 시스템 리스크를 어떻게 해소할 것인지에 대한 지식이 전혀 없었다. 대공황 이후에도 여러 번의 금융위기와 경기 침체가 발생한 것을 보면, 시장은 붕괴와 침체를 스스로 조율하지 못하는 것처럼 보인다. 각 국가는 다양한 방법으로 시장 붕괴와 침체를 방지하려 했지만, 근본적인 구조적 문제를 해결하지 못해 실패한 것으로 보인다. 결국, 시장의 복잡성과 인간의 예측 한계로 인해 이러한 현상이 반복되는 것으로 이해할 수 있다.

1987년 10월 14일부터 19일 사이, 미국의 다우존스지수는 하루에 22% 급락하며 가장 큰 하락 폭을 기록했다. 이 사건은 **검은 월요일**Black Monday이라 불리며, 미국 증시 붕괴의 파급 효과가 전 세계로 급격히 퍼져나갔다. 홍콩의 주가는 45.8% 하락했으며, 이는 세계화된 금융 시스템에서 발생한 첫 증시 붕괴였다. 1987년 초, 미국 증시는 9개월 동안 31.4% 이상 상승했지만, 갑자기 대폭락이 발생했다.

특별한 이유 없이 미국 증시가 급락했으며, 다양한 분석이 제시되었지만, 정확한 원인은 여전히 불명확하다. 가장 유력한 원인으로는 **프로그램 매매**program trading, 즉 **컴퓨터 트레이딩**computer trading을 꼽는다. 이 시스템은 컴퓨터 알고리즘이 주가의 변동을 자동으로 거래하는 방식으로, 강한 양의 되먹임에 의해 강화된다. 팔자 신호가 증가하자 알고리즘은 더욱 매도하게 되고, 이로 인해 주가는 더 크게 하락한다. 이러한 하락은 매도 압력을 더욱 증가시키며, 거래자들은 **공포 매도**panic selling에 나서 결국 주가는 더욱 떨어졌을 것이다.

4.1 시장 붕괴의 역사

우리나라의 시장은 세계 시장과 밀접하게 연결되어 있어, 세계적인 경제위기가 발생하면 즉각적인 영향을 받는다. 과거에는 세계의 연결성이 약해 한 지역의 위기가 그 지역 국가에만 한정되었으나, 세계화가 진행되면서 경제위기는 빠르게 전 세계로 확산된다. 1997년 아시아 금융위기는 동남아시아에서 시작되어 우리나라로 전파되었고, 외환 부족에 시달리던 한국은 IMF에 구제 금융을 요청하여 국가부도 사태를 면할 수 있었다.

IMF 이후, 한국의 금융, 경제, 사회 시스템은 큰 변화를 겪었다. 세계적으로 증권시장의 대폭락은 여러 번 발생했으며, 킨들버거Charles Poor "Charlie" Kindleberger, 1910-2003와 로버트 알리버Robert Zelwin Aliber, 1930~는 『광기, 패닉, 붕괴: 금융위기의 역사』에서 10대 금융거품을 언급했다. 이 외에도 크고 작은 거품의 형성과 붕괴가 여러 차례 있었다.

표 4.1 킨들버거와 알리버가 뽑은 세계 10대 금융거품과 붕괴

순번	발생 시기	금융거품의 내용
1	1636	네델란드 튜립 알뿌리 거품의 형성과 붕괴
2	1720	영국 남해회사(South Sea Company) 거품
3	1720	프랑스 미시시피회사(Mississippi Company) 거품
4	1929(1927~1929)	미국 주식시장 거품과 대공황 발생
5	1970년대	멕시코, 개발도상국 은행의 여신 폭등
6	1985~1989	일본 부동산과 주식시장 거품
7	1985~1989	노르딕 3개국(노르웨이, 스웨덴, 핀란드) 부동산 및 주식시장 거품
8	1992~1997	아시아 금융위기. 동남아시아(태국, 말레이시아, 인도네시아 등)에서 촉발한 부동산 및 주식시장 거품이 한국 등으로 전이하면서 금융위기 발생
9	1990~1993	멕시코에 대한 외국인 투자의 급증
10	1995~2000	닷컴버블-미국 나스닥 주식시장의 거품

전 세계는 여러 차례 경제위기와 금융위기를 겪어 왔기 때문에 위기를 감지하고 대응하는 체제가 마련되었을 것이라고 생각할 수 있지만, 실제로 그렇지 않았다. 그림 4.1은 1929년 대공황 이후 미국에서 발생한 주요 경제위기와 사건들을 보여준다. 코로나 팬데믹과 같은 예측 불가능한 자연재해로 인한 경제 위축도 있지만, 대공황이나 글로벌 금융위기처럼 경제 내에 쌓인 모순이 한순간에 붕괴하면서 경제위기가 발생하기도 한다. 경제위기가 발생하면 단기간에 현명한 대응으로 위기를 극복한 경우도 있었지만, 대공황처럼 많은 사람이 오랜 기간 고통을 겪은 사례도 있었다.

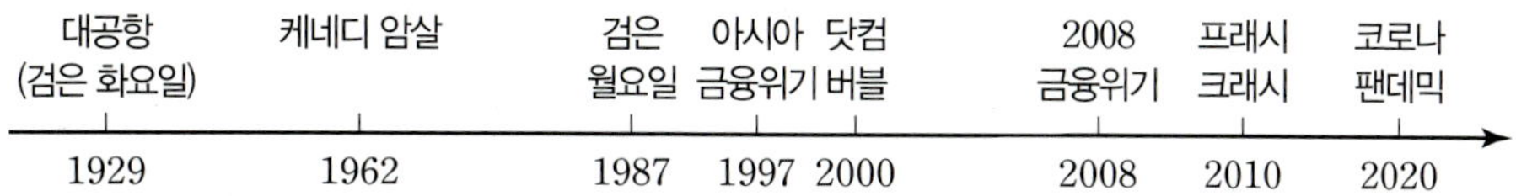

[그림 4.1] 전 세계에서 발생한 몇 가지 주요 경제위기

4.2 튤립 광기

자본주의가 발전하면서 발생한 몇 가지 금융시장의 붕괴를 살펴보자. 첫 번째로, 17세기 네덜란드에서 일어난 '**튤립 광기**Tulip Mania'와 그로 인한 거품 붕괴가 있다. 당시 네덜란드 공화국은 스페인으로부터 독립한 후 17세기에 황금기를 맞이했다. 1602년에 설립된 네덜란드 동인도회사는 주식회사로서 막대한 부를 축적했으며, 군대까지 보유한 거대한 조직이었다. 동인도회사는 아시아로부터 향신료 무역을 통해 세계 최대의 회사로 성장했다.

튤립은 원래 유럽에 없었지만, 오스만 제국의 수도 이스탄불에 근무하던 오스트리아 외교관에 의해 처음 유럽에 소개되었다. 1593년, 네덜란드 레이던대학교의 식물학 교수가 튤립을 네덜란드로 가져오면서, 튤립은 유럽 전역에 빠르게 퍼졌다. 특히 희귀종 튤립은 부유층 사이에서 큰 인기를 끌었고, 고가에 거래되었다.

이에 따라 희귀한 튤립을 개발해 한몫 잡으려는 사람들이 생겨났고, 튤립의 가격은 점점 투기적으로 상승했다.

1636년부터 튤립 가격은 급등하기 시작했고, 많은 사람이 투기에 뛰어들었다. 희귀종 튤립 구근의 가격은 천정부지로 치솟았고, 1637년에는 '**종독 튤립**the Viceroy'이라는 품종이 한 뿌리 당 4,200길더에 거래되었다. 당시 소 한 마리 가격이 120길더였던 것을 고려하면, 엄청난 가격이었다. 그러나 1637년 2월 5일, 튤립 가격이 갑자기 하락하기 시작했고, 곧 폭락했다. 그 폭락률은 95~99%에 달했으며, 튤립 광기는 결국 거품이 터지면서 사라졌다. 튤립 가격이 급등하는 동안 많은 사람이 전 재산을 투자했지만, 거품이 꺼지자 파산자들이 속출했다.

그림 4.2에서 볼 수 있듯이, 1636년 초 튤립 가격 지수가 20이던 것이 가격이 최고점에 달했을 때 약 200에 이르러 거의 10배 가까이 상승했다. 튤립 파동은 네덜란드를 중심으로 주변 지역에 큰 영향을 미쳤으나, 유럽 전체에까지 큰 영향을 주지는 않았다. 이는 금융 거래 시장이 아직 국제적으로 발전하기 전 단계에서 일어난 파동이었기 때문에, 영향이 국지적이었다. 그러나 이후 산업혁명과 함께 자본시장이 발전하면서 이러한 붕괴 현상은 더욱 광범위하게 나타나기 시작했다.

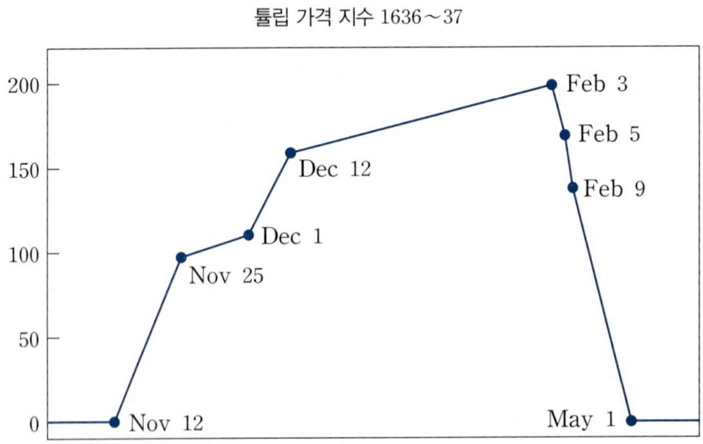

[그림 4.2] 1636-1637년 사이에 네델란드에서 일어난 튤립 광기 동안 한 튤립 지수의 변화.

4.3 뉴턴의 실패

뉴턴이 큰돈을 잃었던 '**남해회사 거품**South Sea Bubble'을 살펴보자. 이 거품은 1717년부터 1720년 사이에 영국과 프랑스에서 발생한 금융 투기 거품으로, 최초의 국제적 금융위기이자 세계 최초의 "**폰지사기**"[1]였다. 남해회사는 1711년 영국 의회법에 의해 설립된 합자회사로, 영국 정부의 부채를 남해회사에 이관하여 대불 전쟁 등으로 악화한 영국의 재정을 안정시키고, 아메리카와의 무역을 촉진하려는 목적으로 설립되었다.

회사는 의회 대표였던 로버트 할리Robert Harley와 사기꾼 존 블런트John Blunt에 의해 설립되었으며, 주식을 발행해 영국 국채와 교환하는 방식으로 운영되었다. 1713년에 남해회사는 아메리카 무역에 대한 독점권을 획득했다. 당시 아프리카 노예무역은 매우 수익성 높은 사업이었으나, 스페인 왕위 계승 전쟁으로 인해 무역이 거의 중단된 상태였다. 남해회사는 전쟁이 끝난 후 무역이 급증할 것을 기대하며, 주식 투자자들에게 6%의 이자를 약속했다.

1713년 위트레흐트 조약으로 스페인 왕위 계승 전쟁이 끝났지만, 기대와 달리 아프리카-아메리카 간 무역은 활발하지 않았다. 스페인은 영국에게 제한된 양의 무역만 허용했고, 심지어 세금까지 부과했다. 이러한 상황에서 남해회사는 더 많은 투자자를 끌어들이기 위한 새로운 전략이 필요했다.

1718년, 영국 국왕 조지 1세가 남해회사의 총독을 겸직하면서, 남해회사의 주식

---

1 폰지 사기(Ponzi Scheme)는 투자사기 수법의 하나로 아무런 이윤 창출 없이 투자자들이 투자한 돈을 이용해 투자자들에게 수익을 지급하는 방식이다. 투자자들에게 단기간 고수익을 보장한다고 속여 투자자를 모집한다. 설립 초반에는 투자자의 자금을 이용하여 이자를 지급하지만, 아랫돌을 빼어 윗돌을 괴는 식으로 돈을 지급하기 때문에 돈을 지급할 수 없게 된다. 사기꾼은 어느 순간에 투자자에게 돈을 지급하지 않고, 원금을 가지고 튄다. 1920년대 초에 미국의 찰스 폰지(Charles Ponzi)가 이런 사기를 처음 쳤기 때문에 폰지 사기라고 부른다.

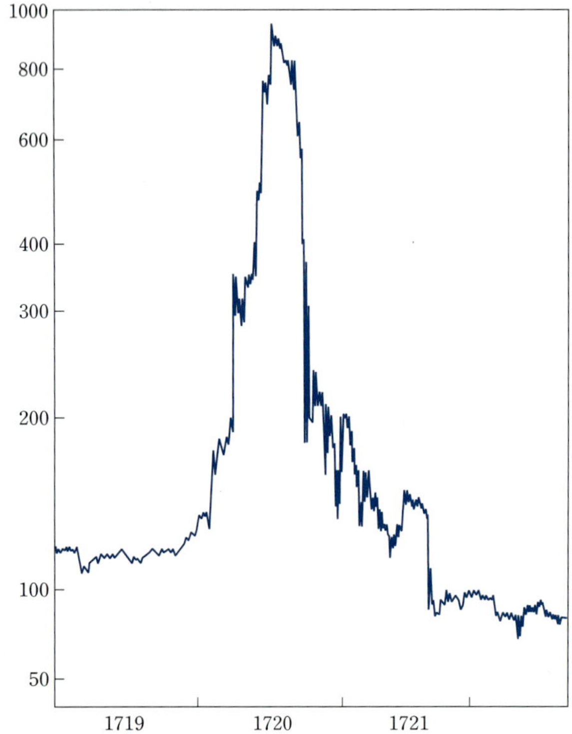

[그림 4.3] 1719년부터 1721년 사이에 남해회사 주식의 가격은 큰 변동을 겪었다. 주식 가격은 처음에 128에서 시작해, 가장 높을 때에는 1,000에 가까운 수준까지 급등했다.

은 활기를 띠기 시작했다. 그해 남해회사는 투자자들에게 100%의 수익을 안겨주었다. 주식에 대한 수요를 유지하기 위해, 남해회사는 회사 관계자들의 친구들에게 주식을 사도록 권유했고, 심지어 뇌물을 주어 주식을 매수하게 했다.

1720년, 남해회사는 영국 정부의 국가 부채를 인수하겠다는 제안을 했고, 이는 의회의 승인을 받았다. 이 소식이 전해지자 남해회사의 주식은 급격히 상승하기 시작했다. 1720년 1월에 128이었던 주가는 8월에 1,000을 넘어서며 정점을 찍었다. 그림 4.3은 남해회사 주가가 정점에 도달했을 때와 그 전후를 보여준다.

이 기간 동안 엄청난 투기 열풍이 불어, 주가는 실적에 대한 명확한 근거 없이 단기간에 급등했다. 그러나 1720년 9월, 주가는 갑자기 붕괴하기 시작했고, 급격한

[그림 4.4] 남해회사 주가 붕괴를 묘사한 윌리엄 호가쓰의 그림. 주가 붕괴로 많은 사람이 파산하고 고통을 받았다.(wiki 그림: south sea bubble)

하락세가 이어지면서 결국 주가는 다시 128까지 추락했다.

남해회사 투기 광기에 편승하여 많은 사람이 빚을 내어 주식 투자에 나섰지만 거품 붕괴로 파산자가 속출했으며 자살률은 크게 늘어났다. 그림 4.4는 윌리엄 호가쓰William Hogath가 그린 당시의 상황을 묘사한 그림이다. 남해회사 광기에서 엄청난 손실을 입은 사람 중 한 사람이 아이작 뉴턴Sir Issac Newton이다. 그는 인간이 쓴 가장 위대한 과학책인 『프린키피아』를 저술하여 중력과 행성의 운동을 수학적으로 설명한 물리학자이다. 1687년에 출판된 프린키피아 초판은 완판될 정도의 베스트셀러가 되었다. 당시에 과학책 초판이 모두 팔린 것은 매우 이례적인 일이었다. 이후 뉴턴의 명성은 영국과 유럽에서 높아졌다. 평생 독신으로 살면서 많은 재산을 모았던 뉴턴은 남해회사 광기 이전까지는 꽤 성공적인 투자를 했다.

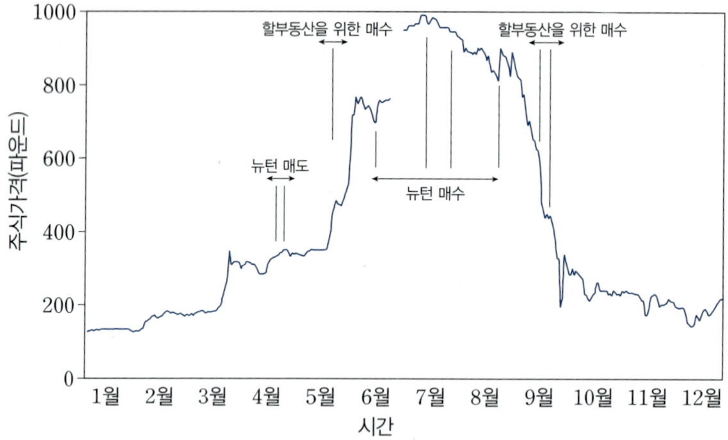

[그림 4.5] 1920년 남해회사 버블 당시 뉴턴의 투자 포지션. 뉴턴은 남해회사의 주가가 정점에 달했을 때 4번이나 주식을 매수하여 팔지않아 큰 손실을 입었다.

뉴턴은 남해회사 투기에 참여하기 전 조폐국장으로 재직하며 많은 급여를 받았고, 성공적인 투자로 상당한 재산을 모았다. 그는 은본위제를 금본위제로 바꾸려는 노력도 기울였으며, 조폐국장으로 일하면서 위조 화폐를 단속하는 데 매우 열성적이었다. 동전 테두리에 홈을 파서 위조를 막는 방법도 고안했다. 당시 뉴턴은 런던 금융시장에서 잘 알려진 투자자로, 개인 거래도 활발히 했다.

1720년 초, 뉴턴은 영국 정부 채권을 팔아 남해회사 주식을 대거 매입했다. 4월에 주식을 매도해 큰 수익을 올렸으나, 6월에서 8월 사이 남해회사 주가가 정점에 가까워졌을 때 4번이나 추가 매수했다. 하지만 12월 주식이 폭락할 때까지 매도하지 않아 엄청난 손실을 보게 되었다.

뉴턴은 할부동산의 자금 관리인 중 한 명이었으며, 토머스 할Thomas Hall과 친분이 깊었다. 그는 관리인들과 협의해 주가가 오르던 5월과 폭락하던 9월에 할부동산 자금을 남해회사 주식에 투자했으나, 할부동산도 막대한 손실을 입었다. 뉴턴은 남해회사의 성장성을 높이 평가했고, 당시 많은 사람들처럼 광기에 사로잡혀 투자했다.

뉴턴의 투자 방식은 남해회사 투자로 거액을 번 토머스 가이Thomas Guy, 1644-1724와 대조적이었다. 가이는 뉴턴이 남해회사 주식을 매도하던 비슷한 시기에 주식을 팔아 175,000파운드의 이익을 남겼으며, 재투자는 하지 않았다. 그는 이 수익으로 가이병원(Guy's Hospital)을 세웠는데, 그 병원은 거의 3세기 동안 명성을 유지했다.

뉴턴이 남해회사 투기에서 잃은 금액은 약 20,000파운드로 추정되며, 이는 오늘날 약 2천만 달러(한화 약 250억 원)에 해당하는 금액이다. 그러나 뉴턴은 1710년 이전에 이미 성공적인 투자로 부를 축적했기 때문에, 1728년 그가 사망할 당시에도 남긴 재산은 약 30,000파운드에 달했다. 남해회사에서의 손실은 그에게 큰 타격을 입혔지만, 여전히 재정적으로 안정된 삶을 살았다.

뉴턴은 물리학과 수학 분야에서 앞선 대가들의 업적 위에 서서 큰 성공을 이루었지만, 남해회사 광기 당시에는 대중의 투기 열풍에 휩쓸려 실패를 경험했다. 물리학의 천재였던 그도 인간의 탐욕과 투기라는 "**광기의 늪**"에서는 예외가 아니었다. 뉴턴은 "내가 천체의 운동은 계산해 낼 수 있을지 몰라도, 사람들의 광기는 계산할 수 없었다!"라고 말했다.

4.4 대공황

미국의 주식시장은 유럽보다 늦게 시작되었지만, 제1차 세계대전 이후 미국은 세계적인 제조업 강국으로 부상하며 유망한 시장으로 주목받게 되었다. 제1차 세계대전 이후 1929년까지 미국 증시는 등락을 거듭하면서도 지속적으로 상승했고, 많은 사람이 투기적으로 주식 시장에 참여했다.

하지만 1929년, "**대공황**The Great Depression"으로 인해 "**광란의 20년대**Roaring Twenties[2]"가 끝났다. 대공황의 지속 기간, 영향의 깊이, 재앙적 결과는 다른 어떤 시장 붕괴보다도 심각했다. 대공황은 미국 자본주의 역사에서 가장 길고 심각한 경제 침체를 초래했으며, 1929년에 시작되어 제2차 세계대전 중에 끝났다. 대공황 동안 실업률이 급증하고, 산업 생산이 하락하면서 가계는 큰 고통을 겪었으며 결혼률도 감소했다. 미국 경제의 위축은 전 세계로 확산되었고, 유럽에서는 파시즘을 촉발했으며, 결국 제2차 세계대전으로 이어졌다.

1929년 8월, 뉴욕 증권시장이 최고점을 찍기 전에 미국 경제에는 이미 여러 가지 붕괴 조짐이 있었다. 시장 붕괴 전부터 생산은 감소하고 실업률은 상승하고 있었으며, 주식 가격은 실물 가치보다 지나치게 높았고, 은행들은 과도한 대출에 노출되어 있었다.

1929년 여름에 소비가 감소하면서 재고가 쌓이기 시작했지만, 주식시장은 여전히 활황이었고, 가을까지는 미친 듯이 상승했다. 그러나 1929년 10월 24일, 불안한 투자자들이 주식 투매를 시작하면서 주가가 하락하기 시작했다. 대규모 "**동조매매**"가 일어나면서 주식시장의 붕괴가 걷잡을 수 없이 진행되었다. 투자자들은 다른 사람들의 행동을 따라 하는 "**뇌동매매**[3]"를 하였고, 이러한 동조화가 자기강화 루프를 형성하여 주가는 더 급격히 하락했다.

1929년 10월 29일, "**검은 화요일**"에 월가의 다우존스 산업평균 지수는 12% 하락했다. 수백만 주의 주식이 휴지조각이 되었고, 빚을 지고 투자한 투자자들은 완전히 파산했다.

대공황이 진행되면서 전 세계는 커다란 타격을 받았다. 1921년부터 1929년까지의 평균 실업률은 미국 7.7%, 독일 9.2%였지만, 1930년부터 1938년까지는 미국 26.1%, 독일 21.8%로 급격히 상승했다. 제1차 세계대전의 후유증으로 물자 생산과 공급망이 파괴되면서 전 세계는 물가 상승에 시달렸다. 인플레이션은 1920년대까지 지속되었으며, 독일의 경우 1922년 8월부터 1923년 11월까지 물가 상승률이

2 1920년부터 1929년까지 미국 경제의 활황기를 말하며, 1차 대전 이후 미국 경제는 거품에 가까운 호황기를 맞았다.

3 투자자의 독자적이고 확실한 시세 예측에 의한 매매가 아닌 남을 따라하는 매매를 의미한다.

335%에 달했다. 독일의 **초인플레이션**hyper-Inflation은 중산층을 붕괴시키고, 바이마르 정부는 이를 해결하지 못했다. 1933년에 미국의 실업률은 37.6%, 독일은 44.8%에 달했다.

독일은 제1차 세계대전 이후 대규모 전쟁 배상금으로 인해 경제가 붕괴되었고, 미국은 실물경제와 금융 시스템의 불일치로 대공황이 심화되었다. 1925년을 전후하여 많은 나라가 '**과거의 좋았던 시절**belle epoque'을 갈망하면서 금본위제와 고정환율제로 회귀했다. 당시에는 국제적인 금융 조정 기구가 없었기 때문에, 금본위제로 회귀할 때 환율을 독자적으로 결정하면서 통화의 불균형을 초래했다.

제1차 세계대전 후에 미국은 유럽에 비해 상대적으로 호황을 누렸다. 1920년대에는 산업 분야에서 대량생산 체제가 확립되었고, 영화 산업도 급성장했다. 이러한 분위기 속에서 토지와 주식에 대한 투기 열풍이 일어났다. 미국 연방준비제도 이사회는 경기 과열을 우려하여 통화 긴축 정책을 실시했다. 통화 긴축 정책은 대출을 어렵게 하여 경기를 냉각시키고, 주식 시장에 즉각적인 영향을 미쳤다.

주식시장의 붕괴 여파는 실물 경기에 파급되었고 금융 시스템에 대한 불신을 불러왔다. 1930년부터 1933년 초까지 대규모 "**뱅크런**Bank run[4]"이 일어나 미국 은행의 삼분의 일이 파산하였다. 이 기간 동안에 4번의 뱅크런(1930년 10월~12월, 1931년 4~8월, 1931년 9~10월, 1933년 2~3월)이 발생했다. 첫 번째 뱅크런은 1930년 가을에 일어났다. 은행의 파산을 우려한 예금자들은 은행에서 집단적으로 돈을 인출하였다. 1930년대에 발생한 "**더스트볼**Dust Bowl"은 미국 중부 대평원에 발생한 대규모 가뭄으로 중부 대평원 지역의 농업을 붕괴시켰다. 텍사스부터 네브라스카까지 대규모 가뭄은 대지의 건조를 가속화하여 대규모 먼지폭풍을 만들어 냈다. 대규모 먼지 폭풍을 "**검은 블리자드**Black Bilzzards"라고 불렀으며 대평원을

---

4 뱅크런(bank-run)은 은행에서 단기간에 예금에 대한 대량의 인출 요구가 일어나는 사태를 말한다. 은행에 돈을 맡긴 사람들이 은행 건전성에 문제가 있다고 비관적으로 판단하면, 은행에 저축한 대부분의 사람들이 돈을 한꺼번에 인출하려 할 때 발생한다.

표 4.2 1929년 대공황의 원인, 내용, 결과 요약

원인	내용	결과
호경기 지속	• 광란의 20년으로 초 호경기	• 1941년까지 12년간 혹독한 경기후퇴
과잉유동성 버블 형성	• 무분별한 대출	• 대규모 파산자 속출
긴축정책	• 경기에 부합하지 못한 긴축 정책은 대공황의 직접적인 요인으로 작용함 • 통화 긴축은 경기하강을 심화시킴	• 경기냉각과 대출이 어렵게 되자 주식시장의 폭락을 유발함 • 통화량이 줄고 물가가 하락하여 디플레이션 유발
금융 감독 미비	• 경제 성장에 따른 적절한 금융 감독 정책 부재	• 불법적 경제활동이 활개를 침
금본위제	• 금본위제를 유지하기 위한 긴축 정책 실시	• 금본위제는 고정 환율을 기반으로 환율을 유지하기 위한 긴축 정책 실시
관세율 인상	• 1930년 스무트-홀리 관세를 도입하여 관세전쟁 돌입	• 무역장벽이 높아지고 세계무역액 감소하여 세계적인 경제 위축 발생
소득 불평등 확대	• 파산자, 실업자 증가, 중산층의 감소는 소득 불평등을 더욱 확대	• 1933년 실질 GNP는 1929년 대비 26.5% 감소, 소비자물가 24% 하락 • 주가는 정점 대비 89.2% 하락
영국을 대신할 패권국가 대체 능력 부족	• 제1차 세계대전 이후 미국은 영국을 대신해서 패권국가의 지위를 이어받아야 했지만 준비가 부족했음	• 실업률은 8.7%(1929)에서 24.9%(1933) 상승 • 1929~1933년 사이 은행 9,755개 파산

지나 대서양 연안의 워싱턴디씨, 뉴욕까지 먼지 폭풍을 몰고 왔다. 더스트볼은 "**더러운 30년대**the Dirty Thirties"라고도 부르는데 1930년에 시작되어 거의 10년 동안 지속되었다. 1939년 말이 되어서야 규칙적인 비가 내리기 시작했다. 더스트볼은 대공황과 결합하여 미국 경제를 붕괴시켰으며 특히 농업 분야의 붕괴를 가속하였다. 프랭클린 루즈벨트 대통령은 뉴딜정책을 펴서 숲 조성 프로젝트에 실직한 농부들에게 일자리를 제공하였다.

두 번째 뱅크런은 1931년에 발생했으며, 이로 인해 미국의 약 2,000여 개 은행이 파산했다. 1933년에는 약 4,000여 개 은행이 파산하였다. 1933년 3월 4일, 루즈벨트

대통령은 취임식 날부터 4일 동안 뱅크런을 진정시키기 위해 "**뱅크 홀리데이**Bank Holiday[5]"를 명령했다. 루즈벨트 대통령은 1933년부터 1944년까지 "**노변한담**fireside chat[6]"이라 부르는 라디오 방송을 통해 정부 정책에 대한 신뢰를 회복하는 데 기여했다.

대공황이 시작될 당시 미국은 "실업보장"이나 "사회보장"이 없는 유일한 산업국가였다. 루즈벨트 행정부는 1935년에 실직자, 장애인, 노령자를 위한 "**사회보장법**Social Security Act"을 도입했다. 1939년 나치의 제2차 세계대전 발발로 루즈벨트 대통령은 프랑스와 영국을 지원하기로 결정하였고, 방위물자 조달을 위한 경제 활성화가 이루어졌다. 1941년 일본의 진주만 공습으로 인해 미국의 거의 모든 공장이 전시 생산 체제로 전환되었고, 1942년부터 시작된 대규모 징집으로 실업률은 대공황 이전 수준으로 감소하면서 대공황이 종료되었다.

대공황에서 회복하기 위해서 1933년 3월부터 2차 대전이 발발하기 전까지 뉴딜 정책을 대규모로 실시하였다. 경기를 회복하기 위해서 농업, 금융, 산업 부분과 임금 결정에 정부가 일정 부분 개입하였으며, 공공사업을 대규모로 실시하였다. 금융 부분의 구조 개혁 정책으로 상업은행과 투자은행의 겸업을 금지했으며, 산업부문과 금융기관의 주식 보유, 이사진 파견을 금지하는 금산분리 정책을 실시하였다. 1935년에 연방예금보험공사가 설립되어 국가 차원의 예금보험이 도입되었다. 산업 부문에서 노동자의 단체협약과 조합 가입 자유를 인정하였으며, 최대 노동시간, 최저임금을 도입하였다. 뉴딜정책의 구호 정책은 재분배 정책에 초점을 맞추었다. 연방정부는 실업자, 빈민에게 저리 대부를 제공하고, 공공근로를 통한 공익사업, 사회 인프라를 건설하였다. 각 국가는 대공황을 극복하기 위해서 확장 재정

---

5 1933년 3월 6일 월요일부터 일주일간 루즈벨트 대통령은 뱅크런에 의한 은행의 대규모 파산을 막기 위해서 모든 은행거래를 일시 정지하였다.

6 프랭클린 루즈벨트 대통령은 대공황 시기에 취임하여 대중의 불신을 불식하기 위해서 취임하자마자 라디오 연설로 행정부의 정책을 국민에게 설명했다. 그는 사망할 때까지 라디오 연설을 계속하였다.

을 실시했다. 대공황을 극복하면서 경제 주도권이 유럽에서 미국으로 이전되었으며, 식민지 경제가 종말을 맞이했으며 무역을 기반으로 한 시장경제로 이행하였다.

대공황과 제2차 세계대전을 거치면서 미국은 초강대국으로 성장했으며, 제2차 세계대전 이후 경제적, 군사적 측면에서 슈퍼파워로 자리잡았다. 냉전 이후 미국 주도 하의 세계 평화를 뜻하는 "**팍스 아메리카나**Pax Americana[7]"를 실현했으나, 최근에는 중국의 급성장으로 인해 팍스 아메리카나에 균열이 발생하고 있다.

4.5 1997년 동아시아 금융위기

1997년 11월 21일, 방송과 신문은 대한민국 정부가 국제통화기금(IMF)에 "**구제금융**"을 신청했다고 일제히 보도했다. 다음 날인 11월 22일, 김영삼 대통령은 대국민 담화에서 "시급한 외환 확보를 위해 국제통화기금의 자금 지원 체제를 활용하겠습니다."라고 발표하며 초유의 "**국가부도 사태**"를 맞이했다.

이후 한국은 2001년 8월 23일 IMF 체제를 종료할 때까지 피나는 구조 조정을 실시했다. 이 과정에서 종합금융사의 붕괴, 대우와 같은 대기업의 해체, 대규모 실직자 발생, 자영업자들의 파산 등이 속출하며 국민 경제가 큰 타격을 입었다.

1988년 서울올림픽을 개최하면서 한국은 일순간 선진국이 되었다는 착각에 빠지며 소비 장려와 국제화 바람이 불었다. 대우의 김우중 회장은 1989년 베스트셀러 『세계는 넓고 할 일은 많다』에서 세계화를 부르짖었고, 차입에 의한 대규모 해외 투자를 감행했다. 김영삼 정부는 1996년 12월 "**경제협력개발기구(OECD)**"에 가입하고 금융 시장을 개방했다. 그러나 국가의 금융감독 체제가 완비되지 않은 상태에서 금융 규제를 완화함으로써 정부는 외환 유출입을 제대로 파악하지 못

7 pax는 라틴어로 평화를 뜻한다. 팍스 아메리카나는 미국의 1극 체제에 의해서 세계의 평화를 유지한다는 뜻이다.

[그림 4.6] 1996년부터 2001년 사이의 원-달러 환율 변화. 우리나라가 IMF 구제 금융을 신청했을 때 환율은 정점을 찍어서 거의 1달러에 2,000원에 육박하였다.

했다. 기업과 금융사들은 외국에서 대규모 차입으로 외형을 키워갔지만, 부실은 눈덩이처럼 쌓여갔다.

경제 붕괴의 위험은 지속적으로 누적되고 있었다. 1996년에는 경제 성장률이 하락하고 무역 적자가 증가하였다. 김영삼 정부는 1995년에 달성한 "1인당 국민소득 1만 달러"를 유지하기 위해 원화 고평가 환율 정책을 유지하여 수출을 어렵게 만들었다. 일본의 반도체 업체들은 삼성전자의 반도체 수출을 저지하기 위해 반도체 가격을 인하하는 출혈 경쟁을 벌였고, 이로 인해 반도체 수출은 악화되었으며 무역 적자는 더욱 심화되었다. 김영삼 정부는 세계화를 부르짖으며 금융 규제를 대폭 해제했고, 재벌들의 무분별한 해외 차입이 증가하였다. 그러나 누적된 문제들은 일시에 폭발하기 시작하였다.

1997년 1월, 재계 14위였던 한보그룹이 파산하였고, 7월에는 재계 4위의 기아자동차가 부도처리 되었다. 위기는 해외에서도 불어왔다. 1997년 7월 태국 바트화가 폭락하였고, 8월에는 인도네시아 루피화가 폭락하였다. 동남아시아의 외환위기는 대만을 거쳐 한국에 밀어닥쳤다. 외환보유고가 바닥나자 1997년 11월 21일 김영삼 대통령은 "IMF 구제 금융 신청"에 대한 대국민 특별 담화문을 발표하며 한국은 심각한 위기에 처했다. 이후 1997년 12월 3일, 한국은 IMF로부터 555억 달러의 지원을 받는 대신 고강도 구조 조정을 실시하는 "**IMF 관리 체제**"에 들어갔다. 그 결과, 굴지의 기업들이 부도와 파산을 겪었다. 삼성자동차는 법정 관리에 들어가 결국 프랑스의 르노에 팔렸고, 1998년에는 재계 2위였던 대우그룹이 해체되면서 대우자동차는 미국의 GM에 매각되었다. 대우그룹의 김우중 회장은 "**대마불사**"라는 신조를 철석같이 믿고, 구조 조정보다는 확장 경영을 계속해서 그룹이 붕괴하고, 국부의 유출을 막지 못했다. 그림 4.6은 1998년부터 2001년 말까지 원-달러 환율의 변화를 나타낸 그림이다. IMF 이전에 1달러에 800원 수준이던 환율은 IMF 구제 금융을 신청하던 시점에 거의 2,000원에 근접하고 있다. 구제 금융과 고강도 구조 조정을 단행하면서 환율을 차츰 하락하여 1999년에는 1,200원 수준에서 안정세를 회복하였다.

1997년 금융위기는 그림 4.7과 같이 한국의 내부적 취약점과 외부의 충격 때문에 발생했다. 금융위기 발생 전, 한국의 문제는 여러 가지가 혼재해 있었다. 주요 문제로는 "환율 과대평가", "경상수지 적자 누적", "기업 부채 증가", "금융 규제 정책 부재" 등이 있었다. 대외적으로는 자본 자유화 정책으로 단기 부채가 증가했고, 외환 유출이 발생했지만, 금융 조정 기구가 부재했다. 결국 외환 보유액 부족으로 많은 기업이 단기 외채를 갚을 수 없게 되었다.

동남아시아에서 시작된 외환위기는 한국으로 파급되어 대규모 외환 유출이 일어나기 시작했다. 종합금융회사뿐만 아니라 대기업들도 단기 외채 연장에 실패하였고, 한국의 국가 신용도는 급락했다. 결국 한국은 IMF가 제시한 강도 높은 구조 조정을 실시해야 했다. 금리와 환율은 고공행진을 계속했다.

IMF 구제 금융을 제공하면서 당시 세계적으로 확산되고 있던 신자유주의 체제에 한국을 편입시키는 급진적 구조 조정이 제시되었다. 이 과정에서 부실한 종합

금융사와 은행이 파산하거나 통폐합되었으며, 공기업의 민영화와 부실기업의 정리로 대규모 실업이 발생했다. 공공 부문 인력은 20% 이상 감축되었고, 아웃 소싱을 확대하면서 정규직 일자리는 줄어들고 비정규직이 증가했다. 비정규직 확대는 민간 기업뿐만 아니라 공공기업에도 대규모로 확대되었다.

'평생직장'이라는 개념은 무너졌고, 철밥통으로 여겨지던 일자리에서도 인력 감축이 일어났다. 고금리와 대량 실업으로 인한 경기 침체는 자영업자의 파산을 폭증시켰으며, 1998년 이후 한국은 고실업과 자살률 증가라는 고통스러운 현실에 직면했다. IMF 체제의 후유증으로 자영업자 급증, 비정규직의 고착화, 일자리 양극화, 시간제 및 단기 일자리 급증, 청년의 미래 불확실성 확대에 따른 저출산 문제 등은 여전히 해결되지 않은 채 남아 있다.

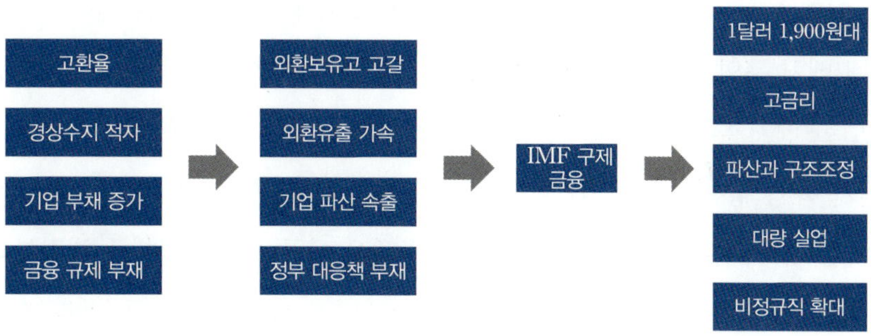

[그림 4.7] IMF 외환위기 진행 과정에서 일어났던 사건과 정책 요약. 정부는 대외 악재를 스스로 해결하지 못했으며 금융규제 부재는 금융 분야와 실물 분야의 부실을 방치하였다.

IMF 외환위기가 발생하던 때에 정권을 교체한 김대중 정부는 대한민국이 최대의 경제위기에 직면했을 때 취임하였다. 그런데 김대중 대통령은 민주투사였지만, 경제에도 혜안을 가진 지도자여서 경제위기를 극복할 최적의 지도자였다. 그나마 김대중 대통령이 집권했기 때문에 대한민국은 외환위기에서 조속히 빠져나올 수 있었다. 김대중 대통령은 경제난을 극복하기 위해서 혁신적 정책을 과감하게 진행하였다.

김대중 대통령의 국민의 정부는 IMF의 요구를 일부 수용하면서 경제의 체질을 바꾸는 정책과 미래 먹거리를 위한 산업을 과감히 육성하였다. 방만한 정부재정을 긴축재정으로 전환하고, 부실한 금융 및 은행의 구조조정을 단행하였다. 이 과정에서 부실한 종합금융사들이 파산하거나 합병되었다. 산업구조와 재벌의 지배구조를 개혁하는 정책을 실시하였으며, 재계 2위였던 (주)대우가 해체되었다. 대마불사에 종식을 고함으로써 재벌 기업들에게 혁신하지 않으면 망한다는 확실한 메시지를 전달하였다. 변동환율제와 전면적인 자본자유화를 실시하였다.

김대중 대통령은 IMF 외환위기를 극복하면서도 우리나라의 미래 먹거리와 미래 산업의 방향을 제시하였다. 1998년에 "벤처 특별법"을 개정하여 실험실 창업, 교수 창업을 쉽게 했으며, 벤처 기업에 창업 지원금 3억을 지원하는 정책을 실시하여 "벤처 기업 육성"에 전력을 다했다. 김대중 대통령은 우리나라의 미래가 컴퓨터, 인터넷 등 "지식산업"에 있다고 확신했으며, 전 세계적으로 일어나고 있던 인터넷 벤처 붐의 흐름을 꿰뚫어 보았다. 당시 "벤처 대박"과 같이 과도한 투자와 무분별한 벤처 투자에 대해서는 부작용이 발생했지만, 김대중 행정부에서 실시한 벤처 육성 정책은 지금의 "네이버", "다음", "카카오", "넥슨"과 같은 우리나라 대표 인터넷, 게임, 소셜 네트워크 기업의 탄생을 이끌어냈다. 김대중 행정부의 과감한 벤처 육성 정책이 없었으면, 우리나라 인터넷 생태계는 구글, 메타, 아마존 등 세계적 인터넷, 소셜 네트워크 회사의 지배하에 놓여 있었을 것이다. 김대중 대통령은 문화의 중요성을 알아본 대통령이었다. 국민의 정부는 일본문화를 개방하고, 정부가 문화산업은 지원하되 간섭하지 않는 정책을 실시하여 오늘날 한류의 기반을 놓았다.

국민의 정부가 집권하는 동안 최고의 경상수지 흑자를 달성하면서 외환위기에서 탈출할 수 있었다. 2001년 8월에 예상보다 3년 앞서 IMF 차입금을 조기 상환하면서 우리나라는 IMF 체제에서 벗어날 수 있었지만, IMF가 요구했던 노동 시장의 유연성, 대규모 기업의 구조 조정, 외국인 투자 지역을 설정하여 외국인 투자를 활성화하였다.

4.6 2008 글로벌 금융위기

2008년 **글로벌 금융위기**Global Financial Crisis는 2007년에서 2008년 사이 미국에서 시작된 금융위기로, 전 세계에 큰 영향을 미쳤다. 이 금융위기는 1980년대 이후 미국에서 계속 추진해 온 신자유주의 정책과 세계화의 한계가 미국 경제의 부실과 겹치면서 발생했다.

세계화는 국가 간 무역의 불균형을 초래하고, 미국 내부에서도 계층 간 소득 격차를 더 크게 만들었다. 중국은 값싼 노동력을 바탕으로 '세계의 공장'으로 성장했다. 많은 나라들이 자국에서 경쟁력이 없는 산업을 저임금 국가, 특히 중국으로 이전하면서, 중국에서 생산된 저렴한 상품이 전 세계 시장을 장악했다. 이로 인해 각국에서 경쟁력이 떨어지는 산업은 사라졌고, 노동자들의 소득은 줄어들어 비정규직 일자리가 급증해 일자리의 안정성도 약화되었다. 반면 금융산업과 첨단산업은 빠르게 성장했고, 돈을 쉽게 벌 수 있는 환경이 조성되면서 어느 순간부터는 도덕적 해이까지 발생하게 되었다.

신자유주의에 기반한 세계화는 미국의 경상수지 적자가 늘어나고 동아시아 국가들의 무역 흑자가 급증하면서 "**글로벌 불균형**"을 초래했다. 특히 중국의 급성장은 이러한 불균형을 더욱 심화시켰다. 미국은 매년 막대한 경상수지 적자와 재정 적자를 기록하며, 이를 "**쌍둥이 적자**"라고 불렀다. 그럼에도 불구하고, 미국은 기축통화인 달러에 힘입어 경제를 계속 유지할 수 있었다.

글로벌 불균형과 미국의 쌍둥이 적자는 전 세계적으로 유동성을 증가시키며 자산 가격 상승을 부추겼다. 특히 미국의 저금리 정책과 과도한 소비는 시장의 불안정을 더욱 악화시키는 요인이 되었다.

2007년 이전부터 미국에서는 저소득층을 대상으로 한 무분별한 "서브프라임 모기지"와 약탈적인 대출이 성행하기 시작했다. 당시 "예금기관 규제 완화 및 통화

통제에 관한 법"으로 인해 이자율 상한이 철폐되면서 서브프라임 대출에 높은 이자가 부과되었다. 서브프라임 대출이 급증하고, 이러한 대출이 담보된 채권이 증권화되었으며, 민간에서도 주택저장증권Mortgage-Backed Security, MBS 형태로 이를 거래하기 시작했다. 결국 신용이 낮은 사람들이 대규모로 서브프라임 모기지 대출을 통해 주택을 구입하게 되었다.

2004년에서 2006년 사이, 전체 주택 융자의 약 60% 이상이 증권화되어 주택 융자 담보증권Residential MBS, RMBS으로 판매되었다. 메릴린치, 리먼 브라더스, 베어 스턴스, 씨티그룹, 뱅크오브아메리카 등 주요 금융기관들은 모기지론을 대출 조건별로 분류하고, 조건이 유사한 대출들을 묶어 RMBS를 발행한 후 이를 투자은행과 투자자들에게 판매했다. 그러나 이들은 파생상품의 위험성을 제대로 평가하지 못했다. 금융기관들은 RMBS를 재증권화한 "부채담보부증권Collateralized Debt Obligation, CDO"과, CDO의 디폴트 위험을 헤지하는 신용부도스왑Credit Default Swaps, CDS도 함께 판매했다. 이러한 금융상품들은 연방정부의 규제와 감독을 받지 않았다. 또한, 규제를 받지 않는 비은행 모기지 금융 기관들을 포함한 "**섀도우 은행체계**"가 활동하면서 문제가 더욱 복잡해졌다. 섀도우 은행체계는 헤지펀드, 투자은행, 보험사 등 은행의 기능을 수행하지만, 은행 규제에서 벗어나 있는 금융 기관들을 의미한다.

서브프라임 대출의 부실화와 그로 인해 발생한 증권화 상품의 부실은 결국 투자은행 업계의 파산을 초래했다. 표 4.3은 2008년 글로벌 금융위기의 진행 과정, 원인, 결과를 요약한 것이다. 2008년 3월, 미국의 제5대 투자은행이었던 베어 스턴스가 파산하여 J.P. 모건 체이스에 인수 합병되었고, 같은 해 9월에는 제4대 투자은행 리먼 브라더스가 파산했다. 제3대 투자은행 메릴린치는 상업은행인 뱅크 오브 아메리카에 인수되었다.

투자은행 1위와 2위였던 모건 스탠리와 골드만 삭스는 상대적으로 손실이 적었으나, 연방준비제도의 구제 금융과 자금 지원을 기대하며 은행 지주회사로 전환하

표 4.3 2008년 글로벌 금융위기의 원인, 내용, 그 결과 요약

원인	내용	결과
금융규제 정책 완화	IT버블 붕괴 이후 금융완화 정책 확대	부동산 가격 급등
금융기관의 무리한 대출 경쟁	주택시장 버블에 편승한 대출 경쟁	2008년 9월 리먼 브라더스 파산
자산 가격 버블	도덕적 해이와 버블 기대감	약탈적 대출과 버블 붕괴
주식시장 버블	미국의 주가가 2003년 2월 저점 대비 2007년 10월 82.8% 상승	주가는 2007년 10월 정점에 정점을 찍은 후 2009년 3월에 정점 대비 절반 수준으로 하락
파상상품에 대한 금융 감독체계 부재	MBS 등 규제를 받지 않는 파생상품 규제받지 않은 섀도우 체제 발생	투자은행 유동성 위기 발생 및 파산회사 속출
가계부채 급증	주택시장 버블과 쉬운 대출로 주택 구입	서브프라임 모기지 대출 연체율 2005년 1%대에서 2008년 10월에 15.2%로 급증
글로벌 불균형	중국의 세계 공장 등장과 미국의 쌍둥이 적자 지속	세계 경제성장률 마이너스로 전환

였다. 결국, 2008년 글로벌 금융위기 속에서 미국의 5대 전업 투자은행은 모두 사라지게 되었다.

2008년 글로벌 금융위기는 실물 경제에 즉각적인 충격을 주었다. 부실한 금융기관들이 유동성 위기에 빠졌고, 투자은행들의 신용 등급 하락, 파산, 영업정지 등으로 금융 시장의 불안이 커졌다. 2007년 10월 9일 최고점을 기록했던 뉴욕 증시는 2008년 10월 초에 이르러 50% 이상 폭락, 단기간에 엄청난 주가 하락이 발생했다. 미국 정부는 이를 막기 위해 7,000억 달러 규모의 "금융시장 안정화 법안 Troubled Assets Relief Program"을 제정하고, 달러 발권력을 동원해 부실 금융기관을 구제했다.

이러한 조치는 달러가 세계 기축통화이기에 가능했지만, 세계 최고의 금융 선진국이었던 미국조차도 급변하는 파생상품의 위험을 제대로 파악하지 못했고,

법과 규제는 금융기법의 발전을 따라가지 못했다. 그 결과, 글로벌 금융위기가 발생했으며, 이런 위기는 앞으로도 언제든 재발할 가능성이 있다.

4.7 엑스 이벤트

극히 드물게 발생하면서 그 영향이 엄청난 사건을 “엑스 이벤트Extrem Event, X-event” 라고 하는데, 시장의 붕괴도 엑스 이벤트라고 할 수 있다. 엑스 이벤트는 발생 확률이 매우 낮기 때문에, 대부분의 사람은 엑스 이벤트가 일어나지 않을 것이라고 생각하는 경향이 있다.

지진을 예로 들어보자. 그림 4.8은 지진의 규모 m을 가로축에, 특정 규모 이상의 지진이 발생한 누적 횟수 $N(M>m)$의 로그값을 세로축에 나타낸 것이다. 지진의 규모는 발생한 에너지를 상용로그로 표현한 값이므로, 가로축은 사실 로그값이다. 만약 가로축과 세로축 모두 로그 값으로 그래프를 그렸을 때 직선이 된다면, 이는 지진의 발생 횟수가 발생 에너지에 대해 거듭제곱 법칙[8]을 따른다는 뜻이다. 이런 패턴을 지진에서 나타내는 멱함수 법칙은 **구텐베르크-리히터 법칙**Gutenberg-Richter's law이라 불린다. 그림 4.8에서 기울기가 -1이므로, 구텐베르크-리히터 법칙의 지수는 1이다.

사실 지진은 복잡계의 대표적인 예다. 지진은 지각 판이 서로 밀리면서 축적된 변형력이 한순간에 폭발적으로 방출되는 현상이다. 이때 지각 내 암석들이 복잡하게 상호작용하면서 발생하기 때문에, 지진은 복잡한 다체계에서 나타나는 비평형적이고 비선형적인 현상으로 이해된다.

그림 4.8에서 확인할 수 있듯이, 넓은 지진의 규모 범위에서 멱함수 법칙을 관

8 지진의 규모 m과 그 지진에서 발생한 에너지 E는 $m \propto log_{10}E$이므로, 구텐베르크 리히터 법칙은 $N(M>m) \propto 1/E^b$이다. 지수 b를 구텐베르크-리히터 법칙의 지수라 한다.

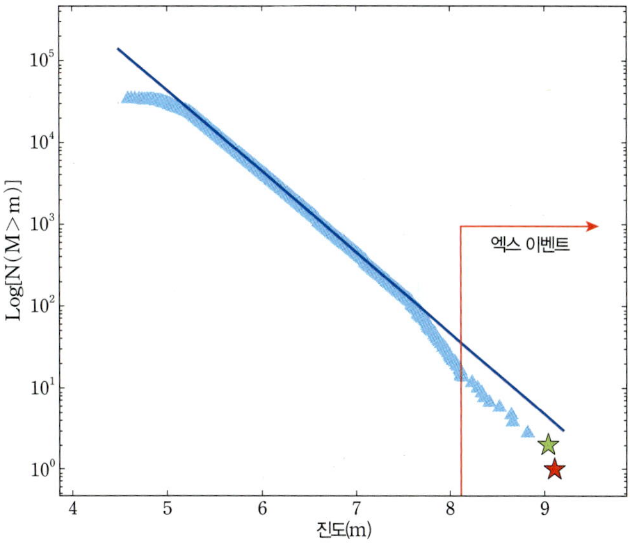

[그림 4.8] 전 세계에서 발생한 지진의 누적 횟수를 지진의 규모에 대해서 그린 그림. 진도는 발생한 에너지의 로그이므로 그림은 가로축과 세로축에 로그가 취해져 있다. 그래프의 직선은 지진의 발생횟수가 멱함수 법칙임을 의미한다.

찰할 수 있다. 진도 7.5 보다 큰 지진들은 직선에서 약간 벗어나는 경향을 보인다. 이는 지진 데이터를 수집한 기간이 상대적으로 짧고, 대규모 지진에 대한 데이터가 충분하지 않기 때문일 가능성이 크다. 데이터가 충분히 쌓인다면, 대규모 지진도 멱함수 법칙의 직선에 더 가깝게 수렴할 것으로 보인다.

특히 그림에서 별표로 표시된 가장 큰 규모의 지진들은 발생하는 에너지가 엄청나다. 1900년 이후 지구에서 발생한 가장 강력한 지진으로는 1960년 5월 22일, 칠레 발디비아에서 발생한 비오-비오 지진Bio-bio earthquake으로, 그 규모는 무려 9.5였다. 그다음으로 큰 지진은 1964년 3월 27일, 규모 9.2의 알래스카 대지진이다.

이와 같은 대지진은 누적 발생 횟수 그래프의 직선에서 크게 벗어날 뿐만 아니라, 규모도 엄청나게 크고 매우 드물게 발생한다. 그래서 이런 대규모 지진들은 "**엑스 이벤트**"라고 불릴 수 있다.

어떤 사건이 엑스 이벤트로 불리게 되는지는 그 사회가 그 사건을 견디고 회복할 수 있는 능력, 즉 "**회복탄력성**" 또는 "**리질리언스**Resilience"에 따라 달라진다. 같은 사건이라도 그 사회의 준비와 대응 능력에 따라 엑스 이벤트로 인식될 수도 있고, 아닐 수도 있는 것이다.

예를 들어, 우리나라에서 최근 발생한 강력한 지진은 2016년 11월 15일 경북 포항에서 일어난 규모 5.4의 지진이다. 일본에서는 규모 7.0 이상의 지진이 가끔 발생하며, 진앙지에 따라 막대한 피해를 남기기도 한다. 일본은 지진이 자주 발생하는 나라로 사회적 대비가 잘 되어 있지만, 큰 지진이 일어나면 여전히 많은 사망자와 경제적 피해를 입는다. 반면 우리나라의 주요 도시 근처에서 규모 7.0 이상의 지진이 발생할 경우, 일본보다 더 큰 피해를 입을 가능성이 크다. 이는 우리 사회의 리질리언스가 일본보다 낮기 때문이다.

이렇듯 사회의 리질리언스에 따라 같은 사건도 한 사회에서는 엑스 이벤트가 될 수 있지만, 다른 사회에서는 그렇지 않을 수 있다.

대표적인 예로 2010년 1월 13일, 아이티 수도 포르토프랭스 인근에서 발생한 규모 7.0의 지진이 있다. 이 지진은 아이티를 초토화시키며 약 22만 명의 사망자를 내고, 국가 전체에 엄청난 피해를 남겼다. 아이티는 이 정도 규모의 지진에 대해 충분한 리질리언스를 갖추지 못해, 이 지진은 그야말로 아이티 사회의 엑스 이벤트로 작용했다. 그 이후 아이티는 대통령이 암살되는 등 극심한 사회적 혼란을 겪었고, 여전히 사회경제적 불안정에서 벗어나지 못하고 있다.

이 사례는 리질리언스가 엑스 이벤트를 어떻게 좌우하는지 명확히 보여준다. 사회가 얼마나 회복력을 갖추고 있느냐에 따라 같은 사건이 전혀 다른 결과를 낳을 수 있는 것이다.

이렇듯 엑스 이벤트는 그 사회의 리질리언스에 따라 어떤 사건이 엑스 이벤트로 작용할지 결정된다. 사회나 국가가 가진 리질리언스의 수준에 따라 엑스 이벤트의 "**문턱**threshold"이 형성되며, 그 문턱을 넘는 사건만이 엑스 이벤트로 작용하게 된다.

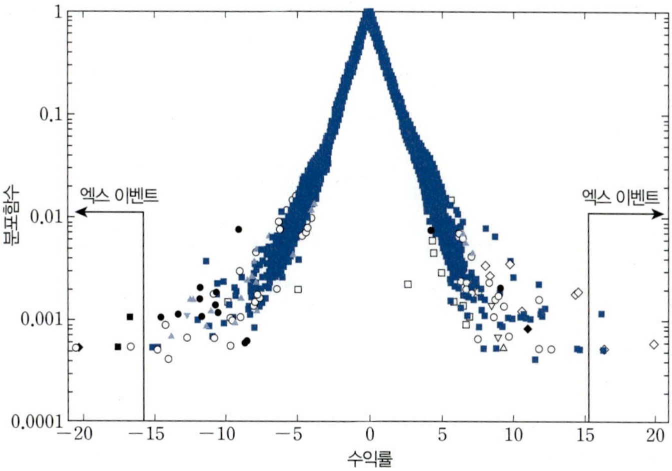

[그림 4.9] 우리나라 주식시장에서 로그 수익률의 분포함수 그림. 수익률이 극단적으로 떨어지는 시장의 위기 상황과 극단적으로 오르는 버블 상황을 볼 수 있다.

예를 들어, 우리나라에서 발생하는 지진의 엑스 이벤트 문턱은 어느 정도일까? 그 값은 우리나라가 지진에 대비하는 역량에 따라 달라질 수 있다. 과거에 큰 건물이나 사회적 인프라를 지을 때 내진 설계가 적용되지 않았던 시기에는 엑스 이벤트의 문턱이 낮았을 것이다. 그러나 지금은 법적으로 큰 건물에 내진 설계가 필수적으로 적용되기 때문에, 그 문턱은 이전보다 훨씬 높아졌다.

반면, 지진이 빈번한 일본의 경우, 우리나라보다 훨씬 높은 수준에서 엑스 이벤트 문턱이 형성되어 있을 가능성이 크다. 일본은 오랜 기간 지진에 대비해 왔으며, 그로 인해 사회적 인프라와 시스템이 상당히 발전했다. 따라서 일본에서는 더 강한 지진이 발생해야 엑스 이벤트로 간주될 것이다.

결국, 엑스 이벤트의 문턱은 사회가 가진 대비 역량과 리질리언스에 따라 변하며, 이를 통해 사건의 충격이 얼마나 큰 영향을 미칠지를 가늠할 수 있다.

경제 현상에서 대규모의 위기가 빈번히 발생한다는 것은 앞의 몇 가지 예에서 살펴보았다. 1997년 IMF 금융위기는 우리나라가 처음 겪는 엑스 이벤트였다. 2008년 미국에서 발생한 글로벌 금융위기는 미국에서 발생한 엑스 이벤트였다.

그림 4.9는 우리나라 주식시장에서 일별 코스피 주가지수의 규격화한 로그 수익률의 분포함수를 그린 것이다. 하루 간격의 로그 수익률[9]은 현재의 주가지수 $I(t)$에 상용로그를 취한 값에서 어제 주가지수의 상용로그 값을 뺀 것이다. 로그 수익률 시계열의 평균 수익률 $< r(t) >$, 표준편차[10]를 σ이라 하면, 규격화한 로그 수익률은 $\tilde{r} = (r - < r >)/\sigma$라 하자. 그림 4.9에서 가로축은 이 규격화한 로그 수익률의 분포함수를 나타낸다. 수익률의 분포는 평균값 근처에서 봉우리 모양을 보이며, 수익률이 커질수록 분포함수는 급격히 감소한다. 이는 로그 수익률의 분포가 정규분포를 따르지 않는다는 것을 의미한다.

주식시장이 무작위로 변동한다면, 로그 수익률은 정규분포를 따를 것이다. 그러나 실제로는 많은 투자자들이 상호작용하며 주가지수를 결정하므로, 수익률의 변동은 무작위적이지 않고 복잡한 패턴을 보인다.

주식시장에서 로그 수익률이 그림 4.9와 같은 분포를 나타내는 이유에 대한 연구는 활발히 진행 중이다. 현재 경제학자들과 과학자들은 주가지수가 이러한 분포를 보이는 이유를 아직 모른다.

분포함수의 중심 부근은 **로그-정규분포함수**[11] 또는 **로렌치안 분포함수**[12]로 맞춤할 수 있지만, 수익률의 꼬리 부분 분포함수는 이러한 함수로 맞춤할 수 없다. 수익률 분포는 양의 수익률, 즉 주가지수가 전날보다 상승하는 쪽과 반대로 음의 수익률, 즉 주가가 전날보다 떨어지는 쪽의 분포함수 모양이 비슷하지만 같지 않아서 분포함수가 비대칭asymmetry이다. 수익률 분포함수의 양쪽 꼬리는 사실

9 로그 수익률은 $r(t) = \log I(t) - \log I(t-1) = \log[I(t)/I(t-1)]$으로 정의한다.

10 로그 수익률 시계열 $r(t)$에 대해서 표준편차는 $\sigma = \sqrt{< r^2 > - < r >^2}$으로 정의한다.

11 로그 정규분포(log-normal distribution)은 확률변수 $X = \exp(\mu + \sigma Z)$이고, 여기서 Z는 정규분포를 가지는 확률변수이다. 확률변수 X의 분포는 $p(x) = \frac{1}{x\sigma\sqrt{2\pi}} \exp\left(-\frac{(\ln x - \mu)^2}{2\sigma^2}\right)$인 분포이다.

12 로렌치안 분포함수(Lorentzian distribution)는 확률변수 X의 분포가 $p(x) = \frac{1}{\pi} \frac{\gamma}{(x - x_o)^2 + \gamma^2}$이다.

"**두꺼운 꼬리 분포**fat-tailed distribution"를 나타낸다. 두꺼운 꼬리 분포는 6장에서 더 자세히 살펴볼 것이다.

분포함수의 양 끝 부분에서 나타나는 극단적인 손실과 수익은 매우 드물게 발생하며, 이는 시장에 커다란 충격이나 중요한 호재가 있을 때 발생한다. 이러한 극단적인 사건들은 엑스 이벤트로 간주될 수 있다.

현재 학자들 사이에서는 엑스 이벤트가 두꺼운 꼬리 분포의 연장선에 놓이는지, 아니면 두꺼운 꼬리 분포를 벗어난 예외적인 사건인지에 대한 논쟁이 계속되고 있다. 이 논쟁은 주식 시장의 극단적인 사건을 이해하고 예측하는 데 중요한 역할을 할 것이다.

5
부의 불평등

시장 경제와 자본주의의 심화는 전 세계적으로 부의 불평등 문제를 더욱 부각시키고 있다. 신자유주의의 영향으로 부의 불평등은 더욱 악화하고 있다. 2013년 토마 피케티Thomas Piketty, 1971~는 "21세기 자본"에서 전 세계적인 부의 불평등을 탐색하였다. 피케티는 시장 경제와 자본주의의 발전이 각 국가의 경제를 성장시키고 부의 절대량을 증가시켰지만, 그와 동시에 부의 불평등은 여전히 개선되지 않고 있다고 주장했다.

경제물리학자들은 돈, 수입, 부, 주식시장에서의 수익률 등의 분포함수를 연구하고 있으며, 부의 분포함수가 멱함수 법칙을 따르는 것을 발견하였다. 이는 경제, 사회, 생태 시스템에서도 불평등이 자연스럽게 나타나는 현상과 일치한다. 예를 들어, 많은 사회에서 상위 1%의 인구가 전체 부의 약 50%를 소유한다. 이러한 현상은 1900년대 초 유럽에서도 관찰되었다.

자연 현상에서도 불평등은 자연스럽게 발생한다. 예컨대, 아마존 정글에 서식하는 11,000종의 나무 중 약 1.4%인 227종이 전체 나무 개체수의 50% 이상을 차지한다. 또한, 도시의 크기, 인터넷의 연결망, 주식시장에서의 수익률 분포, 생태 네트워크의 연결선 분포 등도 두꺼운 꼬리 분포를 나타낸다.

멱함수의 발현은 부의 불평등과 밀접한 관계가 있으며, 이는 자연과 사회에서 발생하는 불평등에 대한 다양한 원리와 개념의 기초가 된다. 과학자들은 이러한 불평등의 원리를 이해하고 설명하기 위해 다양한 이론과 원리를 제시하고 있다.

개인의 돈과 부에 대한 데이터를 얻기는 어렵지만, 가능한 데이터를 통해 부의 분포를 분석할 수 있다. 중앙 정부가 발표하는 경제 데이터를 활용하여 불평등 지수를 계산할 수 있다. 예를 들어, 지니계수와 같은 지수는 부의 불평등을 측정하는 방법 중 하나이다.

이제 과학자들이 부의 불평등을 어떻게 이해하고 있는지 살펴보자. 과학자들은 부의 분포와 불평등을 분석하기 위해 다양한 모형과 방법을 사용하며, 이를 통해 부의 불평등이 어떻게 발생하는지를 연구한다. 그러나 부의 불평등을 완전히 이해하고 해결책을 제시하는 것은 여전히 어려운 과제다. 데이터의 한계와 복잡한 사회적 시스템 때문에 정확한 원인을 파악하고 효과적인 해결책을 찾는 데 어려움이 있다.

5.1 부의 불균형

사회 구조와 경제 체제가 변화함에 따라 부의 불평등도 꾸준히 변하고 있다. 부의 불평등에 대한 초기 연구는 이탈리아의 경제학자이자 사회학자인 빌프레도 파레토Vilfredo Pareto, 1848-1923에 의해 촉발되었다. 파레토는 1848년 파리에서 태어났고, 이탈리아 토리노에서 학업을 마쳤다. 그는 철강회사의 이사로 일하다가 런던 금속 시장에서 큰 손실을 보고 회사를 떠났다. 40대 중반부터 경제학에 관심을 가지게 되었으며, 1893년에는 스위스 로잔대학의 정치경제학과 교수로 임명되었다. 이 자리는 레옹 발라스의 자리를 이어받은 것이었다. 발라스는 자유 시장에서 정부의 개입을 비판한 자유주의자였으며 사회주의적 성향을 지녔다.

파레토는 권력과 부의 분포에 큰 관심을 가졌고, 사회에서 부가 어떻게 분배되는지 알고 싶어 했다. 그는 다양한 시대와 여러 나라의 재산 및 소득 데이터를 수집했다. 이 데이터에는 이탈리아의 개인 소득, 1454년 스위스 바젤의 세금 기록, 독일 아우크스부르크의 임대 소득, 파리의 임대료, 영국, 프러시아, 작센, 아일랜드, 페루 등지의 개인 소득이 포함되어 있었다.

파레토는 이 데이터를 분석하여 소득 수준과 그에 해당하는 사람의 수 사이의 관계를 조사했다. 그는 대부분의 사람이 낮은 소득을 가지고 있으며, 소수의 부자 엘리트가 많은 부를 소유하고 있다는 것을 발견했다. 만약 소득 배분이 무작위로 이루어진다면 부의 분포는 종 모양의 정규분포를 따를 것이다. 그러나 파레토가 분석한 데이터는 종 모양의 정규분포와는 거리가 멀었고, 부가 큰 영역에서 멱함수 법칙을 따랐다. 파레토는 이를 "인간의 본성"에서 나오는 "**사회 법칙**"이라고 주장하였다.

실직자나 병든 사람들은 극히 적은 부를 소유할 것이고, 분포의 중간 영역에 있는 사람들은 재능이나 운이 좋아서 조금 더 부를 쌓을 수 있지만, 음주, 결핵, 불운 등의 이유로 가난한 영역으로 떨어질 수도 있다. 반면, 멱함수 분포의 꼬리 영역에 속하는 큰 부를 가진 사람들은 부와 권력을 통제하는 엘리트들이었다. 파레토는 소수의 엘리트층이 대중을 이끈다고 보았고, 이는 당시 이탈리아의 무솔리니 파시즘을 지지하는 것으로 비쳤다. 영국의 철학자 칼 포퍼는 파레토를 "전체주의 이론가"라고 평가했다.

1990년대에 경제물리학자들은 부의 불평등과 그 원인에 대해 큰 관심을 가졌다. 특히 돈, 수입, 수출입 물량, 부wealth의 분포함수에 주목했다. 시장 경제에서 돈, 수입, 부의 분포는 어떤 형태를 띨까? 개인이 소유한 돈의 분포함수는 사실 알기 어렵다. 사람의 돈은 경제활동에 따라 시시각각 변하기 때문이다. 점심을 먹은 후에는 돈이 줄어들고, 월급날에는 돈이 늘어난다. 개인의 은행 통장 잔고는 개인이 가진 돈의 일부에 불과하다. 특정 시점에 개인의 은행 통장 잔고 데이터를 수집할 수 있으면, 부분적으로 개인이 소유한 돈의 분포를 알 수 있지만, 개인정보

보호 문제로 이러한 데이터는 얻기 어렵다.

이러한 상황에서 경제물리학자들은 개인의 수입이나 재산의 분포에 더 많은 관심을 기울였다. 개인의 수입은 국세청 등의 데이터를 활용해 상대적으로 쉽게 파악할 수 있지만, 개인의 재산 정보는 알기 어렵다. 그러나 몇몇 나라에서는 개인이 사망했을 때 상속세를 계산하기 위해 개인의 재산을 파악하고 그 결과를 공개하기도 한다.

그림 5.1은 영국 국세청이 사망자들의 상속세를 계산하면서 파악한 재산 분포를 보여준다. 이 데이터는 통계물리학자인 드라굴레스쿠Adrian Drăgulescu와 야코벤코Victor M. Yakovenko가 분석하여 도출한 결과이다. 그림에서 가로축과 세로축은 모두 상용로그를 취한 값이다. 가로축은 개인이 소유했던 순자산을 킬로파운드(k£) 단위로 나타내며, 세로축은 누적 백분율을 나타낸다.

부의 분포함수를 $p(w)$라고 하고, 부의 **누적 분포함수**[1] $P_>(w)$는 부가 w보다 큰 값을 가질 확률을 나타낸다. 상속 데이터는 사망한 사람들의 재산을 기반으로 하므로, 살아있는 사람들의 재산 분포와는 다를 수 있다. 재산은 현금, 주식, 부동산 등 다양한 형태를 포함한다.

1997년에 레비M. Levy와 솔로몬S. Solomon은 피지카 에이[2]Physica A 학술지에 포브스에 실린 미국 부자 상위 400명의 소득을 분석하였다. 최상위 부자부터 400등 부자까지 부의 누적분포함수를 구해서 가로축과 세로축을 모두 로그를 취하여 그림을 그려보았다. 그들은 부의 누적 분포함수가 멱함수 법칙[3] $P_>(w) \sim w^{-\alpha}$임을 더 확실히 관찰할 수 있었다. 이들은 최상위 부자들의 부의 분포함수는 파레토

---

1 부의 분포가 $p(w)$일 때 부가 w보다 큰 값을 가질 누적 분포함수는 $P_>(w) = \int_w^\infty p(x)dx$으로 정의한다. 누적분포함수를 미분하면 분포함수를 얻을 수 있다. 즉, $p(w) = -dP_>(w)/dw$이다.

2 엘제비어(Elsevior)에서 발행하는 피지카 A(Physica A)는 통계물리학 분야의 논문을 출간하는 국제학술지이다.

3 부의 누적분포함수는 멱함수 법칙 $P_>(w) \sim w^{-\alpha}$을 따른다.

법칙[4]임을 발견하였다. 그들이 구한 파레토 지수는 $\alpha = 1.36$으로 주식시장에서 수익률이 레비 분포를 따르는 것과 흡사했다.

부자를 나타내기 위해서 가장 부유한 사람이 1등, 그다음 부자가 2등 등으로 순위를 매기자. 부자의 등수 n과 그가 소유한 부 w 사이의 관계가 멱함수 법칙을 따른다는 가설을 검증하였다. 이들은 이 관계를 $w = An^{-1/\alpha}$로 나타냈고, 여기서 A는 상수이다. 가로축을 등수로 하고, 세로축을 부의 로그값으로 하여 로그-로그 그래프를 그려보았을 때 확실한 직선 그래프가 나타났다.

이 논문은 부의 분포함수가 파레토 법칙을 따른다는 것을 재발견하였고, 경제물리학자들이 부의 분포에 대해 본격적으로 관심을 가지게 된 계기가 되었다.

그림 5.1에서 부의 분포의 가장 두드러진 특징은 재산 w_c를 경계로 그보다 적은 재산과 그보다 많은 재산의 분포함수가 완전히 다르다는 점이다. w_c는 약 10만£였다. 재산이 $w > w_c$ 보다 큰 영역에서 부의 누적 분포 함수는 멱함수 법칙을 따라 감소한다. 드라굴레스쿠와 야코벤코가 측정한 멱함수의 지수는 $\alpha = 1.9$였다.

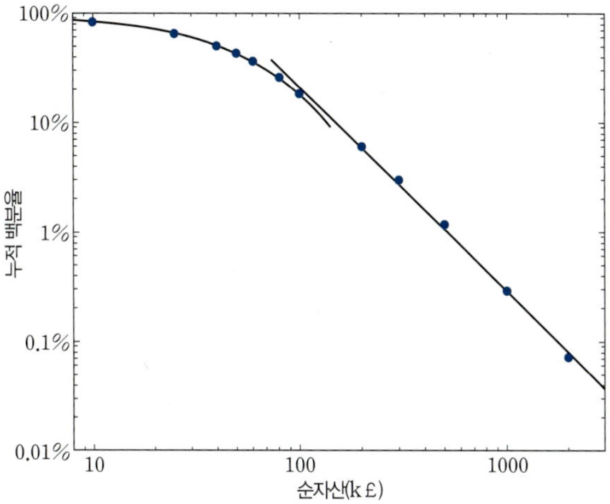

[그림 5.1] 1996년 영국의 순재산의 누적분포함수. 가로축과 세로축은 모두 상용로그를 취했다.

---

4 파레토 법칙은 $p(w) \sim w^{-(1+\alpha)}$을 의미하고, 지수 α를 파레토 지수라 한다.

이는 많은 부를 소유한 사람들이 파레토 법칙을 따른다는 것을 의미하며, 큰 재산을 가진 사람들이 상당히 많다는 것을 나타낸다. 멱함수 법칙은 지수함수보다 훨씬 느리게 감소하기 때문이다. 큰 부를 소유한 사람들의 분포함수가 멱함수 법칙을 따르는 이유에 대한 명확한 해답은 아직 없다. 그러나 다양한 이론이 제시되고 있다.

재산이 $w < w_c$ 보다 작은 영역에서 부의 누적 분포함수는 지수함수[5]를 따르며 데이터 맞춤으로 구한 "**부의 온도**wealth temperature"는 $T = 60$k£였다. 작은 재산을 가진 사람들은 재산이 증가할 때 급격히 줄어들며, 전체 인구의 대부분을 차지한다. 즉, 작은 부를 가진 사람들의 분포는 '**볼츠만-깁스 분포**'[6]를 따른다.

영국의 데이터에 따르면, 90% 이상의 사람들은 죽을 때 10만 파운드 이하의 재산을 소유하고 있었고, 10% 이상의 사람들은 10만 파운드 이상의 재산을 가지고 있었다. 이는 대부분의 사람들이 상대적으로 가난하고, 부자는 소수인 구조임을 나타낸다. 이러한 현상은 자본주의 경제와 시장 경제를 추구하는 거의 모든 나라에서 공통적으로 나타나는 현상이다.

나라마다 파레토 지수 α와 부의 온도 T가 다를 뿐이다. 신하Sawan S. Sinha는 2006년에 인도에서 최상위 부자 125명의 재산 데이터와 2004년 포브스 최고 부자 40인의 데이터를 이용하여 부의 분포함수를 분석하였다. 그는 이들 데이터에서 부의 분포가 멱함수 법칙을 따름을 확인하였다. 인도에서 부의 분포함수 지수는 $\alpha = 1.23$이고, 포브스 데이터는 $\alpha = 1.08$이다. 이는 야코벤코 그룹에서 발견한 영국에서 부의 분포함수 지수보다 약간 작은 값이다. 인도에서 부의 멱함수 분포는 좀 더 느리게 줄어드는 것을 알 수 있다.

돈이나 재산에 비해 개인의 소득에 대한 연구는 상대적으로 활발하다. 개인

5 지수함수는 $P_>(w) = \exp(-w/T)$이다. 여기서 T를 부의 온도라 정의한다.

6 지수함수 꼴이 볼츠만-깁스 분포(Boltzmann-Gibbs distribution)이다.

소득의 분포함수가 파레토의 법칙을 따른다는 사실은 일찍이 알려져 있다. 파레토Pareto, 클레멘티Clementi 등은 2000년에 오스트리아와 이탈리아 가정의 연간 수입 데이터를 분석하였다. 그들은 소득의 누적 분포함수도 멱함수 법칙을 따르며, 멱함수 임계지수는 오스트리아의 경우 $\alpha=2.3$이고, 이탈리아의 경우 $\alpha=2.5$임을 발견하였다. 실바A. Christian Silva와 야코벤코는 1983년부터 2001년까지 미국 국세청의 세금 신고서 데이터를 분석하여 개인의 소득 분포함수를 조사하였다. 이 연구에서도 개인 소득의 분포가 멱함수 법칙을 따른다는 것을 확인하였다.

년도 별로 세금 신고서를 분석한 결과 미국의 개인 소득의 분포함수는 두 개의 영역으로 극명하게 나뉘었다. 부의 분포함수와 비슷하게 소득의 누적 분포함수는 97~99%에 속하는 개인의 소득은 지수함수 법칙에 따라 감소하지만, 상위 1~3%의 소득을 가지는 사람은 멱함수 법칙을 따라서 소득이 감소하였다. 년도 별 소득 온도는 1983년에 $T=19\text{k\$}$에서 2001년에 $T=40\text{k\$}$로 증가하였다.

소득 w 보다 큰 데이터를 누적한 누적 소득은 멱함수 법칙을 따랐으며, 임계지수는 1983년에 $\alpha=1.8$에서 2000년 1.4로 감소하였다. 시간이 지나면서 미국에서 상위 고소득자의 소득분포는 더 두꺼운 꼬리 분포를 나타내었다. 멱함수 지수 α가 작아지면 w가 증가할 때 누적 함수가 더 천천히 감소하기 때문에 소득 불평등이 더 커진다고 할 수 있다.

지금까지는 한 국가에서 부의 분포함수를 살펴보았다. 경제 발전에 따라 각 국가의 부 역시 변한다. 국가 간의 부를 비교하기 위해 국내총생산Gross Domestic Product, GDP을 많이 사용한다. 국내총생산은 한 나라에서 가계, 기업, 정부 등 모든 경제 주체가 일정 기간 동안 생산한 재화와 서비스의 부가가치를 시장 가격으로 평가하여 합산한 것이다. 여기에는 비거주자가 제공한 노동, 자본 등 생산 요소에 의해서 창출된 것도 포함된다.

우리나라의 국부 변화를 년도 별 GDP 변화로 나타내면 그림 5.2와 같다. 1960년에는 1인당 GDP가 79달러였으나, 지속적인 경제 성장을 통해 2022년에는 32,422달러로 증가하였다. 2차 세계대전 이후 산업화와 민주화를 이룩한 국가는 전 세계적으로 거의 없으며, 아시아에서는 대한민국과 대만 등이 대표적이다.

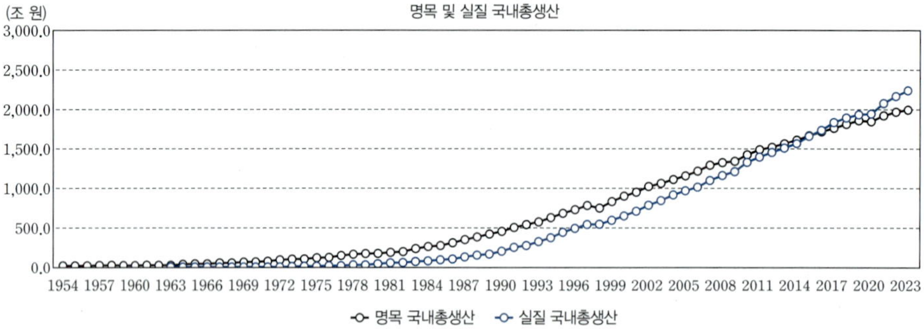

[그림 5.2] 우리나라의 명목 국내총생산과 실질 국내총생산의 변화. 국내총생산은 꾸준히 증가하고 있다.

우리나라는 한국전쟁 이후 70년 동안 압축 성장을 이루며 농업국가에서 산업국가로 성장하였다. 자원이 부족한 나라로서 수출 중심의 산업을 육성하여 오늘날과 같은 수출주도 국가로 자리 잡았다. 국내총생산이 증가함에 따라 국가의 부도 증가했으며, 1인당 소득 역시 급속히 증가하였다. 전체적인 삶의 질은 1960년대와 비교할 수 없을 정도로 향상되었다. 그러나 부의 증대에도 불구하고 상대적인 부의 불균형은 개선되지 않았다. 한 국가의 부의 불평등을 나타내는 지수는 다양하며, 지니계수가 대표적인 지수이다. 불평등 지수에 대한 자세한 내용은 다음 절에서 살펴볼 것이다.

한 국가의 부가 증가하는 것은 자체적인 성장 동력뿐만 아니라 다른 나라와의 교역에도 크게 의존한다. 우리나라의 경우, 에너지 자원이 거의 없기 때문에 석유와 천연가스는 전량 수입하여 전력을 생산하고, 이를 통해 비교적 저렴하고 안정적인 산업 전력을 공급함으로써 산업 발전을 이룩할 수 있었다.

각 국가의 발전 단계는 다르기 때문에 국부의 편차도 크다. 예를 들어, 미국과 같은 경제 강국은 막대한 국부를 보유하고 있지만, 아프리카의 저개발 국가들은 상대적으로 매우 적은 국부를 가지고 있다. 그림 5.3은 전 세계 국가들의 국내총생산(GDP) 분포함수를 나타낸 것이다.

전 세계 국가들의 GDP 분포함수는 멱함수 법칙을 따른다. GDP가 10,000M$ 이하인 국가들은 멱함수 법칙에서 크게 벗어나지만, 그 이상의 국가들은 년도에 상관없이 멱함수 법칙을 따른다. 멱함수의 임계지수는 1.4이다.

각 국가는 지리적 면적, 인구수, 천연자원의 규모 등이 다르기 때문에 국부의 차이가 있을 것으로 짐작할 수 있다. 그렇더라도 GDP가 큰 국가들은 왜 멱함수 법칙을 따르는지에 대한 명확한 설명은 여전히 부족하다. 국가의 부의 편차에 대한 다양한 이론이 제시되고 있지만, 이를 간단히 설명할 수 있는 이론은 아직 발견되지 않았다.

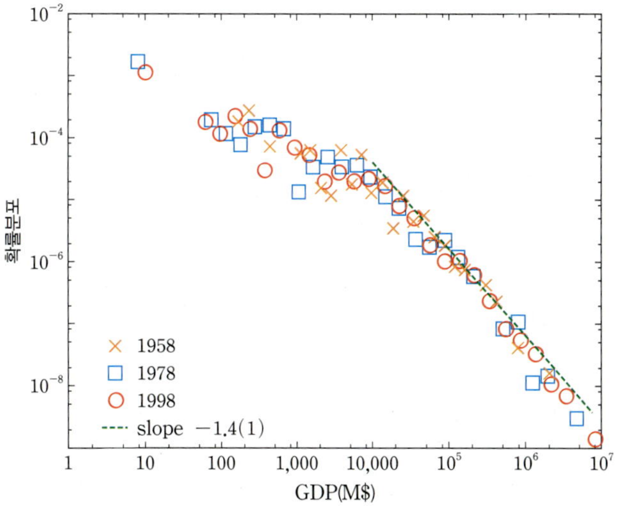

[그림 5.3] 전 세계 국가의 국내총생산(GDP) 분포함수. 가로축은 GDP에 상용로그를 취했고, 세로축은 확률 분포함수에 상용로그를 취했다. GDP단위는 M$이고, M은 백만을 뜻한다.

5.2 불평등 지수

소득 불평등 정도를 나타내는 지수에는 여러 가지가 있다. 그중 가장 대표적인 것이 **지니계수**Gini index이다. 또한, 10분위 분배율과 5분위 배율Quintile Ratio 같은 지수도 많이 사용된다. 앞서 살펴본 것처럼, 부의 분포함수가 멱함수 법칙을 따른다면, 멱함수 지수 α의 크기로 부의 불평등을 어느 정도 추정할 수 있다. 멱함수 지수가 클수록 분포함수가 급격히 감소하므로 불평등이 적다고 볼 수 있다. 반면, 멱함수 지수가 작을수록 분포함수가 천천히 줄어들며 두꺼운 꼬리를 형성하게 되는데, 이는 많은 부를 소유한 사람이 많다는 뜻으로, 불평등이 크다는 의미다.

대표적인 불평등 지수 중 하나는 개인의 소득을 최저 소득부터 최대 소득까지 오름차순으로 나열한 후, 이를 10% 간격으로 계층을 구분하는 방식이다. **십분위 분배율**Decile Dispersion Ratio, DDR은 이러한 구분을 바탕으로 다음과 같이 정의된다.

$$\text{십분위 분배율} = \frac{\text{최하위 40\%의 소득 점유율}}{\text{최상위 20\%의 소득 점유율}}$$

십분위 분배율의 값은 0과 2 사이의 값을 가진다. 십분위 분배율이 0이면 최하위 40%의 소득이 전혀 없다는 뜻이다. DDR이 0에 가까울수록 불평등이 심한 사회를 의미하고, 2에 가까울수록 평등한 사회를 뜻한다.

$$(\text{불평등})\ 0 \le \ \text{십분위 분배율} \ \le \ 2(\text{평등})$$

5분위 배율 Quintile Ratio, R5은 소득 불평등을 나타내는 또 다른 대표적인 지표로, "20:20 비율"이라고도 불린다. 이 지수는 전체 가구를 소득 크기에 따라 오름차순으로 정렬한 후, 이를 5등분하여 계산한다. 여기서 5등급은 상위 20%에 속하는 소득이 가장 높은 가구를, 1등급은 최하위 20%에 속하는 소득이 가장 낮은 가구를 의미한다.

5분위 배율은 상위 20%의 평균 소득을 하위 20%의 평균 소득으로 나눈 비율을 나타낸다. 이 지표는 소득 상위층과 하위층의 격차를 명확하게 보여주는 중요한 불평등 지표이다.

5분위 배율의 계산식은 다음과 같다:

$$5\text{분위 배율} = \frac{\text{최상위 } 20\% \text{ 소득 점유율}}{\text{최하위 } 20\% \text{ 소득 점유율}}$$

모든 가구의 소득이 동일하다면, 5분위 배율의 값은 1이 된다. 이는 상위 20%와 하위 20% 가구의 소득이 완전히 같다는 것을 의미한다. 반면, 상위 20% 가구의 소득이 훨씬 크면 5분위 배율은 더 큰 값을 가지게 된다. 예를 들어, 5분위 배율이 10이라면 상위 20%의 소득 점유율이 하위 20%의 소득 점유율보다 10배 크다는 뜻이다. 이처럼 5분위 배율이 클수록 소득 불평등이 심화된다는 것을 나타낸다.

소득 불평등을 나타내는 또 다른 지표로 **10분위 배율**Decile Scale, DS이 있다. 이 지표는 5분위 배율과 유사한 개념이지만, 용어가 10분위 분배율과 비슷하기 때문에 혼동하는 경우가 많다. 10분위 배율은 상위 10%와 하위 10%의 소득을 비교하는 지표로, 다음과 같이 정의된다.

$$10\text{분위 배율} = \frac{\text{최상위 } 10\% \text{ 소득 점유율}}{\text{최하위 } 10\% \text{ 소득 점유율}}$$

따라서 10분위 배율과 5분위 배율은 서로 비슷한 의미를 가지고 있다. 모든 계층의 소득이 동일하면 10분위 배율은 1이다. 반면 불평등이 심화되면 10분위 배율이 커진다. 이들은 모두 소득 불평등을 나타내는 지표로 사용되며, 모든 계층의 소득이 동일할 경우 5분위 배율과 10분위 배율 모두 1이 된다. 그러나 불평등이 심

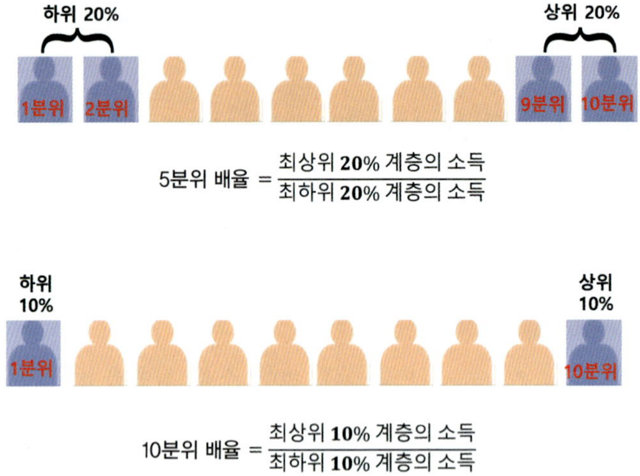

[그림 5.4] 5분위 배율과 10분위 배율의 의미. 두 분위 배율은 비슷한 의미를 가지며 하한은 1(균등)이고, 상한은 무한대(불균등)다.

화할수록 이들 지수는 점점 큰 값을 가지게 된다. 두 지수의 상한은 이론적으로 무한대에 달할 수 있다.

그림 5.4는 5분위 배율과 10분위 배율의 의미를 그림과 계산식으로 나타내고 있다. 뉴스나 경제 용어에서 "**분위**"라는 용어는 소득이 낮은 가계부터 높은 가계로 오름차순으로 정렬한 후, 이를 10등분하여 표현한다. 이때, 최하위 10%의 소득을 1분위, 최상위 10%의 소득을 10분위라고 한다.

소득 불균형이 적은 사회에서는 하위 소득자와 상위 소득자 간의 부의 차이가 작지만, 불균등한 사회에서는 그 차이가 커진다. 따라서 5분위 배율과 10분위 배율은 부의 불균등을 파악하는 자료로 유용하게 사용되며, 통계 자료에서 자주 나타난다.

그림 5.5는 1950년부터 2000년까지 전 세계 국가들의 국내총생산(GDP)에서 상위 20% 국가와 하위 20% 국가의 GDP 비율 변화를 보여준다. 이 그림에서 볼 수 있듯이, 상위 20% 국가가 차지하는 GDP 비율은 1960년 이후로 꾸준히 증가하여 전 세계 GDP의 약 90%를 차지하게 되었다. 반면, 하위 20% 국가가 차지하

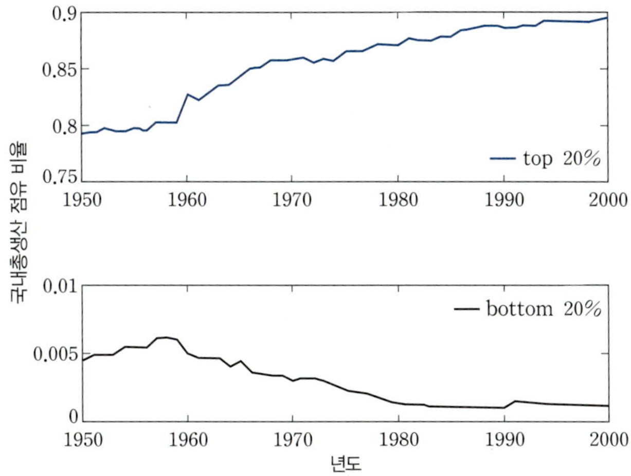

[그림 5.5] 전 세계 국가의 국내총생산 상위 20% 국가와 하위 20% 국가의 점유 비율의 변화. 상위 국가의 점유 비율은 꾸준히 증가하는 반면, 하위 국가의 점유 비율을 1960년 이후 계속 감소하였다.

는 GDP 비율은 같은 기간 동안 꾸준히 감소하였다.

이러한 경향은 개발도상국들이 지속적인 경제 발전을 이루고 있지만, 전 세계 GDP의 분배는 여전히 매우 불평등하다는 것을 시사한다. 각 국가는 국내 시장의 성장과 해외 무역 등을 통해 부를 축적한다. 이때 선진국으로 진입한 국가들의 부는 빠르게 성장하는 반면, 가난한 국가들의 부의 증가는 상대적으로 미미하다.

결과적으로, 국제적인 경쟁 환경에서는 부자 국가로의 부의 이전이 지속적으로 일어나며, 부자 국가들의 부가 더 빠르게 증가하는 경향을 보인다. 이로 인해 부의 분배는 점점 더 불평등해지고 있으며, 상위 국가들이 차지하는 GDP의 비율이 더욱 커지는 것을 알 수 있다.

지니계수Gini coefficient는 소득 불평등을 측정하는 지표로, **로렌츠 곡선**Lorenz curve을 활용하여 계산된다. 로렌츠 곡선을 그리기 위해서는 먼저 전체 인구를 소득이 낮은 사람부터 높은 사람 순으로 오름차순으로 나열해야 한다. 그림 5.6과 같이, 가로축은 낮은 소득부터 계산한 인구 누적 비율을, 세로축은 해당 인구의 소득을 누적한 비율을 100%로 나타낸다. 인구 누적 비율에 대응하는 소득 누적 비율을 연결한 선이 로렌츠 곡선이다.

로렌츠 곡선과 균등 분포선equality line, **대각선** 사이의 면적을 A라고 하고, 로렌츠 곡선 아래의 면적을 B라고 하자. 균등 분포선은 소득이 완전히 평등하게 분포된 경우를 말하고, 모두의 소득이 똑같다면 소득 누적 비율과 인구 누적 비율이 서로 비례함으로 그림에서 직선이 된다.

지니계수Gini coefficient는 다음과 같이 정의한다.

$$\text{지니계수}(G) = \frac{A}{A+B}$$

이 식에서 $A+B$는 직선 아래의 면적이므로 $A+B=1/2$이다. 지니계수는 소득의 불평등 정도를 나타내는 가장 대표적인 지표이다.

지니계수는 0에서 1 사이의 값을 가지며, 소득 분배의 불평등 정도를 측정하는 지표다. 지니계수가 0일 때는 소득이 완전히 평등하게 분배된 경우를 의미하며, 모든 사람이 같은 소득을 가지고 있어 누적 소득 점유율이 균등 분포선과 정확히 일치한다. 따라서 이 경우 지니계수는 0이 된다.

반대로, 지니계수가 1인 경우는 소득이 완전히 불평등하게 분배된 상황이다.

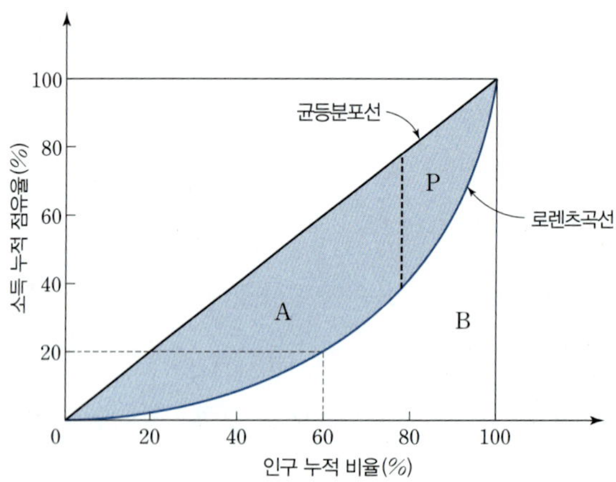

[그림 5.6] 부의 불평등을 나타내는 로렌츠 곡선과 지니계수. 그림에서 *A/2*가 지니계수이다. 면적 A가 넓을수록 불평등이 심해진다.

이 경우 한 사람이 모든 부를 독점하고 나머지 사람은 소득이 없는 상황이다. 즉 누적 소득 점유율은 가장 부유한 1명이 전체 소득을 차지하게 되어, 로렌츠 곡선이 세로축과 평행한 수직선이 된다. 따라서 지니계수는 1이 된다.

지니계수는 계산이 간단하고 소득 불평등을 쉽게 비교할 수 있는 장점이 있어 널리 사용된다. 그러나 사람들의 비공식 경제활동에서 발생하는 소득을 반영하지 않기 때문에, 소득 분배의 왜곡을 완전히 반영하기 어렵다는 단점이 있다.

그림 5.7은 2017년부터 2022년 사이에 OECD 국가들의 지니계수를 나타낸다. 이 그림을 보면, 북유럽 국가들은 지니계수가 낮아 소득 평등성이 높다는 것을 알 수 있다. 반면, 신자유주의와 시장 경제를 강하게 추구하는 국가들은 지니계수가 높아 소득 불평등이 크다는 것을 볼 수 있다. 특히, 우리나라, 일본, 미국, 영국 등의 지니계수가 상대적으로 높아 소득 불평등이 비교적 큰 편이다.

지니계수의 단점을 보완하기 위해 여러 가지 지수가 소개되었다. 그 중 하나가 팔마비율이다. **팔마비율**Palma ratio은 칠레 경제학자 호세 팔마José Gabriel Palma가 제안한 지수로, 최상위 90% 소득을 하위 40% 소득으로 나눈 비율로 정의된다.

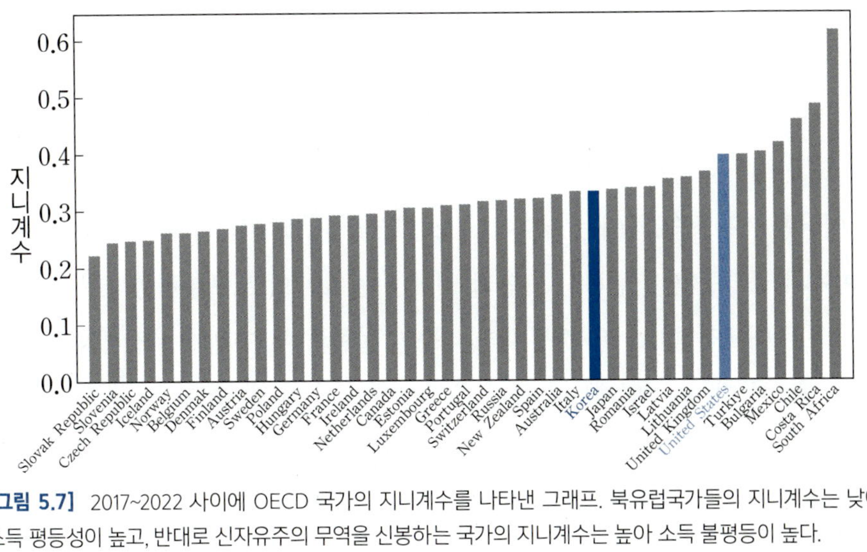

[그림 5.7] 2017~2022 사이에 OECD 국가의 지니계수를 나타낸 그래프. 북유럽국가들의 지니계수는 낮아 소득 평등성이 높고, 반대로 신자유주의 무역을 신봉하는 국가의 지니계수는 높아 소득 불평등이 높다.

지니계수는 중위 소득자의 변화에 민감한 반면, 팔마비율은 최상위 소득자와 최하위 소득자의 변화에 더 민감하다. 팔마비율이 커지면 최상위 10%는 더 부유해지고 하위 40%는 더 가난해져서 소득 불평등이 심화되었음을 나타낸다. 반대로 팔마비율이 작아지면 소득 불평등이 개선되었다는 의미다.

팔마비율 외에도 다양한 불평등 지수가 제시되었다. 예를 들어 후버 지수, 타일 지수, 피트라 지수, 콜카타 지수 등이 있다. 이들 지수는 각기 다른 방식으로 소득 불평등을 측정하며, 지니계수와 팔마비율과 함께 불평등을 평가하는 데 사용된다.

5.3 불평등한 이유

불평등은 사회, 경제, 자연 시스템 등 다양한 분야에서 발생하며, 시스템에 상관없이 비슷한 원리가 작동하는 것 같다. 예를 들어, 어떤 기업은 높은 수익률과 경쟁력을 바탕으로 계속 성장하지만, 다른 기업은 경쟁력이 약해져 결국 망하기도 한다. 개인의 경우에도 비슷한 환경에서 출생했더라도 일부는 성공적으로 성장하는 반면, 일부는 어려움을 겪는 경우가 흔하다. 또한, 세렝게티와 같은 대규모 서식지에서 어떤 초식동물은 큰 개체 수를 유지하지만, 다른 종은 개체 수를 유지하기조차 어려운 상황이 발생한다.

이러한 불평등의 차이는 어디에서 오는 것일까? 쉐퍼M. Scheffer 등은 자연과 사회에서 불평등을 촉진하는 요인과 억제하는 요인으로 구분하였다. 불평등을 촉진하는 대표적인 요인은 **경쟁**이다. 비슷한 업종의 두 업체가 시장에서 경쟁할 때, 경쟁력이 더 높은 업체는 성공할 가능성이 높다. 마찬가지로, 생물 종들이 서로 경쟁할 때 진화 과정에서 획득한 형질 중에서 다른 경쟁 종보다 우월한 특성을 가진 종은 더 번성할 가능성이 높다.

표 5.1 사회와 자연에서 불평등의 촉진 요인과 억제 요인 요약

요인		사회	자연
촉진요인	경쟁	개인, 기업의 경쟁력	생물종의 적응력
	우연	투자 수익률 차이	출산율과 사망률 차이
억제요인	억제	소득분배 정책	천적
	구제	인구 유입, 저축	이주, 개체 유입

두 번째 불평등의 촉진 요인은 **우연**이다. 기업은 시장 환경에 노출되어 있으며, 다양한 소비자들의 선택에 따라 생산한 물건을 팔 수 있다. 때때로, 한 소비자의 호평이 급속히 퍼져 제품이 많이 팔리는 경우도 있다. 이러한 뜻하지 않은 우연이 회사의 생존에 막대한 영향을 줄 수 있다.

생태계에서 한 종의 생존 역시 기후 환경과 생태 환경의 영향을 받는다. 온화한 기후에 잘 적응한 종이라 하더라도 기후 환경이 변하면 더 이상 진화적으로 우월성을 유지할 수 없다. 생물 종은 기후 환경을 예측할 수 없으며, 기후 변화의 우연성이 이전에 적응력이 낮았던 생물 종에게 더 높은 적응력을 부여하여 번성하게 만들 수 있다.

경쟁과 우연 외에도 불평등을 가져오는 요인은 많다. 경제 분야에서 토마 피케티는 그의 저서 『21세기 자본』에서 자본수익률과 경제성장률이 경제적 불평등을 촉발하는 주요 요인이라고 주장했다. 피케티는 자본수익률이 경제성장률보다 높을 때, 자본을 소유한 사람들이 점점 더 많은 부를 축적하게 되며, 이로 인해 경제적 불평등이 심화된다고 보았다. 경제성장이 모든 사람에게 균등하게 혜택을 주기보다는 자본을 가진 사람들이 더 많은 이득을 얻기 때문에 부유한 사람들은 더욱 부유해진다.

피케티는 미국과 프랑스의 경제 데이터를 분석하여 이 관계를 설명했다. 그러나 그의 주장은 주로 프랑스 데이터를 바탕으로 하고 있으며, 각 나라의 경제 상황, 세제, 복지 정책 등에 따라 국가의 부는 크게 달라질 수 있기 때문에 피케티의

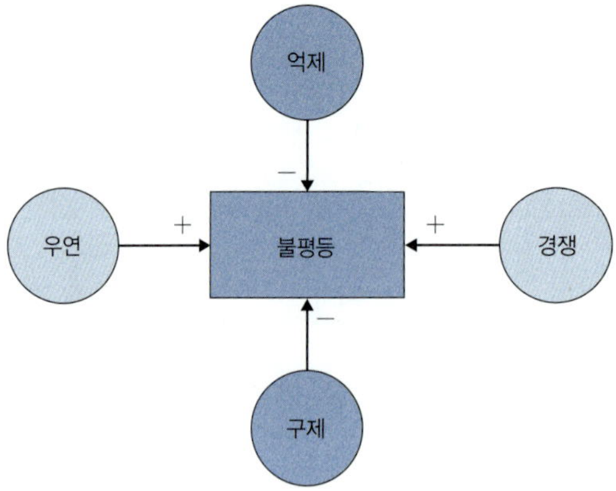

[그림 5.8] 불평등 촉진자와 억제자. 불평등은 경쟁과 우연에 의해서 촉진되는 반면, 억제 정책과 구제는 불평등을 완화한다.

주장을 다른 국가에 일반화하기는 어려울 수 있다.

1971년 노벨 경제학상 수상자인 사이먼 쿠즈네츠Simon Smith Kuznets, 1901-1985는 경제성장에 따라 소득 불평등이 처음에는 증가하다가 나중에 감소한다는 "**쿠즈네츠 곡선**" 이론을 제안했다. 쿠즈네츠 곡선은 경제가 성장함에 따라 부의 불평등이 커지다가 일정 시점에 이르면 소득 불평등이 줄어드는 패턴을 설명한다. 즉, 경제성장 초기에 불평등 지수가 상승하다가 성장의 정점에 도달하면, 이후에는 1인당 GDP가 증가해도 불평등 지수가 감소한다고 본 것이다.

그림 5.9는 쿠즈네츠 가설을 기반으로 경제성장에 따른 1인당 소득의 증가와 불평등 지수의 관계를 나타낸 것이다. 쿠즈네츠는 1950년 이전의 경제 데이터를 바탕으로 이런 주장을 했다.

전 세계적으로 제1차 세계대전 전까지는 부의 불평등이 증가했으나, 1929년 대공황과 제2차 세계대전을 지나면서 주요 선진국의 소득 불균형은 1980년까지 줄어드는 경향을 보였다. 로서Max Roser와 오르티즈 오스피나Esteban Ortiz-Ospina는 상위 1%가 점유한 부의 비율을 조사하였고, 그 결과 부의 불평등이 U자형과 L자형으로 나뉘는 것을 발견했다.

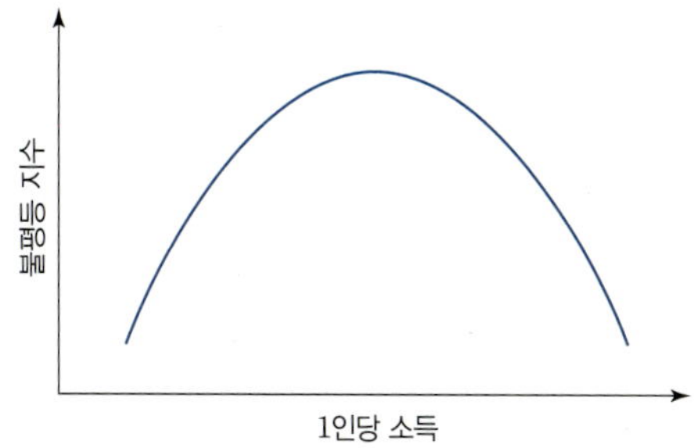

[그림 5.9] 쿠즈네츠 곡선. 경제성장의 초반에는 불평등이 심화하지만, 정점을 지난 후 소득이 더 커지면 불평등이 완화한다는 가설.

부의 불평등이 U자형인 국가는 미국, 영국, 캐나다, 아일랜드, 오스트리아 등 신자유주의 정책을 강하게 추진하는 국가들이다. 이러한 국가는 1920년대 이후 상위 1%가 점유하는 부의 비율이 지속적으로 감소하다가 1980년 초에 최저점을 기록했다. 그러나 1980년 이후 신자유주의 정책이 강하게 시행되면서 상위 1%가 점유한 부의 비율은 급격히 증가하기 시작했다. 특히 미국의 경우, 부의 불평등이 거의 1920년대와 유사한 수준으로 되돌아갔다. 우리나라도 U자형 곡선을 보이는데, 이는 미국의 영향을 받아 신자유주의 정책을 강화하면서 소득 불평등이 확대되었음을 나타낸다.

한편, 상위 1%의 소득 점유율이 L자형 곡선을 나타내는 국가는 프랑스, 일본, 스페인, 네덜란드, 덴마크 등 복지국가를 지향하는 국가들이다. 이들 OECD 국가는 1920년 이후 소득 불균형이 지속적으로 감소하여 1980년대에 최저점을 기록했다. 이후 소득 불균형은 거의 변하지 않아 L자형의 곡선을 보인다. 물론, 이러한 국가들에서도 L자형 곡선에 도달한 이후 경제 상황에 따라 소득 불균형이 일시적으로 증가할 수 있다. 예를 들어, 최근 프랑스에서는 소득 불균형이 다소 증가한 사례가 관찰되었다. 이로 인해 소득 불평등은 각 국가가 채택한 경제 모델에 따라 달라질 수 있음을 알 수 있다.

경쟁을 중시하는 신자유주의 경제는 승자 독식 사회를 추구하며, 승자 독식이 시장 경제를 발전시킨다고 믿는다. 반면, 부의 분배를 중시하는 북유럽형 복지국가 모형은 승자 독식보다는 대중에게 부를 공평하게 분배하여 국가 전체의 발전을 도모하면서도 경제 성장의 동력을 유지하는 전략을 취하고 있다.

어느 방식이 맞는지는 명확하지 않다. 두 가지 방식의 절충점에서 해답을 찾는 것이 중요할 수 있다. 경제적 활력을 유지하면서도 부의 불평등을 완화할 수 있는 방식을 찾아내야 한다. 각 국가는 자신만의 방식으로 이러한 체제를 만들어가고 있지만, 이에 대한 정답은 없다.

불평등을 완화하는 방법에는 억제와 구제가 있다. **억제**는 원천적으로 불평등이 일어나지 않도록 시스템을 구축하는 것이다. 그림 5.8에서 볼 수 있듯이, 억제 요인으로는 주로 소득 재분배와 관련된 정책이 있다. 소득을 재분배하기 위해서는 차등적 세금 제도, 법인세, 불로소득에 대한 초과세와 같은 정책을 적용할 수 있다. 이러한 과세는 경제활동에서 발생하는 소득에 대해 국가가 개입함으로써 사회의 안정성을 유지하려는 목적이 있다.

국가는 개인이나 집단이 스스로 구현하기 어려운 과세 강제권을 행사하여, 경

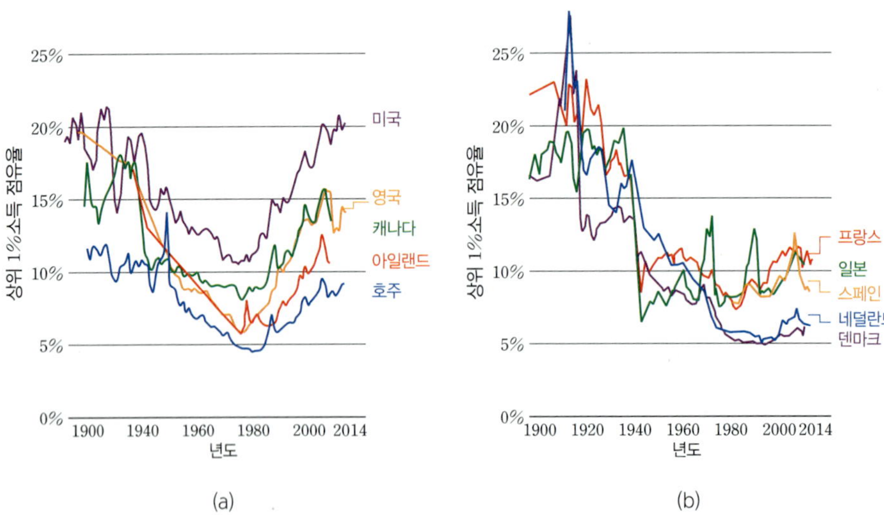

[그림 5.10] 1900년 이후 상위 1%의 소득 점유율. (a) U자형 소득 점유율 국가와 (b) L자형 소득 점유율 국가.

제 권력이 비대한 재벌이나 독점 기업, 초기업에 의해 집중되지 않도록 일정 부분 경감할 수 있다. 하지만, 기업의 생존 기간이 정권의 집권 기간보다 훨씬 길기 때문에 경제적 독점을 제어하는 데에는 한계가 있다. 이러한 이유로 민주주의 사회에서는 시민사회와 언론이 경제 권력에 대한 비판과 투쟁을 지속해야 하는 이유가 된다. 윤리적 초경제 권력은 이 세상에서 드물다는 점도 고려해야 한다.

자연 현상에서 불평등을 억제하는 요인은 천적, 포식자, 자원의 고갈 등이 있다. 예를 들어, 고립된 사바나 생태계에서 천적이 없다면 초식동물의 개체 수는 급격히 증가할 것이다. 그러나 초식동물이 너무 많이 번식하면 먹이가 되는 식물의 양이 줄어들어, 결국 초식동물은 먹이가 부족해져 개체 수가 감소하게 된다. 이러한 개체수의 변화는 때로는 주기적일 수 있지만, 경우에 따라서는 주기가 없는 혼돈적인 패턴을 보일 수도 있다.

반면, 초식동물의 천적이나 포식자가 존재하면 이들 사이에 먹이 사슬이 형성되어 생태계의 안정성을 유지할 수 있다. 천적과 포식자는 서로의 개체수를 조절하며, 이는 생태계의 불평등을 완화하고 시스템을 안정시키는 역할을 한다. 결국, 생태계에서 각 동물의 개체 수는 비교적 안정적으로 유지된다. 천적, 포식자, 자원의 고갈 같은 요소들은 생태계의 불균형을 줄이고 시스템의 안정성을 보장하는 중요한 요인들이다.

불평등을 완화하는 방법 중 하나는 **구제**이다. 구제는 사적인 구제와 공적인 구제로 나눌 수 있다. 사적인 구제는 개인이 미래를 대비하여 **저축**하는 것을 의미한다. 이는 일정 수준 이상의 소득을 가진 사람들에게 유용하다. 경쟁이 치열하고 경제적 신분 상승이 어려운 사회에서 중산층은 자주 신분의 위태로움을 경험할 수 있다. 따라서 중산층은 자신의 소득 일부를 저축하여 미래의 불확실성에 대비하는 경향이 있다. 이와 같은 저축은 미래의 위기에 대응하기 위한 하나의 방안으로 볼 수 있다.

반면, 경제적 하위 계층은 생계유지 자체가 어려워 저축이 불가능하다. 최하위 계층은 종종 빚을 내어 생계를 유지하며, 이로 인해 마이너스 소득을 감수할 수밖에 없다. 예를 들어, 부동산 가격이 높은 나라에서는 중산층조차도 높은 주거비용과 교육 경쟁, 사교육비로 인해 재정적 부담을 느끼며, 마이너스 소득을 감수하는 경우가 많다. 한국에서는 높은 부동산 가격, 치열한 교육 경쟁, 비합리적인 사교육비 지출, 고급 일자리 부족, 수도권 초집중, 학벌 사회 등 여러 요인으로 인해 저출산 문제를 심화시키고 있다. 출산한 가정이 정상적인 삶을 영위하며 행복을 느낄 수 있는 사회를 만드는 것이 무엇보다 중요하다. 이러한 문제들을 해결하면 저출산 문제를 어느 정도 완화할 수 있을 것이다.

중산층이 경제적 하위 계층으로 전락하거나, 경제적 최하위 계층이 인간적인 삶을 유지할 수 있도록 하기 위해 공적인 구제 정책을 고려할 수 있다. **복지국가**는 자주 합리적인 구제 정책을 시행하고 있다. 예를 들어, 한국에서 시행하는 기초생활 수급 제도, 기초노령연금, 국민연금 등은 효과적인 구제 정책으로 평가된다. 국가 전체의 부를 상향 조정하고 하위 계층이 경제적 사다리를 오를 수 있도록 "**계급 사다리 오르기 전략**"을 실시하는 것이 필요하다. 무상 교육, 무상 급식, 무상 주거 지원과 같은 정책은 경제적 불평등을 완화하는 데 기여할 수 있다. 그러나 이러한 정책들은 국가의 재정 상태를 고려하여 시행되어야 하며, 그래야 국가 경제의 활력을 유지할 수 있다.

생태계에서의 구제는 특정 서식지로 유입되는 개체를 통해 이루어진다고 볼 수 있다. 한 서식지에서 어떤 종의 개체 수가 너무 적으면 그 종의 번식이 제한되어 멸종할 위험이 커진다. 이를 방지하기 위해서는 서식지 외부에서 새로운 개체가 유입되어 개체 수를 증가시키는 방법이 있다. 또는 한 종이 서식지에서 멸종하면 다른 개체가 외부에서 유입되어 생태적 지위를 대체함으로써 생태계의 안정성을 유지할 수 있다. 종의 개체수를 생태적 불균등으로 본다면, 가난한 개체의 생태적 지위를 유지할 수 있는 구제 방법이 강구되지 않으면, 그 개체는 결국 멸종하여 생태계에서 사라질 것이다.

5.4 포스트 자본주의

인류는 집단을 이루어 사회를 형성하며 경제 행위를 영위해 왔다. 수렵과 채집을 하던 시대에는 작은 부족 단위로 생활했으며, 이 시기에는 수렵과 채집 활동을 통해 유지할 수 있는 사회 단위가 부족이었을 것이다. 농업의 발전은 더 큰 사회 단위인 국가를 형성할 수 있는 생산력을 제공했다. 농경 사회가 발전하면서 부족보다 큰 규모의 국가가 출현하였고, 중앙 집권적인 봉건제도와 왕권 중심의 제도가 생겨났다. 그리스와 로마는 집단 지도 체제를 시도하기도 했다.

화석연료를 사용하는 열기관의 발전은 인간과 동물의 동력을 기계 동력으로 대체하게 되었고, 이를 통해 대규모 생산이 가능해졌다. 대규모 생산으로 발생한 초과 이윤은 대부분 자본가에 의해 독점되었고, 이로 인해 노동자와 자본가 사이의 경제적 불평등이 심화되었다. 산업혁명을 이룩한 서구 국가는 원자재를 조달하고 잉여 생산물을 소비하기 위해 제국주의와 시장 경제를 발전시켰다. 그러나 시장 경제의 실패는 경제 대공황과 제1차, 제2차 세계대전을 초래했다. 이로 인해 자본가가 독점한 부를 국민에게 재분배하는 복지의 개념이 탄생하였다.

자본주의와 사회주의의 경쟁에서, 시장의 복잡성을 인위적으로 조절할 수 없다는 것이 드러났다. 공산주의의 계획 경제는 실패로 끝났고, 자본주의와 시장 경제는 최소한의 규제를 통해 자율적인 조절을 허용하며 발전하였다. 경제적 불평등을 해소하기 위해 복지 정책을 결합한 복지 국가형 자본주의 체제가 나타나게 되었다.

경제에서 시장의 자율성을 극대화할 것인지, 아니면 경쟁 시장에서 발생하는 이윤의 독점과 폐해를 줄이기 위한 적절한 규제를 도입할 것인지에 따라 자본주의는 다양한 형태로 수정되었다. 현재는 방임적 자본주의는 존재하지 않으며 단점을 보완한 수정자본주의가 나라마다 다양한 형태로 시행 중이다. 시장 경제에 바탕을 둔 수정자본주의의 득세에도 불구하고 디지털 전환이 심화하고 경제적 불평등이 세계적인 문제로 대두되면서 **포스트 자본주의**에 대한 관심이 커지고 있다. 현재의 수정자본주의 모순을 보완하여 경제적 불평등을 완화할 수 있는 체제를 모색해야 한다. 초연결 사회에서 극단적으로 정보 접근이 쉬워졌지만, 포퓰리즘에 기반한 가짜 프로파간다가 기승을 부리는 현실에서 자본주의와 민주주의에 대한 새로운 대안 체제의 가능성을 모색할 때가 도래하였다. 자본주의는 시장 체제에 대한 것이고, 민주주의는 거버넌스에 대한 문제이므로 서로 다르다고 할 수 있다. 따라서 우리는 새로운 경제 체제와 정치 체제를 찾아야 한다.

1980년대 신자유주의가 전 세계로 확산된 이후, 민주주의를 선도한다고 믿었던 미국에서 도널드 트럼프가 대통령에 당선되면서 극우적 자국 중심주의가 두드러지게 나타났다. 한편, 중국은 집단적 사회주의 체제를 유지하면서도 시장 경제를 도입하여 경제 성장을 이룩하고, 새로운 경제 강국으로 부상하고 있다. 러시아는 군국주의적 사회주의를 바탕으로 또 다른 정치 체제를 형성하고 있다.

특히 코로나19 팬데믹을 지나면서 각 정치 체제의 장단점이 더욱 두드러지게 나타났다. 자본주의 사회에서는 중산층과 자영업자의 어려움이 심각해지고 있으며, 이러한 현상이 경제와 사회의 불평등을 더욱 부각시키고 있다.

포스트 자본주의가 어떤 모습으로 발전할지는 아직 불확실하지만, 새로운 체제가 해결해야 할 문제는 명확하다.

첫째, 인류의 **지속 가능성**을 보장할 수 있는 체제를 마련해야 한다. 화석연료의 대량 사용으로 인한 지구온난화는 인류 생존을 위협하고 있다. 새로운 경제 체제는 인간과 지구 생태계가 함께 공존할 수 있는 지속 가능한 방안을 제시해야 한다.

둘째, 사회가 디지털 전환과 초연결 사회로 변하면서 정보의 진위 여부를 구분하기 어려운 시대에 살게 되었다. 가짜와 거짓 정보에 지속적으로 노출된 사람들은 "**가짜에 오염된 대중**"이 되어, 사회적 혼란과 갈등을 초래할 수 있다. 이를 해결하기 위한 **포스트 민주주의** 체제가 필요하다.

셋째, 극심한 **경제적 불평등**을 완화할 수 있는 정치 및 경제 체제가 필요하다. 심각한 불평등은 사회적 갈등을 심화시킬 수 있으며, 이로 인한 갈등은 세계 대전을 초래할 가능성도 있다.

넷째, 인공지능과 포스트 휴먼의 등장으로 인해 "**일자리 소멸**"과 "**초 감시 사회**"의 가능성이 커질 것이다. 인공지능과 로봇 기술의 발전은 기존 일자리를 대체할 수 있으며, 새로 생겨나는 일자리는 고도의 지식과 창의성을 요구할 것이다. 또한, 초연결과 인공지능 기술의 발전으로 개인정보가 실시간으로 분석되고, 정보 독점자에 의한 초 감시 사회가 될 위험이 있다. 민주적 통제를 하지 않으면 정보 독점자가 사회를 지배하는 상황이 올 수 있다.

다섯째, 고령화 인구의 급증은 사회적 결정을 왜곡하여 "**초보수 사회**" 또는 "**초진보 사회**"를 초래할 수 있다. 민주주의 사회에서 보수와 진보 정권의 교체는 민주주의의 결함을 보완해 나아가는 과정이라 할 수 있다. 그러나 고령층의 보수적 또는 진보적 사고는 변화하기 어려워, 초고령 사회에서는 실질적 **경제활동 인구**의 발언 기회를 높일 수 있는 체제의 확립이 필요하다.

포스트 자본주의는 현재의 다양한 모순을 한꺼번에 해결하지는 못할 것이다. 인류의 지속 가능성을 담보할 새로운 경제적 체제, 정치적 체제의 발현은 어느 순간 우리의 곁으로 다가올 것이다. 우리는 창의적이고 철학적인 고민이 필요한 시대에 직면하였다.

6
날강도 경제

시장에서 부의 불평등은 자연스럽게 발생한다. 많은 국가는 이를 완화하기 위해 다양한 제도를 도입했으며, 가장 대표적인 방법은 경제 활동에서 얻는 이익에 세금을 부과하는 것이다. 세금을 과도하게 부과하면 국민의 반발을 살 수 있지만, 대부분의 사람들은 세금을 **납세 의무**로 받아들인다. 이러한 인식은 비교적 최근에 자리 잡았다. 정부는 세금을 통해 조성한 자금을 복지제도나 인프라 구축에 투자하여 국민에게 직접적 또는 간접적 혜택을 제공한다. 북유럽 국가들은 복지국가 모델을 채택하여 세율이 50%에 이르는 반면, 시장 경제를 중시하는 국가들은 상대적으로 낮은 세율을 유지한다. 신자유주의 확산 이후 전 세계적으로 부의 불평등은 심화되었으며, 부자는 더욱 부유해지고 가난한 자는 더욱 가난해지는 양극화가 진행되었다. 성경의 마태복음 25장 29절은 "무릇 있는 자는 받아 풍족하게 되고, 없는 자는 그 있는 것까지 빼앗기리라"고 말하는데, 이를 '**마태 효과**'라고 부른다. 치열한 경쟁 사회에서는 부자가 더욱 부유해지고, 가난한 자의 자산이 부자에게로 이전되는 현상이 나타난다.

자본주의는 경제 성장을 기반으로 발전해왔다. 시장 경제 도입 이후 세계의 부는 지속적으로 증가해왔으며, 일시적인 경기 침체와 불황을 겪었음에도 장기적으

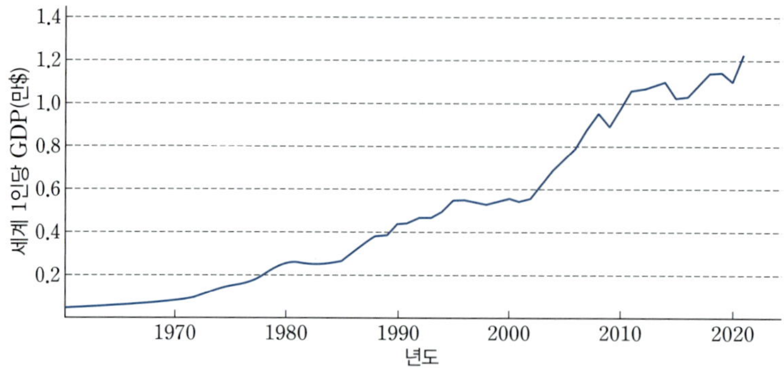

[그림 6.1] 전 세계인의 1인당 GDP 변화. 짧은 시기 동안 전 세계의 부가 감소할 때도 있지만 전체적으로 부는 증가하고 있다.

로는 꾸준히 성장했다. 인플레이션을 고려하더라도 부의 증가는 뚜렷하다. 그림 6.1은 전 세계 1인당 국내총생산GDP 변화를 보여주며, 2023년 기준 1인당 약 1만 3천 달러에 이른다. 특히 자본주의 시장 경제를 채택한 국가들의 성장이 두드러진다. 중국처럼 사회주의 국가도 시장 경제를 도입하여 급성장해 미국과 맞먹는 G2 국가로 부상했다. 하지만 많은 사람은 여전히 경제적 여유를 체감하지 못한다. 서민과 심지어 중산층조차 생활이 빠듯하다고 느낀다. 세계와 국가의 부는 증가했지만, 개인이 느끼는 부의 만족도는 낮은 이유다.

개인은 소득을 바탕으로 소비를 하고, 소득과 소비의 균형에 따라 다양한 경제 상황에 처한다. 소득이 소비보다 적으면 빚을 지거나 저축을 하지 못하고 대출에 의존하게 된다. 반면, 소득이 소비를 초과하면 잉여 소득을 저축해 부를 축적할 수 있다. 저축을 통한 부 축적은 추가 금융소득으로 이어지지만, 빚을 진 사람은 이자와 원금 상환에 부담을 느껴 재정 회복이 어렵다. 이러한 개인들의 경제활동이 모여 국가 단위의 국부 차이를 만든다.

산업 발전과 과학기술 육성에 성공한 선진국들은 높은 GDP를 기록하며 지속적인 성장을 이어가고 있다. 반면, 개발도상국은 열악한 물적 기반 위에서 경제 성장을 위해 분투 중이다. 한국은 한국전쟁 이후 폐허가 된 국토에서 인적 자원을

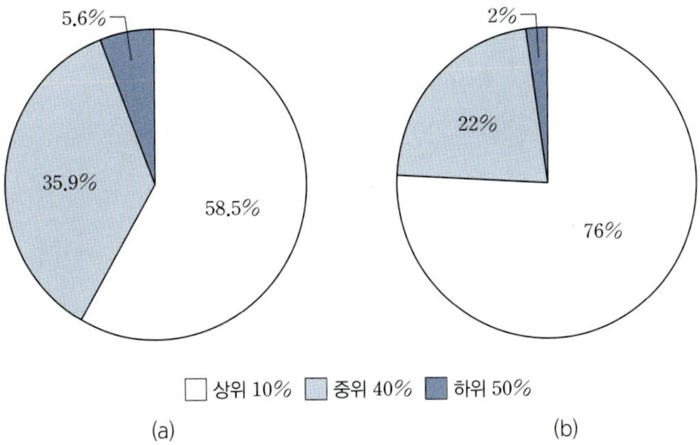

[그림 6.2] 2021년 부의 점유율. (a) 대한민국 (b) 전 세계. 전 세계와 우리나라의 부의 불평등은 심각한 수준이다. 부를 점유한 상위 10%가 전체 부의 너무 큰 부분을 차지하고 있다.

활용하여 경공업과 중공업을 발전시켰다. 최근에는 정보화와 지능화 사회로 전환하며 1인당 GDP 3만 달러를 넘기고 중진국에 진입했다. 그럼에도 불구하고 부의 분배는 여전히 매우 불균형적이다. 부의 불평등 문제는 전 세계적으로 심각하다. 유엔이 제시한 지속 가능한 발전 목표SDGs에서도 Goal 1(**빈곤 퇴치**), Goal 2(**굶주림 종식**), Goal 10(**불평등 완화**)을 강조하고 있다. 다만, 불평등 완화란 불평등을 완전히 없애는 것이 아니라 가능한 한 줄이자는 것이다. 시장 경제 시스템에서는 완전한 평등을 달성하기 어렵기 때문이다.

2021년 세계 불평등 연구소World Inequality Lab가 발표한 보고서에 따르면, 그림 6.2와 같이 상위 1%는 전체 부의 38%를, 상위 10%는 76%를 차지한다. 반면 중간 40%는 22%, 하위 50%는 고작 2%의 부를 소유하고 있다. 코로나19 팬데믹은 이러한 부의 불평등을 더욱 심화시켰다. 소득 분포에서도 비슷한 경향이 나타나, 상위 10%가 세계 소득의 절반 이상을 차지한다. 각국의 부의 불평등 역시 비슷한 흐름을 보이며, 정치·경제 체제에 따라 불평등 완화 정도가 달라진다. 민주주의 국가에서는 정권에 따라 불평등 정책이 변화하기도 한다. 2021년 기준, 대한민국은 상위 1%가 전체 부의 26.4% 점유하고 있으며, 상위 10%가 전체 부의 58.5%를 점유하고 있다. 반면, 중간 40%는 전체 부의 36.9% 차지하고, 하위 50%는 단지 전체 부의 6.6%만을 차지하고 있다.

소득 측면에서도 대한민국은 2021년에 상위 1%가 14.7%, 상위 10%가 46.5%를 차지한다. 상위 10%의 1인당 연간 소득은 약 1억 7,800만 원, 하위 50%는 약 1,200만 원으로, 무려 14배 차이를 보인다. 그림 6.3과 같이 1980년대 이후 한국의 소득 불평등은 꾸준히 심화되었다. IMF 외환위기, IT 버블 붕괴 등으로 일시적 소득 감소는 있었지만, 전반적으로 상위 10%의 소득 점유율은 꾸준히 상승했다. 반면 하위 50%의 소득은 감소해 양극화가 심화되었다. 이는 세계 대부분의 선진국에서도 비슷하게 나타난다. 다만 복지 정책이 강력한 국가일수록 불평등이 완화되는 경향이 있다. 경제가 성장하더라도 상위 계층의 소득 점유율이 계속 늘어난다면, 이는 부와 소득이 하위 계층에서 상위 계층으로 이전되고 있음을 뜻한다.

각 나라에서 경제적 불평등이 다른 이유는 각 국가가 추구하는 경제 시스템의 차이 때문이다. 북유럽 국가들은 복지국가 경제 체제를 채택하여, 부유한 사람들에게 높은 세금을 부과하고 국가 재정을 통해 다양한 복지 정책을 시행한다. 이러한 정책을 통해 부의 재분배를 시도하고 있다. 많은 나라들이 복지국가의 요소를 도입하려고 하지만, 정치 경제 체제나 국가의 성장 단계에 따라 그 수준은 크게 다르다.

모든 사람에게 기본소득을 지급하는 것도 일종의 평등 복지 정책이다. 그러나 기본소득 제도의 효과에 대한 우려와 정치적 입장에 따른 찬반 때문에 실제로 이를 시행하는 나라는 거의 없다. 반면, 신자유주의적 시장 경제를 추구하는 나라들은 개인 소득을 시장의 경쟁 원리에 의해 결정한다. 이들 나라에서는 초부자에게도 많은 세금을 부과하지 않아, 부자는 더욱 부유해지고 가난한 사람은 더욱 가난해진다. 무한 경쟁의 시장 경제에서는 큰 자본을 가진 사람이 더 쉽게 돈을 벌 수 있지만, 돈이 없는 사람은 의식주를 해결하는 데 급급하며, 의식주를 위해 지출하는 돈은 결국 더 부자에게 돌아가 부유한 사람의 부를 증가시킨다. 복지국

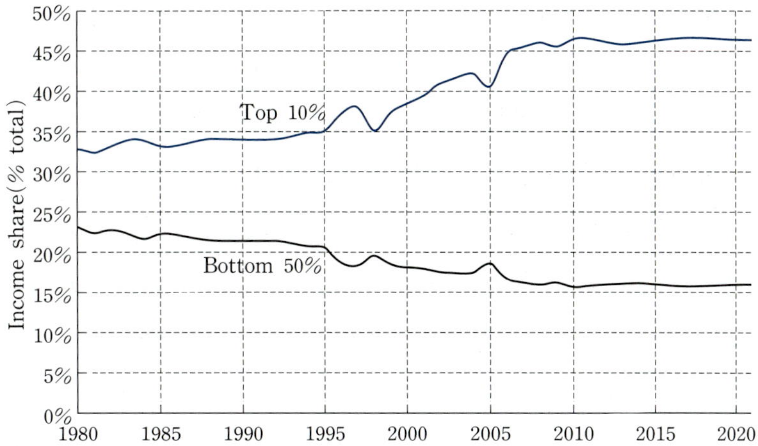

[그림 6.3] 1980년부터 2021년까지 대한민국의 상위 10%가 차지하는 소득의 비율과 하위 50%가 차지하는 소득의 비율의 변화를 나타낸 그래프. (World Inequality Report 2022)

가를 추구하는 나라들은 부의 불평등을 해결하기 위해, 세금을 부의 크기에 따라 차등 부과하여 불평등을 개선하려고 노력하고 있다.

경제적 부의 불평등뿐만 아니라 정보의 불평등도 심화되고 있다. 인터넷과 소셜 네트워크의 확산으로 초연결 사회가 발전하면서, **초허브**super hub와 **플랫폼 독점** 기업들의 정보 독점 현상이 더욱 심각해지고 있다. 유튜브, 메타, 구글, 엑스, 네이버, 카카오톡, 틱톡, 인스타그램 등의 플랫폼을 사용하지 않고 생활하는 사람은 거의 없다. 사용자들은 이러한 플랫폼에 자신의 기본 정보를 무상으로 제공하고, 자신이 만든 콘텐츠를 재미와 소통을 위해서 플랫폼에 올린다. 많은 팔로워를 가진 사람들은 경제적 보상을 받을 수 있지만, 이들은 전체 사용자 중 극소수에 불과하다. 초연결 네트워크는 스스로 확대되는 구조를 만들며, 이로 인해 정보의 독점이 자연스럽게 발생한다.

경제 물리학의 연구가 발전하면서 물리학자들은 경제 현상에서 부의 불평등에 관심을 가지게 되었다. 물리학자들이 개발한 부의 불평등 모형은 단순하지만, 경제 현상에서 관찰되는 부의 분포를 잘 재현한다. 그럼에도 불구하고 경제학자들은 이러한 물리학적 모형이 현실성을 결여했다고 비판한다. 물리학자들이 제안한 부의 불평등 모형은 복잡한 경제적 요소를 단순화하여 부의 분포를 설명하려는 접근법이다. 그러나 경제학자들은 이러한 모형이 현실의 경제적 조건을 충분히 반영하지 못한다고 주장하며, 경제학적 분석의 깊이가 부족하다고 비판한다.

이제 물리학자와 경제학자 사이의 의견 차이를 살펴보고, 부의 불평등 모형에 대한 경제학자들의 비판을 이해하기 위해, 물리학자들이 제안한 모형을 구체적으로 살펴보자.

6.1 경제 기체

경제 활동은 경제 주체들 간의 상호작용을 통해 이루어진다. 다양한 경제 주체들은 단순화하여 '**경제 행위자**economic agent'로 통칭할 수 있다. 물리학자 볼츠만은 그림 6.4와 같이 기체 분자 충돌을 분석하여 분자의 속도 분포를 도출했는데, 그는 분자들이 딱딱한 알갱이처럼 충돌한다고 가정했다. 경제 활동 역시 이와 비슷하게 이해할 수 있다. 경제 행위자들 사이의 상호작용은 '**경제 충돌**economic collision'로 비유할 수 있으며, 이 과정에서 돈이 한 경제 행위자에서 다른 행위자로 이동하게 된다. 경제적 활동은 돈의 이동을 경제 원자 간의 충돌로 이해할 수 있다.

경제학자 존 앵글John Angle은 돈과 부의 불평등 발생을 기체 분자의 충돌에 비유했다. 경제 분자들이 충돌하며 자원과 부가 어떻게 분포되는지를 분석하여 부의 불평등이 발생하는 원리를 이해하려 했다. 마치 경제에서 부의 이전을 **경제 기체**의 충돌 현상에 비유했다. 물리학에서는 두 분자가 충돌할 때, 충돌 중 작용하는 힘의 크기는 같고 방향은 반대이며, 충돌 전후 총 선운동량이 보존된다. 이 원리를 '선운동량 보존법칙[1]'이라고 한다. 또한, 탄성 충돌에서는 충돌 전후의 총 운동에너지[2]도 보존된다. 이는 당구공이 충돌할 때의 현상에서도 관찰할 수 있다.

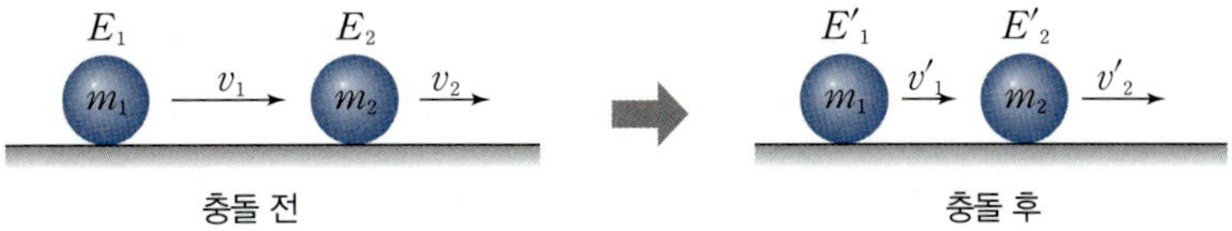

[그림 6.4] 기체 분자의 충돌. 왼쪽의 기체 분자가 오른쪽의 분자와 충돌한 후에 각 분자의 속도와 에너지가 변한다. 충돌 전의 각 입자의 속도는 각각 v_1, v_2, 운동에너지는 E_1, E_2이다. 충돌 후에 두 입자의 속도는 변해서 v'_1, v'_2이고, 운동에너지는 E'_1, E'_2이다.

충돌 방향이나 속도는 바뀔 수 있지만, 총 선운동량은 항상 유지된다. 경제 행위자 간의 상호작용도 이와 비슷하게 이해할 수 있다. 두 경제 행위자가 만나 일정한 돈을 주고받는 경제적 상호작용은 기체 분자 충돌과 유사하며, 거래 전후의 총 자산은 보존된다. 이는 당구공의 충돌에서 운동량이 보존되는 원리와도 닮았다.

1998년, 통계 물리학자 이스폴라토프S. Ispolatov, 크래피브스키P. L. Krapivsky, 레드너S. Redner는 기체 충돌 현상에 착안하여 '**자산 교환 모형**asset exchange model'을 제안했다. 이 모형은 경제 행위자들이 무작위로 충돌하여 부를 교환하는 과정을 기체 분자의 충돌처럼 모델링한 것이다. 이를 IKR 모형이라고 부른다. 비록 이 모형은 비현실적이지만, 부의 분포를 통계 물리학적으로 설명하려 한 최초의 시도로 많은 관심을 끌었다. 필자는 1997년 봄, 타계한 블라디미르 프리브만[3] 교수와 함께 보스턴 대학교의 시드니 레드너 교수 연구실을 방문했다. 레드너 교수의 연구실은 깔끔하게 정돈되어 있었고, 같은 과의 유진 스탠리 교수 연구실은 수많은 논문으로 인해 혼잡했다. 레드너교수와 스탠리교수와의 대화 이후에 필자

1 선운동량의 크기는 물체의 질량과 속력의 곱이고, 방향은 속도의 방향을 향한다. 선운동량 보존법칙은 두 기체 분자가 충돌할 때 충돌 전의 총선운동량과 충돌 후의 총선동량이 같다는 법칙이다.

2 운동에너지는 물체의 질량과 속력 제곱의 곱하기를 2로 나눈 값이다. 운동하는 물체는 운동에너지를 가지며, 운동에너지는 다른 형태의 에너지로 전환할 수 있다.

3 Vladimir Privman(1955-2018) 교수는 미국 뉴욕주 클락슨 대학교(Clarkson University) 물리학과의 통계물리학자로써 상전이에서 유한크기 축척이론(finite size scaling theory)의 발전에 크게 기여하였다. 필자는 1996년~1997년 동안 클락슨 대학교를 방문하여 프리브만 교수와 공동연구를 하였다.

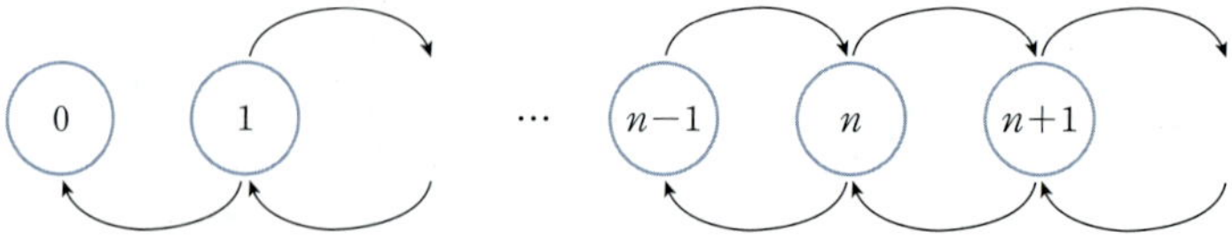

[그림 6.5] 이스폴라토프, 크래피브스키, 레드너가 제안한 부의 교환 모형. 경제 원자들이 충돌하면 서로 부를 이전한다.

는 경제 물리학에 관심을 갖게 되었다.

IKR 모형은 두 경제 행위자가 무작위로 만나 1단위 자산을 교환하는 과정을 기본 가정으로 한다. 그림 6.5와 같이 초기에는 모든 행위자가 1단위 자산을 가지고 있다. 1번 행위자가 0번 행위자에게 자산을 이전하면, 0번 행위자는 "씽크sink"이기 때문에 자산이 '사라지는' 효과가 나타난다. 이때 자산이 0인 행위자를 '**흡수 경계 조건**absorbing boundary condition'으로 간주한다. 즉, 자산이 0번에게 이전되면 자산이 시장에서 사라진다. 따라서 IKR 모형에서는 전체 부의 양이 시간이 지남에 따라 감소하며, 자산 분포가 시간에 따라 변화하는 과정을 연구할 수 있다.

IKR 모형에는 세 가지 변형이 있다. 첫째, 단순 **부 교환 모형**Wealth Exchange Model, WEM에서는 두 행위자가 소유한 부에 상관없이 무작위로 자산을 교환한다. 둘째, 탐욕스러운 교환 모형Greedy Exchange Model, GEM에서는 더 부유한 행위자가 가난한 행위자로부터 한 단위의 부를 가져간다. 셋째, 극히 탐욕스러운 교환 모형Very Greedy Exchange Model, VGEM에서는 부유한 사람이 가난한 사람으로부터 두 사람 부의 차이만큼 부를 이전받는다. 이 세 가지 모형 모두 시간이 지남에 따라 전체 부가 멱함수 법칙에 따라 감소하지만, 감소 속도는 각각 다르다. VGEM에서는 부유한 행위자에게 극단적으로 많은 부가 집중된다. 이처럼 경제 행위자들을 경제 원자처럼 보고 부의 교환 과정을 설명하려는 접근은 현실의 복잡한 경제 상황을 단순화한다는 비판을 받는다. 물리학자들은 간단한 모형을 선호하지만, 경제학자들은 이러한 단순화가 현실의 경제 조건을 충분히 반영하지 못한다고 지적한다.

볼츠만과 맥스웰은 기체 분자들이 충돌하며 에너지와 운동량을 교환하는 과정을 연구하여 평형 상태에서의 속도 분포를 도출했다. 평형 상태란 시스템의 주요 물리적 변수들이 시간에 따라 변하지 않는 상태를 의미한다. 볼츠만 분포[4]에 따르면 높은 에너지를 가진 분자일수록 존재 확률이 낮고, 에너지가 낮은 상태의 분자는 존재 확률이 높다. 이와 유사하게 고립된 경제 시스템에서도 두 경제 행위자가 만나 돈을 교환하면, 어떤 분포함수에 다다를 것이다.

드라굴레스쿠Dragulescu와 야코벤코Yakovenko는 그림 6.6과 같이 돈의 총량이 보존되는 "돈교환 모형money kinetic exchange model, KEM"[5]을 제안했다. 이 모형에서 돈의 분포는 "**볼츠만-깁스 분포**[6]"를 따른다. 이는 각 개인이 가진 돈의 확률 분포는 일정한 '**경제 온도**'에 따라 결정된다는 것을 의미한다. 볼츠만-깁스 분포는 지수 함수 형태의 감소함수이다. 이는 돈이 많을수록 그 돈을 가진 사람의 수가 급격히 줄어드는 경향을 나타낸다. 무작위로 선택된 두 행위자가 소유한 부에 상관없이 일정 금액의 돈이 한 행위자에서 다른 행위자로 이전되기 때문에, 시간이 지나면서 큰 돈을 소유한 사람의 수가 매우 적어지게 된다. KEM에서 거래 전과 후에 돈의 총량은 변하지 않는다. 즉, 두 사람의 돈을 합산하면, 거래 전과 후의 총액은 항상 같다는 것이다. 이 모형은 경제 활동에서 한 사람에게서 다른 사람에게 일정 금액의 돈이 이전되는 상황을 단순화하여 설명한 것이다. 모형에서 임의로 선택된 두 명이 서로 돈을 교환하는 과정을 무한히 반복한다. 또한, 각 행위자가 소유한 돈은 항상 0보다 큰 값이어야 한다. 즉, 이 모형에서 개인은 빚을 지지

---

4 볼츠만의 연구에 따르면 온도 T인 상태에서 시스템의 에너지가 E인 상태에 있을 확률은 볼츠만 인자 $e^{-E/kT}$에 비례한다.

5 돈을 교환하기 전의 행위자 i가 가진 돈은 m_i이고, 행위자 j의 돈은 m_j이다. 두 행위자 만나서 돈을 교환한다. 행위자 i로부터 돈 Δm을 행위자 j에 주기 때문에 돈을 교환한 후 각 행위자의 돈은 $m'_i = m_i - \Delta m$이고 $m'_j = m_j + \Delta m$이 된다.

6 볼츠만-깁스 분포(Boltzmann-Gibbs distribution)는 $p(m) = c\exp(-m/T_m)$이고, c는 상수이다. T_m은 볼츠만 인자에서 온도와 같은 의미를 지닌다.

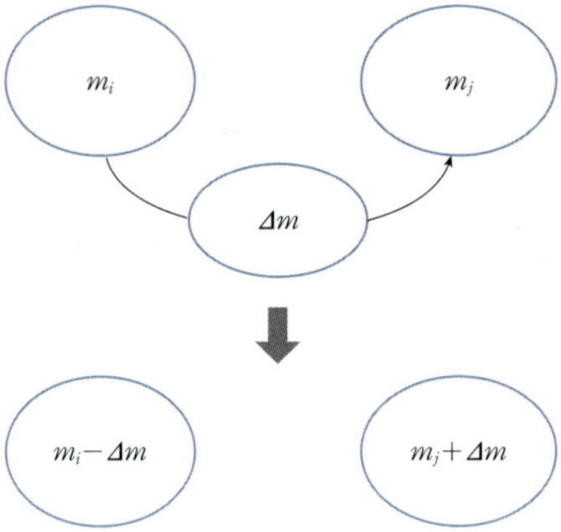

[그림 6.6] 돈이 보존되는 돈 교환 모형. 행위자 i에게서 떼어낸 돈 Δm을 상대 j에게 전달한다.

않는다.

이러한 모형에서 큰돈을 소유한 사람의 수가 급격히 줄어드는 것은 현실 세계의 부의 분포를 정확하게 묘사하지는 못한다. 현실에서는 일부 부유한 사람의 자산이 집중되는 경향이 더 강하게 나타난다. 그러나 이 단순한 돈 교환 모형은 기본적인 돈의 분포를 설명할 수 있다는 점에서 중요한 의미를 가진다. 돈이 보존되는 돈 교환 모형은 탄성 충돌하는 기체 분자와 비슷하게 작동한다. 그러나 실제 경제 시스템에서 돈의 분포는 볼츠만-깁스 분포와 같은 지수 함수를 따르지 않는다. 오히려 돈의 분포는 부의 분포와 유사하게, 특히 큰돈의 영역에서는 멱함수 형태를 따른다.

돈 교환 모형에서 멱함수 분포의 가능성은 어떻게 발생할 수 있을까? 이스폴라토프 등은 1998년 "**곱자산 교환 모형**multiplicative asset exchange model, MAEM[7]"을 제안했다. 이 모형에서 사람들은 일정한 금액을 교환하는 것이 아니라, 자신이

7 넘겨줄 돈은 $\Delta m = \gamma m_i$이고, γ는 한 사람으로부터 다른 사람에게 넘겨줄 돈을 결정하는 비율이다. 곱하기 돈 교환 모형에서 돈을 잃은 사람의 돈은 $m_i \rightarrow m_i - \gamma m_i$으로 줄어들고, 돈을 받은 사람은 $m_j \rightarrow m_j + \gamma m_i$가 된다.

가진 돈의 일정 비율만큼을 상대방에게 넘긴다. 예를 들어, 어떤 사람이 가진 돈이 100이고, 교환 비율이 10%라면 이 사람은 10을 넘기게 된다. 이처럼 교환되는 금액은 정해져 있지 않고, 각자의 자산 규모에 따라 달라지게 된다.

이 과정에서 돈을 주는 사람은 자신의 자산이 그만큼 줄고, 받는 사람은 그만큼 늘어나게 된다. 즉, MAEM에서는 교환이 이루어질 때마다 돈이 많은 사람은 큰 금액을 주고, 돈이 적은 사람은 상대적으로 작은 금액을 주게 된다. 하지만 소득이 낮은 사람의 입장에서는 그 영향이 더 크게 느껴질 수 있다. 이러한 방식으로 교환이 여러 번 반복되면, 시스템은 결국 안정적인 상태에 도달하게 된다. 이때 전체 돈의 분포는 통계학에서 말하는 "**감마 분포함수**"[8]의 형태를 따르게 된다.

감마 분포에서는 '멱지수'의 크기가 중요한 역할을 한다. 즉, 큰돈을 가진 사람이 얼마나 드물게 나타나는지를 결정하는 지표이다. 예를 들어, 사람들이 상대적으로 큰 금액을 교환하면 멱지수가 음수가 되어, 큰 부자를 가진 사람의 수가 느리게 감소한다. 반면, 작은 금액만 교환할 경우에는 멱지수가 양수가 되어, 큰돈을 가진 사람이 훨씬 더 드물게 나타나게 된다. 이 경우 돈의 분포는 '멱함수에 지수함수가 곱해진 형태'로 표현된다. 결론적으로, MAEM은 단순한 가정에도 불구하고 부의 분포가 어떻게 특정한 형태를 띠게 되는지를 설명해준다. 실제 사회의 부 분포를 완전히 재현하지는 못하지만, 돈이 어떻게 흐르고 축적되는지를 이해하는 데 중요한 통찰을 제공한다. 특히, 이 모형은 통계 물리학에서의 기체 충돌 모형과 유사한 방식으로 돈의 교환을 바라볼 수 있다는 가능성을 열어 주었다.

실제 경제에서는 사람들의 자산이 단순한 '돈'만으로 이루어져 있지 않다. 부동산, 주식, 채권 등 다양한 형태의 자산이 모두 포함되므로, 경제 행위자의 '부wealth'는 훨씬 더 넓은 개념이다. 이러한 현실을 반영하기 위해, 단순히 돈만을 교환하는 기존의 '돈 교환 모형'을 확장한 개념으로 '**부 교환 모형**Wealth Exchange

---

8 감마분포(Gamma distribution)는 $p(m) = cm^{\beta}\exp(-m/T_m)$이다.

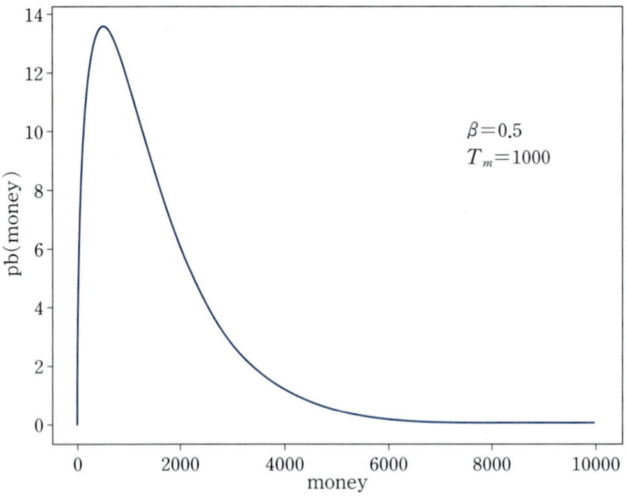

[그림 6.7] 감마 분포함수를 따르는 돈의 분포함수. 지수 $\beta = 0.5$, 화폐 온도 $T_m = 1000$으로 놓았다.

Model, WEM'을 생각해 보자. 이 모형에서는 각 경제 행위자가 어떤 시점에 보유하고 있는 전체 자산을 부로 간주하고, 이 부가 시간에 따라 어떻게 변화하고 이동하는지 살펴본다.

보우샤Bouchaud와 메자드Mezard는 행위자 간의 부 교환이 일어나는 동시에, 각자의 부가 무작위적인 요인에 따라 변화할 수 있는 상황을 설명하기 위해 "확률 미분방정식[9]"에 기반한 모형을 제안하였다. 이 모형은 이후 BM 모형이라고 불리며, 경제 시스템의 불확실성을 단순화된 방식으로 설명한다. BM 모형에서는 그림 6.8과 같이 각 행위자가 자신이 가진 부의 일정 비율을 이웃한 행위자와 교환하게 된다. 이때 주고받는 금액은 고정된 값이 아니라, 각자가 보유한 부의 비율에 따라 결정된다. 예를 들어, 부유한 사람은 더 많은 금액을 교환하고, 자산이 적

---

9 Bounchaud와 Mezard가 제안한 확률미분방정식은 $dW_i/dt = \sum_{j \neq i} J_{ij} W_j - \sum_{j \neq i} J_{ji} W_i + \eta_i(t) W_i$ 이다. 여기서 W_i는 행위자 i의 부(wealth)이고, J_{ij}는 이웃한 행위자 j가 i에게 자신의 부의 일부를 전달하는 비율이다. $\eta_i(t)$ 가우씨안 노이즈이다.

은 사람은 그에 비례해 적은 금액을 교환하게 된다. 부의 교환은 상호적이며, 한 행위자가 자신의 부의 일부를 다른 이에게 넘기는 동시에, 다른 이로부터도 부의 일부를 전달받게 된다.

이와 동시에 BM 모형은 각 행위자의 부가 무작위적으로 변동을 포함한다. 이는 '**가우시안 잡음**Gaussian noise[10]'라는 개념을 통해 모델링되며, 매 순간 부의 양이 확률적으로 증가하거나 감소하는 것으로 나타난다. 이 노이즈가 양수일 경우 행위자의 부는 늘어나고, 음수일 경우에는 줄어들게 된다. 이러한 무작위적인 변동은 실제 경제에서의 예기치 못한 수익과 손실, 경기의 변동성 등을 반영하는 요소로 볼 수 있다. BM 모형의 중요한 특징 중 하나는 전체 부가 보존되지 않는다는 점이다. 무작위적인 요인의 영향으로 인해, 시스템 내의 총 부는 시간이 지남에 따라 증가하거나 감소할 수 있으며, 이는 닫힌 시스템에서의 에너지 보존 법칙과는 다른 양상을 보인다.

이처럼 단순한 규칙에 기반한 모형을 경제학적 분석 도구로 사용하는 것에 대해 전통적인 경제학자들은 다소 불편함을 느낄 수도 있다. 이들은 종종 물리학자들이 현실을 지나치게 단순화하여 바라본다고 비판한다. 그러나 물리학자들은 본질을 유지하는 한에서 문제를 단순화하는 것이 이론적 통찰을 얻는 데 매우 유용하다고 본다. 이러한 관점은 "목욕물과 함께 아기를 버리지 않는다"는 말로 표현되기도 한다. 즉, 핵심을 버리지 않는 한 단순화는 유익하다는 것이다. BM 모형에서 행위자들은 완전히 연결된 네트워크, 즉 모든 사람이 연결된 '완전 연결망' 위에서 부를 주고받는다. 보우샤와 메자드는 이와 같은 복잡한 상호작용을 분석하기 위해 '**평균장 근사**mean field approximation[11]'를 도입하였다. 이는 개별 행위자의 미세한 요동을 무시하고, 전체적으로 평균적인 효과만을 고려하는 단순

---

10 노이즈의 크기가 정규분포를 따르는 노이즈를 가우시안 노이즈(Gausssina noise)라 한다.

11 부의 요동(fluctuation)을 무시한 근사를 평균장 근사(mean field approximation)라 한다.

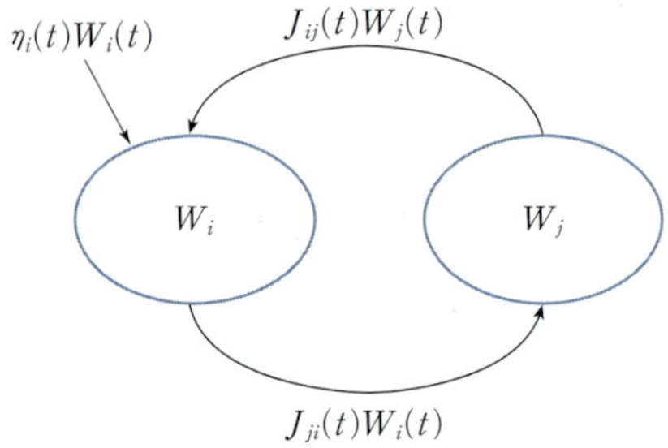

[그림 6.8] 보우샤-메자드 모형에서 돈 교환 방식. 행위자 i는 다른 행위자 j에게 자신의 부의 일부인 $J_{ji}W_i$의 부를 이전하고, 다른 행위자로부터 $J_{ij}W_j$만큼 부를 이전 받는다. 또한 행위자 i는 무작위한 부의 양 $\eta_i W_i$의 부가 늘어나거나 준다. $\eta_i(t)$는 정규분포이기 때문에 난수가 양수이면 부가 늘어나고, 음수이면 부가 줄어든다.

화된 분석 방법이다. 그 결과, BM 모형에서 나타나는 부의 분포는 파레토 분포와 유사한 '두꺼운 꼬리 분포'가 나타났다. 이러한 분포는 대부분의 사람들이 적은 부를 보유하고, 소수의 사람들이 극단적으로 큰 부를 보유하는 현실의 불평등 구조를 반영한다. 특히 이 분포의 멱함수 꼬리의 지수는 행위자 간의 상호작용 강도와 무작위적인 변동성, 즉 가우시안 노이즈의 분산에 따라 달라지며, 이는 불평등의 정도에 영향을 미치는 주요 요인으로 작용한다. 보우샤와 메자드의 연구는 단순한 부 교환 규칙과 무작위 요소만으로도 현실에서 관찰되는 극단적인 부의 집중 현상이 나타날 수 있음을 보여주는 흥미로운 사례이며, 경제 현상에 대한 물리학적 접근이 유의미한 통찰을 제공할 수 있음을 시사한다.

필자 그룹은 부의 이전 과정을 통해 멱함수 분포가 나타나는 새로운 **행위자 기반 모형**agent-based model[12]을 제안하였다. 이 모형은 복잡한 경제 시스템을 가능한 단순하게 설명하려는 시도로, 각각의 경제 주체를 하나의 '행위자'로 보고 그들의 상호작용을 시뮬레이션하는 방식으로 구성된다. 모델의 초기 상태에서는 모든 행위자가 동일한 양의 부를 가지고 출발한다. 시뮬레이션은 그림 6.9와 같이

12 행위자 기반 모형(agent-based model)은 이재우, 『복잡계 과학 이야기』를 참조한다.

진행된다. 먼저 두 명의 행위자, 예를 들어 A와 B를 무작위로 선택한다. 그다음, 0과 1 사이의 난수를 생성한 후, 이 난수가 정해진 문턱값threshold보다 큰지를 판단한다. 난수가 문턱값보다 클 경우, 부유한 행위자가 가난한 행위자로부터 일정한 양의 부를 이전받는다. 이때 이전 가능한 최대 부의 양은 미리 정해진 고정된 값이다. 만약 가난한 행위자가 이전해야 할 부의 양보다 적은 자산만을 가지고 있다면, 그는 자신이 가진 전부를 부자에게 넘기게 된다. 반대로, 난수가 문턱값보다 적을 경우에는 부유한 행위자가 가난한 행위자에게 일정한 부를 이전한다. 이 경우에도 마찬가지로, 부유한 행위자가 이전해야 할 부보다 적은 자산만을 가지고 있다면, 그는 가진 부 전부를 가난한 사람에게 넘긴다. 이러한 방식의 부의 이전은 시간이 흐르면서 반복되며, 어느 한 행위자의 부가 완전히 0이 되면 그는 더 이상 모델 내에서 활동하지 않고 사라진다. 이로 인해 전체 행위자의 수는 시간이 지남에 따라 감소할 수 있으며, 시스템 내에서 보존되지 않는다.

이 모형에서는 문턱값의 크기가 중요한 역할을 한다. 문턱값이 0.5일 경우, 부의 이전은 부자와 가난한 행위자 사이에서 무작위적으로 이루어진다. 그러나 문턱값이 0.5보다 클 경우, 부유한 행위자가 가난한 행위자에게 부를 이전할 가능성이 더 높아지며, 이로 인해 시스템 내의 부 분포가 점점 더 평등한 방향으로 나아간다. 반면, 문턱값이 0.5보다 작으면 가난한 사람에게서 부자가 더 자주 부를 이전받게 되며, 이는 시간이 지날수록 부의 불평등을 심화시키는 결과를 낳는다. 이 모형은 제안자들의 이름을 따서 JWL 모형이라 부른다. 특히, 이 모형에서 부유한 행위자가 더 많은 부를 획득하는 조건 아래에서 JWL 모형을 장기간 시뮬레이션한 결과, 부의 분포가 멱함수 법칙을 따르는 것을 확인할 수 있었다. 이는 부의 비대칭적인 이전 구조와 행위자의 부 고갈이라는 두 가지 요인이 멱함수 분포의 발생 원인임을 시사한다.

실제 경제에서도 유사한 현상을 발견할 수 있다. 예를 들어, 초부유층에 속하는 일론 머스크와 같은 인물은 소비자들로부터 지속적으로 부를 흡수하며 자신

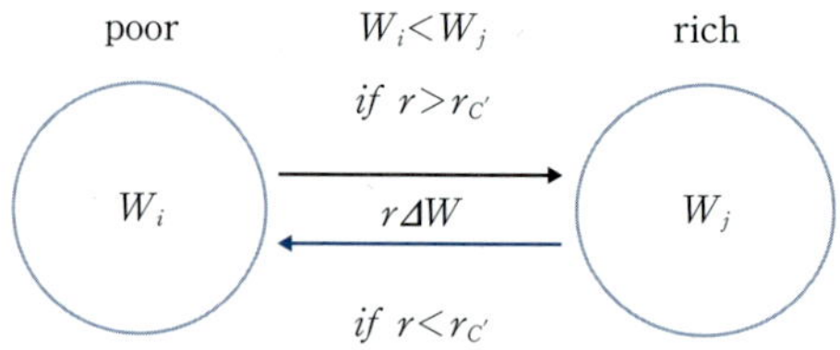

[그림 6.9] 부의 교환 모형인 JWL 모형에서 부의 교환. 가난한 자로부터 부자에게 전달되는 부가 반대로 전달되는 부보다 더 크기 때문에 부는 가난한 자에게서 부자에게로 순흐름이 생긴다.

의 자산을 늘려간다. 전기차를 구매한 소비자는 자신이 보유한 부의 일부를 머스크에게 이전하게 되고, 이는 머스크의 부를 더욱 증가시키는 결과로 이어진다. 반면, 구매자가 받은 전기차는 시간이 지나며 감가상각을 겪고, 결국 그 가치는 줄어들거나 사라지게 된다. 이러한 일방적인 부의 이전과 가치의 소멸은 현실 세계에서도 부의 집중과 불평등을 심화시키는 구조로 작용할 수 있다.

JWL 모형은 '부의 비대칭 흐름 모형'이다. 이 모형의 핵심은 부가 가난한 행위자에게서 부유한 행위자로 이전한다는 점이다. 앞서 소개한 IKR 모형이나 BM 모형에서는 멱함수 분포가 나타나긴 하지만, 그 형태는 지수함수가 곱해진 형태로 순수한 멱함수 법칙과는 다소 다르다. 그러나 JWL 모형에서는 부의 흐름이 가난한 사람에서 부유한 사람으로 더 많이 흐를 경우, 자연스럽게 멱함수 법칙이 발생하는 것이 특징이다. 이러한 부의 흐름을 '**부의 불평등 흐름**'이라 정의할 수 있으며, 그 반대 상황, 즉 부유한 사람으로부터 가난한 사람에게 부가 이전되는 경우는 '**부의 평등 흐름**'으로 정의할 수 있다. 필자 그룹의 연구에 따르면, 멱함수 분포는 주로 부의 불평등 흐름이 존재할 때 발생한다. 실제 시장 경제에서도 이와 같은 불평등 흐름이 자연스럽게 관찰되는 경우가 많다. 그러나 현실 경제에서의 부의 흐름은 단순하지 않다. 대부분의 경우, 소비자는 재화나 서비스를 구매함으로써 자신의 부를 기업가나 자본가에게 이전하게 된다. 경제 물리학에서는 이러한 복잡한 과정을 생략하고, 단순히 두 행위자 사이에서 부가 교환되는 방식으로 모델을 구성한다. 이처럼 단순화된 모형은 실제 경제 시스템의 모든 요소를 반영하지는 않지만, 부의 흐름을 이해하는 데에 유용한 분석 도구가 된다.

부의 평등 흐름은 시장에서 자연스럽게 자주 발생하는 현상은 아니다. 물론 노동자들이 임금을 받는 과정을 통해 부유한 고용주로부터 일정 부분의 부가 이전되기도 한다. 하지만 이러한 흐름은 부유한 행위자가 노동과 자본을 결합해 더 큰 부가가치를 창출하며 받는 보상보다 규모가 작기 때문에, 시장 경제에서는 오히려 부유한 사람이 더 부유해지고 가난한 사람은 더욱 소외되는 경향이 강하게 나타난다. 결국 시장의 구조 자체가 부의 불평등 흐름을 더욱 강화하는 방향으로 작동하는 것이다. 이러한 구조적 불평등을 완화하기 위해 많은 자본주의 국가들은 민주주의적 원칙에 입각한 복지제도를 통해 제도적인 평등 흐름을 만들어내고자 노력해왔다. 그 대표적인 수단이 바로 **'세금'**이다. 국가는 세금을 통해 부유한 계층으로부터 자원을 거둬들이고, 이를 기반으로 사회 인프라를 건설하거나 복지 제도를 운영하며, 공공 서비스를 제공하는 방식으로 부를 재분배한다. 이 과정은 강제적인 부의 이전을 통해 시장에서 자연스럽게 발생하지 않는 평등 흐름을 인위적으로 생성하는 것이다.

하지만 부의 불평등 흐름은 여전히 매우 강력하게 작용하고 있다. 세금이나 복지 제도와 같은 정책적 수단을 통해 평등 흐름을 형성하려는 시도가 지속되고 있지만, 그 효과에는 한계가 있다. 경제의 활력을 유지하면서 동시에 공정한 분배를 실현하기 위해 적절한 과세율과 복지 규모를 결정하는 일은 매우 복잡한 과제이며, 아직 그에 대한 명확한 해답은 존재하지 않는다. 각 나라는 각자의 역사적, 정치적, 경제적 조건에 따라 이러한 균형점을 탐색하고 조정해 나가고 있다. 결국 자본주의 경제는 인간의 욕망과 부의 축적이라는 동기를 기반으로 작동하기 때문에, 부의 불평등을 완전히 제거하는 것은 거의 불가능하다. 중요한 것은 지나친 집중과 소외를 방지하면서도, 경제적 활력을 유지하고 합법적으로 부를 축적할 수 있는 환경을 만드는 것이다. 즉, 성공적인 자본주의 사회를 만들기 위해서는 부를 창출하는 사람을 키우는 일과, 그 부를 공정하게 나누는 일 사이에서 적절한 균형을 유지하는 정치적 역량이 요구된다. 이러한 균형을 실현해내는 것이야말로 자본주의 사회에서 정치의 미학이라 할 수 있다.

6.2 날강도 경제

물리학자들이 제안한 단순한 행위자 기반 모형들은 부의 분포에서 관찰되는 멱함수 법칙을 성공적으로 재현해 낸다. 그러나 이러한 모형이 지나치게 단순화되어 있어 현실의 복잡한 경제 활동을 제대로 반영하지 못한다는 비판도 뒤따른다. 특히 경제학자들은 이러한 단순한 부의 이전 모형이 실제 경제 시스템의 본질을 왜곡한다고 주장하며, 이들을 조롱 섞인 어조로 "**날강도 경제학**burglar economics"이라 부르기도 한다.

경제학자들이 제기한 비판 중 하나는 이들 모형이 경제 행위를 무작위적인 사건으로 간주한다는 점이다. 그들은 이를 풍자적으로 설명하기 위해 두 가지 시나리오를 제시한다. 첫 번째는 '**멋대로 돈 집어가기 시나리오**'이다. 이 시나리오는 다음과 같은 방식으로 비유된다.

"두 명의 행위자가 길을 가다가 우연히 부딪혀 그들이 가지고 있던 현금을 모두 바닥에 떨어뜨린다. 돈은 바닥에 흩어져 마구 섞였고, 두 사람은 그저 보이는 대로 돈을 마구잡이로 집어 각자의 주머니에 넣는다. 그런 다음, 두 사람은 별일 없다는 듯이 각자 갈 길을 간다."

이 상황은 돈의 이전이 전적으로 무작위적이며 아무런 규칙이나 계약도 존재하지 않는다는 점에서 실제 경제와는 완전히 동떨어진 모습을 보여준다. 경제학자들은 이러한 방식이 현실 경제의 계약, 제도, 가격 체계와 같은 복잡한 상호작용을 고려하지 않는다고 지적한다.

두 번째는 '**마구 섞은 돈 나누어 갖기 시나리오**'로, 이 역시 물리학자들의 단순 모형을 풍자하는 비유이다. 이 모형은 다음과 같다.

"두 명의 행위자가 각자의 주머니에서 일정 금액을 꺼내 책상 위에 올려놓고, 이 돈을 무작위로 섞은 뒤 다시 각자 주머니에 나누어 넣고 헤어진다."

이 모형에서 부의 이전 과정이 체계적이지 않다. 경제학자들은 이러한 과정을 통해 만들어진 모형은 실제 시장에서 이루어지는 의사결정, 협상, 가격 형성, 재화의 가치 창출 등의 현실적 과정을 반영하지 못한다고 비판한다. 결국 경제학자들은 물리학자들이 만든 단순 모형이 수학적으로는 흥미롭더라도, 그것이 실제 경제에서 일어나는 구조적 메커니즘과는 거리가 멀다고 본다. 이들은 경제 시스템이 단순한 부의 교환이 아니라 제도, 정보, 행위자의 의도와 전략 등이 복합적으로 얽혀 있는 동태적 과정이라는 점을 강조한다. 따라서 부의 분포를 이해하기 위해서는 단순한 확률적 충돌이나 무작위 교환을 넘어서, 실제 경제의 작동 원리를 반영한 보다 정교한 모형이 필요하다는 주장을 펼친다.

경제 물리학에 대해 경제학자들은 비판적이지만, 물리학자들은 이에 크게 신경 쓰지 않는 듯한 태도를 보인다. 이들은 기존의 경제학 방법론과는 다르게, 자신들만의 방식으로 경제 현상을 이해하려 한다. 경제 물리학이 처음 등장했을 때, 관련 논문들은 대부분 물리학 저널[13]에 실렸다. 이들 저널은 본래 통계 물리학자들이 주로 논문을 게재하던 곳으로, 경제 물리학 초기 연구자들은 물리학 커뮤니

13 경제 물리학 논문들은 네이처(Nature), 사이언스(Science), 피지컬 리뷰 레터스(Physical Review Letters), 피지카 A(Physica A), 피지컬 리뷰 E(Physical Review E), 유럽 물리학 저널 B(European Journal of Physics B), 유로피직스 레터스(Europhysics Letters), 피직스 레터스 A(Physics Letters A) 등에 주로 게재되었다.

[그림 6.10] 경제학자들이 공격하는 "날강도 경제학" 비유. 두 행위자는 가지고 있던 돈을 모두 땅바닥에 쏟아 무질서하게 섞인다. 두 행위자는 돈을 제멋대로 집어 주머니에 넣고 서로 헤어진다.

티 내에서 논의되기를 원했다. 이후 경제 물리학의 확산과 함께 금융학자들과의 협업으로 퀀티터티브 파이낸스Quantitative Finance, 컴퓨테이셔널 이코노믹스 Computational Economics와 같은 새로운 저널도 등장했다. 그러나 시간이 지나면서 이들 저널에는 경제학 논문이 더 많이 실리게 되었고, 물리학자들과 경제학자들 사이의 간극은 여전히 좁혀지지 않은 채 남아 있다. 이는 경제 물리학이라는 융합 학문의 발전을 가로막는 하나의 장애물로 작용해왔다.

경제 물리학이 본격적으로 등장하게 된 배경에는 경제 관련 빅데이터의 개방이 있었다. 이탈리아의 물리학자 맨테그나는 밀란 주가지수를 분석하며, 주식 시장 데이터에 대한 통계 물리학적 접근의 가능성을 보여주었다. 이 흐름은 보스턴 대학교의 유진 스탠리 교수 그룹에 의해 확산되었다. 그는 1995년 인도 콜카타에서 열린 학술대회에서 '**경제물리학**[14]'이라는 용어를 처음 제안했고, 생물물리학이나 천체물리학처럼 경제 문제를 연구하는 물리학의 한 분야로 자리매김하고자

---

14 경제물리학(Econophysics)이란 용어는 1995년에 보스톤 대학교의 유진 스탠리(H. E. Stanley)교수가 인도 콜카타(Kolkata)에서 열린 통계물리 학술회의에서 처음 제안했다. 그는 생물물리학(Biophysics), 천체물리학(Astrophysics)처럼 경제학의 문제를 연구하는 물리학 분야를 경제물리학이라 명명하였다.

했다. 그의 그룹은 미국 주식 시장 데이터를 분석하며 다양한 연구를 발표했다. 일본의 아오야마, 타카야수 등의 연구자들도 일본의 주가지수와 금융 데이터를 분석했으며, 우리나라에서도 필자의 연구팀이 코스피 데이터를 바탕으로 경제 물리학적 연구를 수행하고 있다. 1990년대 후반부터 2000년대 초반까지 세계 곳곳에서 주식 시장 데이터를 활용한 경제 물리학 연구가 활발히 이루어졌지만, 물리학자들은 대체로 경제학자들과 협업하기보다는 독립적으로 연구를 진행했다. 그 결과, 대부분의 논문은 물리학 저널에 실렸고, 경제학자들은 이 연구 결과들을 거의 받아들이지 않았다. 서로 다른 학문 전통 속에서 물리학자들과 경제학자들은 오랫동안 각자의 길을 걸어온 셈이다.

그러나 최근 들어 이 같은 흐름에 변화가 감지되고 있다. 일부 경제학자들이 복잡계 이론과 경제 물리학의 개념에 관심을 가지면서 "**복잡성 경제학**Complexity Economics"이라는 새로운 분야가 생겨나고 있으며, 동시에 물리학자들도 경제학과 금융학의 원리를 적극적으로 습득하며 두 분야 간의 협력이 점차 확대되고 있다. 경제학자들은 경제 시스템에서 반복적으로 나타나는 경향성을 '**정형화된 사실**stylized facts'이라고 부르는데, 이는 경제학자 니콜라스 칼도어Nicholas Kaldor가 처음 제안한 개념이다. 예를 들어, 부의 분포가 파레토 법칙처럼 두꺼운 꼬리를 가진 분포를 따른다는 사실은 대표적인 정형화된 사실로 꼽힌다. 물리학자들은 이처럼 경험적으로 관찰되는 경제 현상을 최대한 단순한 모형으로 설명할 수 있는지에 관심을 가졌다. 복잡한 세부 사항은 과감히 생략하고, 핵심적인 상호작용만을 남긴 단순한 모형을 통해 정형화된 사실이 나타나는 메커니즘을 탐색하고자 했다.

경제학자들 입장에서는 이러한 단순화가 현실을 왜곡한다고 느낄 수밖에 없었다. 특히 물리학자들의 '돈 교환 모형'은 상품이나 노동, 소득이라는 경제학의 기본 개념조차 포함하지 않아, 실제 시장을 반영하지 못한다는 지적을 받았다. 실제로 경제학자들은 행위자 기반의 시장 시뮬레이션 모형을 제안해 왔으며, 노동과 소비, 거래가 이루어지는 보다 정교한 경제 모형들을 이미 갖추고 있다. 하지만 여기서 중요한 질문이 제기된다. 복잡한 요소를 모두 포함한 정교한 모형과, 극도로 단순화된 모형이 결국 유사한 정형화된 사실을 보여준다면, 과연 우리는 어느 쪽에 더 집중해야 할까? 단순한 모형이 유사한 결과를 만들어낸다면, 그 모형을 통해 어떤 요소가 핵심적인 역할을 하는지를 파악할 수 있다. 이것이 바로 물리학자들이 단순한 모형을 고수하는 이유다. 그들은 복잡한 현실을 있는 그대로 재현하기보다는, 그 안에 숨어 있는 본질적인 규칙을 찾고자 하는 것이다.

6.3 주류 경제학과 불평등

부의 불평등 문제는 오랫동안 경제학의 핵심 주제 중 하나였다. 고전 경제학의 기초를 세운 데이비드 리카도David Ricard, 1772-1823 역시 부의 분배 문제에 깊은 관심을 가졌다. 그는 "노동, 기계, 자본을 통해 생산된 산출물은 노동자, 지주, 자본가에게 각각 임금, 지대, 이윤의 형태로 분배된다"며, 경제학의 주요 과제가 이 분배를 결정짓는 법칙을 밝히는 데 있다고 말했다.

리카도의 통찰은 200년이 지난 지금도 여전히 유효하다. 오늘날에도 경제학자들은 경제성장 과정에서 부의 분포가 어떻게 변화하는지를 설명하기 위해 다양한 이론과 모형을 개발하고 있다. 이들은 부의 불평등이 단일 원인이 아닌 여러 요인의 복합 작용에 의해 발생한다고 본다. 그중에서도 생산성, 기술 숙련도, 교육 수준은 주요한 요인으로 지목된다. 예를 들어, **기술 수준**이 높거나 새로운 기술에 잘 적응하는 노동자는 더 많은 소득을 얻을 가능성이 크다. 특히 디지털 기술이 빠르게 발전하는 시대에는 이런 기술 적응력이 곧 소득 격차로 이어지기도 한다. 이에 따라 고숙련 노동자와 저숙련 노동자 사이의 격차는 점점 더 벌어지고 있다.

교육 역시 부의 불평등을 심화시키는 강력한 요소다. 더 나은 교육을 받은 사람은 일반적으로 더 좋은 일자리와 높은 소득을 얻기 쉽다. 하지만 이로 인해 사회적으로 불평등이 확대되기도 한다. 경제적 여건이 어려운 가정의 자녀는 양질의 교육을 받기 어려운 반면, 부유한 가정의 자녀는 우수한 교육 환경을 기반으로 고소득 직종에 진입할 가능성이 높아진다. 이렇게 되면 교육의 기회 격차가 소득 격차로 이어지고, 다시 부의 불평등으로 되돌아가는 악순환이 반복된다.

최근에는 임금 소득보다 금융 소득, 즉 자본에서 발생하는 소득이 더 빠르게 증가하고 있다. 경제학자 토마 피케티는 '**자본**'을 '소유하거나 시장에서 교환할 수 있는 비인격적 자산의 총합'으로 정의한 바 있다. 이는 노동을 통해 얻는 소득 이외의 모든 자산을 포함하는 개념이다. 우리나라 역시 경제 성장을 통해 자본 소득의 비중이 점차 커지고 있으며, 특히 경제 성장률이 2% 이하로 떨어진 저성장 시대에 접어들면서 자본을 많이 가진 사람일수록 더 쉽게 자본 이득을 얻는 구조가 형성되고 있다. 이러한 환경은 **자본 소득**이 소득 불평등을 심화시키는 핵심 요인으로 작용하고 있음을 보여준다.

이처럼 경제에서 불평등이 발생하는 원인을 밝히고, 어떤 요소들이 불평등에 영향을 주는지 분석하기 위해 최근에는 컴퓨터 시뮬레이션을 활용한 연구가 활발히 이루어지고 있다. 대표적인 방법으로는 '**행위자 기반 모형**Agent-Based Model, ABM[15]'과 '**시스템 다이내믹스**System Dynamics, SD[16]' 등이 있다. 행위자 기반 모형은 개별 행위자들이 서로 상호작용하면서 시스템 전체의 변화를 만들어내는 과정을 시뮬레이션하는 방식이다. 각 행위자는 독립적인 존재로서 자율적인 판단과 행동을 하며, 기억하거나 학습하는 능력을 갖춘 존재로 설정된다. 생태학에서

---

15 행위자 기반모형(Agent-Based Model, ABM)과 시스템 다이내믹스(System Dynamics, SD)는 필자의 저서 『복잡계 과학 이야기』 10장과 11장을 참조한다.

16 시스템 다이내믹스(System Dynamics)는 시스템의 동역학을 구조와 형태로 파악한다. 시스템의 독립변수를 식별하고 이들 사이의 인과관계를 바탕으로 인과지도를 그리고, 이를 기반으로 시뮬레이션을 수행하여 시스템의 미래 변화를 예측한다. 자세한 내용은 『복잡계 과학 이야기』를 참조한다.

는 이를 '개체 기반 모형Individual-Based Model, IBM[17]'이라 부르며, 행위자를 생물 개체로 보는 접근을 사용하기도 한다. 이 모형은 복잡한 사회적, 경제적 현상을 미시적 수준에서부터 분석하는 데 유용하다.

시스템 다이내믹스는 시스템 내부의 구조와 변수 간 관계를 분석하여 전체 시스템의 동역학을 이해하려는 접근법이다. 이 방법은 크게 '시스템 사고'와 '시뮬레이션'으로 구성되며, 시스템 사고는 시뮬레이션 이전 단계에서 시스템을 구성하는 주요 변수들과 이들 사이의 인과 관계를 파악하는 작업이다. 이를 위해 '인과 지도causal loop diagram[18]'를 활용하는데, 이는 변수 간의 원인과 결과 관계를 시각적으로 나타낸 도식이다. 예를 들어, 어떤 변수가 증가하면 다른 변수도 함께 증가하거나 반대로 감소하는 관계를 통해 전체 시스템에서 피드백 구조가 형성되는 양상을 확인할 수 있다. 이러한 컴퓨터 기반 시뮬레이션 모형들은 소득 불평등이 어떻게 형성되고, 어떤 조건에서 심화되는지를 분석하는 데 매우 효과적이다. 불평등 문제의 구조적 원인을 구체적으로 파악하고, 대응 방안을 설계하는 데 중요한 이론적 도구로 활용되고 있다.

경제학에서 매우 흥미로운 행위자 기반 모형 중 하나로 **'설탕산**sugarscape' 모형이 있다. 이 모형은 단순한 규칙만으로도 부의 불평등이 자연스럽게 나타나는 과정을 보여주기 때문에 많은 주목을 받고 있다. 설탕산 모형은 1996년 엡스타인 J. M. Epstein과 악스텔R. Axtell이 개발하였으며, 이들은 저서 『성장하는 인공 사회Growing Artificial Societies』에서 이 개념을 소개했다. 설탕산 모형은 두 개의 봉우

---

17 개체 기반모형(Individual-Based Model, IBM)은 생태학에서 사용하는 용어로 행위자를 생물 종의 개체로 나타낸다.

18 시스템 다이내믹스는 시스템 사고(system thinking)와 시뮬레이션(simulation)으로 구성되며, 시스템 다이내믹스에서 인과지도는 변수들 사이의 인과관계를 그린 그림을 인과 지도(causal loop diagram)라 한다. 예를 들어, $X \to^{+} Y$ 인 관계는 X가 증가할 때 Y도 따라서 증가하는 변화 관계를 나타낸다. 반대로 $X \to^{-} Y$는 X가 증가할 때 Y는 감소하는 관계를 따른다. 여러 개의 변수가 인과 관계로 연결되면 변수들 사이의 관계에 피드백 루프가 형성할 수 있다.

리를 가진 '설탕이 공급되는 산'이 배치된 가상 공간에서 진행된다. 격자의 각 셀은 일정한 양의 설탕을 저장할 수 있으며, 시간이 지나면 설탕은 셀마다 한 단위씩 점차 채워진다. 초기에는 행위자들이 격자 공간 내 임의의 위치에 배치된다. 이들은 각자 다른 '**시야 거리**'를 가지며, 이 범위 내에서 자신이 볼 수 있는 셀 중 가장 많은 설탕이 있는 빈 칸으로 이동해 설탕을 수확한다.

수확한 설탕은 생존을 위해 소비된다. 각 행위자는 일정한 '**대사율**'을 가지고 있어 매시간마다 일정량의 설탕을 소모해야 하며, 이 대사율도 개인마다 무작위로 설정된다. 설탕이 부족해지면 행위자는 생존할 수 없어 죽는다. 또한 모든 행위자는 태어날 때 정해진 수명을 가지며, 그 수명에 도달하면 사망한다. 행위자가 죽으면, 새로운 행위자가 무작위 위치에 다시 태어나며, 시스템 전체의 인구수는 일정하게 유지된다. 이처럼 설탕산 모형은 단순한 규칙과 환경 속에서도 시간이 흐를수록 부의 불균형이 점차 나타나는 과정을 시각적으로 보여준다. 이는 복잡한 사회 현상도 미시적 행위자들의 단순한 상호작용을 통해 설명될 수 있음을 보여주는 대표적인 사례로 꼽힌다.

설탕산 모형에서 각 행위자는 시야 거리와 대사율이라는 두 가지 특성을 가진다. 그림 6.11에서 시야 거리는 1에서 6 사이의 정수 값으로 무작위로 설정하며, 대사율은 1에서 4 사이의 정수 값으로 주어진다. 행위자는 매시간 자신의 대사율만큼 설탕을 소비해야 하며, 설탕이 부족하면 생존할 수 없다. 초기에는 행위자들이 격자 공간에 무작위로 배치되지만, 시간이 흐르면 점차 설탕이 풍부한 설탕산 주변으로 몰려든다. 이는 설탕산이 지속적으로 설탕을 공급하기 때문에 생존에 유리한 환경을 제공하기 때문이다.

행위자 간의 상호작용은 직접적인 형태가 아니라 간접적으로 이루어진다. 예를 들어, 두 행위자가 같은 지역에서 설탕을 수확하면, 해당 지역의 설탕이 줄어들어 이후에 도착한 다른 행위자가 얻을 수 있는 양이 감소하게 된다. 이렇게 각 행위자의 행동은 서로에게 영향을 주며, 시스템 전체에 간접적인 상호작용의 효과가 누

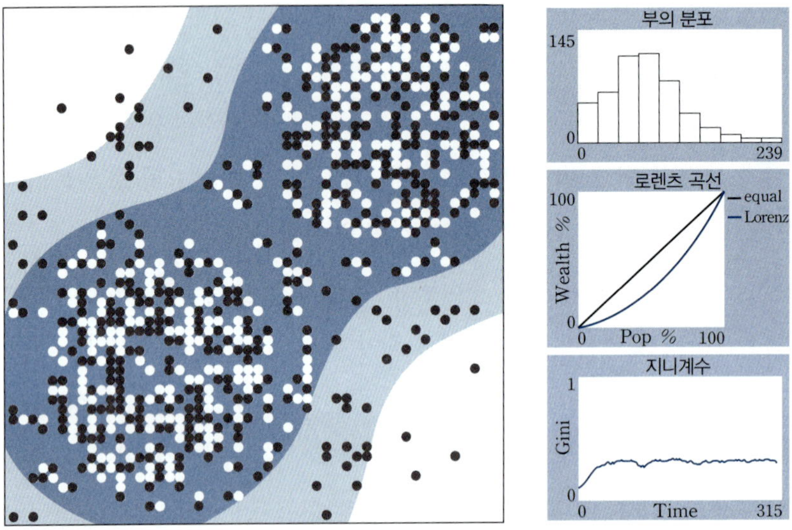

(a) (b)

[그림 6.11] 부의 분포를 나타내는 설탕산 모형과 그 시뮬레이션 결과. 전체 행위자 수는 500명이고, 단계마다 행위자는 설탕 1단위를 소비한다. 시야 거리는 1에서 6 사이의 정수이고, 최대 나이는 60에서 100 사이의 정수를 무작위로 부여하였다. 행위자의 대사율은 1부터 4 사이의 정수를 멋대로 부여한다. (a) 패치가 더 파란색일수록 설탕이 많이 있는 곳이고, 회색 동그라미가 설탕을 먹는 행위자이다. (b) 동역학이 진행되면서 부의 분포, 로렌츠 곡선, 지니 지수를 시간에 따라서 나타내었다.

적된다. 시간이 흐를수록 생존한 행위자들 간에는 설탕 보유량, 즉 '부wealth'의 격차가 나타난다. 실험 결과를 보면, 일부 행위자는 많은 양의 설탕을 축적하는 반면, 대부분의 행위자는 매우 적은 양만을 보유하게 된다. 이 부의 분포는 정규분포와 달리 소수의 부유한 행위자와 다수의 빈곤한 행위자가 존재하는 불균형한 형태를 띤다. 이를 시각적으로 확인하기 위해 로렌츠 곡선을 그려보면, 평등한 분배선과 큰 차이를 보이며, 불평등의 심화를 보여준다. 또한 시간이 지나면 지니계수는 일정한 값으로 수렴하며, 불평등이 점차 고착화되는 현상도 관찰된다.

이 모형은 실제 경제 시스템을 완벽하게 모사하지는 않지만, 단순한 생존 규칙만으로도 부의 불평등이 자연스럽게 형성될 수 있음을 보여준다. 특히 행위자의 대사율이 낮고 시야 거리가 넓을수록 더 많은 설탕을 확보할 가능성이 높아 생존에 유리하다. 반대로 대사율이 높고 시야가 좁은 행위자는 설탕 확보에 불리해 생존이 어렵고, 결과적으로 사망 위험도 커진다. 설탕산 모형이 소개된 이후, 행위자 기반 모형을 활용해 경제적 불평등이나 시장 구조 등 복잡한 경제 현상을 설명하려는 연구가 활발해졌다. 이 모형은 단순한 규칙 속에서도 예기치 않은 사회적 결과가 나타날 수 있음을 보여주며, 복잡한 사회·경제 현상을 이해하는 데 중요한 이론적 통찰을 제공한다.

6.4 저축과 두꺼운 꼬리

사람들은 경제 활동을 할 때 자신의 자산을 모두 사용하는 경우는 드물다. 일반적으로 일정 부분은 사용하고, 나머지는 저축한다. 이러한 '**저축**' 개념은 실제 경제 활동의 핵심 요소이며, 물리학자들이 제안한 돈 거래 모형에서도 이를 반영한 변형이 등장했다.

2000년에 채크라보르티A. Chakraborti와 채크라바티B. K. Chakrabarti는 두 행위자가 돈을 주고받을 때, 각자 자신이 보유한 돈의 일부는 저축하고 나머지만 교환에 사용하는 모형[19]을 제안했다. 이 모형에서는 두 사람이 일정한 저축률에 따라 돈을 나누고, 저축하지 않은 금액만을 거래에 활용한다. 예를 들어, 한 사람이 100원을 갖고 있고 저축률이 0.3이라면, 그는 30원을 저축하고 나머지 70원을 거래에 사용한다. 거래는 이렇게 남은 돈을 모아 무작위 비율로 나누는 방식으로 이루어진다. 이 모델에서 모든 행위자가 동일한 저축률을 가지고 있을 경우, 시간이 지남에 따라 각 개인이 보유하는 돈의 분포는 지수함수 형태로 감소한다. 하지만 현실에서는 사람마다 저축 성향이 다르기 때문에, 연구자들은 각 행위자의 저축

19 현재 m_i, m_j의 돈을 보유한 두 사람은 다음 순간 $m'_i = \lambda m_i + \Delta m_i$, $m'_j = \lambda m_j + \Delta m_j$이다. 여기서 돈 교환량은 $\Delta m_i = \epsilon(1-\lambda)(m_i + m_j)$이고, $\Delta m_j = (1-\epsilon)(1-\lambda)(m_i + m_j)$이다.

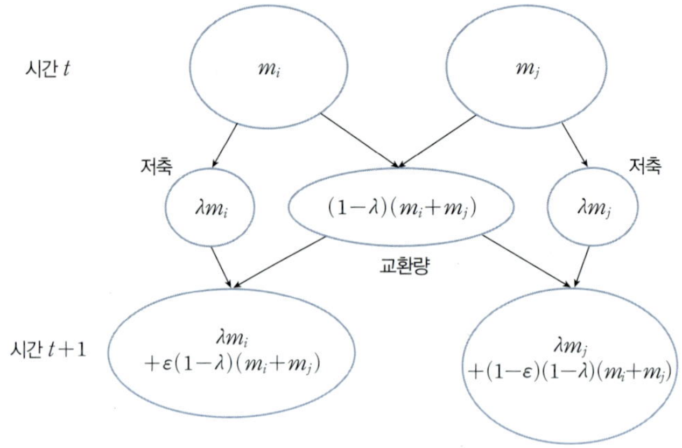

[그림 6.12] 저축을 고려한 돈 교환 모형. 각 행위자는 자신의 가진 돈의 λ 비율만큼 저축으로 남겨두고 나머지 돈을 교환하기 위해서 내놓는다.

률을 무작위로 설정하는 방식으로 시뮬레이션을 진행했다. 즉, 행위자마다 고유한 저축률을 갖고 있고, 거래할 때마다 그 비율에 따라 돈을 저축하거나 사용하는 것이다.

이러한 설정에서 시뮬레이션을 수행해보면, 매우 흥미로운 결과가 나타난다. 특히 서로 다른 저축률을 가진 행위자들이 반복적으로 돈을 주고받는 과정을 통해 시간이 지날수록 특정 소수에게 돈이 집중되고, 전체적으로는 불평등한 분포가 형성된다. 이는 저축이라는 단순한 행태가 어떻게 자산의 불균형을 만들어낼 수 있는지를 보여주는 좋은 사례이다.

채크라보르티와 채크라바티는 다양한 초기 조건과 저축률을 고려한 '비균일 저축률 돈 교환 모형'을 제안하고, 이를 몬테카를로 시뮬레이션을 통해 구현하였다. 여기서는 이 모형을 간단히 CCMM이라 부르기로 한다. 이들은 실험의 통계적 신뢰성을 확보하기 위해 10만 회 이상의 시뮬레이션을 반복 수행하였고, 이를 통해 돈의 분포 함수에 대한 평균값을 분석했다.

시뮬레이션 초기에는 돈의 분포가 시간에 따라 크게 요동치지만, 충분한 시간이 지나면 분포는 점차 안정되어 일정한 형태의 정상 상태에 도달하게 된다. 연구

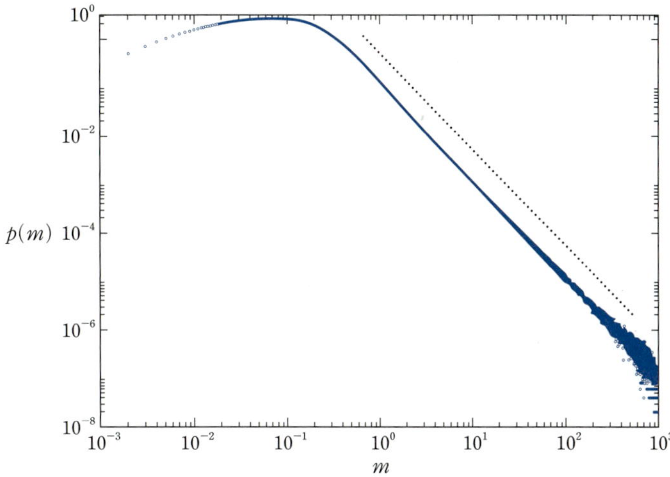

[그림 6.13] 채크라보티와 채크라바티의 "비균일 저축률 돈 교환 모형"에서 돈의 분포함수. 정상상태에 도달한 후 부의 분포를 구하면 큰 돈의 분포가 멱함수를 보이며 멱함수 지수는 −2에 가까웠다. 가로축과 세로축은 모두 상용로그로 그렸다.

자들은 이 안정된 상태의 분포를 측정하고, 서로 다른 초기 조건에서도 동일한 결과가 반복되는지를 검증하기 위해 수많은 반복 실험을 통해 평균적인 경향을 도출하였다.

분석 결과, 최종적으로 얻어진 돈의 분포 함수는 처음에는 완만하게 증가하다가 어떤 지점에서 최고치를 기록한 뒤, 이후에는 멱함수Power-law[20] 형태로 급격히 감소하는 특성을 보였다. 이와 같은 멱함수 분포는 일정한 지수 값을 따르며, 이는 행위자들이 서로 다른 저축률을 가지고 있기 때문에 나타나는 현상으로 해석된다. 반면, 만약 모든 행위자가 동일한 저축률을 가질 경우에는 이러한 멱함수 특성이 나타나지 않는다.

각 행위자가 저축률을 무작위로 설정하고, 무작위로 돈을 교환하는 CCMM 모형은 현실의 경제를 정밀하게 재현하는 것은 아니지만, 단순한 규칙을 통해 매

20 소유한 돈의 분포는 멱함수 $p(m) \sim m^{-2}$ 형태로 감소하고 멱함수 지수는 $\alpha = 2.0$이었다.

우 흥미로운 결과를 보여준다. 이 모형의 시뮬레이션 결과에서 부의 분포는 자연스럽게 멱함수 형태로 나타났으며, 이는 일부 소수가 많은 돈을 보유하고 다수는 적은 돈을 가진다는 불평등 구조를 의미한다.

이러한 현상은 행위자마다 저축하는 비율이 다르기 때문에 발생한다. 더 높은 비율로 저축하는 행위자는 시간이 지날수록 더 많은 자금을 남길 수 있고, 결과적으로 더 큰 부를 축적하게 된다. 반면, 저축률이 낮은 행위자는 돈을 빠르게 소진하고 상대적으로 불리한 위치에 놓이게 된다. 이러한 미세한 차이들이 누적되면서 전체 시스템에서는 부의 분포가 점점 더 불균형하게 변하고, 결국 멱함수 형태로 안정화된다.

결국 CCMM은 경제적 불평등이 복잡한 제도나 정책이 없어도, 단순한 개인의 저축 성향과 같은 기본적인 규칙만으로도 자발적으로 형성될 수 있음을 보여준다. 이 모형은 경제 시스템의 복잡성과 자산 분포의 동역학을 이해하는 데 유용한 이론적 출발점이 될 수 있다.

7

스타일라즈드 팩트

주식 투자에는 여러 가지 방법이 있다. 많은 투자자들은 자신만의 전략을 가지고 투자에 참여한다. 예를 들어, 주가지수의 전체적인 흐름을 보고 미래 주가를 예측하기도 하고, 신문, 인터넷, 정보지, 분석자료 등을 참고하여 매수 또는 매도 결정을 내리기도 한다. 또한, 어떤 투자자들은 주식시장에서 나타나는 패턴을 찾아 자신만의 규칙을 만들어 투자에 활용하기도 한다.

주식시장은 많은 돈이 오고 가기 때문에 거래 데이터가 매우 정밀하게 기록된다. 특히 컴퓨터를 이용한 전산 거래가 활성화되면서 각 주식 거래 정보가 모두 기록된다. 이렇게 축적된 주식시장 데이터는 기본적으로 빅데이터라고 할 수 있다. 이 데이터를 분석하면 주가지수, 개별 주식의 가격, 호가, 체결 가격, 거래량 등에서 다양한 패턴과 법칙을 발견할 수 있다.

1990년대 말, 일부 통계 물리학자들은 1분 간격으로 기록된 주가지수 데이터를 분석하여 주가지수에 숨겨진 패턴을 발견했다. 이러한 패턴은 사회학자나 경제학자들이 과거에 관찰했지만, 그다지 주목하지 않았던 것들이다. 통계 물리학자들은 분자, 기체, 액체, 고체, 고분자 등 많은 구성 요소를 가진 시스템에 관심을 가져왔다. 그래서 사회나 주식시장에서 인간의 행동을 하나의 원자처럼 보려는 접근 방식을 취했다. 비록 인간의 행동이 변덕스러울 수 있지만, 주식시장에서 무작위로 주식을 사고파는 투자자들을 원자처럼 생각했다. 이러한 관점에 따르면, 무작위로 행동하는 투자자들의 거래로 형성된 주가지수는 시장의 정보를 그대로 반영하고 있을 것이다.

주가지수 수익률의 분포함수는 두꺼운 꼬리 분포를 보이며, 멱함수 법칙을 따른다. 이런 특성은 물리학자들이 상전이 현상에서 자주 관찰한 현상과 유사하다. 또한, 주식의 수익률 자체는 매우 짧은 시간 동안만 상관관계를 보이지만, 변동성은 오히려 매우 긴 시간 동안 상관관계를 나타낸다. 이러한 다양한 패턴과 법칙은 경제물리학자들의 연구를 통해 밝혀지고 있다. 이 연구 결과는 주식 투자에 유용하게 활용될 수 있으며, 앞으로도 주식시장에 대한 더 깊은 이해를 제공할 것으로 기대된다. 경제물리학에서 발견한 주식시장의 **스타일라이즈드 팩트**stylized fact, **정형적 특징**를 살펴보고, 이러한 연구 결과가 어떤 의미를 가지는지 살펴보자.

7.1 주가지수

주가지수나 개별 주식의 가격은 많은 거래자에게 중요한 지표로, 실시간으로 정확하게 계산되고 공개된다. 그러나 모든 데이터가 정확하게 기록되지는 않는다. 짧은 시간 동안 생성되는 대량의 데이터는 저장과 관리에서 어려움을 겪을 수 있으며, 많은 양의 데이터를 처리하는 것도 쉽지 않다. 시계열 데이터는 필요에 따라 잘 설계하고 정확하게 기록하여 분석해야 한다. 예를 들어, 주식시장에서 온라인 트레이딩 앱에 표시된 호가창bid-ask spread의 모습은 그림 7.1에서 볼 수 있다.

전 세계에는 다양한 주식시장이 있으며, 각국의 주가지수는 세세하게 기록된다. 한국에서는 한국거래소KRX에서 주식이 거래된다. 한국의 대표적인 주식시장에는 유가증권시장과 코스닥 시장이 있다. 유가증권시장KOSPI은 1956년에 개장

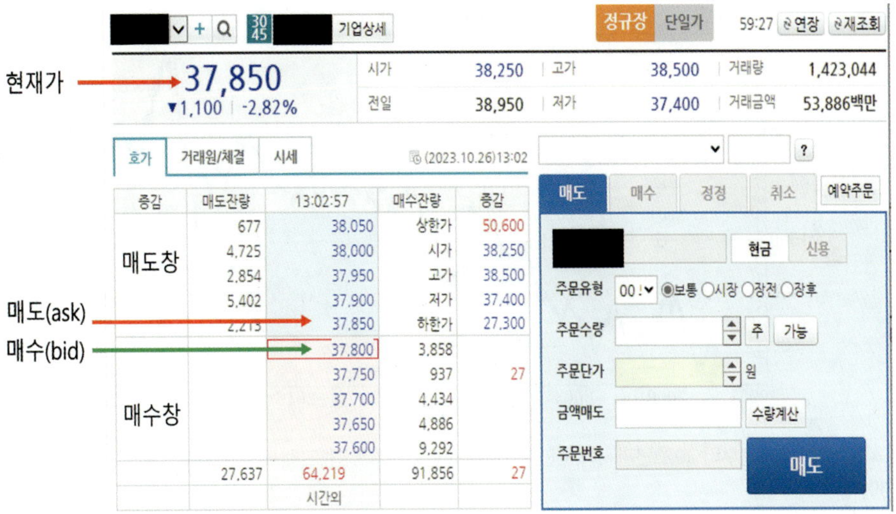

[그림 7.1] 온라인 트레이딩의 호가창(bid-ask spread). 매수 주문과 매도 주문량, 가격을 표시하고 매수가격과 매도가격이 일치하면 주문이 실행된다.

되었으며, 한국의 주요 주식시장으로 알려져 있다. KOSPI 지수는 1980년 1월 4일의 주식시장의 시가총액을 기준으로 현재의 지수를 계산하며, 이 시점의 지수는 100으로 설정된다.

$$KOSPI = \frac{\text{비교시점의 시가총액}}{\text{기준시점의 시가총액}} \times 100 \tag{7.1}$$

현재 주가지수가 1200이라면, 이는 1980년 1월 4일의 시가총액보다 현재 시가총액이 12배 높다는 의미이다. 주식시장에서 매일 주가지수는 변동하며, 이를 통해 주식 거래에 영향을 미칠 수 있다. 투자자는 이러한 지수의 변동을 주의 깊게 살펴보고 주식을 거래할 때 이를 참고할 것이다.

코스닥 시장은 1996년 7월에 IT, BT, CT 기업 및 벤처기업을 위한 자금 조달을 목적으로 개설된 시장이다. 코스닥 주가지수는 1996년 7월 1일에 지수를 100으로 설정하고, 1997년 1월 3일부터 실시간으로 발표되고 있다. 주가지수의 계산 방식

[그림 7.2] 1996년부터 2023년까지의 종합주가지수의 변화를 나타낸 그래프. 주가지수의 변동은 비정상 시계열이다.

은 종합주가지수와 유사하지만, 2004년부터는 기준 단위를 100에서 1000으로 변경하여 산출하고 있다.

그림 7.2는 1996년부터 2023년까지의 코스피 주가지수 변동을 보여준다. 주가지수에서 어떤 패턴을 발견할 수 있을까? 주가지수는 경제 상황에 따라 급격하게 변동할 수 있다. 주가지수는 일정하지 않고 지속적으로 변동하므로 '**비정상 상태**[1]'에 있다는 것을 의미한다. 예를 들어, 작년 1월의 주가지수와 올해 1월의 주가지수는 다르며, 평균과 표준편차도 동일하지 않다.

각 국가마다 고유한 주가지수가 있으며, 표 7.1은 주요 국가의 주가지수를 요약한 자료이다. 미국의 대표적인 주가지수에는 DJIA, S&P 500, NASDAQ 등이 있다. DJIA는 다우 존스 산업평균지수로, 미국 증권거래소에 상장된 30개의 우량 기업의 주가를 산술 평균하여 계산한 지수이다. 이 30개의 우량 기업은 시간이 지남에 따라 변동할 수 있다. S&P 500 주가지수는 기업 평가 회사인 스탠더드 앤드

1 분석하는 시기에 따라서 평균, 표준편차 등이 일정하지 않은 시계열을 의미한다. 예를 들어, 2008년 1년간의 주가시계열의 평균, 표준편차는 2023년 1년간의 평균, 표준편차와 같지 않다.

푸어스가 미국의 500개 주요 기업의 주가를 기준으로 산정한 지수이다. 이 500개 기업도 변동할 수 있다. NASDAQ은 전미증권협회에 등록된 주식으로부터 산출되는 주가지수로, 장외 시장 거래를 보다 효율적으로 이용하기 위해 개발되었다. 주로 벤처 회사들이 많이 상장되어 있으며, 미국 기업이 아니더라도 상장할 수 있다.

독일의 대표적인 주가지수는 DAXDeutscher Aktien Index이다. 이 지수는 독일 프랑크푸르트 증권시장에 상장된 30개 주요 기업의 주가를 기준으로 산출된다. 영국의 대표적인 주가지수는 FTSEFinancial Times Stock Exchange이다. FTSE 그룹은 파이낸셜 타임스와 런던 증권시장이 합작하여 만든 독립회사로, FTSE 지수를 산출하여 발표한다. FTSE 100은 런던 증권시장에 상장된 회사 중 시가총액 상위 100개 기업의 주가를 기준으로 산정된다. 프랑스의 대표적인 주가지수는 CAC40Cotation Assistée en Continu으로, 파리 증권시장에 상장된 40개 우량 기업의 주가를 기준으로 산출한다.

아시아에서는 한국, 일본, 중국의 주요 증권시장이 있다. 일본의 대표적인 주가지수는 닛케이Nikkei로, 니혼게이자이신문이 도쿄 증권시장에 상장된 회사의 주가를 기준으로 산출하여 발표한다. 닛케이는 일본식 다우 존스 산업평균지수라고 할 수 있다. 중국의 대표적인 주가지수는 상하이종합주가지수Shanghai Stock Exchange Composite, SSEC이다. SSEC는 중국 상하이 증권거래소에 상장된 기업의 주가를 기준으로 산정하며, 1991년 7월 15일을 기준으로 100포인트로 시작한다. 이 외에도 많은 선진국과 개발도상국들이 자신만의 주식시장을 형성하고 있다.

주식시장은 회사들이 투자 자금을 쉽게 조달하기 위해 형성되었다. 회사는 주식을 발행하여 시장에 판매하고, 이를 통해 얻은 자금을 새로운 기술 개발, 설비 투자, 회사 운영 자금 등으로 활용한다. 주식이 발행되어 주식시장에서 거래되면, 그 회사의 주가지수는 대체로 그 회사의 가치와 미래 가치를 반영한다.

회사의 현재 수익이 좋으면 주식의 가치는 높아지지만, 회사가 적자를 보거나 시장에서 경쟁력을 잃게 되면 주식 가격은 하락하는 경향을 보인다. 개별 회사의 주식 가격은 일반적으로 그 회사의 성장 가능성을 나타낸다. 요즘과 같은 디지털 전환 시대에는 제조업체보다 플랫폼 회사의 시가총액이 더 높은 것을 볼 수 있다. 디지털 사회에서 플랫폼 회사는 더 많은 이익을 얻을 가능성이 높기 때문에, 투자

표 7.1 주요 국가의 주요 주가지수

국가	주가지수	상세 내용
한국	KOSPI	유가증권시장(KOSPI, Korea Composite Stock Price Index)은 한국증권거래소(KRX, Korea eXchange)에 상장된 회사들의 시가총액을 기준으로 산정한 주가지수
	KOSDAQ	코스닥 시장에 상장된 기업의 주가에 주식 수를 가중하여 산출한 주가지수. 코스닥 시장은 주로 벤처기업, 스타트업 기업들이 포함되어 있음.
미국	다운존스지수	다우 존스 산업평균지수(DJIA, Dow Jones Industrial Average)는 미국 증권거래소에 상장된 30개의 우량 기업 주가의 산술평균으로 구한 지수로 미국 증시의 대표 지수
	S&P 500	S&P 500(Stadard & Poor' 500 Stock Index)은 Standard and Poors사가 미국 500개 기업의 주가지수로부터 산정한 주가지수
	나스닥	전미 증권협의회 주식 자동 시세(NASDAQ, National Association of Securities Dealers Automated Quotations)로써 주로 벤처 회사들의 자금 조달이 쉽도록 설립된 주식시장의 주가지수
독일	DAX	독일의 대표 주가지수 DAX(Deutscher Aktien IndeX=German Stock Index)는 프랑크푸르트 증권거래소에 상장된 30개의 기업을 대상으로 산정한 주가지수
영국	FTSE 100	FTSE 100(Financial Times Stock Exchange)은 런던 증권거래소에 상장된 주식 중 시가총액 순서로 100개 기업의 주가를 지수화한 주가지수이다.
프랑스	CAC 40	CAC40(Cotation Assiste en Continu=Continous Assisted Quotation)은 프랑스 파리 증권거래소에 상장된 40개의 우량주로부터 산출한 주가지수
일본	닛케이	닛케이(Nikkei Stock Average)는 니혼게이자이신문이 일본 도쿄 증권거래소에 상장된 주식으로부터 산정한 주가지수
중국	상하이종합지수(SSEC)	SSEC(Shanghai Stock Exchange Composite) 중국 상하이 증권거래소에 상장된 회사의 주가로부터 산정한 중국의 대표적인 주가지수

자들은 이러한 플랫폼 회사를 더 높은 가격으로 평가한다.

개인 투자자를 포함한 다양한 투자자들은 세계 여러 나라의 주가지수를 참고하여 주식 투자에 활용한다. 각 나라의 주식시장은 서로 다른 시간대에 운영되기 때문에 운영시간에 따라 순차적으로 열리게 된다. 예를 들어, 미국의 주식시장이 열릴 때, 이미 다른 나라의 주식시장은 거래가 끝나거나 진행 중일 수 있다. 미국의 주가지수는 연속적으로 열리는 다른 나라의 주가지수에 큰 영향을 미친다.

7.2 주가지수의 수익률

주식시장의 주가지수는 '정형적 특성'을 나타낸다. 주식시장의 특성을 이해하려면 주가지수의 변화율, 즉 수익률을 살펴보는 것이 유용하다. 수익률을 계산하는 다양한 방법이 있지만, 가장 간단한 방법 중 하나는 단순 수익률이다.

단순 수익률[2]은 특정 시간에 주가지수의 현재 값에서 이전 값을 뺀 후, 그 차이를 이전 값으로 나누어 계산한다. 예를 들어, 하루 단위로 주가지수를 사용하여 수익률을 계산한다고 가정해 보자. 이 경우, 단순 수익률은 오늘의 주가지수에서 어제의 주가지수를 빼고, 그 결과를 어제의 주가지수로 나눈 값으로 정의된다. 여기서 '**시차**'는 주가지수의 계산 시점 차이를 나타내며, 예를 들어 일일 수익률을 계산할 때는 하루 전과 오늘의 차이인 1일이다.

로그 수익률[3]은 현재 시점의 주가지수에 로그를 취한 값에서 이전 시점의 주가지수에 로그를 취한 값을 뺀 것이다. 특별한 언급이 없는 경우, 수익률이라고 하면 로그 수익률을 의미한다. 전체 주가지수 시계열에서 로그 수익률을 계산한 후,

---

2 단순 수익률은 $R_T(t) = \frac{I(t+T) - I(t)}{I(t)}$ 으로 정의한다.

3 로그 수익률은 $\widetilde{r_T}(t) = \log I(t+T) - \log I(t) = \log\left(\frac{I(t+T)}{I(t)}\right)$으로 정의한다.

로그 수익률의 표준편차를 이용하여 **규격화된 로그 수익률**[4]을 구할 수 있다.

규격화된 로그 수익률은 로그 수익률을 로그 수익률의 표준편차로 나눈 값으로 정의된다. 여기서 표준편차는 로그 수익률의 변동성을 측정하는 지표이다. 그림 7.3에서 시차가 하루일 때 규격화된 로그 수익률을 보여준다. 이 그림에서 수익률이 양수인 값과 음수인 값 사이에서 크게 변동하는 것을 볼 수 있다.

주식시장의 특징을 분석할 때, 주가지수 그 자체나 단순 수익률보다 로그 수익률을 주로 분석하는 이유를 알아보자. 금융학과 금융공학에서는 로그 수익률을 주로 사용하는 이유가 있다. 예를 들어, 은행에 저축했을 때 복리 이자를 받는 상황을 생각해 보자.

어떤 은행의 이자가 연간 10%라고 가정하고, 원금 1,000원을 저금했다고 하자. 은행이 이자를 1년 후에 한 번에 지급한다면, 총 수익은 1,100원[5]이 된다. 이 경우, 1년 후 수익률은 10%이다.

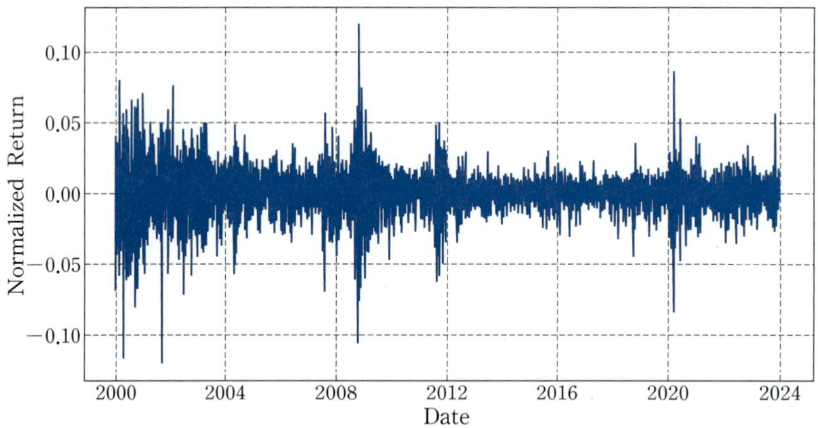

[그림 7.3] 2000년 1월~2023년 12월 사이의 코스피 주가지수의 규격화한 로그 수익률을 나타낸 그림. 주가지수는 일별 주가지수이고 수익률을 구할 때 시차 역시 하루이다.

4 규격화된 로그 수익률은 $r_T(t) = \frac{\log I(t+T) - \log I(t)}{\sigma(T)}$ 으로 정의한다.

그러나 만약 이자를 1년 동안 6개월마다 분할 지급 받는다면, 6개월마다 5%의 이자를 받게 된다. 이 경우, 1년 후의 총 수익은 1,102.5원[6]이 된다. 정확히 계산하면 1년 후 수익률은 10.25%가 된다.

이처럼 이자를 여러 번 나누어 지급 받으면, 복리 효과로 인해 총 수익이 증가하게 된다. 이러한 복리 효과는 로그 수익률로 분석할 때 자연스럽게 반영되며, 연속적으로 복리 이자가 적용되는 상황을 수학적으로 잘 설명해 준다. 표 7.2는 이자를 복리로 나누어 받을 경우의 총 수익을 나타내며, 복리 효과를 통해 수익률이 어떻게 달라지는지 보여준다.

표 7.2 원금 1,000원을 저금하여 연 10%의 이자를 복리로 나누어 받는 경우의 총수익

분할 형식	분할지급 횟수	분할 이자율	총수익
년	1	0.1	1100
6개월	2	0.05	1102.50
분기별	4	0.025	1105.81
월별	12	0.0083	1104.71
주별	52	0.1/52	1105.06
일별	365	0.1/365	1105.16
연속	∞		1105.17

연속해서 **복리이자**를 받는 경우를 살펴보자. 연속 복리이자를 받으면, 이자는 일정 간격이 아니라 연속적으로 계산된다. 1년 동안 연속 복리이자를 받는다면, 총 수익은 지수 함수의 형태로 계산된다. 지수 함수의 정의에 따르면, 연속 복리 이자는 자연 상수 e를 사용해 계산된다. 예를 들어, 원금 1,000원일 때 이율이 10%일 경우, 연속 복리 이자를 받으면 총 수익[7]은 $1000e^{0.1}$이 된다.

---

5 일년 후 수익률은 $A_1 = 1000(1+0.1) = 1100$

6 이년 후 수익률은 $A_2 = 1000(1+0.1/2)(1+0.1/2) = 1000(1+0.1/2)^2 = 1102.5$이다.

따라서, 연속 복리 이자가 단일 복리 이자보다 더 많은 수익을 가져온다. 이런 이유로 금융학에서는 단순 수익률보다 로그 수익률을 선호한다. 로그 수익률은 복리 수익률을 효과적으로 반영하며, 시간에 따라 수익을 연속적으로 계산할 때 유용하다.

주식시장에서 어떤 시점 t에서 어떤 주식의 가격이 $P(t)$이고, 시점 $t+T$에서 투자한 주식의 주가가 $P(t+T)$이면, 주식의 수익률을 연속 복리처럼 생각하면 수익률은 $r \ = \log[P(t+T)/P(t)]$가 된다. 주식시장은 은행처럼 고정된 이자를 고정해서 지급하지 않지만, 어떤 시점에서 수익률을 로그 수익률로 계산할 수 있다. 로그 수익률의 가장 큰 장점은 로그 함수의 성질 때문에 각 시점에서 수익률의 단순한 합으로 표현된다는 것이다. 예를 들어 $T=1\text{day}$이라 하면, $r_1=\log[P(t+1)/P(t)]$이다. 현시점과 10일 후의 로그 수익률은 $r_{10}=\log[P(t+10)/P(t)]$일 것이다. 그런데 로그의 성질 때문에 시차가 10일 때 로그 수익률은 시차가 하루인 로그 수익률의 합과 같다.[8] 이러한 수학적 이점이 다른 수익률 표현보다 로그 수익률로 주식시장을 분석하게 하는 요인이다.

중심극한 정리에 따르면, 무작위 확률변수의 합의 분포는 정규분포를 따르는 경향이 있다. 따라서 만약 일별 로그 수익률이 무작위 확률변수라면, 긴 시차를 가지는 로그 수익률은 정규분포를 따를 것이라고 예상할 수 있다. 하지만 실제 주식시장에서 일별 로그 수익률이 완전히 무작위 확률변수가 아니라는 것이 밝혀

---

7 일 년 동안 연속해서 복리이자를 받으면 $A=\lim_{n\to\infty}1000(1+0.1/n)^n=1000\exp(0.1)=1105.17$이다. 지수함수의 정의는 $e^x=\lim_{n\to\infty}(1+x/n)^n$이다. 자연수 $e\approx 2.718\cdots$이다.

8 시차 10일일 때

$$
\begin{aligned}
r_{10} &= \log\left[\frac{P(t+10)}{P(t+9)}\frac{P(t+9)}{P(t+8)}\cdots\frac{P(t+2)}{P(t+1)}\frac{P(t+1)}{P(t)}\right] \\
&= \log\left[\frac{P(t+10)}{P(t+9)}\right]+\log\left[\frac{P(t+9)}{P(t+8)}\right]+\cdots+\log\left[\frac{P(t+2)}{P(t+1)}\right]+\log\left[\frac{P(t+1)}{P(t)}\right] \\
&= r_1(t)+r_1(t+1)+\cdots+r_1(t+9)=\sum_{i=0}^{9}r_1(t+i)
\end{aligned}
$$

이다.

졌다. 이로 인해 짧은 시차를 가질 때, 로그 수익률의 분포는 정규분포에서 크게 벗어나는 경우가 많다. 즉, 로그 수익률의 분포가 정규분포와 다르다는 사실은 주식시장의 로그 수익률이 무작위적으로 변하지 않는다는 것을 시사한다.

주식시장 분석에서 로그 수익률을 사용하는 또 다른 이유는 시계열의 비정상성 때문이다. 주가지수 자체의 그래프를 보면, 주가지수는 시간에 따라 변동이 크고 일정한 패턴이 없어 정상성을 보이지 않는다. 그러나 수익률 그래프를 살펴보면, 수익률 시계열은 어느 정도 정상성을 갖추고 있는 것처럼 보인다. 만약 수익률이 완벽하게 무작위적이라면, 완벽한 정상성을 보일 것이다. 하지만 실제 주가지수 수익률 시계열은 무작위적이지 않기 때문에 비정상 시계열이다. 그럼에도 불구하고 분석하는 시간 간격이 짧을 경우 수익률 시계열은 **유사 정상성**pseudo stationary state을 나타내기 때문에 분석이 가능하다. 즉, 로그 수익률을 사용하면 보다 안정적이고 신뢰할 수 있는 분석을 할 수 있다는 것이 중요하다.

7.3 두꺼운 꼬리

주식시장에서 수익률이 멋대로 변한다면 그 움직임은 '**멋대로 걷기**'와 비슷할 것이다. 랜덤워크는 '**막걷기**'라고도 번역되지만, 여기서는 '멋대로 걷기'라고 부르겠다. 이 표현이 좀 더 시적인 느낌을 주고, 주식시장에서의 랜덤한 특성을 잘 반영하는 것 같기 때문이다.

주식 가격이 멋대로 움직인다는 것은 주가지수가 오를 확률이 동전을 던져서 앞면이 나올 확률과 같고, 주가지수가 내릴 확률이 동전을 던져서 뒷면이 나올 확률과 같다는 의미다. 만약 주식 가격의 오름과 내림이 제멋대로라면, 주식이 상승하는 비율과 하락하는 비율이 같을 것이고, 평균적으로 이득과 손실이 같아지므로 전체적인 수익을 기대할 수 없게 된다.

하지만 증권사의 주가지수 전광판에 표시된 주가의 변동 그래프를 보면 주가의 변화가 멋대로 일어나지 않는다는 것을 알 수 있다. 그림 7.4는 2016년 8월부터 2018년 8월까지의 3년 동안의 코스피 주가 그래프, 지수, 거래량 등을 보여준다. 이 기간 동안 주가지수는 오르락내리락 하지만 전체적으로 상승한 것을 볼 수 있다. 아래의 초록색 그래프는 거래량을 나타낸다.

주식의 변동을 살펴보려면 앞에서 정의한 로그 수익률의 분포함수를 생각해 보자. 수익률 분포함수를 살펴보기 위해 규격화된 로그 수익률을 고려한다. 수익률은 실수이므로 수익률 축을 일정한 간격으로(예를 들어, $\Delta r = 0.1$) 등분한 다음, 각 수익률 구간에 떨어지는 횟수 N_r을 계산한다. 수익률 r의 분포함수는 $P_r = N_r/N$으로 계산할 수 있다. 여기서 N은 수익률의 총 데이터 수이다.

그림 7.5에서 코스피 주가지수를 분석할 때, 1분 간격으로 기록된 데이터를 사용했다. 이때 주식시장이 열리는 시간만을 연속적으로 연결하여 시계열 데이터를 만들었다. 예를 들어, 오후 3시에 시장이 마감되고 다음 날 오전 9시에 다시 열리

[그림 7.4] 2018년 8월 3일 Naver의 코스피 주가 표시판. 과거 그래프는 과거 3년의 코스피 주가지수를 나타낸 것이다. 주가지수 아래의 그림은 거래량을 나타낸다.

면, 이 사이의 휴장 시간은 제거하고 시간을 연속적으로 이어 붙였다. 주말이나 공휴일처럼 시장이 열리지 않는 기간도 같은 방식으로 처리했다.

그림 7.5는 KOSPI 주가지수의 수익률 분포함수를 보여준다. 가로축 x는 로그 수익률을 나타내고, 세로축은 수익률 분포함수의 로그 값을 나타낸 것이다. 시차 T는 1분부터 600분 사이에서 선택적으로 나타냈다. 그림에서 보듯이 $x=0$ 근처에서 분포함수는 최대치에 도달하며 매우 뾰족한 분포를 보인다. 반면, 수익률의 절댓값이 큰 영역에서는 확률이 급격히 떨어진다. 즉, 주식시장에서 작은 수익률 변동은 자주 발생한다는 뜻이다. 작은 크기의 수익률만 생긴다면, 큰 수익이나 큰 손실을 기대하기 어렵다. 시차 T를 늘려도, 즉 1분 시차의 수익률을 계산할 때와 하루 시차를 두고 수익률을 계산할 때도 수익률이 작은 영역에서 분포함수의 모습은 비슷하다. 그러나 시차 T가 커지면 분포함수의 최댓값이 낮아지고, 수익률

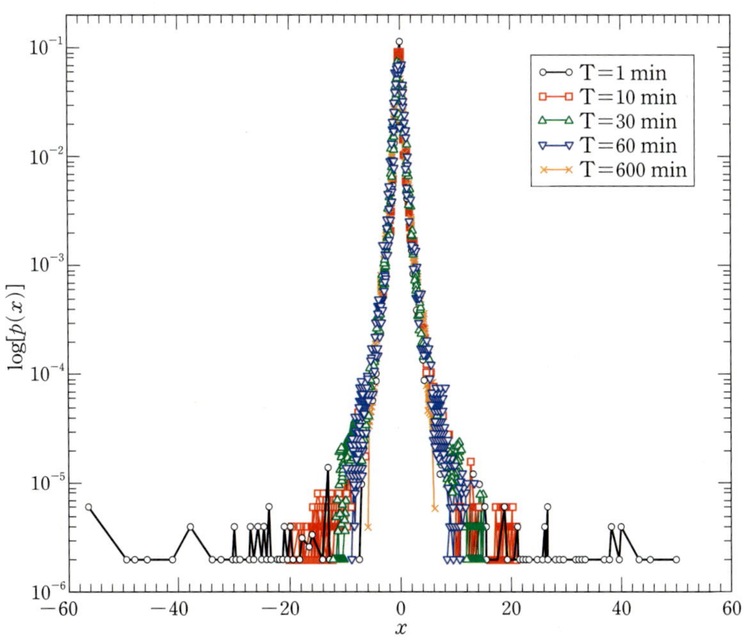

[그림 7.5] 수익률 분포함수. 수익률 x는 실수값이고, 분포함수인 y축은 로그를 취하였다. T는 수익률을 계산할 때 시차를 나타낸다.

이 큰 영역에서의 분포함수의 모습은 확연히 달라진다.

그림 7.6에서 가로축은 로그 수익률(x)이고 세로축은 로그를 취하지 않은 분포함수를 나타낸다. 수익률 $x=0$ 근처의 수익률 분포함수[9]를 정규분포와 로렌치안 분포함수로 함수 맞춤해 본 것이다. 긴 대시 그래프는 정규분포(가우씨안)[10]로 맞춤한 것인데, 잘 맞지 않는다. 정규분포는 가로축의 x가 커지면, 분포함수의 크기가 지수 함수적으로 급격히 감소한다. 즉, 아주 크게 수익을 올리거나 아주 크게 손실을 보이는 사건이 좀처럼 일어나지 않는다. 중심 근처의 분포함수는 정규분포보다는 로렌치안 분포함수에 더 가까웠다. 그러나 꼬리쪽으로 갈수록 분포함수는 두 함수로 맞춤할 수 없었다.

중심극한정리[11]에 따르면, 서로 독립적인 사건들이 자주 발생하고, 그 사건들의 값이 합쳐지면 결과적으로 정규분포에 가까워진다. 만약 주식시장에서 사람들이 주식을 무작위로 거래한다면, 수익률 역시 이 이론에 따라 정규분포에 근접해야 할 것이다. 하지만 실제로는 그렇지 않다. 주식시장에서 관찰된 수익률은 정규분포와 큰 차이를 보인다.

주식시장의 변동은 물이 빠르게 흐를 때 소용돌이를 만들어 복잡하게 흐르는 난류와 비슷하다. 난류가 발생하는 강의 한 지점에서 물의 속력을 측정하면, 그 속력 변화는 주식 수익률의 복잡한 변동과 유사한 형태를 보인다. 이러한 이유로 과학자들은 주식시장의 변동성과 난류 흐름을 자주 비교한다. 물론 난류의 원리와 주가 변동의 원리가 완전히 동일하지는 않다. 그러나 두 현상 모두 여러 요소가 복합적으로 작용하는 다체계이기 때문에 유사성을 연구할 가치가 있다.

---

9 로렌치안 분포함수(Lorentian distribution function)는 $p(x)=\frac{1}{\pi}\left[\frac{\gamma}{(x-x_o)^2+\gamma^2}\right]$이다.

10 정규분포는 $p(x)=\frac{1}{\sqrt{2\pi\sigma^2}}\exp\left[-\frac{(x-\overline{x})^2}{2\sigma^2}\right]$이고, 여기서 $\overline{x}$는 평균, σ는 표준편차이다.

11 중심극한정리(Central limit theorem)는 동일한 확률분포를 가진 독립 확률변수 N개의 합은 N이 클 때, 합의 분포함수는 정규분포에 근접한다.

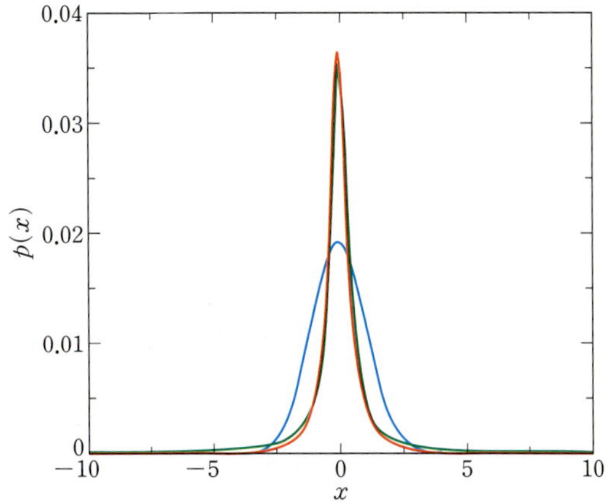

[그림 7.6] 시차 1분인 주가 수익률 분포함수의 함수꼴 맞춤. 빨간 선이 수익률의 원데이터이고 하늘색은 정규분포 함수로 맞춤한 것이고, 초록 선은 로렌치안 함수로 맞춤한 것이다. 가로축은 로그 수익률이고, 세로축은 로그를 취하지 않은 분포함수이다. 원점 근처의 분포함수는 정규분포에서 많이 벗어남을 볼 수 있다.

표 7.3 주식시장의 주가지수 수익률 분포함수의 스타일라이즈드 팩츠

수익률 분포의 특징	내 용
수익률 분포의 팻테일	주가 수익률 분포함수는 두꺼운 꼬리 분포(heavy-tail or fat-tail distribution)를 보임
합산 정규성 (aggregational Gaussianity)	수익률의 시차가 길어지면 수익률이 정규분포에 접근하는 현상
변동성 분포의 팻테일	변동성 분포함수는 두꺼운 꼬리를 나타냄
수익-손실 비대칭성	수익률의 수익과 손실의 분포는 대칭적이지 않음

그림 7.5에서 시차를 변화시키며 특정 지점에서 분포함수의 변화를 관찰했다. 시차가 커질수록 분포함수는 점차 작아진다. 맨테그나와 스탠리는 시차와 분포함수의 관계를 조사한 결과, 분포함수가 멱함수 형태로 감소하는 현상을 발견했다. 그들은 1995년에 발표한 연구에서 미국의 S&P 500 지수를 분석했으며, 시차의 크기에 따른 원점에서 분포함수의 값이 멱함수[12]를 따르며 그 멱함수 지수가 0.71이라는 사실을 밝혀냈다. 이 값은 정규분포에서 얻을 수 없는 결과였다. 이러한

발견은 주식시장의 가격 변화가 무작위적으로 일어나지 않는다는 것을 보여준다.

주식시장은 지능을 가진 투자자들이 주가 변동에 적응하면서 행동하는 "**적응 복잡계**adaptive complex system"이기 때문에, 단순한 무작위 변화로 설명될 수 없는 특성을 지닌다.

주가 수익률의 가장 두드러진 특징 중 하나는 분포함수가 "**두꺼운 꼬리**fat tail" 분포를 보인다는 것이다. 두꺼운 꼬리 분포는 무거운 꼬리heavy tail 분포라고도 부른다. 그림 7.7(a)는 시차가 10분인 코스피 주가지수의 로그 수익률 분포함수의 "**누적 수익률 분포**[13]"를 보여준다. 누적 수익률 분포는 수익률이 특정 값보다 큰 경우의 확률을 모두 더한 것으로, 수학적으로는 수익률이 특정 값보다 클 때의 확률을 적분한 값으로 정의된다.

그림 7.7(a)에서 로그 수익률이 양수인 경우(이득을 본 경우)와 음수인 경우(손실을 본 경우)의 누적 분포함수를 각각 따로 그렸다. 이 그림에서 누적 수익률 분포함수는 로그-로그 그래프에서 직선 형태로 나타나며, 이는 특정 스케일이 없음을 뜻한다. 즉, 수익률의 크기가 커질수록 그 확률이 지수적으로 감소하는 것이 아니라, 두꺼운 꼬리를 가진 분포를 나타낸다.

누적 수익률 분포함수가 멱함수 법칙을 따르면, 분포함수 역시 두꺼운 꼬리 멱함수 분포를 따른다. 수익률 분포함수의 멱함수 지수는 누적 수익률 분포함수 멱함수 지수보다 1 크다[14].

그림 7.7(b)에서는 수익률 분포의 꼬리 영역에서 멱함수 법칙을 따르는 원래 분

---

12 시차 T를 변화시키면서 $r=0$인 지점에서 분포함수의 $p(r=0)$를 구해보면, 시차가 증가할수록 $p(0)$는 감소한다. 맨테그나와 스탠리는 $p(0)$ 대 시차 T의 관계를 조사하였더니 $p(0) \sim T^{-\gamma}$의 멱함수 법칙을 따랐다.

13 누적 수익률분포는 $P_>(x) = \int_x^\infty p(y)dy$으로 정의한다.

14 누적 분포함수가 멱 법칙을 따르면 분포함수는 $p(x) = -dP_>(x)/dx$이므로, 분포함수는 $p(x) \sim x^{-(\alpha+1)}$이다. 보통 $p(x) \sim x^{-\beta}$로 나타내면, $\beta = \alpha + 1$이다.

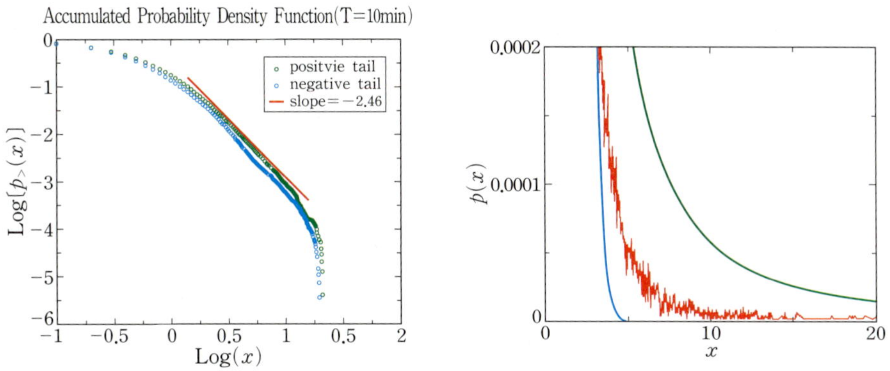

(a) (b)

[그림 7.7] KOSPI 주가지수의 누적 주가 수익률 분포함수의 멱함수 법칙 분포. (a)누적 수익률에 절댓값을 취하여 양의 꼬리와 음의 꼬리를 함께 그렸다. 꼬리 영역에서 두 멱함수 법칙의 지수는 비슷한 값을 가진다. (b)양의 꼬리 영역에서 수익률 분포함수(빨간 선), 정규분포 함수 맞춤(하늘색 선), 로렌치안 분포함수 맞춤(초록색 선).

포와, 이를 정규분포(하늘색 선)와 비교하여 함께 그렸다. 이때 세로축에는 로그를 취하지 않고 나타냈다. 멱함수 법칙을 따르는 구간에서 분포함수는 정규분포보다 훨씬 천천히 감소하는 것을 볼 수 있다. 이는 주가 수익률이 정규분포보다 두꺼운 꼬리를 가지고 있음을 의미한다.

수익률이 큰 영역에서 분포함수가 멱함수 법칙을 따른다는 것은 중요한 의미를 가진다. 그림 7.7에서 확인할 수 있듯이, 멱함수 법칙은 수익률의 절댓값이 커질수록 정규분포보다 느리게 감소한다. 즉, 매우 큰 이익이나 손실이 발생할 확률이 정규분포보다 높다는 것을 의미한다.

그림 7.7(b)에서 초록색 선은 로렌치안 분포를 나타낸다. 수익률이 작은 중심 영역에서는 로렌치안 함수로 어느 정도 잘 맞춰진다. 그러나 수익률이 큰 영역으로 가면, 로렌치안 함수는 더 이상 적합하지 않으며, 큰 수익률의 변동을 설명하는 데는 적절하지 않다.

주식시장에서 두꺼운 꼬리 분포는 거의 모든 시장에서 관찰되는 '**보편적인 특성**'이다. 코스피 주가지수, 미국의 다우지수, S&P 500, 독일의 다우지수, 중국의 상하이 주가지수 모두 로그 수익률 분포함수를 분석하면, 이들 모두 두꺼운 꼬리 분포를 나타낸다. 각 시장의 주요 차이점은 두꺼운 꼬리 분포의 지수 값이 약간씩 다르다는 것이다. 또한, 이 지수는 시차에 따라서도 변동한다.

유진 스탠리와 그의 연구 그룹은 미국 주식시장의 주가지수를 분석하여, 로그 수익률 누적 분포 함수가 보편적으로 '**역세제곱 법칙**Inverse cubic law'을 따를 것이라고 주장했다. 그러나 두꺼운 꼬리의 지수는 정확히 3이 아니며, 3 근처에서 다양한 값을 보이기 때문에 보편적인 역세제곱 법칙이 성립한다고 단정할 수 없다.

필자 그룹의 분석에 따르면, 코스피와 코스닥 주가지수에서는 이 지수가 3보다 작은 값을 나타냈다. 손실이 발생하는 음의 수익률 분포함수의 지수가 양의 수익률 분포함수의 지수보다 조금 더 큰 값을 보였다. 그러나 다른 나라 주식시장에서 이러한 경향이 역전되는 경우도 관찰되었다. 즉, 양의 수익률과 음의 수익률 분포함수의 지수가 항상 같지는 않으며, 수익을 내는 경우와 손실을 보는 경우는 비대칭적이다.

주식시장에서 관찰되는 로그 수익률의 두꺼운 꼬리 분포는 개별 주식의 로그 수익률에서도 나타난다. 1999년 스탠리 그룹은 개별 회사의 주식가격 로그 수익률 분포함수를 분석하여 두꺼운 꼬리 분포를 확인했다. 미국 회사들의 주식가격 로그 수익률 분포함수를 분석한 결과, 양의 수익률 분포함수와 음의 수익률 분포함수 모두 멱함수 법칙을 따랐지만, 멱함수 지수는 서로 달랐다. 손실의 분포는 수익의 분포보다 더 천천히 감소하는 경향이 있다. 이는 손실을 입을 확률이 수익을 얻을 확률보다 더 높다는 것을 의미한다. 즉, 큰 수익을 올리기보다는 큰 손실을 입는 것이 더 쉽다는 뜻이다.

로그 수익률에서 시차를 늘이면 수익률 분포함수는 어떻게 변할까? 그림 7.5에서 이미 그 변화 모습을 관찰할 수 있다. 시차를 늘리면 로그 수익률의 분포함수는 정규분포로 접근하게 된다. 이러한 현상을 '**합산 정규분포**aggregational normality'라고 한다. 여기서 '합산'이라는 용어는 시차가 늘어남에 따라 로그 수익률이 단위 시차에서 계산한 수익률들의 합이 되기 때문이다. 로그 수익률을 계산할 때 시차가 길어지면 두 수익률 사이의 상관관계는 점점 작아진다. 상관관계가 없는 무작위 확률변수들의 합은 역시 무작위 시계열이 되어, 시차가 늘어나면 수익률의 변화는 브라운 운동과 같이 무작위로 움직일 것이다. 따라서, 이로 인해 수익률의 분포는 정규분포에 가까워지게 된다.

주가지수와 개별 주식의 수익률 분포함수가 두꺼운 꼬리 분포를 나타내는 현상은 거의 모든 주식시장에서 공통적으로 나타나는 보편적인 특성이다. 그러나 이러한 두꺼운 꼬리 분포가 왜 발생하는지에 대한 정확한 이유는 아직 명확히 밝혀지지 않았다.

한 가지 유력한 이유로는 '**무리지음 동력학**herding dynamics'이다. 주식시장에 참여하는 투자자들을 '행위자'라고 할 때, 이들은 다양한 정보와 다른 행위자들의 행동을 모방하는 등 여러 요소의 영향을 받는다. 자신의 행동과 다른 사람의 행동이 서로 '**되먹임**feedback'을 주고받으며 영향을 미친다. 새나 물고기 등의 무리지음 행동에 비유하여, 행위자들이 함께 한 쪽 방향으로 행동하는 현상을 무리지음 행동이라고 하며, 이런 "**따라 하기 행동**"은 주식 가격을 계속해서 하락시키거나 연속적으로 상승시킬 수 있다. 예를 들어, 몇 명의 투자자가 팔자 주문을 내면 주식 가격이 일시적으로 하락하고, 이를 본 다른 투자자들이 불안감에 휩싸여 주식을 매도하면 가격이 더 큰 폭으로 하락할 수 있다. 이런 상황은 추가적인 매도 주문을 유도하여 주식 가격의 폭락을 초래할 수 있다.

무리지음 행동의 영향은 간접적으로 주가지수에 반영되기 때문에 이를 수치화하기 어렵다. 그래서 물리학자들은 행위자 기반 모형의 "**인공 주식 시장**artificial stock market"을 컴퓨터로 시뮬레이션하여 무리지음 행동에 의해 발생하는 주식 가격의 변동을 정량적으로 분석했다. 그 결과, 무리지음 행동이 두꺼운 꼬리 분포에 일정한 영향을 미친다는 것을 발견했다. 하지만 주식 시장의 가격 변동은 내적 요인과 외적 요인 모두에 의해 발생하기 때문에, 무리지음 행동만이 두꺼운 꼬리 분포의 유일한 원인이라고 단정짓기는 어렵다. 현재까지의 연구에서는 두꺼운 꼬리 분포의 정확한 원인에 대한 확증이 이루어지지 않았기 때문에, 이 문제에 대한 추가적인 연구가 필요한 상황이다.

7.4 수익-손실 비대칭

주식시장에서 수익을 올린 경우와 손실이 난 경우의 분포는 어떻게 될까? 주가지수 하락과 주가지수의 상승을 비교해 보자. 그림 7.6의 수익률 분포함수는 상승과 하락의 비율이 잘 구분이 되지 않는다. 수익률 분포가 어느 쪽으로 치우쳐 있는지 알아보기 위해서 평균[15], 분산, 비대칭도, 뾰족도를 살펴보자. 중앙값median m은 데이터를 크기 순서로 오름차순으로 나열하였을 때 가장 중앙에 위치한 값을 의미한다.

수익률 분포함수가 펼쳐져 있는 정도는 분산[16] 또는 표준편차[17]를 구하면 알 수 있다. 금융학 분야에서 표준편차를 "**변동성**volatility"으로 사용하곤 한다. 분산은 분포함수가 평균에서 얼마나 빨리 멀어지는지를 나타내는 양이다. 그림 7.8과 같이 정규분포에서 $r=\bar{r}\pm\sigma$ 떨어진 지점에서 분포함수의 최댓값의 0.3159배 정도이므로 $\bar{r}-\sigma \le r \le \bar{r}+\sigma$ 사이에서 전체의 68.27%를 차지한다. 수익률이 $r=\bar{r}\pm 2\sigma$ 일 때는 최댓값의 13.59%이고, $r=\bar{r}\pm 3\sigma$ 일 때는 최댓값의 2.14%이다. 따라서 $\bar{r}-2\sigma \le r \le \bar{r}+2\sigma$ 사이에서 전체의 99.7%를 차지하여 꼬리 부분의 확률은 아주 작다. 표준편차가 크면 분포함수의 감소가 빠르게 일어날 것이고 표

15 평균(average or mean)은 $\bar{r}=\frac{1}{T}\sum_{t=1}^{T} r(t)$으로 정의한다.

16 분산(variance)은 $var(r)=\sigma^2=\frac{1}{T}\sum_{i=1}^{T}(r_i-\bar{r})^2$ 으로 정의한다.

17 표준 편차는 $\sigma=\sqrt{var(r)}$ 으로 정의한다.

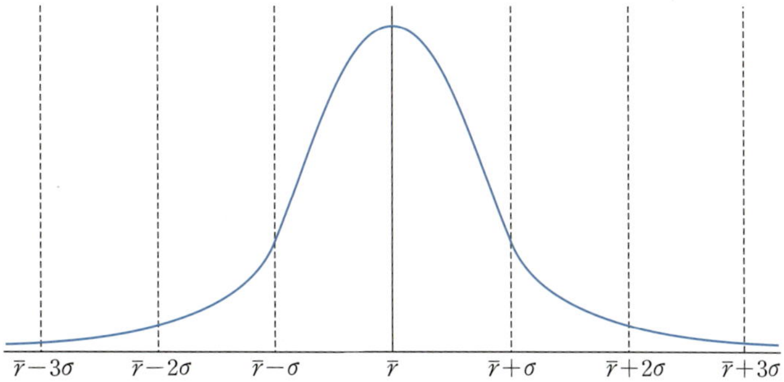

[그림 7.8] 정규분포의 평균과 표준편차의 의미. 정규분포는 평균을 중심으로 대칭이며 평균에서 멀어질수록 분포함수가 급격히 줄어든다.

준편차가 작으면 분포함수는 느리게 감소한다. 정규분포는 평균값을 기준으로 대칭인 분포함수이다.

수익률 분포의 퍼짐을 측정하는 또 다른 양으로 **평균 절대값 변량**[18]이 있다. 평균 절대값 변량은 수익률이 평균 수익률에서 얼마나 벗어나는지를 절댓값으로 측정한 후, 이 값을 평균하여 계산한다. 또한, **사분위**Inter-Quantile Range, IQR는 분포를 네 부분으로 나누었을 때, 중간 50%를 차지하는 구간을 나타낸다. 즉, 분포의 25%에서 75% 사이에 해당하는 범위를 의미한다. 사분위 범위가 크면 분포가 넓게 퍼져 있음을 나타내며, 이는 분산이 크다는 것을 의미한다. 반대로 사분위 범위가 작으면 분포가 뾰족하고, 수익률이 평균값 근처에 집중되어 있다는 것을 의미한다.

수익률의 분포가 정규분포와 비교해 왼쪽 또는 오른쪽으로 치우쳐 있는 정도는 **비대칭도** 또는 **왜도**[19]로 측정할 수 있다. 비대칭도는 분포의 비대칭 정도를 나타내며, 정규분포의 비대칭도는 0이다.

---

18 평균 절댓값 변량(mean absolute deviation)은 $MAD=\frac{1}{T}\sum_{t=1}^{N}|r_t-\bar{r}|$이다.

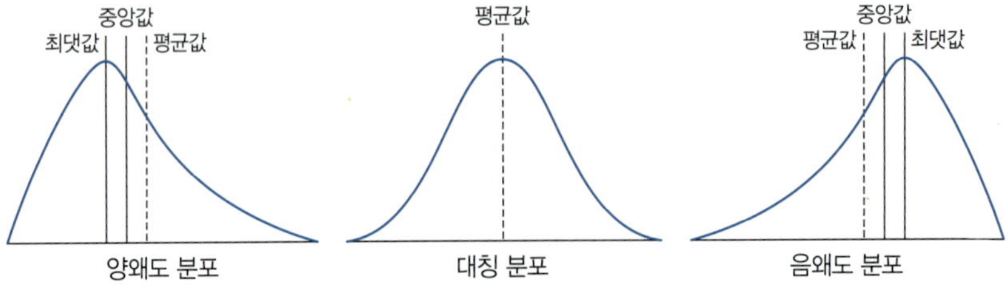

[그림 7.9] 분포함수의 비대칭성을 나타내는 왜도. 양의 왜도를 가지는 분포는 값이 큰 쪽으로 늘어진 꼬리를 갖지만, 음의 왜도를 가지는 분포는 작은 값 쪽으로 분포가 늘어져 있다.

그림 7.9와 같이 정규분포는 평균과 최댓값이 일치하며, 평균을 기준으로 좌우가 대칭이다. 즉, 평균의 왼쪽과 오른쪽에 분포된 값의 분포가 같다는 의미이다. 비대칭도가 양수일 경우, 분포함수는 평균보다 큰 값 쪽으로 길게 늘어진다. 이는 평균보다 큰 쪽에서 일어나는 사건의 확률이 평균보다 작은 쪽에서 일어나는 사건의 확률보다 크다는 것을 의미한다.

반면, 비대칭도가 음수일 경우, 분포함수는 평균보다 작은 값 쪽으로 긴 꼬리를 가진다. 즉, 평균보다 작은 쪽에서 일어나는 사건의 확률이 평균보다 큰 쪽에서 일어나는 사건의 확률보다 크다는 것을 나타낸다.

분포함수의 뾰족한 정도는 **첨도**[20]로 측정할 수 있다. 그림 5.10과 같이 첨도는 분포의 뾰족함과 꼬리의 두께를 나타내며, 정규분포의 첨도는 3이다. 이 경우, 정규분포는 **중첨**Mesokurtic이라고 한다.

첨도가 3보다 크면 이를 **고첨**Leptokurtic이라고 부른다. "Lepto"는 '날씬한' 또는 '가느다란'을 의미하므로, 고첨 분포는 정규분포보다 더 뾰족하고 날씬한 형태를 가지며, 평균 근처에 값이 집중되고 꼬리 쪽의 값이 발생할 확률이 낮다.

---

19 비대칭도 또는 왜도(skewness)는 $S=\frac{1}{T}\sum_{t=1}^{T}\left(\frac{r_t-\bar{r}}{\sigma}\right)^3$ 으로 정의한다.

20 첨도(첨도, kurtosis)는 $K=\frac{1}{T}\sum_{t=1}^{T}\left(\frac{r_t-\bar{r}}{\sigma}\right)^4$ 으로 정의한다.

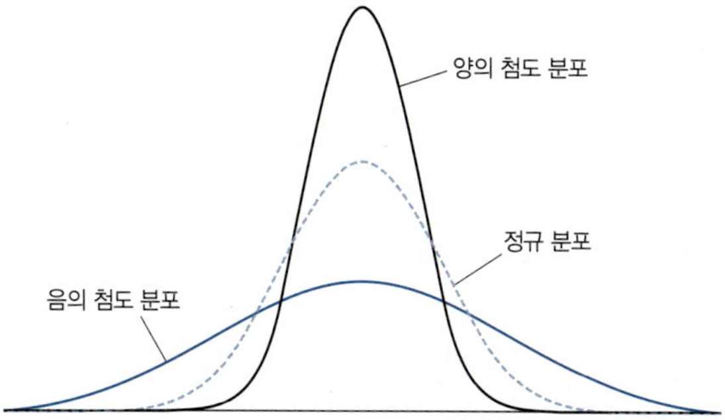

[그림 7.10] 분포함수의 첨도. 정규분포의 첨도는 K=3이다. 첨도의 정의에서 3을 뺀 값으로 첨도를 재정의하면 정규분포의 첨도는 0이고 양의 첨도를 가진 분포는 정규분포보다 더 뾰족하다.

반대로, 첨도가 3보다 작으면 **저첨**Platykurtic이라고 한다. "Platy"는 '뚱뚱한' 또는 '넓은'을 의미하며, 저첨 분포는 정규분포보다 더 평평한 형태를 가지고 있다. 이 경우, 평균 근처의 값들이 넓은 범위에서 비슷한 확률로 나타나고, 분포의 꼬리 부분에서 값이 발생할 확률이 상대적으로 높다. 따라서, 첨도는 분포가 정규분포보다 더 뾰족한지 또는 더 평평한지를 판단하는 척도가 된다.

표 7.4는 2000년 1월 2일부터 2023년 12월 29일 사이의 코스피 일별 시계열과 1980년 1월 2일부터 2004년 8월 31일 사이의 S&P 500과 DAX의 일별 시계열 수익률의 통계량을 보여준다. 코스피의 평균, 중앙값, 표준편차는 S&P 500과 DAX에 비해 상대적으로 작다.

세 주가지수 모두 왜도는 음수이며, 이는 음수 쪽의 분포가 약간 더 길게 늘어진 형태를 나타낸다, 즉 음수 방향으로 꼬리가 더 길다는 뜻이다.

또한, 첨도는 모두 큰 값을 보여 정규분포보다 더 뾰족한 분포를 나타낸다. 이는 주가지수가 정규분포와는 다른 형태를 가지며, 시간 구간에 따라 통계량이 일관되지 않고 변할 수 있음을 의미한다.

표 7.4 코스피, S&P500, DAX 주가지수 수익률의 통계적 특징. 코스피는 2000년 1월 2일 ~2023년 12월 29일 사이의 시계열을 사용했고, S&P500과 DAX는 1980년 1월 2일~2004년 8월 31일 사이 일별 시계열을 사용했다.

	KOSPI	S&P500	DAX
평균	0.00024	0.036	0.032
중앙값	0.00067	0.011	0.019
표준편차	0.0146	1.047	1.329
왜도	-0.3703	-1.751	-0.472
첨도	7.6149	42.513	9.847

7.5 주식시장의 변동성

주식시장의 주가지수와 개별 회사의 주식가격은 시장이 열리면 끊임없이 변동한다. 주식시장이 안정적일 때는 주가지수의 변동이 크지 않지만, 시장이 불안정할 경우 주가지수는 크게 변동한다. 주가지수가 평소에는 안정적으로 움직이다가도 갑작스러운 호재나 악재가 등장하면 주식가격은 급격하게 변할 수 있다. 그렇다면 주식시장의 변동성을 어떻게 측정할 수 있을까? 주식시장에서 **요동**의 크기를 "**변동성**volatility"이라 한다.

변동성은 계량경제학에서 **위험**을 정량화하는 중요한 지표다. 특히 블랙-숄즈 모형과 같은 옵션 가격 결정 모형에서는 변동성이 중요한 입력값으로 사용된다. 그렇다면 변동성에는 어떤 구조가 숨겨져 있을까?

주식시장에서 변동성은 여러 가지 방식으로 정의할 수 있는데, 가장 대표적으로 사용되는 방식은 표준편차를 이용하는 것이다. 예를 들어, 그림 7.11은 코스피 주가지수에서 구한 로그 수익률을 바탕으로 변동성을 계산한 결과다. 이 그림은 과거의 코스피 주가지수를 기반으로 일정한 시간 간격마다 로그 수익률의 표준편차를 변동성으로 정의하여 그 변화를 보여준다. 이 그래프는 1992년 4월부터

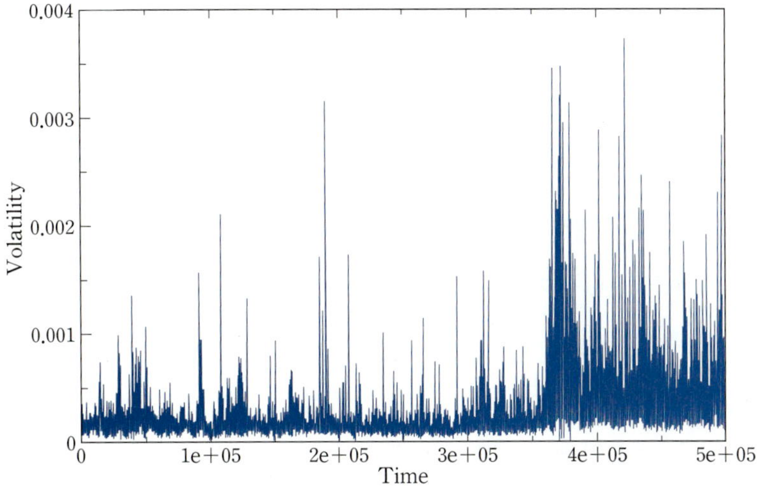

[그림 7.11] 1992년 4월~1999년 12월 사이의 코스피 주가지수의 로그 수익률에 대한 변동성 시계열. 변동성을 계산하기 위한 시간 간격은 30분이다.

1999년 12월까지의 데이터를 사용했으며, 특히 1997년 우리나라가 IMF에 구제 금융을 신청하던 시기에는 변동성이 급격히 증가하고, 그 상태가 한동안 지속되는 모습을 확인할 수 있다.

변동성을 정의하는 또 다른 방식으로 '**전고점 대비 최대 하락폭**MDD[21]'이 있다. MDD는 과거 주가지수의 일정 기간에서 주가지수가 가장 높았을 때와 가장 낮았을 때의 차이를 계산하여, 이 차이를 주가지수의 최고점으로 나눈 비율을 뜻한다. 쉽게 말해, 주가지수가 최고점에서 얼마나 많이 하락했는지를 나타내는 지표로, 최대 손실률을 의미한다. 그러나 MDD는 고점에서 최대 하락만을 보여줄 뿐, 주식가격이 회복하는 데 걸리는 시간이나 가격 하락이 얼마나 자주 발생했는지에 대한 정보는 제공하지 않는다.

---

21 전고점 대비 최대 하락폭(Maximum Drawdown, MDD)은 $MDD = \frac{Min\,Value - Max\,Value}{Max\,Value}$ 으로 정의한다.

변동성의 또 다른 척도로는 '**베타계수**[22]'가 있다. 베타계수는 개별 주식의 수익률과 시장 전체 수익률의 공분산을 시장 전체 수익률의 분산으로 나누어 계산한다. 베타계수는 개별 주식이 시장 전체와 비교해 얼마나 변동하는지를 나타내며, 시장의 변동에 대해 주식이 얼마나 민감하게 반응하는지를 보여준다.

변동성의 크기에 대한 분포도 분석할 수 있다. 1999년, 리우Y. Liu와 그의 연구팀은 미국의 S&P 500 주가지수와 500개 개별 회사의 주식가격에서 변동성의 분포를 분석했다. 그들은 변동성 분포함수의 꼬리 영역이 멱함수 법칙[23]을 따르는 것을 발견했다. 변동성의 누적 분포함수는 멱함수 형태를 보이며, 멱함수 지수는 약 3에 가까운 값을 가졌다. 개별 회사들의 주식가격 역시 유사한 결과를 나타냈다. 이러한 멱함수 분포는 꼬리가 얇아서 큰 변동성이 발생할 확률이 빠르게 감소하는 특성을 보인다.

필자의 연구팀은 코스피 주가지수를 분석한 결과, 멱함수 지수가 약 2.3에 가까운 값을 나타냈다. 이는 미국 주식시장의 지수보다 작아서, 우리나라 주가지수의 변동성 분포가 상대적으로 느리게 감소하는 경향을 보였다. 즉, 변동성이 큰 상황이 미국보다 우리나라에서 더 자주 발생할 수 있음을 시사한다.

주식시장에서 변동성 무리지음 현상, 변동성 분포함수가 두꺼운 꼬리 분포를 나타내는 이유에 대한 원인 역시 잘 모른다. 이러한 특징 역시 주식시장에 참여하는 행위자들의 비이성적 특징, 정보의 비대칭성, 투자자들의 따라 하기 행동 등 다양한 요인이 영향을 줄 것이다.

---

22 베타계수(Beta coefficient)는 $\beta = Cov(R_e, R_m) / Var(R_m)$으로 정의한다.

23 주식시장에서 변동성이 x보다 클 누적 분포함수는 멱함수 분포 $P_>(v > x) \sim 1/x^{\mu}$를 따른다.

8

주식시장의 기억력

주식시장에서 수익률을 살펴보면 여러 흥미로운 특징을 발견할 수 있는데, 그 중 하나는 "과거의 수익률 패턴이 미래의 수익률을 보장하지 않는다"는 점이다. 즉, 과거의 수익률 데이터를 아무리 분석해도 미래의 수익률을 예측하는 것은 매우 어렵다. 그래서 과거 주가지수의 시계열을 바탕으로 주식시장의 미래를 정확히 예측하여 수익을 얻는 것은 현실적으로 매우 힘들다.

주가지수나 개별 주식의 가격에 시간적 패턴이나 기억 효과가 존재하는지를 분석하는 것은 흥미롭다. 그렇다면 주식시장에서 수익률의 변화를 확률적으로 설명할 수 있을까? 이 질문은 주식시장의 예측 가능성과 확률론적 분석의 중요성을 상기시킨다.

주식시장의 확률적 성질을 이해하기 위해 **확률변수**에 대해 생각해 보자. 확률변수는 어떤 상태에서 다음 상태로 변할 때 그 값이 확률에 따라 결정되는 변수를 말한다. 즉, 다음 시점의 값은 고정된 것이 아니라 확률적으로 주어진다.

확률과정에서 확률변수가 **독립항등분포**independent and identical distribution, iid인 경우를 살펴보자. 이 개념은 통계학이나 금융공학에서 자주 등장하는데, "독립적"이라는 의미는 한 사건이 다른 사건에 영향을 미치지 않는다는 것을 뜻한다.

예를 들어, 주사위를 여러 번 던질 때 나오는 눈금을 확률변수로 생각해 보자. 만약 연속해서 주사위를 던져서 나온 눈금이 3, 5라면 이는 각각 독립적으로 발생한 결과이다. 첫 번째 주사위를 던졌을 때 나온 결과가 다음번 주사위에 영향을 주지 않기 때문에, 주사위를 던지는 사건들은 서로 독립적이라고 할 수 있다.

주사위를 던질 때, 각 눈금이 나올 확률은 모두 동일하며, 이는 주사위의 6개 눈금 중 하나가 나올 확률이 각각 1/6임을 의미한다. 주사위 2개를 동시에 던졌을 때 나올 수 있는 모든 가능한 조합의 수는 6×6=36이다. 이때 첫 번째와 두 번째 주사위 눈금이 동시에 나올 확률을 "**동시확률**" 또는 "**결합확률**"이라고 한다. 예를 들어, 첫 번째 주사위 눈금은 2가 나오고 두 번째 주사위 눈금은 5가 나올 확률은 각 사건의 확률을 곱한 값이므로 $\left(\frac{1}{6}\right)\times\left(\frac{1}{6}\right)=\frac{1}{36}$이 된다. 이는 두 사건이 서로 독립적이라는 의미이다.

한편, **항등분포**란 각 사건이 동일한 확률을 가진다는 의미이다. 앞서 주사위를 던질 때 첫 번째 주사위가 특정 눈금을 가질 확률과 두 번째 주사위가 특정 눈금을 가질 확률이 동일하므로, 두 사건은 항등분포를 따르고 있다고 할 수 있다. 이렇게 모든 사건이 동일한 확률분포를 가질 때 이를 항등분포 또는 동일분포라고 부른다. 이처럼 확률변수가 독립적이고 항등분포를 따르는 경우, 각 사건은 서로 간섭 없이 발생하며 동일한 확률로 결정되는 과정을 거친다고 할 수 있다.

어떤 사건의 확률분포를 알면, 그 사건에 대한 통계적 특징인 평균, 분산, 표준편차와 같은 값을 계산할 수 있다. 이 값들은 시스템의 확률적인 특성을 대표한다.

확률변수가 독립항등분포를 따르는 경우, 그 확률변수는 "**정상상태**"에 있다. 정상상태란, 확률변수가 시간의 흐름에 따라 통계적 특성이 변하지 않는 상태를 의미한다. 즉, 확률변수가 정상상태에 있다면, 과거에 해당 변수의 평균이나 분산 같은 통계적 특징이 미래에도 동일하게 유지된다.

정상상태에 있는 확률변수는 **시간 옮김**에 대해서도 변하지 않는다. 이는 과거의 통계적 특성과 미래의 통계적 특성이 동일하다는 것을 의미한다. 이런 경우, 과

거의 정보를 활용하면 미래의 상태를 예측하는 데 도움이 될 수 있다. 과거의 데이터와 미래의 데이터가 같은 통계적 특성을 공유하기 때문에, 과거의 패턴이 미래의 변화를 설명하는 중요한 역할을 할 수 있는 것이다.

그러나 현실 세계의 많은 경우, 정상상태에 있지 않은 시스템도 존재하며, 이러한 시스템에서는 과거의 정보가 미래를 결정하는 데 제한적인 역할을 할 수 있다.

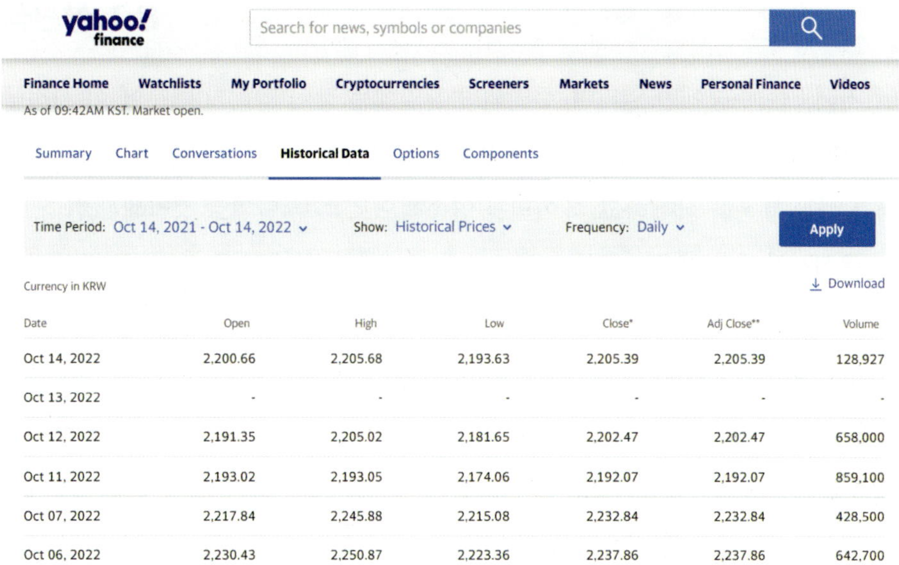

Date	Open	High	Low	Close*	Adj Close**	Volume
Oct 14, 2022	2,200.66	2,205.68	2,193.63	2,205.39	2,205.39	128,927
Oct 13, 2022	-	-	-	-	-	-
Oct 12, 2022	2,191.35	2,205.02	2,181.65	2,202.47	2,202.47	658,000
Oct 11, 2022	2,193.02	2,193.05	2,174.06	2,192.07	2,192.07	859,100
Oct 07, 2022	2,217.84	2,245.88	2,215.08	2,232.84	2,232.84	428,500
Oct 06, 2022	2,230.43	2,250.87	2,223.36	2,237.86	2,237.86	642,700

[그림 8.1] Yahoo Finance에서 제공하는 과거 주가지수 데이터. 날짜, 개장가, 최고가, 최저가, 종가, 조정 종가, 거래량 등의 데이터가 나와 있다.

기본적인 소개를 마쳤으니, 이제 주가지수 시계열의 특징을 살펴보자. 일별 코스피 주가지수를 시간에 따라 나열한 데이터를 '**시계열 데이터**'라고 한다. 시계열 데이터를 분석하여 의미 있는 정보를 추출하는 작업을 '**시계열 분석**'이라고 한다. 주식시장의 시계열 분석은 통계학과 금융공학 분야에서 많이 연구되고 적용되고 있지만, 여기서는 복잡계 관점에서 주식시장 시계열의 특징을 살펴보려고 한다.

복잡계 관점에서 시계열 분석을 수행하면, 주식시장의 변동성이 어떻게 상호 작용하며, 특정 패턴이나 규칙성이 있는지 등을 탐색할 수 있다. 복잡계 이론은 시스템의 구성 요소가 어떻게 상호작용하여 전체적인 동작을 만들어내는지 이해하는 데 도움을 준다. 따라서 시계열 데이터 분석은 단순히 과거의 데이터를 요약하는 것을 넘어서, 시장의 복잡한 동역학을 이해하는 데 중요한 역할을 한다.

8.1 상관성

거래소는 주중에만 열리며, 주말과 공휴일에는 장이 닫히기 때문에 이 시점들에 대한 데이터는 없다. 따라서 시계열 분석을 수행할 때는 주말과 공휴일의 데이터가 빠진 부분을 삭제하고, 데이터를 연속적으로 하루 단위로 정리해야 한다.

주식시장에서 거래는 보통 오후 3시에 마감되며, 이때의 주가지수를 종가라고 한다. 그러나 오후 2시 50분 이후에 발생한 매수, 매도 주문은 거래소가 정지된 이후에도 매칭되어 거래가 성사될 수 있다. 이 경우, 거래는 오후 3시 30분까지 계속 진행되며, 장 마감 후의 거래가 완료된 후에는 조정 종가가 발표된다. 조정 종가는 오후 3시의 종가와 다를 수 있지만, 두 값의 차이는 크지 않다. 일반적으로 주가지수 분석에서는 종가를 기준으로 삼는다.

주가지수 로그 수익률의 분포함수에 대한 특징은 7장에서 살펴보았으므로, 여기에서는 시계열의 상관성 특징을 다루려 한다. 표 8.1에는 복잡계 과학자들이 발견한 주식시장의 상관성에 대한 스타일라이즈드 팩트 몇 가지가 요약되어 있다. 이러한 스타일라이즈드 팩트는 주식시장의 복잡한 동역학과 패턴을 이해하는 데 도움을 주며, 주식시장의 행동을 분석하고 예측하는 데 중요한 기초 자료가 된다.

먼저 주가지수 시계열의 **비정상성**을 살펴보자. 시계열 분석에서 **정상성**은 특정 시계열이 시간이 지나도 통계적 특성이 변하지 않는 상태를 말한다. 즉, 정상성 시계열에서 평균과 분산, 그리고 공분산이 시간에 상관없이 일정하다.

표 8.1 주식시장의 주가지수가 가지는 복잡계 성질인 스타일리즈 팩트 중에서 비선형성과 상관성 특징 요약

범주	항목	내용
비선형성	비정상성	주가 수익률의 통계적 성질은 시간에 따라 일정하지 않음
	간헐성	주가 수익률은 불규칙하고 폭발적인 변동이 간헐적으로 나타냄
	변동성 군집화	주가 수익률의 큰 변동은 군집을 이루어 나타남
	수익-손실 비대칭	주가의 상승과 하락 움직임은 대칭적이지 않음
상관성	수익률 자기 상관성 부재	주가 수익률의 자기 상관성은 20분 이내로 매우 짧음
	매도-매수 바운스	자기 상관관계는 초반부에 일시적으로 음수가 되었다가 잡음 수준으로 수렴하는 현상
	수익률 절댓값의 자기 상관성	수익률 절댓값의 자기 상관성은 시차에 대해서 느리게 감소하며, 일부 영역에서 멱함수를 따라 감소함
	비선형 자기 상관성	수익률 제곱의 자기 상관성과 같은 비선형 상관성은 시차에 대해서 느리게 감소하며, 특정 영역에서 멱함수를 따라 감소
	레버리지 효과	주가의 변동성은 수익률과 음의 상관성을 보임
	거래량과 변동성의 상관성	거래량과 수익률은 강한 상관성을 보임

예를 들어, 주가지수의 수익률이 **정상상태**에 있다고 가정하면, 10년 전 1월의 수익률 평균과 2년 전 8월의 평균이 동일해야 하며, 이는 최근 한 달의 평균과도 같아야 한다. 이러한 시계열은 시간에 따라 평균과 표준편차가 일정하게 유지되기 때문에, 과거의 정보가 현재의 분석과 예측에 유용하게 활용될 수 있다.

그러나 주가지수의 수익률은 이러한 성질을 가지고 있지 않다. 예를 들어, 최근 5년 동안의 코스피 주가지수 로그 시계열을 분석해 보면, 평균, 중앙값, 표준편차 등이 매년 다르게 나타난다. 즉, 코스피 로그 수익률의 평균은 매년 변화하며, 이러한 변화는 이전의 평균과 크게 다를 수 있다. 따라서 주가지수 수익률 시계열은 **비정상 시계열**이다.

이처럼 금융 시장에서 거래되는 펀드, 옵션, 선물, 환율, 파생상품 등의 수익률

도 비정상적인 시계열 특성을 가지며, 이는 과거의 시계열 정보가 현재의 투자 결정에 큰 도움이 되지 않을 수 있음을 의미한다.

현대 금융수학과 금융공학에서 사용하는 이론은 시계열 데이터가 정상적이고, 평균과 분산이 유한하다고 가정한다. **합리적 시장 가설**에 따르면, 시장 참가자들은 모든 정보를 바탕으로 합리적인 판단을 내리기 때문에, 주식 시장의 수익률은 정규 분포를 따를 것이다. 정규 분포는 평균과 분산이 명확하게 정의되어 있으며, 극단적인 사건이 일어날 확률이 매우 낮다.

하지만 주식 시장의 수익률 분포는 정규 분포와 다르게 두꺼운 꼬리 분포를 보여준다. 즉, 극단적인 사건의 발생할 확률이 무시할 수 없을 만큼 높고, 분산이 정의되지 않거나 발산할 수 있다. 이로 인해 효율적 시장 가설을 적용하기 어렵고, 주가지수 시계열은 비정상적이다. 표 8.2에서 보듯이 연간 주가지수 수익률의 평균, 중앙값, 표준편차는 일정하지 않으며 매년 변하는 것을 볼 수 있다. 코로나-19의 막바지였던 2022년에 평균 수익률은 마이너스였지만, 다른 해의 수익률은 플러스였다. 표준편차 역시 해마다 크게 변하였다.

그렇다면 주가지수 시계열에서 의미 있는 정보를 찾는 것이 가능할까? 주가지수 시계열의 어떤 부분에 유의미한 정보가 있을지에 대한 고민이 필요하다.

표 8.2 코스피 주가지수의 로그 수익률의 평균, 중앙값, 표준편차의 년도 별 변화

	2019	2020	2021	2022	2023
평균	3.95×10^{-4}	1.29×10^{-3}	9.75×10^{-5}	-2.70×10^{-4}	7.70×10^{-4}
중앙값	8.20×10^{-4}	2.56×10^{-3}	6.72×10^{-4}	-2.70×10^{-4}	9.20×10^{-4}
표준편차	7.85×10^{-3}	1.78×10^{-2}	1.02×10^{-2}	1.18×10^{-2}	9.69×10^{-3}

주가 수익률 그래프를 보면, 주가의 상승과 하락 비율이 서로 다르게 나타나는 것을 볼 수 있다. 주가가 상승하면 계속 오르는 경향이 있는 반면, 갑작스러운 하락은 계속해서 주가를 하락시키는 경우가 많다. 이러한 오르내림의 패턴은 서로

대칭적이지 않다.

이러한 현상을 "**이득-손실 비대칭**"이라고 한다. 이는 투자자들이 이익을 얻을 때와 손실을 볼 때의 행동 패턴이 다르기 때문이다. 특히 손실이 발생하면 투자자들은 불안해하고, 주가가 더 떨어질까 걱정하게 된다. 이 불안한 심리는 종종 주식을 매도하게 만들며, 이로 인해 시장이 더 큰 폭으로 하락할 가능성이 높아진다.

주가지수 수익률의 특성 중 **간헐성**intermittency과 **변동성 군집화**volatility clustering는 서로 깊은 연관이 있다. 주가지수의 변동성을 살펴보면, 주식의 로그 수익률을 시간에 따라 나타낸 그래프에서 수익과 손실이 교차하는 모습을 볼 수 있다. 그림 8.2와 같이 수익률 그래프에서 막대가 위를 향하면 수익이 발생한 것이고, 아래를 향하면 손실이 발생한 것이다. 막대의 길이는 수익률의 크기를 나타내며, 어떤 날은 수익이 나고 다른 날은 손실이 나기도 한다. 연속적으로 며칠 동안 수익이 발생하거나 손실이 발생하는 경우도 있다.

이러한 수익률의 변화를 정량화한 것이 바로 **변동성**이다. 변동성은 일정한 시간 간격을 두고 분석한 결과를 기반으로 한다. 예를 들어, 시간 창을 정하고 그 간격에 따라 수익률의 변화를 분석한다. 한 시간 창에서 수익률은 여러 번 하락하거나 상승할 수 있다. 이 수익률의 변동성[1]은 각 수익률에서 평균 수익률을 뺀 값을 제곱한 후 모두 더하여 데이터의 개수로 나눈 후, 이 값을 제곱근으로 취한 값으로 정의된다.

변동성은 평균값을 기준으로 수익률의 변화량을 수치화한 것으로, 수익과 손실의 차이를 떠나 수익률의 변동 크기에 중점을 둔다. 이로 인해 각 시간 창에서 로그 수익률의 절댓값의 평균 변동성은 로그 수익률의 절댓값 합의 평균으로 정의하기도 한다. 따라서 변동성은 주가지수 수익률의 변동을 정량적으로 나타내는

---

1 일정한 시간창에서 변동성(volatility or variance)은 $\sigma^2 = \langle r^2 \rangle - \langle r \rangle^2$으로 정의한다. 여기서 평균 $\langle r \rangle = \sum_{i=1}^{T} r_i / T$로 정의한다.

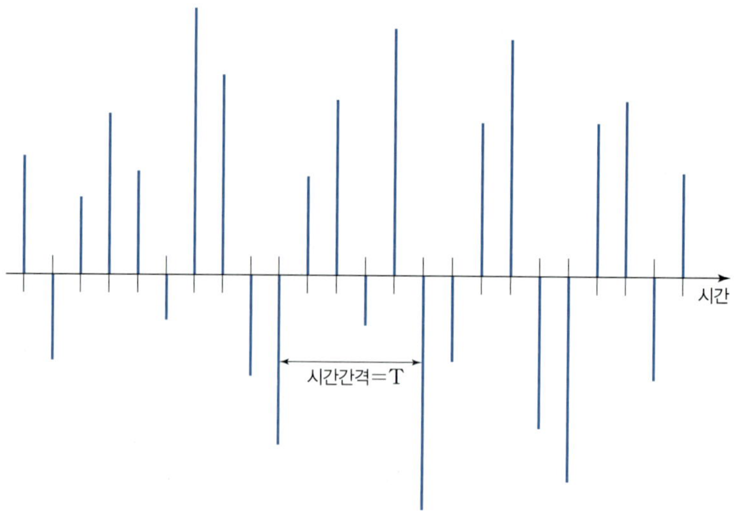

[그림 8.2] 로그 수익률의 시간에 따른 변화. 주가지수가 오른 경우 위쪽, 주가지수가 떨어진 경우 아래쪽을 향한다. 막대의 길이가 수익률의 크기를 나타낸다.

중요한 지표가 된다.

주어진 시간 동안 수익률이 평균값에 가까운 경우, 즉 로그 수익률이 평균 로그 수익률과 유사한 값을 보일 때, 변동성은 작다. 반면, 수익률이 평균값에서 크게 벗어나는 경우, 변동성은 커진다.

주가지수의 변동이 클수록 시장의 변동성도 커지며, 이는 시장이 불안정하거나 금융위기 같은 큰 충격을 받을 때 더욱 두드러진다. 이런 상황에서는 주가지수와 수익률이 크게 요동치며, 변동성도 극도로 증가한다. 따라서 변동성은 금융에서 **위험**의 척도로 사용된다.

주가지수의 변동성은 흥미로운 특징을 가지고 있다. 그중 하나가 **변동성 군집화**이다. 이는 변동성이 큰 구간이 연속해서 발생하는 경향을 의미한다. 예를 들어, 그림 8.3에서 볼 수 있듯이, 큰 변동성이 발생하면 그 후에도 큰 변동성이 연속하여 발생해서 **덩어리**를 형성하는 것을 볼 수 있다.

특히, 1997년 IMF 경제 위기와 같은 상황에서는 매우 큰 변동성이 발생하고,

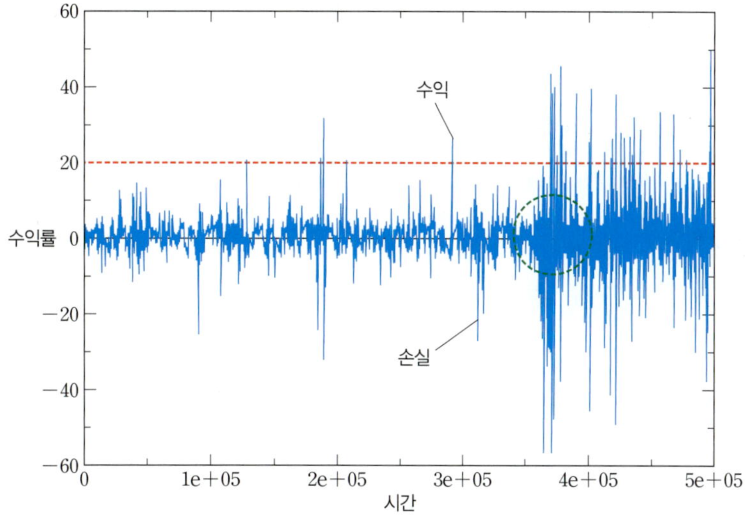

[그림 8.3] 코스피 1분 주가지수에서 구한 변동성 시계열. 큰 변동성은 덩어리를 지어 나타나는데, 이를 변동성 군집화 현상이라 한다. 동그라미는 변동성 덩어리의 한 예이다.

이 큰 변동성이 오랫동안 지속되는 것을 관찰할 수 있다. 즉, 한 번 큰 변동성이 발생하면 그 변동성은 연속적인 다른 큰 변동성을 유발할 수 있다. 이러한 현상은 시장의 불안정성이 더 큰 불안정을 초래하는 방식으로 작용한다.

변동성 군집화는 변동성이 일정한 패턴을 형성하며 반복적으로 발생하는 특성을 나타낸다. 이는 일종의 비선형 상관성에 기인한다고 할 수 있다.

수익률 시계열에서 큰 변동성은 간헐적으로 발생하는 경향이 있는데, 이를 **간헐성**이라고 한다. 예를 들어, 그림 8.3에서 볼 수 있듯이, 점선으로 표시된 수익률보다 큰 변동성 사건은 한 번 발생하면 상당한 시간이 지난 후에 다시 간헐적으로 발생한다. 그러나 변동성 군집화가 일어나는 영역에서는 이러한 간헐성의 주기가 훨씬 짧아지는 경향이 있다. 즉, 큰 변동성이 발생한 후에는 그에 따른 큰 변동이 빈번하게 발생하는 것을 관찰할 수 있다. 이는 마치 큰 지진 이후에 여러 차례 여진이 발생하는 것과 유사하다. 큰 금융위기는 큰 지진에 비유할 수 있으며 주가가 급락한 후에도 빈번한 주가 급락이 동반된다.

주가지수 수익률에 자기 상관성이 없다면, 수익률은 독립적인 난수처럼 간주할 수 있다. 오스본이 1959년에 제안한 것처럼, 주가지수 수익률을 멋대로 걷기처럼 생각할 수 있다. 이 경우, 현재 시점의 수익률이 주어지면 다음 시점의 수익률은 동전을 던져서 앞면이 나오면 수익이 나고, 뒷면이 나오면 손실이 난다고 판단할 수 있다. 하지만 실제 주식시장에서 이러한 생각은 옳지 않다. 주가지수 수익률은 비록 아주 짧은 자기 상관성을 갖고 있지만, 더 복잡한 비선형 상관관계를 가지고 있기 때문이다.

1999년에 보스턴 대학교 스탠리 그룹은 로그 수익률의 **자기 상관성**[2]을 연구했다. 자기 상관성은 현재 시점과 일정 시간 떨어진 시점에서 두 수익률 간의 관계를 조사하는 것으로 정의된다. 여기서 시간 평균은 현재 시점의 수익률과 과거 시점의 수익률 간의 평균적인 관계를 나타낸다.

그들은 미국 S&P 500 주가지수의 수익률에서 **자기 상관함수**를 구했다. 시계열 데이터는 계속 변화하므로, 상관함수를 시간에 따라 계속 계산하여 평균값을 얻는다. 상관관계는 특정 시점의 시계열 값이 일정 시간 떨어진 지점의 시계열 값과 어떻게 관련되는지를 나타낸다.

자기 상관관계가 양수이면, 일정 시간 떨어진 두 시점에서 수익률이 같은 방향으로 변한다고 해석할 수 있다. 예를 들어, 수익률이 양의 상관관계를 가지면, 현 시점에서 주가지수가 오르면 일정 시간 후에도 주가지수가 계속 오를 것이다. 반대로 자기 상관관계가 음수이면, 현재 시점에서 수익률이 플러스일 때, 일정 시간 후에는 수익률이 마이너스가 된다. 만약 시계열에 자기 상관관계가 없다면, 현재 시점의 수익률과 일정 시간 떨어진 미래 시점의 수익률 간에는 아무런 상관이 없고, 수익률은 무작위로 결정된다고 볼 수 있다.

---

2 주가지수 수익률의 자기 상관관계는 $C(\tau) =< r_T(t) r_T(t+\tau) > - < r_T(t) >^2$ 으로 정의한다. 여기서 <···>는 시간 평균을 의미한다.

주가 수익률에 자기 상관성이 있다면 투자자는 이를 활용하여 이익을 얻을 수 있다. 예를 들어, 현시점에서 주가가 상승세라면 그 상승세가 10분 후까지 계속될 것이라고 예상할 수 있다. 따라서 투자자는 현재 보유하고 있는 주식을 10분 후에 팔아서 더 높은 수익을 올릴 수 있다. 반대로 주가가 하락세를 보이고 있다면, 그 하락세가 계속될 것으로 예측하고 적절한 시점에서 주식을 매입하여 나중에 수익을 얻을 수 있다. 이런 방식으로 투자자는 자기 상관관계를 이용하여 **통계적 차익거래**statistical arbitrage 또는 **스태트 아브**Stat Arb를 통해 이득을 얻을 수 있다.

하지만 모든 투자자가 주가지수의 자기 상관관계를 알고 있다면 상황이 달라진다. 모든 투자자가 이러한 정보를 알고 있다면, 주가가 상승할 것이라는 예측에 따라 많은 투자자가 주식을 팔게 될 것이다. 이로 인해 주가 상승세에 대한 정보의 가치는 빠르게 사라질 것이다. 마찬가지로 주가 하락에 대한 정보도 비슷한 방식으로 빠르게 반영될 것이다.

이런 현상을 망델브로는 "**차익거래는 주식가격 변동 스펙트럼을 백색화한다**"고 표현했다. 즉, 주식시장에서의 가격 변동은 **백색소음**과 구별되지 않는다는 것을 뜻한다. 백색소음은 모든 주파수 성분이 동일한 강도로 존재하는 무작위 신호를 뜻하며, 주식시장의 가격 변동이 이러한 백색소음처럼 예측할 수 없는 수준이 된다는 것을 의미한다.

스탠리 그룹은 로그 수익률의 자기 상관함수가 지연 시간에 따라 지수 함수적[3]으로 감소한다는 사실을 발견했다. 자기 상관함수가 지수적으로 급격히 줄어들면 특성 시간을 정할 수 있다. 즉, 특정 지연 시간 후에는 원래 값의 약 37%에 도달하는 시간을 알 수 있다. 이 지연 시간을 **상관 시간**correlation time이라고 부른다.

스탠리 그룹의 연구에 따르면, S&P 500 주가 수익률의 경우 자기 상관 시간은 약 4분 정도로, 4분이 지나면 자기 상관관계가 잡음 수준으로 떨어진다고 한다.

---

3 지수함수적 감소는 $C(\tau) = Ae^{-\tau/\tau_c}$를 의미한다. 여기서 상관 시간은 τ_c이다. 자연수 e는 $e = 2.71828\cdots$이다.

필자 그룹의 연구에서는 코스피 주가지수를 분석한 결과, 자기 상관함수가 지수적으로 감소하며 상관 시간은 약 6분으로 나타났다. 이는 주가 수익률의 자기 상관관계가 매우 짧은 시간 동안만 지속됨을 의미한다. 따라서 주식 투자에 참여할 때, 현재의 수익률 정보는 4~6분 후에는 유용성이 없어질 수 있다.

1분 간격의 고해상도 주가지수를 분석해 보면, 수익률의 자기 상관함수가 초반에 급격히 감소한 후, 일시적으로 음의 값을 보이다가 다시 회복하면서 잡음 수준으로 접근하는 모습을 볼 수 있다. 이런 현상은 "**매도-매수 바운스**bid-ask bounce"라 한다. 매도 가격과 매수 가격이 매우 가까워지면, 짧은 시간 동안 일시적인 가격 변동이 발생한다. 즉, 현재 수익률이 양수일 경우, 이 정보를 활용하려는 사람들이 급히 매도 주문을 하여 다음 순간에는 수익률이 음수가 될 수 있다. 따라서 자기 상관관계를 계산할 때, 양의 수익률과 음의 수익률이 곱해지면 음의 값을 가지게 되어 일시적인 바운스가 나타난다.

주가지수 시계열의 자기 상관성이 없는 성질은 종종 "효율적 시장 가설"을 지지하는 근거로 사용된다. 효율적 시장 가설은 주식시장의 모든 정보가 이미 가격에 반영되어 있어, 과거의 가격 정보로 미래의 가격을 예측하는 것이 어렵다고 주장한다. 이 가설에 따르면, 주식시장의 수익률은 무작위로 변동하며 자기 상관성이 없어야 한다.

실제로 선물시장에서는 수익률의 상관 시간이 수분에 불과하고, 외환시장에서는 더 짧다. 주가지수 수익률 시계열은 상관 시간이 지나면 자기 상관성이 사라지므로, 상관관계 측면에서 수익률 시계열과 소음 시계열을 구별하기 어려운 상황이 된다. 즉, 주가지수 수익률 시계열은 소음처럼 무작위로 발생하는 것처럼 보인다.

주식시장에 참여하는 일부 투자자들은 주가지수나 주식가격 전광판의 변화를 분석하여 수익을 얻으려고 한다. 이들은 자신만의 독특한 노하우나 거래 규칙을 발견하여 수익을 올리기도 한다. 그러나 이러한 투자자들은 수익을 얻기 위해 자기 상관성이 사라지는 방향과 반대 방향의 전략을 채택해야 하므로, 매우 신중

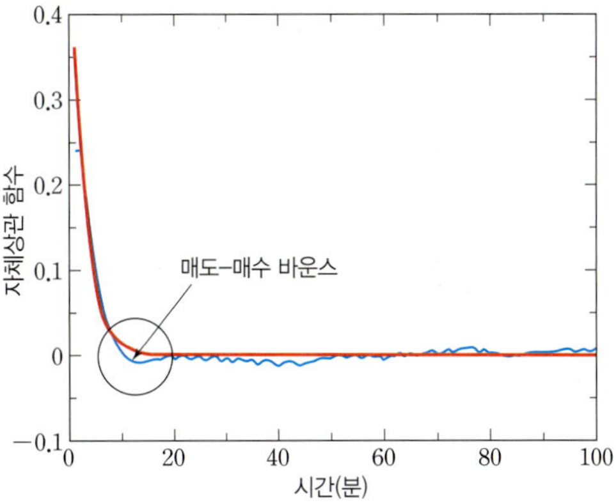

[그림 8.4] 코스피 주가지수 수익률의 자기 상관함수. 주가지수는 1분 시계열을 사용하였으며, 매끄러운 실선은 지수함수로 맞춤한 것이고, 상관 시간은 약 6분이었다.

한 투자 판단을 해야 한다. 특히 단기 매매를 하는 경우에는 더 큰 위험과 스트레스를 감수해야 한다.

주가지수 수익률에 자기 상관성이 없다고 해서 주가지수가 무작위적으로 변하는 것은 아니다. 자기 상관성은 일종의 "**기억 효과**"를 의미한다. 예를 들어, 오늘 주가지수가 큰 폭으로 상승하여 큰 수익률을 기록했다면, 그 효과가 얼마나 지속되는지를 살펴보는 것이 바로 시장의 기억 효과를 측정하는 것이다. 상관관계는 이러한 시장의 기억을 측정하는 지표라고 할 수 있다.

로그 수익률의 **자기 상관관계**는 장시간의 기억 효과를 반영하지 않는다. 이를 보완하기 위해 장거리 기억 효과를 측정할 수 있는 비선형 상관관계를 살펴볼 필요가 있다. 비선형 상관성을 측정하는 방법 중 하나는 수익률의 절댓값 자기 상관 함수를 분석하는 것이다. 다른 방법으로는 수익률 제곱의 자기 상관 함수를 측정할 수도 있다.

절댓값의 자기 상관 함수[4]는 흥미롭게도 매우 느리게 감소한다. 다양한 주가

---

4 절댓값 자기 상관함수는 $C_1(\tau) = <|r_T(t) r_T(t+\tau)|> - <|r_T(t)|><|r_T(t+\tau)|>$ 으로 정의한다.

지수에서 절댓값 상관관계를 분석하면, 절댓값 상관관계가 항상 양수를 나타내며 아주 느리게 감소하고 상당히 긴 시간 동안 양의 상관관계를 유지한다는 것을 알 수 있다. 큰 변동에 대한 시장의 기억은 서서히 사라지며, 이러한 효과는 상대적으로 긴 시간 동안 유지된다.

따라서, 수익률 자체의 자기 상관성으로는 장시간 상관성을 관찰할 수 없지만, **수익률 절댓값**의 자기 상관성에서는 이러한 **장시간 상관성을 발견할 수 있다**. 투자자들은 수익률의 오름과 내림보다는 변동성의 절대적인 크기에 더 민감하게 반응하며, 큰 변동에 대한 기억은 시간이 지나면서 서서히 사라진다.

보다 일반적인 **비선형 자기 상관 함수**[5]를 생각해 볼 수 있다. 이 함수는 수익률의 절댓값을 거듭제곱하여 자기 상관관계를 계산하는 방식이다. 여기서 거듭제곱의 지수는 임의의 실수를 가질 수 있다.

예를 들어, 지수가 1일 경우는 절댓값 수익률의 자기 상관관계를 나타내며, 지수가 2일 경우는 **수익률 제곱의 자기 상관관계**를 의미한다. 일반적으로는 지수값 2를 사용하는 경우가 많다.

여러 주가지수에서 비선형 상관관계를 분석한 결과, 이들 상관관계는 멱함수 법칙[6]을 따른다는 것을 알 수 있었다. 멱함수 법칙은 상관관계가 시간 지연에 따라 느리게 감소한다는 것을 의미한다.

그림 8.5는 코스피 주가지수의 절댓값 로그 수익률 자기 상관관계를 시간에 따라 나타낸 것이다. 코스피 절댓값 로그 수익률의 자기 상관관계는 멱함수 법칙을 따랐으며, 두 개의 서로 다른 축척 영역을 보여주었다. 가로축과 세로축에 로그가 취해졌기 때문에 직선으로 보이는 영역은 멱함수 법칙을 따르는 영역이다.

---

5 비선형 자기 상관함수는 $C_q(\tau) = <|r_T(t) r_T(t+\tau)|^q> - <|r_T(t)|^q><|r_T(t+\tau)|^q>$으로 정의한다. 여기서 **상관관계 멱지수** q는 임의의 실수가 될 수 있다.

6 여러 주가 지수에 대해서 비선형 상관관계는 놀랍게도 멱함수 법칙 $C_q(\tau) \sim \tau^{-\beta_q}$을 따랐다.

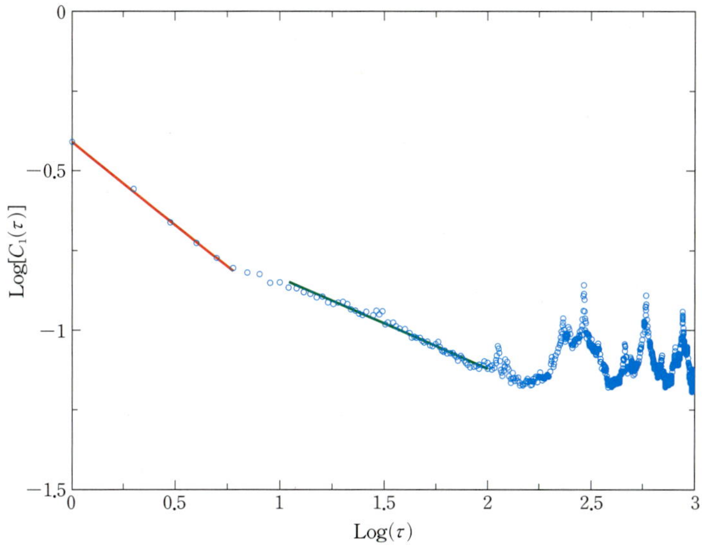

[그림 8.5] 코스피 주가지수에서 절댓값 로그 수익률의 자기 상관관계의 시간 의존성 그림. 시간의 단위는 분이다. 상당히 긴 시차까지 상관관계가 멱함수 법칙으로 감소하며, 두 개의 축척 영역을 가진다.

그림 8.5에서 직선인 영역인 첫 번째 **축척 영역**에서는 시간 간격이 짧을 때의 자기 상관관계를 나타내며, 멱함수 지수는 큰 값(기울기가 큼)을 나타내었다. 두 번째 축척 영역에서는 시간 간격이 길어질 때의 자기 상관관계를 나타내며, 멱함수 지수는 첫 번째 축척 영역보다 작은 값을 나타내었다. S&P 500에서 비슷한 패턴이 나타난다.

비선형 상관관계 멱지수 값 q가 크면 큰 수익률에 더 큰 비중을 두고 상관관계를 계산한다. 예를 들어, 상관관계 멱지수가 $q > 1$이면 큰 수익률이 자기 상관함수에 더 큰 영향을 미치게 된다. 이 경우, 큰 수익률들 사이에 숨겨진 상관관계를 조사하려는 의도가 반영된 것이다. 반대로, 상관관계 멱지수가 음수인 경우에는 작은 수익률에 더 큰 비중을 두어 상관관계를 계산한다. 즉, 작은 수익률들 사이의 상관관계가 더 두드러지게 된다.

지수 값을 설정하는 데는 특별한 기준이 없으며, 보통 여러 값을 사용하여 비선형 자기 상관관계가 어떻게 변하는지를 살펴본다. 일반적으로 상관관계 멱지수 값이 1인 경우를 자주 분석한다. 비선형 자기 상관함수는 주가지수 수익률의 장시간 기억 효과를 다루는 데 유용하다. 주가지수 수익률은 직접적인 자기 상관성이 거의 없지만, 비선형 상관관계 속에는 장시간 기억 효과가 숨어 있다.

8.2 주식시장의 레버리지 효과

주가지수의 수익률과 변동성은 서로 연관이 있을 것이다. 주식시장에서 현재 주가의 변화에 따라 미래의 변동성이 커지는 경향이 있다. 이를 '주식시장의 **레버리지 효과**'라고 한다. 앞에서 변동성을 정의했지만, 여기에서는 변동성을 수익률의 제곱으로 정의하자. **레버리지 상관함수**[7]는 수익률과 **제곱 변동성**[8]의 상관관계를 의미한다.

레버리지 상관함수는 현시점의 수익률과 일정 시간 떨어진 시점에서의 미래 변동성 사이의 상관성을 측정한다. 시차 τ는 양수와 음수가 될 수 있다. 만약 τ가 음수일 때, 레버리지 상관함수는 거의 잡음 수준이 된다. 이는 과거의 변동성이 미래 수익률에 유용하지 않다는 것을 의미한다. 반면 τ가 양수일 때, 레버리지 상관함수는 현시점의 수익률이 미래의 변동성과 큰 상관관계를 가진다는 것을 보여준다.

레버리지 상관함수는 음의 상관관계를 나타낸다. 즉, 현시점의 주가지수의 큰 하락에 대한 기억이 상당히 긴 시간 동안 남아 있어 미래의 변동성에 큰 영향을 미친다. 그림 8.6은 미국의 7개 주가지수의 레버리지 상관함수를 각각 구한 후 평

7 레버리지 상관함수는 $L(t) =< [r(t+\tau)]^2 r(t) >$으로 정의한다.

8 수익률을 $r(t) = \Delta S(t)/S(t)$으로 정의하면, 단순 수익률의 **제곱 변동성**(squared volatility) r^2을 고려하자.

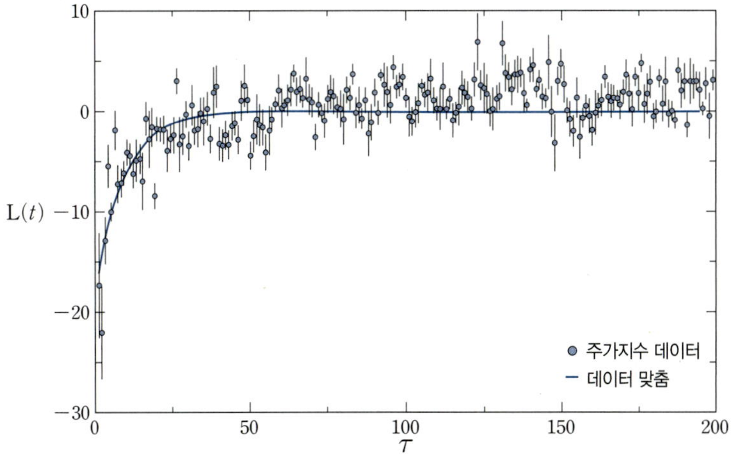

[그림 8.6] 미국 주가지수의 수익률-변동성 상관성. 실선은 지수함수로 맞춤한 것이다. 각 데이터는 미국의 7개 주가지수의 평균과 표준편차를 나타낸 것이다.

균을 취해 나타낸 것이다. 주가지수의 레버리지 상관함수 데이터는 지수함수[9]로 맞추어지며, 특성시간을 갖는다.

미국 주가지수의 특성시간은 약 10일이었다. 반면 개별 주식가격의 경우 특성시간은 약 1개월이었다. 주가지수의 레버리지 상관함수는 개별 주식가격보다 상대적으로 짧지만, 개별 주식의 경우는 상당히 긴 시간 동안 상관성을 유지한다. 레버리지 상관성은 변동성 상관함수보다는 짧지만, 여전히 꽤 긴 시간 동안 유지된다.

---

9 레버지지 상관관계의 맞춤 함수는 $L(t) = -A\exp\left(-\frac{t}{\tau_c}\right)$이다. 여기서 τ_c는 특성시간이다.

8.3 거래량

주식시장의 투자자들은 주식을 사고파는 주문을 호가창에서 실행한다. 요즘에는 투자자들이 주식 거래를 주로 앱이나 인터넷을 통해서 한다. 각 증권사의 주식 거래 앱은 다소 차이가 있지만, 호가창의 기본 구조는 거의 동일하다. 그림 8.7은 간단한 호가창의 예시를 보여준다. 오른쪽 상단 빨간색 네모 안에 매도 잔량과 매수 잔량이 표시되어 있다. 매도와 매수의 경계는 빨간선으로 구분되며, 이 선을 기준으로 거래가 이루어진다. 매도 금액과 매수 금액이 일치하면 그 수량만큼 거래가 성사된다.

주식시장은 주가지수뿐만 아니라 거래된 주식의 총수인 **거래량**과 **거래대금** 정보도 함께 제공한다. 주가지수뿐만 아니라 개별 회사 주식에 대한 시계열 정보도 확인할 수 있다. 사람들은 주식시장에서 거래량이 주가지수의 변동성과 연관이 있다고 생각할 수 있다. 예를 들어, 시장이 불안하거나 주식이 갑자기 하락하면 투자자들이 활발하게 거래할 것이라고 예상할 수 있다. 하지만 이런 예상이 항상 맞는 것은 아니다. 주식이 대규모로 팔리기 시작하면 매도 주문은 쌓일 수 있지

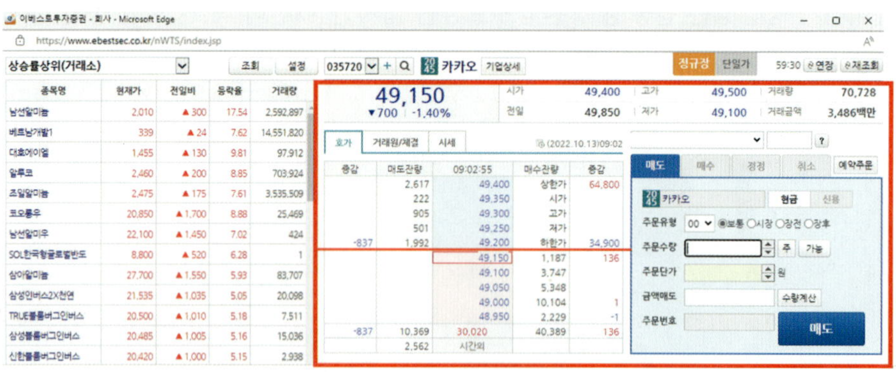

[그림 8.7] 인터넷 트레딩 화면의 호가창. 빨간색 부분이 호가창이고 주식거래는 매도 하한가와 매수 상한가가 만나는 지점에서 체결된다.

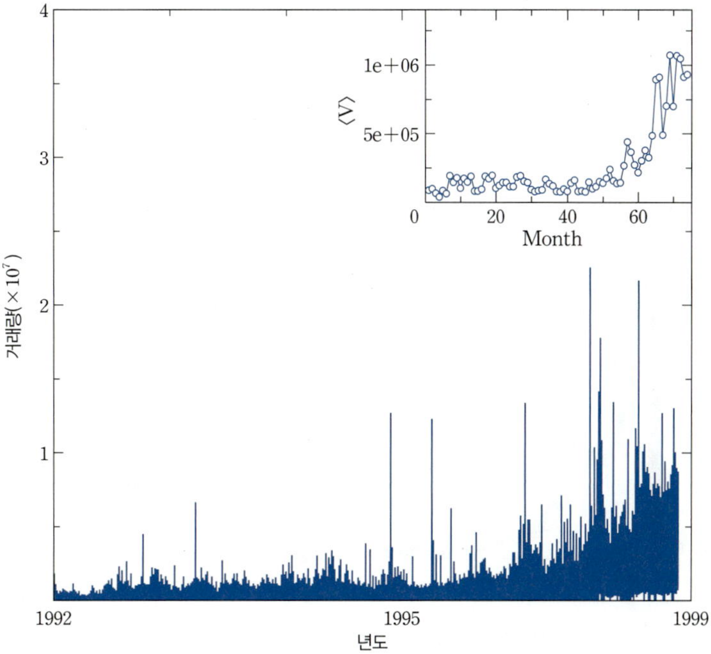

[그림 8.8] 1992년부터 1999년 사이의 코스피의 거래량 시계열. 우리나라가 IMF 체제에 들어간 1997년 11월 전후에 거래량은 급증했으며 거래량의 변동이 심하다. 삽입 그림은 월별로 평균을 취한 거래량의 변화를 나타낸다.

만, 그에 반해 주식을 사려는 사람이 부족해 실제 거래량은 줄어들 수 있다. 그럼에도 불구하고 주가지수의 시계열과 거래량 사이에는 어느 정도의 연관성이 있을 것이다.

그림 8.8은 1992년 3월 30일부터 1999년 11월 30일까지 코스피 주가지수의 거래량 변화를 보여준다. 이 기간은 특히 1997년 11월, 우리나라가 IMF 체제를 맞이했던 시점도 포함하고 있다. 아시아 금융위기가 발생하기 전후로 주식시장에서 거래량이 급격히 증가했고, 거래량의 변동도 매우 심하게 일어났다.

코스피 주가지수의 거래량이 어떤 통계적 특성을 가지는지 알아보기 위해 그림 8.9에서 거래량 분포를 조사했다. 먼저 거래량을 평균 거래량으로 나누어 거래량 분포를 구했다. 그런 다음, 1996년 7월 이전을 IMF 이전 기간으로, 그 이후를 IMF

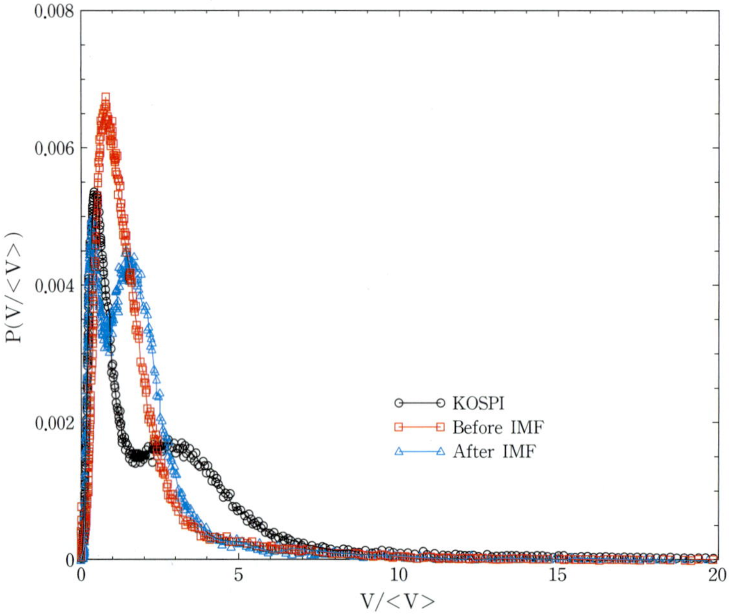

[그림 8.9] 코스피 주가지수 거래량의 분포함수. 거래량 분포함수는 매우 긴 두꺼운 꼬리 분포를 나타낸다. 우리나라가 IMF 체제에 들어간 1997년 11월 전과 후를 나누어 분포함수를 그려보았다. IMF 체제 이후의 거래량 분포함수는 뚜렷한 이중 봉우리 분포를 보였다.

이후 기간으로 나누어 각각의 거래량 분포를 비교 분석했다. IMF 이전 기간에는 분포가 하나의 봉우리를 가진 형태를 보였다. 하지만 IMF 금융위기 시기를 포함한 이후에 분포가 두 개의 봉우리를 가진 형태로 변화했다. IMF는 주식시장의 거래 패턴에 뚜렷한 변화를 남겼으며, 이러한 현상은 다른 나라의 주식시장에서는 나타나지 않는다.

그림 8.9와 같이 거래량 분포함수의 끝부분은 매우 두꺼운 형태로 나타났다. 이 끝부분의 분포는 멱함수 분포[10]를 따르며, 그 지수는 일정한 값을 가리킨다. 이 지수는 꽤 큰 값으로, 거래량이 커질수록 분포가 빠르게 감소함을 보여준다. 하지만 그 감소 속도는 정규 분포의 감소 속도보다는 느리다. 이는 수익률 분포에

---

10 꼬리 부분의 분포함수는 멱함수 분포 $P(V/<V>) \sim (V/<V>)^{-\alpha}$ 이고, 지수는 $\alpha = 4.15$를 나타내었다.

서도 관찰되는 현상으로, 수익률의 끝부분이 두꺼운 꼬리 분포를 따르는 것과 비슷하다.

주가지수와 마찬가지로, 거래량 자체보다는 거래량의 변화[11]를 생각해 보자. 그림 8.9은 코스피 주가지수의 거래량 변화를 규격화[12]하여 나타낸 분포를 보여준다. 규격화한 거래량 변화란, 거래량 변화에서 평균을 뺀 뒤 그 값을 표준편차로 나눈 것이다. 즉, 규격화한 거래량 변화는 "(거래량 변화 - 평균)/표준편차"로 정의된다. 여기서 평균은 거래량 변화의 평균값을 나타내고, 표준편차는 거래량 변화의 변동성을 나타낸다.

시차를 늘려가며 거래량 변화를 구하면, 분포의 모양이 변하게 된다. 시차가 길어질수록 분포는 점점 좁아지는 경향을 보인다. 거래량 변화 분포는 겉보기에는 대칭적인 것처럼 보이지만, 실제로는 약간 비대칭이다. 거래량 변화의 끝부분, 즉 꼬리 부분은 매우 두꺼운 형태를 보인다.

2000년에 스탠리 그룹은 미국 뉴욕증권거래소에서 거래된 1,000개 회사의 개별 주식 거래량 시계열을 분석했다. 그들은 거래량의 누적 분포함수에서 멱함수 법칙[13]을 발견했으며, 그 지수는 1.5였다. 개배스X. Gabaix 등은 이 지수가 1.5에 가깝다는 이유로, 이를 "거래량에 대한 **3/2 법칙**half-cubic law of trading volume"이라고 불렀다. 그들은 런던 증권거래소와 파리 증권거래소에서도 비슷한 결과를 얻었다.

또한 스탠리 그룹은 거래량의 로그 변화 분포를 분석하였다. 로그 거래량 변화[14]도 두꺼운 꼬리 분포를 나타냈으며, 시간 간격에 따라 특정한 값을 보였다. 거래량

---

11 거래량이 변화는 $V_r = V(t) - V(t - \Delta T)$으로 정의한다. 여기서 ΔT는 시차이다.

12 규격화한 거래량은 $\widetilde{V_r} = (V_r - \langle V_r \rangle)/\sigma_r$이다. 여기서 $\langle V_r \rangle$는 거래량 변화의 평균이고, σ_r은 거래량 변화의 표준편차이다.

13 거래량이 v보다 큰 경우를 누적하여 얻은 누적 분포함수는 $P_>(x > v) \sim v^{-\tau}$인 멱함수 법칙을 따른다.

14 로그 거래량 변화 $R_V = \ln(V(t + \Delta T)/V(t))$이다. 여기서 ΔT는 시차이다.

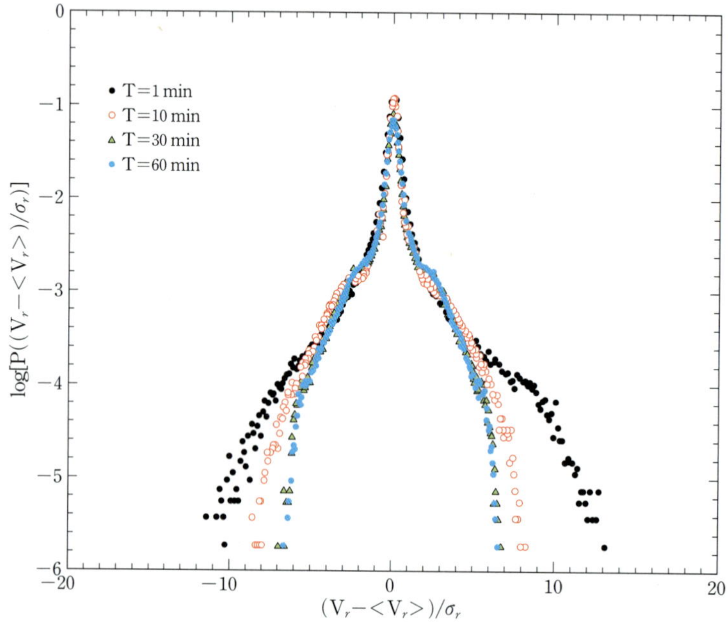

[그림 8.10] 거래량 변동률 분포함수. 규격화한 거래량 변동률은 $(V_r - \langle V_r \rangle)/\sigma_r$으로 구하고, 이 값의 분포함수를 구하였다.

변화율의 이러한 두꺼운 꼬리 분포는 주식시장에서 비선형적인 상호작용과 비평형 상태에서 비롯된 것이다.

그림 8.10은 코스피 주가지수의 규격화한 거래량 변동률의 분포함수를 나타낸 것이다. 거래량 변화를 구할 때 시차의 값은 1분부터 60분까지 변화시키면서 분포함수를 구하였다. 분포함수는 대칭처럼 보이지만, 사실 비대칭 분포다. 중앙 부근에 뾰족한 분포를 보이다가 꼬리 부분에서 완만하게 감소하는 경향을 보인다. 중심 부근의 분포함수는 정규 분포에 맞출 수 없었다. 분포함수의 꼬리 부분은 멱함수 법칙을 따랐으며 양수 분포 쪽의 멱함수 지수는 1.96이고, 음수 쪽의 멱함수 지수는 2.01로 측정되었다. 거래량 변동률의 분포를 분석한 결과, 꼬리 부분의 분포는 멱함수 지수가 2.0에 가까운 두꺼운 꼬리 분포를 나타내었다. 물론 멱함수 지수는 시차의 크기를 변화시키면 변동하여 일정하지 않았다. 거래량 변화

율의 분포함수가 중심부와 꼬리 부분으로 나뉘는 현상은 코스피 주가지수에서 처음 관찰되었다.

경제물리학이 발전하고 있지만 거래량의 분포함수에 대한 연구는 매우 미진하며, 분포함수가 특정한 구조를 가져야 하는 이유를 아직 발견하지 못했다. 우리는 아직 주가지수의 구조에 대해서 모르는 것이 너무 많다.

주식시장에서 수익률과 거래량 사이에는 상관관계가 있을 것으로 예상할 수 있다. 1993년에 캠벨 등은 주가지수의 수익률과 거래량 사이의 상관성을 회귀분석[15]을 통해 조사했다. 그 결과, 주식시장에서 수익률과 거래량 사이에는 음의 상관성이 나타났다. 즉, 주가가 상승하여 수익률이 발생하면, 투자자들은 주가가 더 오를 것으로 예상하여 거래를 줄이기 때문에 거래량은 줄어드는 경향이 있다. 반대로, 주가가 하락하여 손실이 발생하면, 투자자들은 주가가 더 내려갈 것을 우려해 거래량을 늘리게 된다. 이러한 상반된 행동이 수익률과 거래량 사이의 음의 상관성을 유발한다.

개별 회사가 발행한 주식 수는 서로 다르기 때문에, 투자자들이 거래할 수 있는 주식의 양도 발행 주식 규모에 따라 달라질 수밖에 없다. 예를 들어, 우리나라 코스피 시장에서 삼성전자가 차지하는 비중은 약 20%에 달하며, 삼성전자의 발행 주식 수는 다른 기업에 비해 매우 많다. 그만큼 삼성전자의 거래량도 다른 주식에 비해 압도적으로 많다. 발행된 주식 수가 서로 다름에도 불구하고, 전체 주식시장의 거래량이나 개별 주식의 거래량 모두에서 두꺼운 꼬리 분포가 나타난다는 것은 매우 흥미로운 현상이다. 이와 같은 두꺼운 꼬리 분포가 주가지수뿐만 아니라 거래량에서도 관찰된다는 사실은 놀라운 성질이다.

과학자들은 주가지수와 마찬가지로, 주식 거래량의 분포함수가 멱함수 법칙

---

15 수익률은 $r(t+1) = \alpha + \beta_1 r(t) + \beta_2 r(t-1) + \gamma_1 V(t) + \varepsilon(t)$로 놓고 통계적 회귀분석(regression analysis)한다.

을 따르는 이유에 대해서는 아직 명확히 알지 못한다. 주가지수나 개별 회사의 주식가격은 매우 불규칙하게 변동하지만, 시장 전체나 장기간의 주가 시계열을 분석해 보면 시장 내에서 상호작용하는 복잡한 시스템적 특성이 드러난다. 비록 우리는 이러한 복잡계의 몇 가지 특징을 발견했지만, 주식시장이 왜 이런 특성들을 발현하는지는 여전히 미지수다.

9
잡음일까 혼돈일까?

핸드폰으로 증권사 앱에 접속하면 가장 먼저 코스피와 코스닥 주가지수 변동 그래프가 나타난다. 처음에는 코스피 주가지수 그래프만 보다가, 화면을 터치하니 그래프를 확대하거나 축소할 수 있었다. 처음 화면에서는 최근 한 달간의 주가지수 변화를 보여주었는데, 화면을 축소하자 몇 년간의 주가지수 변화를 볼 수 있었다. 그런데 이렇게 장기간의 주가지수 그래프를 보면, 주가지수가 마치 급격히 상승한 것처럼 보인다.

비슷한 특징이 우리보다 주식시장의 역사가 긴 다른 주식시장에서도 목격된다. 미국의 다우존스 지수도 오르내림을 반복했지만, 전반적인 그래프는 거의 지수 함수적으로 상승하는 것처럼 보인다. 그림 9.1에 그려진 것처럼, 1929년에 발생한 대폭락은 잘 보이지 않지만, 2008년 금융위기 때는 DJIA가 크게 하락하여 깊은 계곡을 형성하고 있다. 하지만 이런 폭락은 곧 회복되었고, 이후에는 다시 가파른 상승세를 보인다. 주식시장을 잘 모르는 초보자가 보면, 주가지수가 계속해서 상승한다고 생각할 것이다.

주가지수가 지수 함수적으로 계속 상승한다면, 주식에 투자하는 모든 사람이 반드시 수익을 올릴 것처럼 느껴지기 쉽다. 실제로 주위에서 주식투자로 큰돈을

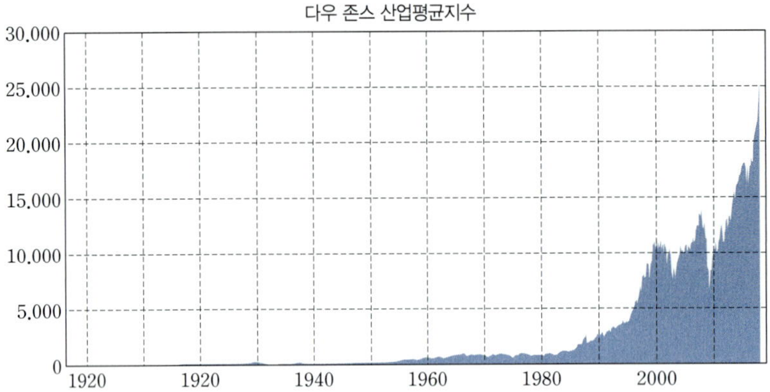

[그림 9.1] 1896년부터 최근까지 다우존스 산업평균지수 그래프. 주가지수가 등락을 거듭하지만, 전체적으로 급격히 증가하는 모습이다.

벌었다거나, 주식시장에서 번 돈으로 땅을 샀다는 이야기를 종종 듣곤 한다. 집값은 끊임없이 상승하고 있고, 최근의 고금리 상황을 제외하면, 수십 년간 지속된 저금리로 인해 여유 자금을 어디에 투자해야 할지 마땅한 선택지가 없었다. 이러한 배경 속에서 여유 자금을 가진 사람들은 앞다투어 주식시장에 뛰어들었다.

최근에는 나이에 상관없이 국내외 주식이나 비트코인 등 다양한 금융 상품에 투자하는 경향이 두드러진다. 이제 한국도 거의 전 국민이 금융투자에 관심을 가지는 시기에 진입한 것 같다. 그러나 이와 동시에, 건전하고 장기적인 금융투자보다는 단기적으로 큰돈을 벌려는 투자가 점점 더 늘고 있는 듯하다. 이러한 경향은 위험성이 큰 투자를 부추기고, 투자자들에게 잘못된 기대를 심어줄 수 있다는 우려를 낳고 있다.

주가지수의 등락을 자세히 보고 있으면 주가의 오르고 내림이 마치 동전을 던져서 결정하는 것처럼 무작위하게 변하는 것은 아닐까 의심이 든다. 무작위하게 변하지 않는다면 주가지수 변동에 어떤 규칙성이 있는 것일까? 많은 사람이 주가지수의 구조에 관심을 가졌다는 것은 앞에서 이미 얘기했다. 주가지수 변동을 혼돈 현상과 프랙털 구조를 바탕으로 해석해 본 일단의 학자들이 있었다. 자 그럼

혼돈이 무엇인지부터 살펴보자.

9.1 나비효과

아침에 핸드폰을 켜면 첫 화면에 오늘의 날씨 정보가 표시된다. 날씨 예측은 인공위성 관측 자료, 기상 레이더 자료, 지상 기온 측정 장치 등 다양한 정보를 활용하여 수퍼 컴퓨터로 기상 모형을 풀어 이뤄진다. 과거에는 인공위성 기압계 자료를 기반으로 경험적으로 날씨를 예측했지만, 지금은 정교한 기상 예측 모형을 대규모 컴퓨터를 사용해 날씨를 예보한다.

1960년대에는 뉴턴 역학과 유체역학을 이용해 날씨를 예측하려는 과학자들이 등장했다. 1963년, 기상학자 에드워드 로렌츠Edward Norton Lorenz, 1917-2008는 표층 대기의 기상 현상을 설명하는 12개의 변수를 가지는 방정식을 발견했다. 이 방정식은 대기의 온도, 압력, 바람 속도, 습도 등 여러 물리적 요소를 고려한 것이었다. 그는 이 12개 방정식에서 핵심만 추려서 간단한 세 개의 독립변수로 표현했다. 로렌츠가 발견한 방정식을 **로렌츠 방정식**[1]이라 부르며, 세 변수가 결합된 세 개의 1차 미분 방정식으로 이루어졌다는 특징이 있다. 로렌츠 방정식은 **조절 매개변수** 3개를 포함하고 있으며, 이 매개변수는 대기의 조건을 나타내는 조절변수이다. 로렌츠 방정식은 **비선형 항**을 포함하는 **비선형 미분 방정식**이다.

이 방정식의 해는 손으로 구할 수 없으며, 세 개의 변수를 가진 비교적 단순한 구조에도 불구하고 비선형 항 때문에 해결이 어려워진다. 선형 함수는 중고등학교 수학에서 많이 다룬 직선으로, 독립 변수가 2배 증가하면 종속 변수도 비례하

1 로렌츠 방정식(Lorenz equation)은 세 개의 독립변수를 가진 미분 방정식 3개로 이루어져 있다. $\frac{dx}{dt}=\sigma(y-x)$, $\frac{dy}{dt}=x(\rho-z)-y$, $\frac{dz}{dt}=xy-\beta z$이다. 여기서 **조절 매개변수**(control parameter) σ,ρ,β는 상수이고 대기의 조건을 나타낸다.

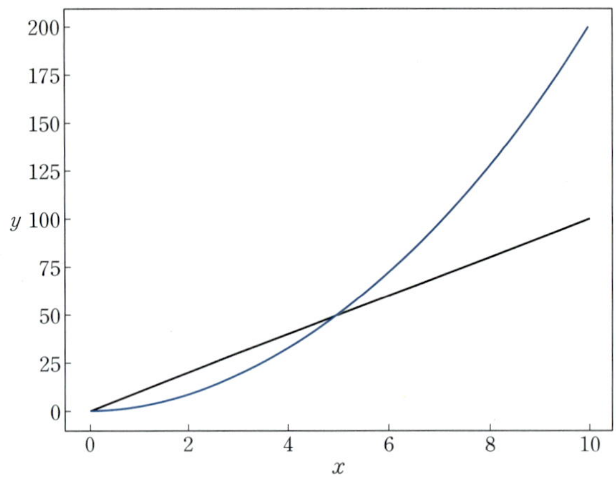

[그림 9.2] 선형함수와 비선형함수의 예. 선형함수 $y = 10x$ 와 비선형함수 $y = 2x^2$ 을 비교한 그림

여 2배 증가한다. 반면 비선형 함수는 이러한 성질이 없고, 증가하는 비율이 비선형적으로 변화한다. 비선형 함수인 제곱함수를 예로 들면, 독립 변수가 2배 증가할 때 종속 변수가 4배 증가할 수 있다. 직선이 아닌 모든 함수는 **비선형 함수**로 분류된다. 그림 9.2는 선형함수와 비선형함수를 비교한 예이다.

로렌츠는 로렌츠 방정식을 손으로 풀 수 없었기 때문에 당시 MIT 대학교에 설치된 최첨단 진공관 컴퓨터[2]를 이용해 푼 다음 그 결과를 1963년에 '대기과학 저널'에 「결정론적 비주기적 흐름」이라는 제목으로 발표했다. 이 논문에서는 혼돈 이론의 중요한 특징인 "**초기조건의 민감성**" 개념을 제시했다. 초기조건의 민감성은 흔히 "**나비 효과**"라고 불린다.

로렌츠가 로렌츠 방정식에서 초기조건의 민감성을 발견한 과정을 살펴보자. 로렌츠는 당시 MIT에 설치된 최신 컴퓨터를 사용하고 있었다. 그 컴퓨터는 진공

---

2 1960년대에는 반도체 컴퓨터가 막 출시되고 있었기 때문에 미국의 첨단 연구소에는 당시의 첨단 컴퓨터였던 진공관 컴퓨터가 설치되어 있었다. 진공관은 트랜지스터이므로 진공관을 연결하여 계산기를 만들 수 있었다. 그런데 진공관은 크기도 크고 열이 많이 났기 때문에 공장과 같은 커다란 건물에 진공관을 배열하여 컴퓨터를 만들었다. 이렇게 만든 컴퓨터는 현재의 개인용 컴퓨터보다 성능이 훨씬 떨어졌다.

관으로 만들어졌으며, 매우 커서 건물 몇 개 층에 걸쳐 설치해야 할 정도였다. 1960년대 과학자들은 이런 큰 컴퓨터를 사용해 다양한 연구를 진행했다. 반도체 트랜지스터는 1947년에 발명되었고, 1960년대에는 반도체를 이용한 컴퓨터도 막 등장하기 시작했지만, 그 이전부터 사용되던 진공관 컴퓨터는 여전히 중요한 계산 도구로 쓰이고 있었다. 연구소나 대학 등에서 첨단 연구를 진행할 때, 진공관 컴퓨터를 메인 프레임이라 불렀다.

이 컴퓨터의 성능은 오늘날의 핸드폰보다 못했지만, 그 당시에는 가장 앞선 컴퓨터였다. 진공관 컴퓨터는 부피가 크고 전력을 많이 소모했으며, 전체적으로 규모가 매우 거대했다. 로렌츠는 자신의 방정식을 풀기 위해 이 컴퓨터로 계산할 수 있는 프로그램을 작성했다.

미분 방정식을 푸는 가장 간단한 방법은 로렌츠 방정식의 왼쪽 미분을 "**차분 방정식**"으로 표현하는 것이다. 예를 들어, **1차 미분 방정식**[3]을 고려해 보자. 미분의 근사식은 특정 구간의 **변화량**[4]을 이용해 나타낼 수 있다. 정확한 미분은 극한값을 통해 정의되지만, 1차 차분 방정식의 **근사식**[5]은 주어진 시간 간격을 기준으로 계산된다. 이 식은 근사값이기 때문에 오차가 포함된다. 이러한 방법으로 미분 방정식을 푸는 것을 "**오일러 방법**"이라고 한다.

컴퓨터에서 코딩을 해 본 경험이 있다면, 이 방정식은 for 루프를 사용해 쉽게 풀 수 있다. 실제로, 연속적인 미분 방정식을 컴퓨터로 푸는 과정은 독립변수를 작은 값만큼씩 증가시키면서 차분 방정식을 반복적으로 풀어가는 과정을 포함한다.

오일러 방법에서 오른쪽의 값은 현재 시점에서의 값을 의미한다. 현재의 값을 알고 있다면, 조금 떨어진 미래 시점에서의 값을 알 수 있다. 시작 시점을 정하면,

---

3 변수가 하나인 일차 미분 방정식은 $dx/dt = f(x)$이다.

4 $dx/dt = [x(t+\Delta t) - x(t)]/\Delta t$로 나타낸다.

5 일차 미분 방정식의 근사식은 $x(t+\Delta t) \simeq x(t) + \Delta t f(x)$이다.

초기 조건, 조절변수 입력

For 문으로 반복 계산

$x \leftarrow x + \Delta t f_1(x, y, z)$
$y \leftarrow y + \Delta t f_2(x, y, z)$
$z \leftarrow z + \Delta t f_3(x, y, z)$
$t \leftarrow t + \Delta t$
print t, x,y,z
$if(t \leq t_{max}), repeat\ for - loop$

끝

[그림 9.3] 변수가 세 개인 연립 일차 미분방정식에 대한 수도 코드

시간은 일정한 간격으로 증가한다. 일반적으로 이 간격은 매우 작은 값으로 설정한다. 오일러 방정식은 일종의 점화식으로, **점화식**[6]은 컴퓨터에서 반복 계산을 통해 쉽게 구할 수 있다.

로렌츠 방정식을 푸는 과정을 **수도 코드**pseudo-code[7]로 나타내면 그림 9.3과 같다. 먼저 초기값을 설정하고, 시간 간격을 정한다. 그다음 시간을 초기화한다. 이후, 정해진 시간 동안 반복하는 계산 과정을 진행한다. 각 반복에서 현재 값에 대한 함수값을 계산하고, 그 결과를 사용해 새로운 값을 업데이트한다. 마지막으로 시간을 증가시키고, 이 과정을 계속 되풀이 한다. 이렇게 하면 로렌츠 방정식을 오일러 방법으로 수치계산할 수 있다.

로렌츠는 계산을 시작하기 전에 먼저 **조절변수**라고 불리는 매개변수의 값을 고정한 후, 독립변수의 초기값을 설정하고 프로그램을 실행했다. 로렌츠는 조절변수의 값을 바꾸어가며 다양한 상황에서 로렌츠 방정식을 컴퓨터로 계산해 보았다. 어떤 값에서는 방정식의 해가 규칙적인 패턴을 보였지만, 조절변수를 특정

---

6 시작 시간을 $t=0$에서 시작하면, 시간은 $0, \Delta t, 2\Delta t, \cdots, n\Delta t, \cdots$로 증가한다. 일반적으로 $t_n = n\Delta t$이다. 따라서, $x(n\Delta t) = x_n$이라 놓으면 오일러 방정식은 $x_n = x_{n-1} + \Delta t f_1(x_{n-1}, y_{n-1}, z_{n-1})$으로 쓸 수 있다.

7 프로그램을 작성할 때 일반 언어로 알고리즘을 작성한 코드이다. 수도 코드는 파이썬, C 언어, 자바 등 컴퓨터 언어로 다시 정교하게 프로그래밍해야 컴퓨터에서 돌릴 수 있다.

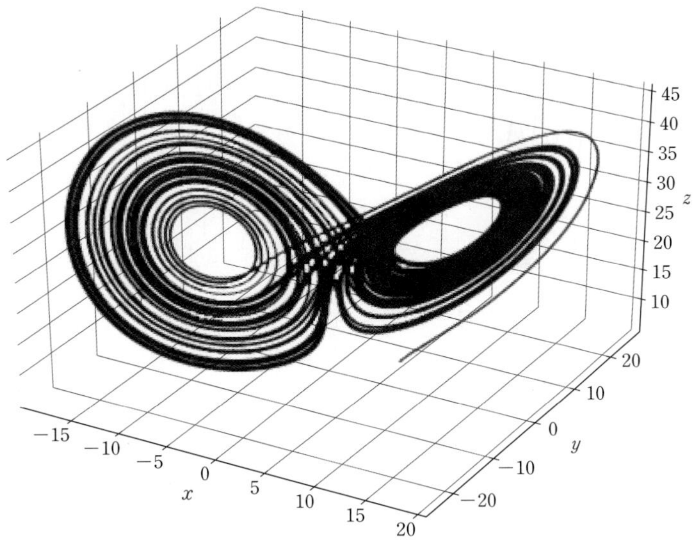

[그림 9.4] 로렌츠 방정식에서 조절변수를 $\sigma=10,\ \rho=28,\ \beta=8/3$로 설정하고 계산한 x, y, z 변수를 3차원 공간에 표시한 그림

한 값으로 설정하고[8] 계산했을 때에는 변수들이 매우 복잡한 양상을 나타냈다. 그림 9.4는 변수의 초깃값[9]을 특정 값으로 설정하고, 조절변수를 정해 로렌츠 방정식을 컴퓨터로 계산하여 3차원 공간에 나타낸 결과이다. 계산 결과, 로렌츠 방정식의 궤적은 시간이 지남에 따라 나비의 날개 모양과 비슷한 두 영역을 번갈아 가며 회전하는 모습을 보였다.

로렌츠 방정식을 풀 때, 시간 0에서 설정한 독립변수 값을 "**초기조건**"이라고 부른다. 그림 9.5에서 변수의 시간에 따른 변화는 일부 구간에서 주기적으로 변하는 것처럼 보이지만, 진동이 점점 커지다가 갑자기 더 큰 변화를 보이며 복잡한 양상을 나타낸다. 이 변수는 주기적인 변화를 보여주지 않는다. 다른 변수들도 비슷한 패턴을 보인다.

---

8 조절변수를 $\sigma=10,\ \rho=28,\ \beta=8/3$를 놓고 풀었다.

9 초깃값을 $x(0)=y(0)=z(0)=5$와 같은 식으로 놓고 풀었다.

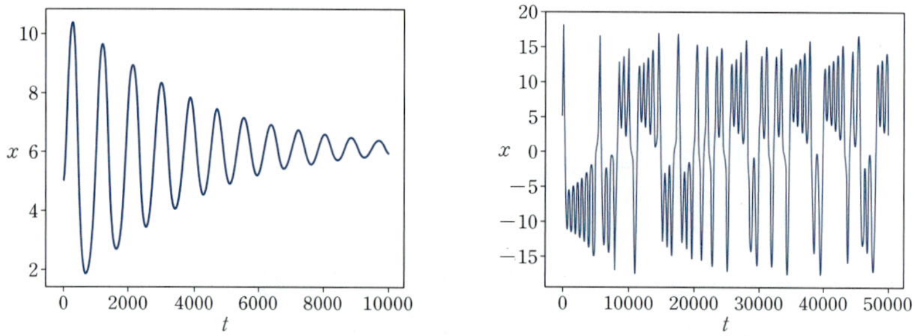

[그림 9.5] 로렌츠 방정식에서 조절변수를 $\sigma = 10$, $\beta = 8/3$로 고정하고, ρ를 바꾸면서 계산한 변수 $x(t)$의 시간에 따른 변동 모습. (a) $\rho = 15$, (b) $\rho = 28$일 때의 계산 결과이다.

그림 9.5에서는 두 조절변수 $\sigma = 10$, $\beta = 8/3$를 고정하고, 나머지 조절변수 ρ의 값을 바꾸어가며 변수의 시간에 따른 변화를 관찰한 결과를 보여준다. 그림 9.5(a)는 $\rho = 15$일 때, 그림 9.5(b)는 $\rho = 28$일 때의 $x(t)$의 변화를 나타낸 것이다. 두 경우 모두 동일한 초기조건에서 출발했지만, 변수의 변화는 완전히 다르게 나타난다. 그림 9.5(a)에서는 변수가 진동하면서 점차 일정한 값으로 수렴하는 반면, 그림 9.5(b)에서는 진동의 폭이 점점 커지다가 값이 갑자기 급격히 변한다. 이러한 급격한 변화는 그림 9.4의 **상태공간**에서 궤적이 왼쪽에서 돌다가 오른쪽으로 이동하는 현상과 관련이 있다. 이 궤적은 왼쪽 나비 날개와 오른쪽 나비 날개 사이를 오가지만, 언제 다른 쪽으로 이동할지 예측하기 어렵다. 실제로 그림 9.5(b)는 **혼돈 상태**의 궤적을 보여준다.

로렌츠가 계산했던 결과는 운이 좋게도 변수가 불규칙하고 혼돈적인 영역에 속해 있었다. 그러나 이러한 혼돈적인 변화에는 단순한 무작위와는 다른 특징이 숨겨져 있었다. 로렌츠가 발견한 불규칙한 변화에는 놀라운 사실이 숨겨져 있었는데, 우리는 이것을 "**초기조건 민감성**" 또는 "**나비효과**"라고 부른다. 로렌츠는 우연히 로렌츠 방정식의 계산 결과가 초기조건에 매우 민감하다는 사실을 알아냈다.[10]

---

10 로렌츠가 초기조건 민감성을 발견한 자세한 과정은 『복잡계 과학 이야기』와 같은 책을 참조한다.

로렌츠는 중간 계산 과정에서 변수들이 어떻게 변하는지 알고 싶어서, 변수와 초깃값을 설정하고 로렌츠 방정식을 계산하여 그 값을 출력해 놓았다. 그러던 중, 출력된 값 중에서 중간에 있는 한 값을 새로운 초깃값으로 입력하여 다시 계산해 보고, 그 결과를 이전에 출력해 놓은 값과 비교해 보았다. 로렌츠 방정식은 일종의 기후 예측 방정식이기 때문에, 그는 약 두 달간의 기후 예측 결과를 얻게 되었다. 처음 두 결과를 비교해 보았을 때는 아무 차이도 없었다. 이는 새로운 초깃값이 중간값에서 나온 것이기 때문에, 두 계산 결과는 완전히 같아야 했기 때문이다. 하지만 시간이 약 2주가 지나자 두 계산 결과 사이에 차이가 발생하기 시작했다. 차이는 약 두 배로 커졌고, 4주가 지나자 차이는 네 배로 늘어났다. 결국 두 달 후에는 두 계산 결과가 완전히 달라졌다. 로렌츠는 이 결과를 보고 깜짝 놀랐다. 처음에는 두 계산이 동일해야 했지만, 왜 이런 차이가 생겼는지 의아해했다.

당시 사용하던 진공관 컴퓨터는 실수(real number) 계산을 할 때 종종 오류를 내곤 했기 때문에, 로렌츠는 컴퓨터에 문제가 있는지 확인하려 했다. 당시 진공관 컴퓨터는 계산을 많이 하면 진공관이 가열되어 오류를 내곤 했다. 컴퓨터가 오류를 냈는지 알아보려면 다른 건물의 엔지니어들에게 물어보아야 했다. 하지만 그는 엔지니어에게 가기 전에 자신의 계산 과정에 문제가 있었는지 다시 점검했고, 그 원인을 발견했다. 그는 중간값을 입력할 때 소수점 이하 2자리만 사용하고 나머지를 잘라버렸는데, 그 값을 원래 값과 비교했을 때 아주 작은 차이가 있었다. 처음 출력해 두었던 한 변수의 값은 96.8530이었지만, 새 프로그램에 입력한 값은 96.8이었다. 로렌츠는 소수점 2자리 이하를 잘라버려도 큰 문제 없을 것이라고 생각했다. 그렇지만 그 생각은 큰 오산이었다. 로렌츠는 이 작은 차이가 시간이 지나면서 점점 커지고, 두 달 후에는 완전히 다른 기후 예측 결과를 낳는다는 사실을 깨달았다. 이렇게 자릿수를 잘라서 버릴 때 생기는 오차를 잘라버림 오차라 한다.

예를 들어, 초깃값 96.8530으로 예측한 기후는 두 달 후에 맑은 날씨를 나타냈다면, 초깃값 96.8로 예측한 기후는 두 달 후에 비가 오는 것으로 나타나는 것과 같다. 이처럼 로렌츠 방정식에서 기후는 초깃값에 극도로 민감하게 반응했다.

로렌츠가 처음 논문을 출판했을 때에는 나비효과라는 용어를 사용하지 않았지만, 초기조건에 대한 민감성은 혼돈 현상의 대표적인 특징으로 인식되었다. 로렌츠의 이 발견은 현재 우리가 "**혼돈**"이라고 부르는 현상에 대한 연구의 출발점이 되었다.

1972년에 로렌츠는 미국과학진흥협회의 초청을 받았다. 그러나 그는 깜박 잊고 발표 제목을 제출하지 않았다. 조직위원회에서 기다려도 로렌츠가 발표 제목을 주지 않자, 학회의 한 조직자가 발표 제목으로 "브라질에서 나비의 날갯짓이 텍사스에서 토네이도를 일으킬 수 있을까?"라는 제목을 제안했다. 로렌츠는 이 제목이 마음에 들어서, 그대로 발표 제목으로 채택했다. 이 사건을 계기로 동력학 시스템에서 초기조건의 민감성을 "**나비효과**"라고 부르게 되었다.

로렌츠 방정식은 미분 방정식으로 표현되며, 비선형 항을 포함한 비선형 동역학 방정식이다. 비록 독립변수가 3개뿐인 저차원 시스템이지만, 초기조건에 매우 민감한 혼돈 현상을 나타낸다. 만약 로렌츠 방정식의 오른쪽 항들이 모두 선형이었다면, 이런 초기조건의 민감성은 나타나지 않았을 것이다. 로렌츠는 당시 열악한 컴퓨터 환경 속에서 운 좋게도 저차원 시스템에서 혼돈 현상을 처음으로 발견하게 되었다.

혼돈을 나타내는 시스템은 초기조건에 극도로 민감하므로 미래를 예측하는 것이 매우 어렵다. 이는 초기조건의 아주 작은 차이가 시간이 지나면 크게 증폭되어 전혀 다른 결과로 이어질 수 있기 때문이다. 하지만 현실 세계에서는 참값을 정확히 알기 어렵다. 예를 들어, 오늘 오후 1시에 인천 용현동 인하대학교 캠퍼스의 온도를 알려면 온도계를 사용해야 한다. 그런데 우리가 사용하는 모든 측정 장비는 그 장비의 **해상도**보다 더 정확한 값을 측정할 수 없다.

막대 온도계의 경우, 눈금은 1℃ 단위로 표시되어 있다. 온도계의 빨간 막대가 23℃와 24℃ 사이에 위치하면, 우리는 그 사이를 눈대중으로 나누어 온도를 대략

23.4℃라고 읽는다. 하지만 이 0.4℃에는 분명히 **오차**가 존재한다. 우리가 측정한 값은 온도계의 해상도 이상으로 정확히 알 수 없기 때문이다. 이는 측정된 값이 실제 참값과 다를 수 있음을 의미한다.

과학 실험에서 어떤 값을 측정할 때, 항상 오차를 함께 표시하는 이유도 이것이다. 표준편차와 같은 오차는 참값을 정확히 알 수 없으며, 다만 참값이 오차 범위 내에 존재할 것임을 나타낸다. 그러나 혼돈적인 시스템에서는 이러한 작은 오차가 시간이 지남에 따라 지수 함수적으로 증폭된다. 선형 시스템에서는 이러한 오차의 증폭이 일어나지 않지만, 비선형적인 혼돈 시스템에서는 오차가 매우 크게 증폭될 수 있다.

9.2 혼돈과 갈래질

로렌츠 방정식처럼 연속적인 미분 방정식으로 표현되는 동역학 방정식에서 혼돈 현상이 일어나려면 독립 변수의 수가 3개 이상이어야 한다는 사실이 후에 수학적으로 증명되었다. 운이 좋게도 로렌츠 방정식은 3개의 독립변수를 가지고 있었기 때문에 혼돈 현상이 발생할 수 있었다. "혼돈"라는 용어는 로버트 메이Robert May, 1936-2020가 **로지스틱 사상**Logistic Map을 발견한 이후에 처음 사용되었다.

로버트 메이는 1959년에 시드니 대학교에서 초전도체에 관한 이론 연구로 물리학 박사학위를 받았다. 그 후 시드니 대학교에서 이론물리학 교수로 일하던 그는 1969년에 과학의 사회적 책임에 관심을 가진 과학자들과 교류하면서 생태학에 관심을 가지게 되었다. 메이는 1970년부터 1971년 사이에 연구년을 가지게 되었고, 그 기간의 절반은 영국 임페리얼 칼리지의 실우드 파크Silwood Park 생태 연구그룹인 **실우드 서클**Silwood Circle[11]과 교류했고, 나머지 절반은 프린스턴 대학교

11 영국 임페리얼 컬리지 실우드 파크 생태 연구그룹은 진화, 다양성, 보전을 표방한 생태학자들의 연구 모임으로 로버트 메이에게 큰 영향을 주었다.

고등연구소[12]를 방문했다.

프린스턴에서 메이는 당대의 저명한 이론 생태학자인 로버트 맥아더를 만났다. 맥아더는 처음에는 메이에게 짧은 면담 시간을 제안했으나, 그가 생태학에 큰 관심이 있음을 깨닫고 더 많은 시간을 할애해 이야기를 나눴다. 당시 맥아더는 말기 암을 앓고 있었기 때문에 자신의 후임자를 찾고 있었다. 메이의 잠재력을 알아본 맥아더는 그에게 프린스턴 대학교 동물학과 교수직을 제안했다. 하지만 메이는 생태학 연구에 충분한 경험이 없다고 판단해 이 제안을 거절하고 호주로 돌아갔다.

호주로 돌아온 메이는 생태학에 수학을 도입해 이론 생태학 연구를 시작했고, 1973년에 그의 첫 저서 『생태 모형에서 안정성과 복잡성Stability and Complexity in Model Ecosystems』을 출판했다. 그는 "생태계가 복잡해질수록 불안정해지고 무질서해진다"고 주장했으며, 이 이론은 "**위그너-메이 이론**"이라고 불린다.

맥아더가 사망한 후 프린스턴 대학교 동물학과에 교수 자리가 비게 되자, 프린스턴 대학교는 메이에게 그 자리를 제안했다. 메이는 1973년에 이 제안을 받아들여 프린스턴 대학교로 자리를 옮긴다. 메이는 프린스턴 대학교 동물학과 교수로 임명되었고, 그곳에서 16년 동안 생태학 연구를 이어갔다. 메이는 프린스턴 대학교에서 생태계 개체수의 변화와 관련된 인구 동력학 문제에 깊은 관심을 가지고 연구를 시작했다.

당시 생태계에서 개체수의 변화를 설명하는 모형으로는 **베르헐스트 방정식**[13]이 널리 알려져 있었다. 이 방정식은 연속적인 일차 미분 방정식으로 표현되며, 개체수의 변화가 비교적 단순하게 나타났다. 메이는 이 방정식을 더 단순화하여 시

---

12 미국 프린스턴 대학교의 고등연구소는 알버트 아인슈타인, 폰 노이만 등이 2차 세계대전을 피해서 활동한 미국의 대표적인 이론물리 연구소이다.

13 베르헐스트 방정식에서 어떤 생태계에서 한 종의 개체수 $N(t)$는 시간에 따라 연속적으로 변하며, 개체수 변화 방정식은 $dN/dt = rN(1 - N/K)$로 표현된다. 여기서 r은 성장률이고, K는 개체의 수용율(carrying capacity)이다. 이 방정식을 로지스틱 방정식이라고 부르며, 이 방정식의 해는 시그모이드 함수꼴로 표현된다. 로지스틱이란 말의 뜻은 "지수함수가 아니다"란 뜻이다.

간을 불연속적으로 고려해 보았다. 예를 들어, 고립된 섬에서 토끼의 개체수가 시간이 지나면서 어떻게 변할지 생각해 볼 수 있다. 올해 섬에 있는 토끼의 수를 알고 있다면, 내년에는 그 수가 어떻게 달라질까? 메이는 이러한 질문에 답하기 위해 베르헐스트의 연속적인 미분 방정식을 **점화식**으로 변환했다.

이때 중요한 두 가지 요소가 있는데, 하나는 토끼의 성장률이고 다른 하나는 섬이 수용할 수 있는 최대 토끼의 수인 수용률이다. 메이는 이러한 요소들을 바탕으로 방정식을 단순화하였고, 이 방정식은 이후 "**로지스틱 사상**logistic map[14]"이라고 부르게 되었다.

로지스틱 사상을 분석하던 메이는 생태계의 개체 동력학 문제에서 대발견을 하게 된다. 로지스틱 사상은 $x_{n+1} = rx_n(1-x_n)$으로 표현되는데, 오른쪽에 있는 비선형 항 x_n^2 때문에 손으로 풀 수 없었다. 하지만 컴퓨터를 이용하여 이 점화식을 쉽게 풀 수 있었다. 메이는 **성장률** r의 값은 $0 < r \le 4$인 영역에서 조금씩 증가시키면서 토끼의 개체수 변화를 시간에 따라서 계산해 보았다. 그는 성장률이 임계값 $r_c \approx 3.56995\cdots$ 보다 작으면 토끼 개체수가 주기적으로 변화하였다. 그림 9.6과 같이 성장률을 0부터 조금씩 증가시켜 보면 토끼 개체수의 주기가 1주기 → 2주기 → 4주기 → 8주기 → … 등으로 증가하다가 성장률이 임계값을 넘어 $r \ge r_c$이면 개체수 변화는 주기가 없어진다. 주기가 없어진 상태는 혼돈적인 상태였다.

이런 방식으로 조절변수인 성장률을 변화시켰을 때 주기가 배로 늘어나는 동역학 과정을 "**주기 배가**"라 한다. 로지스틱 사상은 주기 배가 방식에 따라서 개체수의 변동이 더 복잡해지면서, 주기가 없어지는 상태를 주기가 무한대라 할 수 있

---

14 고립된 섬에서 n번째 해에 한 생물 종의 개체수를 N_n이라 하며, 로지스틱 사상은 $N_{n+1} = rN_n(1-N_n/K)$이다. 여기서 매개변수 r은 토끼의 성장률이고, K는 토끼의 수용률이다. 수용률은 고립된 섬이 수용할 수 있는 토끼의 최대 개체수를 의미한다. 이 식은 $x_n = N_n/K$로 놓으면 더 간단하게 표현할 수 있으며, 단순화한 방정식은 $x_{n+1} = rx_n(1-x_n)$이 된다. 이때 변수 x_n 값의 범위는 $0 \le x_n \le 1$이 된다.

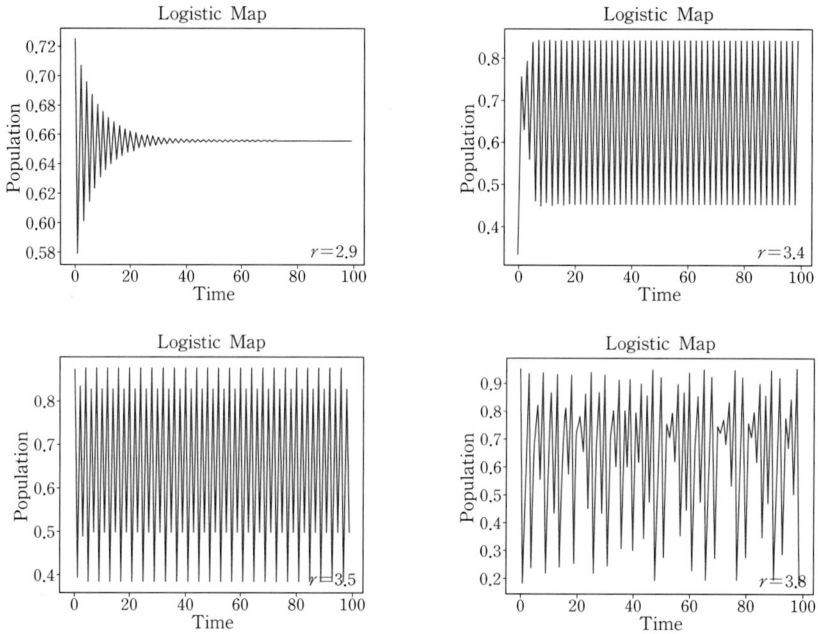

[그림 9.6] 로지스틱 사상의 성장률을 변화시키면서 개체수의 변화를 기간에 따라 나타낸 그림. 성장률이 $r=2.9$일 때 주기 1이고, $r=3.4$일 때 주기 2, $r=3.5$일 때 주기 $2^2=4$이고, $r=3.8$이면 주기가 무한대 2^∞이므로 주기가 없다.

다. 이렇게 주기가 없는 상태는 무작위한 잡음과는 전혀 다른 개체수 변화를 나타낸다. 조절변수를 변화시켰을 때 주기 배가 과정을 따라서 주기가 없어지면서 "**혼돈 상태**"로 변화하는 과정을 "**갈래질**bifurcation 방식의 **혼돈길**route to chaos"이라 한다. 동역학 시스템은 여러 가지 방식의 혼돈길이 있다는 것을 후에 과학자들이 발견하였다.

로렌츠가 발견했던 초기조건 민감성은 메이가 연구한 혼돈 상태에서도 나타났다. 메이는 이 발견을 1974년 메릴랜드 대학교 수학과 세미나에서 발표했다. 이 세미나에 참석한 메릴랜드대학교 수학과의 제임스 요크 교수와 대학원생 티엔 이엔 리는 이 현상에 "**혼돈**chaos"이라는 이름을 붙여 주었다. 이후 메이는 1974년에 사이언스Science지에 「세대 겹침이 없을 때 생물학적 개체수: 안정점, 안정 순환

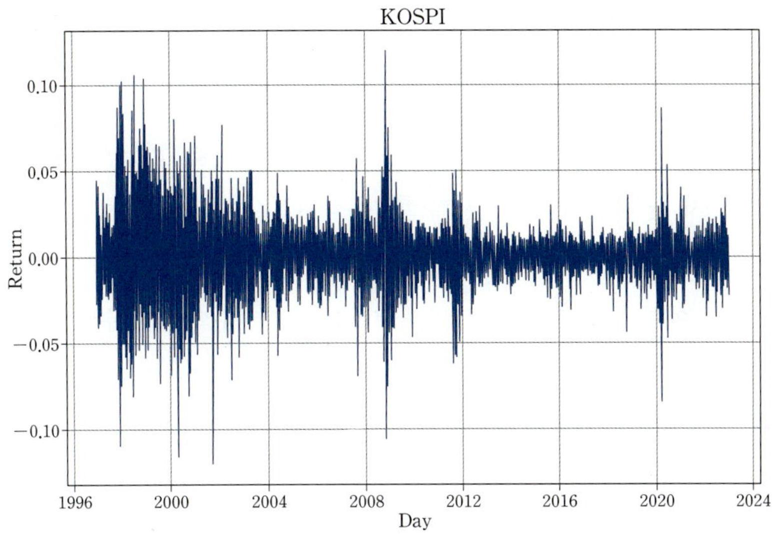

[그림 9.7] 코스피 주가지수의 일별 수익률 그래프. 이 시계열은 무작위적일까? 아니면 혼돈적일까?

그리고 혼돈[15]」이라는 제목의 논문을 발표하면서, 학술적으로 처음 "혼돈"이라는 용어를 사용하기 시작했다. 메이는 단순한 1차원 점화식에서도 초기조건에 민감한 혼돈 현상을 최초로 발견하였다. 요크와 리는 이 발견을 통해 생태학에서 예측 불가능성이 본질적인 현상이라는 사실을 강조했다. 혼돈 상태에서 개체수 변화는 초기조건에 매우 민감하게 반응한다(그림 9.6).

로렌츠와 메이의 연구는 각각 기상학과 생태학에서 혼돈 이론과 비선형 동역학을 발전시키는 데 중요한 역할을 했으며, 두 학자는 서로 다른 분야에서 혼돈과 복잡성의 본질을 밝히는 데 기여했다.

---

15 Robert M. May, "Biological populations with nonoverlatpping generations: stable points, stable cycles, and chaos", Science 186(4164), 645-647(15 Nov 1974).

9.3 주식시장의 혼돈

주가지수, 환율, 옵션 가격, 선물 가격, 암호 화폐 가격 등 다양한 **경제 시계열**이 존재한다. 경제 물리학자들은 이 시계열이 무작위인지, 아니면 혼돈적인 성질을 가지고 있는지 궁금해 했다. 하지만 시계열에 혼돈 현상이 존재하는지 파악하는 것은 쉽지 않다. 예를 들어, 그림 9.7은 과거 코스피 주가지수의 일별 수익률을 나타낸 그래프이다. 이 그래프에서는 경제 위기가 발생했을 때 큰 수익률 변동을 확인할 수 있다. 그렇다면 코스피 주가지수는 무작위로 변하는 것일까, 아니면 혼돈적인 성질이 있는 것일까?

로렌츠 방정식이나 메이의 로지스틱 사상은 이론적 모형이기 때문에 혼돈 현상을 파악하고 이해하는 데 상대적으로 쉽다. 그러나 현실 세계의 데이터에서 혼돈 현상을 인식하는 것은 간단한 일이 아니다. 이와 관련된 개념이 "**혼돈 모형-데이터 패러독스**"다. 이 패러독스는 이론적인 혼돈 모델과 실제 데이터 간의 불일치를 설명한다.

"이론적 모형에서는 혼돈의 존재 여부를 명확하게 파악할 수 있지만, 실제 시계열 데이터에서는 혼돈을 파악하기가 어렵다."

현실 세계의 데이터에서 혼돈 현상을 파악하기 어려운 이유는 여러 가지가 있다. 첫 번째 이유는 경제 시계열이나 사회적 시계열이 일정 부분 **정보 손실**을 포함하고 있기 때문이다. 정보 손실은 측정하려는 대상에서 정확한 정보를 얻지 못할 때 발생한다. 또한 정보를 숫자로 변환하는 과정에서도 손실이 일어날 수 있다. 측정을 위해서는 측정 도구를 사용해야 하는데, 이 도구의 정밀도 때문에 측정값은 항상 오차를 포함한다. 경제나 사회 시계열에서는 종종 산출값이 다른 독립적인 값들의 조합으로 표현된다. 예를 들어, 국내총생산(GDP)은 한 국가에서 생산한 재화와 용역의 시장 가치를 합한 값으로 정의된다. 그러나 재화와 용역을 구성하는 각 경제적 생산물을 정확히 파악하고 그 시장 가치를 모두 아는 것은 매우 어려운 일이다. 이로 인해 GDP는 큰 오차를 포함하고 있다.

경제 시계열을 분석할 때 혼돈을 파악하기 어려운 두 번째 이유는 분석하는 시계열이 너무 **짧은** 경우가 많기 때문이다. 경제적 시계열을 정밀하고 장기간에 걸쳐 기록하는 것은 상당한 비용이 소요되기 때문에 장기 시계열이 생산되지 않는 경우가 흔하다. 그러나 정부가 관리하는 지표나 주식시장의 주가지수, 개별 종목의 주식가격, 환율, 옵션 가격, 선물 가격, 원자재 가격 등 경제적으로 중요한 시계열은 장시간에 걸쳐 정밀하게 기록되고 있다. 디지털 사회와 데이터 사회가 발전하면서 다양한 데이터가 장기간 기록되고 있기 때문에, 시계열이 짧아서 혼돈 현상을 파악하기 어려운 경우는 점차 줄어들 것으로 예상된다.

시계열에 내재한 혼돈을 파악하는 방법 중 하나는 **리아프노프 지수**를 측정하는 것이다. 리아프노프 지수는 시스템의 초기조건에 따른 민감도를 나타내며, 이는 혼돈 현상을 분석하는 데 중요한 역할을 한다.

예를 들어, 선형 함수와 비선형 함수의 시간에 따른 변화를 살펴보자. 그림 9.8과 같이 두 함수의 초기조건이 아주 조금 다를 경우, 즉 두 시작 값이 매우 가까워서 차이가 거의 없는 상황을 고려한다. 시간 0일 때 초기조건의 차이를 설정하고, 시스템이 진화하여 임의의 시간에서의 차이를 나타내는 변수를 정의한다.

그림 9.8(a)와 같이 선형함수의 경우, 시간이 지나더라도 초기조건의 차이가 거의 변하지 않는다. 처음의 차이가 시간이 흐르더라도 그대로 유지된다. 이는 선형 시스템에서는 초기조건의 차이가 시스템의 행동에 큰 영향을 미치지 않음을 보여준다. 반면에 그림 9.8(b)와 같이 혼돈 영역에 있는 비선형 함수에서는 두 값의 초기 차이가 지속적으로 확대되며, 이러한 변화는 지수 함수적으로 나타난다.

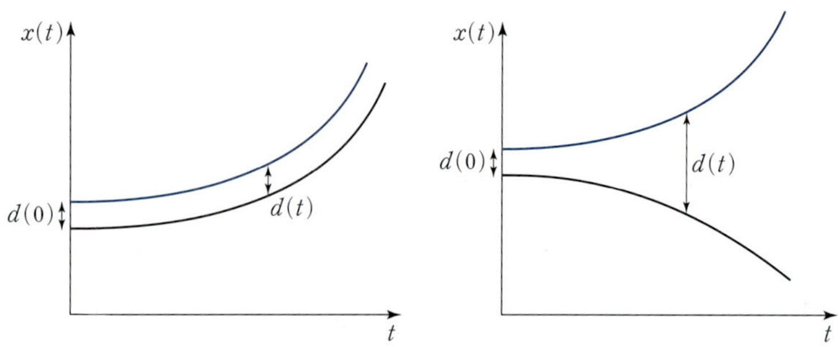

[그림 9.8] 초기조건의 차이가 시간에 따라서 진화하는 모습. (a) 선형함수의 차이는 줄어들거나 큰 변함이 없지만, (b) 혼돈 영역에 있는 비선형 함수에서 초기조건의 작은 차이는 시간이 지나면서 지수 함수적으로 멀어진다.

지수 함수의 곱셈 결수를 **리아프노프 지수**[16]라고 부른다.

만약 리아프노프 지수가 양수라면 초기조건의 차이는 지수 함수적으로 발산한다는 의미다. 반면에 리아프노프 지수가 음수라면 초기 차이는 줄어들게 된다. 리아프노프 지수가 0보다 클 때 동역학 시스템은 혼돈 영역에 있다고 간주한다.

그러나 비선형 함수의 리아프노프 지수가 항상 양수인 것은 아니다. 앞서 언급한 로렌츠 방정식이나 로지스틱 사상에서 시스템의 조절변수들이 혼돈 영역에 있을 때, 리아프노프 지수가 양수로 나타난다. 따라서 비선형 동역학 시스템에서도 혼돈 조건을 찾아내는 것이 중요하다. 이러한 조건을 이해하면 시스템의 복잡한 행동을 더 잘 파악하고 예측할 수 있게 된다.

주가지수 시계열은 일차원적 시계열이기 때문에 리아프노프 지수나 프랙털 차원과 같은 시계열의 특성을 파악하기 어렵다. 1981년에 타켄스F. Takens, 1940-2010는 원시 시계열 데이터를 "**시차**"에 따라 독립적인 좌표로 변환하고, 이를 차원의 **매립 차원**에 투영하여 새로운 시계열을 생성하는 "**재구성 방법**[17]"을 제안하였다.

---

16 두 궤도 사이의 차이 $d(t) = d(0)\exp(\lambda t)$이고, 여기서 $d(0)$는 초기에 인접한 두 궤도 사이의 거리이다. 지수함수에서 곁수 λ를 리아프노프 지수(Lyapunov exponent)라 한다.

17 주가지수의 일차원 수익률 시계열을 $\{x_1, x_2, \cdots, x_N\}$이라 하자. 이 원시계열로부터 재구성한 벡터 시계열 $\vec{X}(i)$

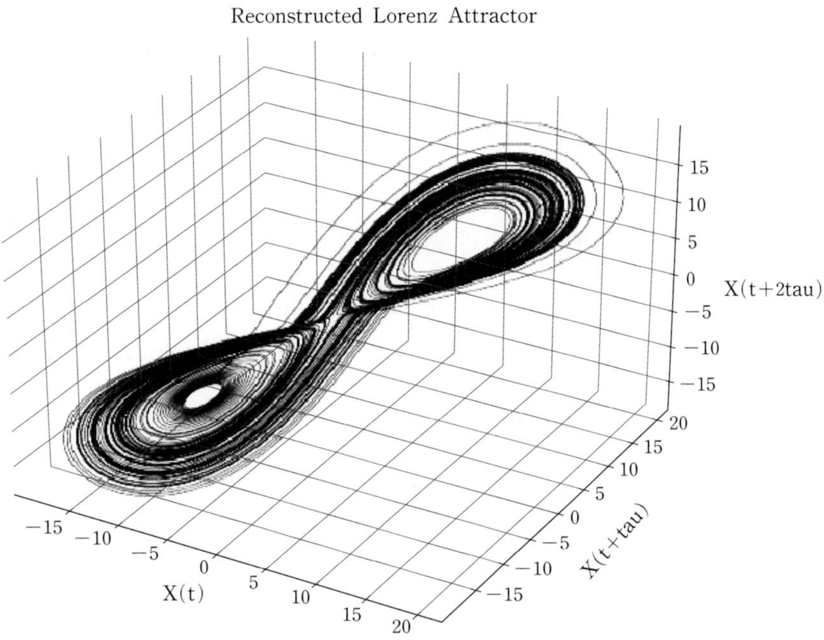

[그림 9.9] 로렌츠 방정식에서 조절변수를 $\sigma=10$, $\rho=28$, $\beta=8/3$로 설정하고 계산한 $x(t)$ 시계열로부터 재구성 방법을 이용하여 얻은 되돌이 그림. 재구성 방법에서 매립 차원 $d=3$, 시차 $\tau=5$로 놓고 재구성 삼차원 벡터를 그렸다.

주가지수의 수익률 시계열을 고려할 때, 이 원시 시계열로부터 재구성한 벡터 시계열을 구할 수 있다. 재구성된 고차원 벡터 시계열의 성분은 시차를 두고 원시 시계열의 데이터를 활용하여 얻어진다. 이러한 과정을 통해 고차원에서의 데이터 분석이 가능해진다.

이렇게 시차를 두고 일차원 시계열을 더 높은 차원으로 투영하여 시각화하는 과정을 "**되돌이 그림**"이라고 한다. 그림 9.9는 로렌츠 방정식에서 변수 하나의 시계열로부터 재구성 방식으로 구한 궤도[18]를 나타낸다. 재구성 방법을 적용할 때

를 구한다. 시간 i에서 재구성 d 매립 차원 벡터 시계열의 성분은 $\vec{X}(i)=\{x(i), x(i+\tau), \cdots, x(i+(d-1)\tau)\}$이다.

18 재구성 방법에서 매립 차원 $d=3$, 시차 $\tau=5$로 놓고, $x(t)$ 시계열만 이용하여 재구성한 시계열을 얻었다.

로렌츠 방정식의 한 변수 값인 $x(t)$의 시계열만 사용했다. 삼차원 매립 차원에서 재구성한 궤도는 로렌츠 방정식을 풀어서 구한 궤도를 재현하고 있다. 즉, 재구성 방법으로 한 변수 $x(t)$의 시계열로부터, 마치 다른 변수 $y(t)$, $z(t)$를 알아낸 것과 같다.

재구성 방법에서 매립 차원과 시차를 설정한 후, 이 데이터를 삼차원 벡터로 시각화하면 로렌츠 방정식의 하나의 변수를 이용하여 얻은 시계열이 마치 서로 맞물려 돌아가는 궤도처럼 보이게 된다. 이처럼 동역학 시스템의 시간 변화는 모든 독립 변수를 알지 못하더라도 하나의 변수로부터 재구성할 수 있다. 즉, 일부 정보 안에 전체 시스템의 행동이 포함되어 있다. 이는 비선형 동역학 시스템에서 특정 변수를 결정하기 위해 이전의 모든 정보가 필요하다는 점에서도 잘 나타난다.

만약 경제 시계열이 로렌츠 방정식과 유사한 비선형 동역학적 특징을 가진다면, 일차원 경제 시계열을 재구성 방법을 사용하여 고차원 시계열로 투영할 수 있다. 이렇게 투영한 시계열을 통해 혼돈적 특징을 분석할 수 있다. 예를 들어, 그림 9.10과 같이 코스피 일별 주가지수의 수익률 시계열을 이용해 되돌이 그림을 그릴 수 있다. 이 그림에서는 매립 차원을 설정하고 시차를 조정하여 수익률 데이터를 시각화했다. 그림에서 확인할 수 있듯이, 수익률 데이터는 무작위한 분포와는 크게 다른 모습을 보인다. 만약 주가지수 수익률이 무작위한 잡음이면 재구성 방법으로 그린 고차원 시계열은 매립공간을 균일하게 채울 것이다. 그러나 그림 9.10에서 보듯이 코스피 주가지수 수익률은 균일하게 분포하지 않으며, 일정한 곳에 뭉쳐있는 것을 볼 수 있다. 그림 9.10에서 매립차원을 3차원으로 그렸지만, 사실 코스피 주가지수 수익률 시계열의 매립차원은 더 고차원일 수 있다. 로렌츠 방정식은 3차원의 상태공간을 가지듯이, 주가지수 수익률이 매립공간에서 독립적인 좌표수가 몇 개인지 결정하는 것은 쉬운 일이 아니다. 최소 독립 좌표수를 구하는 문제는 다음 장에서 살펴볼 것이다.

주가지수와 오일 가격 같은 경제 시계열에 재구성 방법을 적용할 때, 시차를

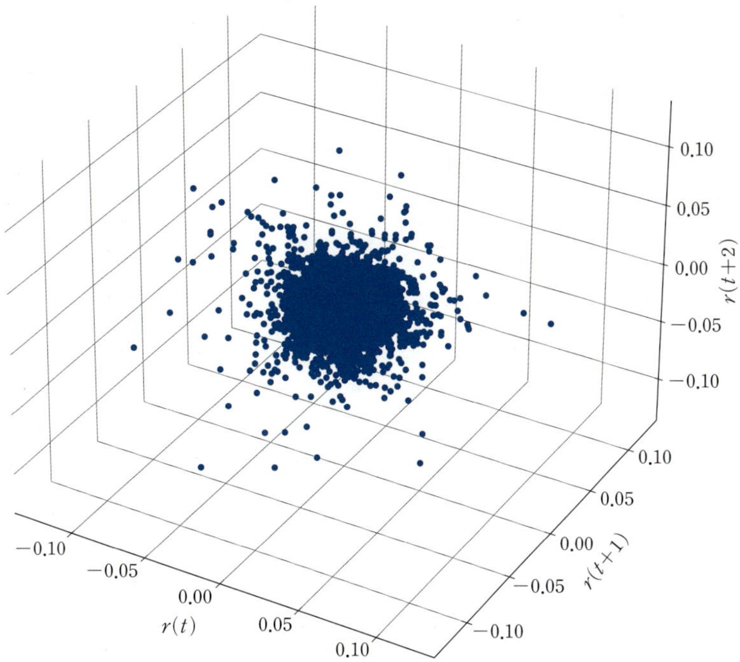

[그림 9.10] 코스피 주가지수 수익률의 되돌이 그림. 코스피 주가지수 수익률을 재구성 방법으로 삼차원의 매립 차원에 그렸다. 만약 주가지수 수익률이 잡음이라면 데이터가 공간에 균일하게 뿌려질 것이다.

적절히 설정하고 매립 차원을 조정하면 리아프노프 지수가 양수이면, 이는 경제 시계열에서 혼돈적 특징이 존재함을 의미한다. 예를 들어, 니우H. Niu와 왕J. Wang[19]은 홍콩 항셍지수를 대상으로 연구를 진행했으며, 이들은 특정 시차와 매립 차원을 설정하여 경제 및 금융 시계열에서 혼돈 현상을 분석하였다. 그들은 항셍지수의 재구성 시계열에서 최대 리아프노프 지수를 계산한 결과, 리아프노프 지수가 양수임을 발견하였다. 이를 통해 재구성된 시계열이 혼돈 상태에 있다는 사실을 확인하였다.

---

19 H. Niu, J. Wang, "Complex dynamic behaviors of oriented percolation-based financial time series and Hang Seng index", Chaos, Solitons and Fractals, 52, 36 (2013).

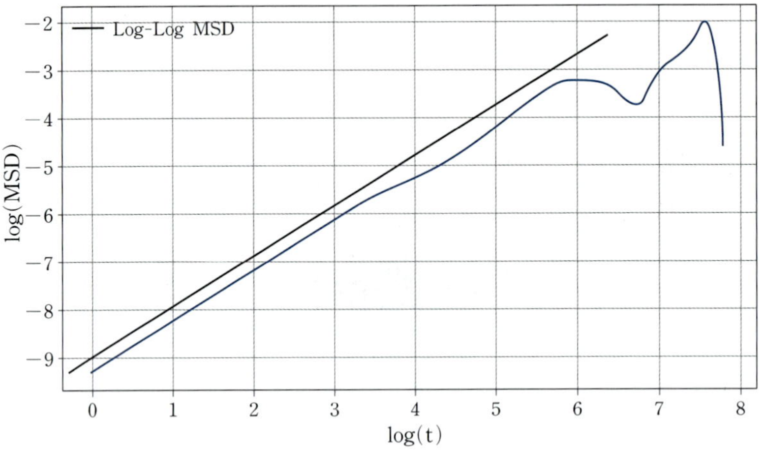

[그림 9.11] 코스피 주가 시계열에 적용한 0-1 테스트. 시간에 따른 평균제곱변위(MSD)를 그렸으며 기울기 값으로 혼돈을 판단한다. 코스피 시계열에서 구한 기울기는 K=0.6607이고, 혼돈적 속성을 가지고 있다.

리아프노프 지수, 되돌이 그림, 재구성 방법 외에도 경제 시계열의 혼돈을 측정하는 방법들이 존재한다. 대표적인 방법으로는 0-1 테스트[20]와 BDS 테스트[21] 등이 있다. 시계열을 고차원의 매립 차원으로 투영한 후 상관 차원이나 프랙털 차원 등을 측정하는 것도 혼돈을 테스트하는 또 다른 방법이다. 경제 시계열의 프랙털 구조를 탐색하는 내용은 다음 장에서 다룰 예정이다.

경제 시계열의 비선형 성질 중에서 혼돈의 특성을 탐색하는 것은 1980년대 이후 복잡계 학자들이 직면한 중요한 문제다. 하지만 경제 시계열의 불완전성과 다양한 잡음은 혼돈의 특성을 파악하는 데 큰 어려움을 초래한다. 현재 경제 시계열의 혼돈 현상을 탐색하는 방법은 아직 완결된 형태가 아니며, 계속 발전하고 있는 분야라고 할 수 있다.

---

20 0-1 테스트는 데이터 재구성이 필요 없으며, 일차원 시계열을 이용하여 주기적, 준주기적 및 혼돈적 변화를 측정하는 방법이다.

21 BDS 테스트는 1987년에 W. A. Brock, W. Dechert, J. Scheinkman 등이 제안한 데스트로 시계열의 비선형성을 테스트한다. 이들은 매립차원 시계열에서 일정한 거리 내에 놓이는 데이터의 상관성을 계산하고, 거리의 크기를 변화하면서 상관성의 축척을 조사하여 비선형성을 측정하였다.

그림 9.11은 2013년부터 2023년 사이의 일별 코스피 주가지수 종가의 수익률 시계열에 0-1 테스트를 적용한 결과를 보여준다. 0-1 테스트는 시계열에서 코사인 진동 성분과 사인 진동 성분이 시차에 따라 변화하는 **평균 제곱 변위**mean-square displacement, MSD의 평균을 계산한다. 만약 시계열이 혼돈이 없이 무작위라면 이 값은 축척 현상을 보이지 않으며, 시간에 따른 MSD 그래프의 기울기는 0이 될 것이다. 반면, 혼돈적 속성을 가진 시계열은 그림 9.9에서 보듯이 시간에 따라 축척 현상을 나타내며, 기울기가 1에 가까울수록 혼돈적 속성이 강하다고 할 수 있다. 일반적으로 기울기 K가 0.5보다 크면 시계열은 혼돈적이며, K가 0.5보다 작으면 비혼돈적이라고 판단한다. 코스피 시계열은 K가 0.5보다 크므로, 이 시계열 자체가 혼돈적 속성을 가지고 있다고 볼 수 있다.

주식시장은 다양한 참여자들이 제한된 정보와 차별적인 정보에 따라 합리성과 비합리성이 동시에 작용하는 복잡계다. 이러한 비선형적이고 비평형적인 시장에서 발생하는 시계열은 비선형적이고 혼돈적 속성을 가지고 있다. 주식시장을 이해하기 위해서는 이러한 비선형적 특성을 잘 파악해야 할 것이다.

10

이상한 끌개와 시장

경제는 복잡계이므로 발생하는 시계열도 다양한 복잡성을 나타낸다. 앞에서 경제 시계열이 가지는 비선형 동역학적 특징으로 혼돈적 성질을 살펴보았다. 일차원 경제 시계열을 고차원의 매립 공간에 투영하여 리아푸노프 지수를 측정하면 시계열의 혼돈적 속성을 파악할 수 있다. 경제 시계열의 복잡계 특성을 파악하는 방법은 여러 가지가 있다. 그림 10.1은 그중에서 대표적인 몇 가지를 나타낸 것이다.

상태공간[1]에서 "이상한 끌개"는 시계열의 혼돈적 특성을 나타낸다. 시계열의 리아푸노프 지수처럼 끌개와 관련된 특성을 측정함으로써 시계열이 혼돈 상태에 있는지 판단할 수 있다. 경제 시계열이 잡음처럼 규칙이 없는 무질서한 특성을 가지는지, 아니면 어떤 규칙적인 특성이 있는지를 살펴보기 위해 무질서의 정도를 측정하는 다양한 엔트로피 측정 방법이 제시되었다. **엔트로피**는 확률의 로그값 평균으로, 경제 시계열로부터 특정한 확률을 정의해야 한다. 정의하는 확률의 특성에 따라 여러 종류의 엔트로피가 알려져 있다. 예를 들어, 섀넌 엔트로피, 콜모

1 상태공간(state space) 또는 위상공간(phase space)은 동역학 시스템을 묘사할 수 있는 최소 독립좌표로 이루어진 공간을 의미한다. 로렌츠 방정식에서 상태공간은 3차원이었다.

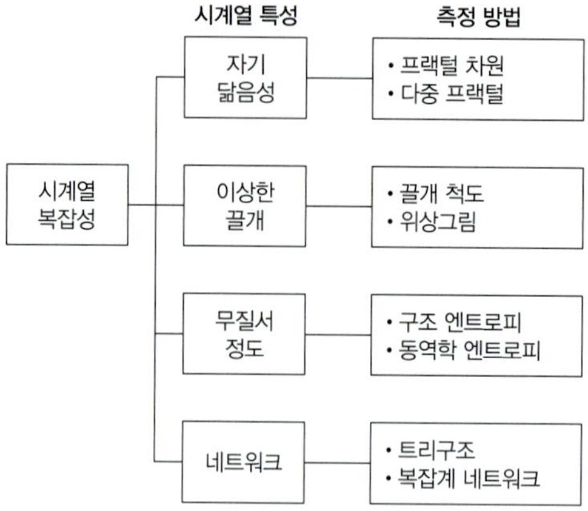

[그림 10.1] 경제 시계열의 복잡계 특성과 복잡성을 측정하는 방법. 비선형 동역학 방법, 통계 물리학에서 기원한 엔트로피 개념, 복잡계 네트워크 개념 등을 적용하여 시계열을 분석한다.

고로프 엔트로피, 전달 엔트로피 등 여러 종류의 엔트로피를 측정할 수 있다. 시계열의 엔트로피가 크면 시계열은 더 무질서한 상태에 있다고 할 수 있다.

주식시장에서 주가지수의 패턴을 살펴보면 매우 복잡하게 얽혀 있는 것을 볼 수 있다. 10년간의 주가지수를 그리거나 1년, 1개월 동안의 주가지수를 그려보면, 세 그래프가 서로 유사하다는 것을 알 수 있다. 물론 그래프의 모양이 완전히 일치하지는 않지만, 어딘가 비슷해 보이는 경향이 있다. 이 사실을 처음 발견한 사람은 1963년에 주식 가격의 변동에서 축척 구조를 찾아낸 브누아 망델브로이다.

주가지수의 **자기 닮음성**[2]은 사실 완벽하지 않다. 혼돈 현상의 이상한 끌개나 망델브로가 제안한 수학적 프랙털은 완벽한 자기 닮음성을 지니고 있다. 하지만 현실에서 생성된 경제 시계열은 잡음에 영향을 받는 비선형 시계열이기 때문에 이상한 끌개와 같은 완전한 자기 닮음성은 존재하지 않는다. 그 대신 통계적으로 유사한 구조를 가지게 된다.

---

2 자기 닮음성은 해상도를 바꾸면서 구조를 관찰해도 구조가 동일해 보이는 것을 말한다. 자기 닮음성을 가진 구조를 맨 눈으로 보거나 현미경으로 보거나 구조가 똑같이 보인다.

자기 닮음성은 대상을 관찰하는 해상도를 바꾸어도 그 구조가 변하지 않는 특징을 말한다. 이제 자기 닮음성을 측정하는 방법으로 프랙털 차원과 시계열의 다중 프랙털 성질을 살펴보자.

10.1 이상한 끌개와 프랙털

브누아 망델브로는 폴란드 바르샤바의 유태인 가정에서 태어났다. 그의 가족은 1936년에 프랑스 파리로 이주했다. 파리에서 망델브로는 유명한 수학자인 삼촌 숄렘 망델브로에게 수학을 배우게 된다. 삼촌은 그에게 줄리아의 논문을 읽어보라고 권했지만, 망델브로는 전통적인 방식이 아닌 자신만의 방법으로 논문을 이해했다.

제2차 세계대전 이후, 망델브로는 프랑스의 에콜 폴리테크니크에서 가스통 줄리아Gaston Julia, 1893-1978와 폴 레비Paul Levy, 1886-1971에게 교육받았다. 줄리아는 **줄리아 집합**을 발견한 수학자이며, 레비는 무작위 과정에서 레비 분포를 발견한 학자이다. 망델브로는 1952년에 파리대학에서 수리과학 박사학위를 취득했다. 이후 1958년에는 미국의 IBM 왓슨 연구소에서 연구원으로 일하면서 경제 시계열의 멱함수 법칙 구조와 프랙털 이론을 발견하게 된다.

1967년에 망델브로는 사이언스지에 「영국의 해안선은 얼마나 길까? 통계적 자기 닮음성과 프랙털 차원」이라는 제목의 논문을 발표하여 **프랙털** 구조와 **분수 차원**을 소개했다. 이 논문에서는 꾸불꾸불한 해안선이 매우 무질서하게 변하는 것을 지적했다. 해안선은 육지와 바닷물이 만나는 지점에서 육지가 침식되면서 형성되기 때문에 규칙적인 기하학적 구조가 생기기 어렵다. 예를 들어, 우리나라의 남해안이나 서해안의 해안선 구조는 매우 구불구불하다.

그림 10.2(a)에서 볼 수 있는 것처럼, 나뭇잎이 모두 떨어진 큰 나무를 멀리서

바라보면 나무의 큰 줄기가 분기된 것을 볼 수 있다. 그러나 가까이 가면 나무의 각 부분이 보이기 시작하고, 큰 가지들, 그리고 그 큰 가지에 붙은 작은 가지들로 이루어진 구조를 관찰할 수 있다. 잎은 나무가 생존하는 데 필수적인 탄소 동화 작용을 통해 생성된 물질을 나무 전체로 수송해야 한다. 이 때문에 나뭇잎들은 서로 겹치지 않고 많은 햇빛을 받을 수 있는 구조를 형성한다.

삼차원 공간에서 잎이 햇빛을 가장 효율적으로 받을 수 있는 방식과 잎에서 생산된 물질을 나무 전체로 수송할 때 가장 효과적인 구조를 고려해야 한다. 자연은 진화 과정을 통해 가장 효율적인 나무 구조를 탐색해왔다. 경쟁력이 없는 나무 구조는 자연선택에 의해 멸종하고, 가장 효율적인 구조만이 살아남았을 것이다. 현재 우리가 관찰하는 나무의 구조는 진화의 결과물이며, 자연이 선택한 가장 경제적이고 효율적인 구조이다. 이러한 나무의 구조는 프랙털 구조로 나타난다. 나무의 모양은 나무 세포의 DNA에 의해 정보가 발현되어 생겨난 구조이기 때문에 각 가지가 모두 동일하지 않다. 나뭇가지가 분화할 때 생화학적, 물리적 환경에 따라, 가지의 세부적인 모양이 다양하게 나타난다. 그럼에도 불구하고 나무의 전체적인 구조는 "부분이 전체를 닮아있는 통계적인 프랙털"로 설명할 수 있다.

프랙털 구조는 자연뿐만 아니라 수학적 사상에서도 발견되었다. 혼돈 현상이 연구되면서, 프랙털 구조는 비선형 동력학계의 상태공간에서도 관찰되었다. 예를 들어, 로렌츠 방정식이 혼돈 상태에 있을 때, 상태공간에서 동역학의 궤도는 나비 모양의 "**이상한 끌개**strange attractor[3]" 구조를 형성한다. 이러한 상태에서 동역학적 구조는 프랙털 구조를 발현하지만, 자연에서 볼 수 있는 명시적인 프랙털과는 달리, 수학적 공간에서 감춰진 채 나타난다.

혼돈 상태에 있는 동역학계의 궤도를 상태공간에 그려보면, 매우 특이한 기하학적 구조를 발견할 수 있다. 이 구조를 확대해 보면, 그 속에 전체의 모습이 반복되어

3 동역학에서 프랙털 구조를 가진 동역학적 고정점들의 집합이다.

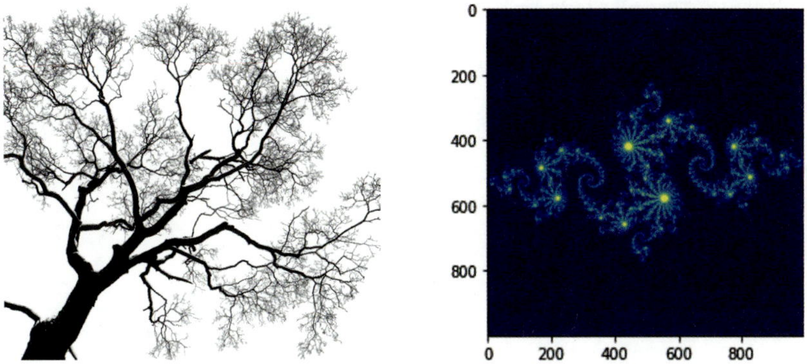

(a) (b)

[그림 10.2] 명시적 프랙털의 예. (a) 나무의 프랙털 구조, (b) 소수 공간에 표현한 줄리아 집합 $z_{n+1}=z_n^2+c$ 사상에서 $c=-0.8+0.156i$ 일 때 생성한 프랙털 구조.

나타나는 자기 닮음성을 가진다. 이처럼 프랙털은 "**축척 불변성**scaling invariance"을 가진 구조로, 해상도를 달리해도 동일한 구조가 반복되는 특성을 지닌다.

프랙털 구조의 독특함은, 그 구조를 확대(줌인)하거나 축소(줌아웃)하더라도 똑같이 보인다는 점이다. 따라서 프랙털은 "내 속에 내가 무한히 많은" 구조로, 그 구조가 계속해서 반복된다. 망델브로 이전에도 시얼핀스키Sierpinski, 줄리아Julia, 코흐Koch 등 여러 수학자들이 자기 닮음성을 가진 수학적 사상을 제안했지만, 그들은 자기 닮음성과 프랙털 구조의 의미를 명확히 인식하지 못했다.

브누아 망델브로는 프랙털 구조를 최초로 확실하게 발견한 학자였다. 그는 1975년에 이러한 불규칙적이면서도 자기 닮음성을 가진 구조를 "**프랙털**fractal"이라고 명명했다. 이는 자연과 수학에서 불규칙하지만 자기 닮음성을 가진 다양한 구조를 설명하는 데 중요한 개념으로 자리 잡았다.

동역학계에서 프랙털은 수학적인 상태공간 속에 숨어 있지만, 우리 눈으로 직접 볼 수 있는 명확한 프랙털 구조도 존재한다. 예를 들어, 나무의 가지 모양, 해안선의 굴곡진 모양, 산맥의 울퉁불퉁한 모양, 구름의 모양, 눈송이의 패턴 같은 자연 현상에서도 프랙털 구조를 찾아볼 수 있다. 또, 콜리플라워와 같은 식물의 모습에서도 프랙털 구조가 나타난다. 수학적으로도 시얼핀스키 개스켓, 코흐 곡선, 망델브로 집합, 줄리아 집합과 같은 프랙털 구조가 잘 알려져 있다. 그림 10.2는 수학적인 프랙털인 줄리아 집합과 자연에서 볼 수 있는 나무의 프랙털 구조를 보여주는 예이다.

10.2 프랙털 차원

프랙털 구조는 규칙적인 결정체나 무질서한 네트워크와는 완전히 다른 성격을 가진다. 프랙털은 **자기 닮음성**을 가지고 있으며, 실수 차원의 **프랙털 차원**을 가진다는 점에서 독특하다. 프랙털 차원을 구하는 방법 중, 하나는 자기 닮음성을 수치적으로 표현하는 것이다.

예를 들어, 매우 넓은 이차원 바둑판을 생각해 보자. 바둑판의 교차점마다 원자가 놓여 있다고 가정한다. 이 원자들이 규칙적인 격자 구조를 이루고 있다고 생각하면, 길이가 L인 정사각형으로 격자를 덮어서 그 속에 들어 있는 원자의 수를 계산할 수 있다. 이때 원자의 수는 L의 제곱에 비례[4]하게 된다. 즉, 정사각형의 크기를 두 배로 늘리면 원자의 수는 네 배[5]가 된다. 이것은 이차원 유클리드 격자 구조에서 축척을 배로 늘리면 원자의 수가 그 축척의 제곱에 비례[6]한다는 것을 뜻한다. 제곱은 이차원 공간의 공간 차원과 같은 수이다.

만약 삼차원의 격자 구조를 생각하면, 동일한 방식으로 축척을 배로 늘릴 때 원자의 수는 그 축척의 세 제곱에 비례하게 된다. 이러한 유클리드 공간에서 원자의 수는 공간의 차원에 따라 변한다. 예를 들어, 이차원에서는 축척의 제곱, 삼차원에서는 축척의 세 제곱의 비례 관계를 가진다. 이때 공간 차원은 정수로 표현되

4 길이 L인 사격형 속에 속한 원자의 수를 세어 보면 $N(L) = L^2$이다.

5 길이 $2L$인 사격형에 속한 원자의 수는 $N(2L) = 2^2N(L) = 4N(L)$이다.

6 이차원에서 축척을 s배 늘이면 $N(sL)/N(L) = s^2$이 된다.

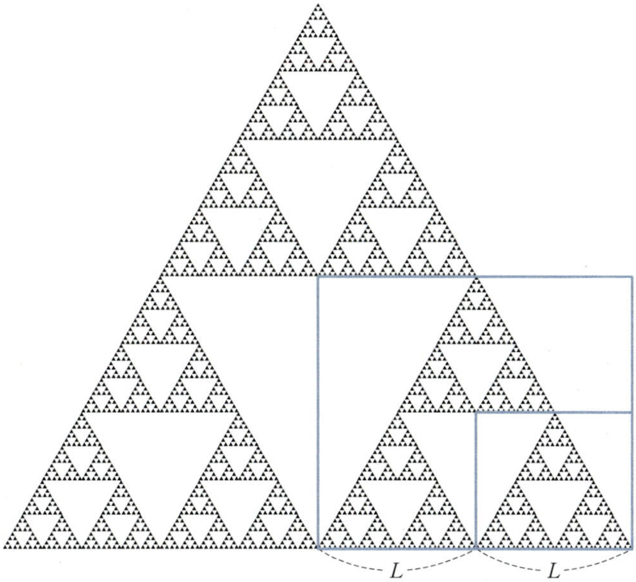

[그림 10.3] 시얼핀스키 개스켓의 구조와 축척. 시얼핀스키 개스켓을 프랙털 차원의 축척을 가지는 프랙털이다.

며, 유클리드 공간에서는 이러한 차원이 축척에 따라 정수[7] 승으로 증가한다는 것이 중요한 특징이다. 유클리드 공간에서 균일하게 분포한 물체의 규모는 축척의 공간 차원 제곱 승으로 늘어난다.

프랙털 차원에서는 이러한 차원이 실수가 될 수 있는데, 이것이 유클리드 공간과 프랙털 구조를 구분 짓는 중요한 차이점이다. **시얼핀스키 개스켓**Sierpinski Gasket은 수학적 사상에 의해 그릴 수 있는 대표적인 프랙털 구조 중 하나이다. 이 프랙털은 속이 가득 찬 정삼각형의 변을 절반으로 나눈 후, 그 중앙의 역삼각형 부분을 제거하는 과정으로 시작으로 한다. 그런 다음 남은 정삼각형에 대해 같은 과정을 무한히 반복하면 시얼핀스키 개스켓이라는 구조가 완성된다. 이 구조는 폴란드 수학자 시얼핀스키W. F. Sierpinski, 1882-1969에 의해 처음 발견되었다.

---

7 유클리드 차원 d에 놓여 있는 결정 구조는 $N(sL)/N(L)=s^d$임을 알 수 있다. 양변에 로그를 취하면 차원은 $d=\ln[M(sL)/M(L)]/\ln s$임을 알 수 있다.

이 프랙털의 질량을 축척과 관련지어 생각해 보자. 처음, 작은 정삼각형들이 들어있는 사각형의 길이를 L, 그 사각형의 질량을 $M(L)$이라 하자. 이제 축척을 두 배로 늘려서 사각형의 길이가 $2L$이 되면, 그 안에 있는 시얼핀스키 개스켓의 작은 반복 구조는 세 개가 존재하게 된다. 따라서 질량은 $3M(L)$이 된다. 이와 같은 비례 관계에서 질량 비율이 3인 이유는 그림 10.3과 같이 큰 네모 안에 작은 시얼핀스키 개스켓이 세 개 반복되기 때문이다. 이때 프랙털 차원을 정의하면, 유클리드 공간에서 차원을 구하는 방식과 유사하게 구할 수 있다. 이렇게 구한 **프랙털 차원**[8]은 정수가 아닌 실수값[9] $d_f = \ln 3/\ln 2 = 1.585 \cdots$이다. 이는 시얼핀스키 개스켓의 차원이 실수인 프랙털임을 의미한다.

이렇게 구한 차원을 **프랙털 차원** 혹은 **질량 차원**이라고 부른다. 프랙털 구조는 차원이 정수가 아닌 실수이며, 자기 닮음성을 가진 독특한 구조다. 시얼핀스키 개스켓은 수학적 사상을 반복해서 얻은 수학적 프랙털로 분류하지만, 이와 달리 자연에서 발견되는 나무와 같은 구조는 통계적 프랙털로 분류된다. 자연에서 나타나는 프랙털은 수학적 프랙털처럼 완벽한 자기 닮음성을 가지지 않지만, 통계적으로 닮아있는 경향이 있기 때문에 통계적 프랙털이라 부른다.

경제 시계열은 시간에 따라 기록된 일차원적 데이터다. 그런데 경제 시계열에도 프랙털 구조가 존재할까? 시계열에서 프랙털 구조를 처음 발견한 사람은 브누아 망델브로였다. 그는 1963년에 면화 가격 변동의 누적 분포가 안정된 레비 분포를 따른다는 것을 발견했다.

하지만 망델브로보다 앞서 해군연구소의 매튜 오스본Matthew F. Maury Osborne은 "주식시장에서 브라운 운동"이라는 논문에서 주가 수익률이 무작위적인 운동을 따르며, 로그 수익률이 정규분포함수를 따른다고 주장했다. 이 무작위적인 운

---

8 프랙털 차원은 $d_f = \ln[M(sL)/M(L)]/\ln s$로 정의한다.

9 시얼핀스키 개스케의 프랙탈 차원은 $d_f = \ln 3/\ln 2 = 1.585 \cdots$이다.

동은 경제 시계열에서 자주 나타나는 현상이다. 오스본은 주식시장에서 무작위 운동을 발견했지만, 이를 자기 닮음성과 연결짓지 않았다. 망델브로가 주가지수와 같은 경제 시계열에서 자기 닮음성을 인식한 것은 그가 프랙털 구조에 관한 첫 논문을 발표한 이후였다. 그는 실제 사물에 프랙털 구조가 존재한다면, 경제 시계열에서도 자기 닮음성이 숨어 있을 것이라고 생각했다.

망델브로는 1997년에 출간한 책 "금융에서 프랙털과 축척"에서 금융 시계열에서 자신이 프랙털 구조를 발견한 과정을 설명하고 있다. 그는 1963년에 발표한 논문에서 면화 가격 변동의 두꺼운 꼬리 분포를 발견했고, 이 현상을 프랙털과 연결지었다. 당시에는 프랙털이라는 개념이 등장하기 전이었지만, 그는 면화 가격처럼 교역 물품의 가격 변동 분포 함수에 일정한 축척이 존재한다는 사실을 처음으로 밝혀냈다.

망델브로는 1965년에 "분수 브라운 운동"을 소개하며 이 개념을 가격 변동을 설명하는 데 사용하려고 했다. 또한 1967년에는 "영국 해안선의 길이"에서 프랙털 구조를 처음 발견했다. 이후 1972년에는 "**다중 축척**"이라는 개념을 새롭게 제시했다. 망델브로는 1990년대 이전까지 주로 기하학적 프랙털 구조에 관심을 가졌으나, 1997년에 출간한 『금융에서 프랙털과 축척』이라는 책에서 금융 시계열에도 프랙털 구조가 존재한다고 소개했다.

금융 시계열에 프랙털 구조가 숨어 있을 수 있다는 생각은 9장에서 설명한 혼돈 현상을 나타내는 동역학 시스템을 연구한 과학자들 사이에서 제기된 문제였다. 1970년대와 1980년대에 혼돈 현상을 연구한 물리학자들은 로렌츠 방정식, 에농 사상, 메이의 로지스틱 사상 등에서 얻은 시계열의 궤도를 통해 상태공간에서 동역학 시스템을 묘사하는 독립적인 변수 공간을 연구했다. 예를 들어, 로렌츠 방정식에는 3개의 독립 변수가 있으므로 상태공간은 3차원으로 표현된다.

그림 10.4는 이차원 비선형 동역학 시스템인 에농 사상을 보여주고 있다. **에농 사상**[10]은 두 개의 변수로 이루어진 이차원 점화식으로, 상태공간에서 주기 궤도,

간헐성 궤도, 그리고 혼돈 궤도를 나타낸다. 이 사상은 상태공간에서 이상한 끌개의 구조가 나타나며, 이 끌개는 자기 닮음성을 가지고 있다. 끌개의 일부를 확대해 보면, 그 내부에서도 동일한 구조가 반복되어 나타나는 것을 볼 수 있다. 이는 자기 닮음성, 즉 "내 속에 내가 있는" 구조다.

상태공간에서 자기 닮음성을 가진 궤도를 '이상한 끌개'라 부른다. 이 이상한 끌개의 기하학적 프랙털 차원을 계산할 수 있었으며, 이는 동역학 시스템에서 프랙털 구조를 찾는 것과 같다. 혼돈 현상을 나타내는 동역학 시스템은 상태공간에서 프랙털 구조와 자기 닮음성을 내포하고 있었다. 9장에서 설명된 혼돈 현상에서는 '재구성 방법'을 사용하여 일차원 시계열을 다차원 공간으로 투영할 수 있었다. 이로써 시계열에 숨겨진 프랙털 구조를 파악할 수 있게 된다.

재구성 방법을 통해 금융 시계열을 매립 차원 이상의 고차원 공간에 표현한 후, 상관 차원을 계산하면 금융 시계열이 프랙털 성질을 가지고 있는지 확인할 수 있다. 혼돈 이론에서 이상한 끌개가 프랙털 차원을 가지는 것처럼, 경제 시계열을 재구성 방법을 사용해 고차원으로 투영했을 때, 과연 경제 시계열도 프랙털 특성을 나타낼지 궁금할 것이다. 1980년대에 혼돈과 프랙털 이론이 발전하면서 복잡계 과학자들은 경제 시계열에서도 이런 특성을 찾으려 노력했다.

프랙털 차원을 계산하는 방법에는 여러 가지가 있는데, 하우스도르프 차원[11], 박스-카운팅 차원[12], 정보 차원 등이 있다. 그중에서 상관 차원은 시계열 데이터로부터 계산하기가 상대적으로 용이하다. 상관 차원을 통해 경제 시계열의 프랙털 성질을 탐구해 볼 수 있을 것이다.

---

10 에농사상(Henon map)은 $x_{n+1} = 1 - ax_n^2 + y_n$, $y_{n+1} = bx_n$인 이차원 점화식 사상이다. 에농사상은 a,b의 값에 따라서 (x,y) 상태 공간에서 주기 궤도, 간헐성 궤도, 혼돈적 궤도를 나타낸다.

11 시얼핀스키 개스켓과 같은 수학적 프랙털에서 하우스도르프 차원과 박스-카운팅 차원은 같다.

12 박스-카운팅 차원(Box-counting dimension)은 반지름 r 내에 들어있는 프랙털 점들의 수 $N(r)$을 계산한다. 반지름 $r \to 0$일 때, $N(r) \sim 1/r^{d_B}$이고 d_B를 박스-카운팅 차원이라 한다.

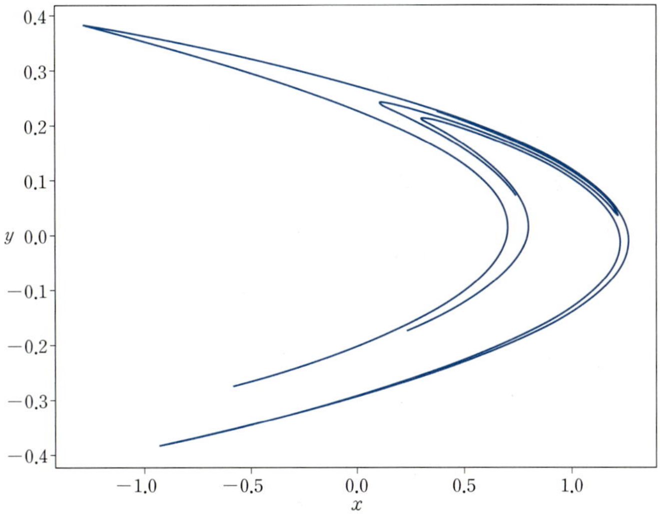

[그림 10.4] 에농 사상의 이상한 끌개의 프랙털 구조. 이 사상의 한 부분을 확대해 보면 그 속에 지금 보고 있는 이 구조가 반복되고 있어 자기 닮음성이 있으며, 차원의 1.26인 프랙털이다. 에농사상에서 $a=1.4$, $b=0.3$으로 놓았으며 상태 공간에서 혼돈상태를 나타낸다.

이상한 끌개는 프랙털 구조를 가지고 있기 때문에, 이를 시얼핀스키 개스켓에 적용했던 방법으로 프랙털 차원을 구할 수 있다. 프랙털 차원을 계산하는 방법 중 상관 차원은 질량 차원만큼 자주 사용된다. 상관 차원은 시계열의 각 데이터로부터 일정 반경 내에 포함되는 점의 수를 계산한 후, 모든 데이터에 대해 그 평균을 내어 구할 수 있다. 이를 통해 상관 차원을 측정한다.

시계열의 상관함수는 두 데이터 사이의 **상관관계**[13]를 나타내며, 헤비사이드 함수를 사용해 정의된다. 이를 통해 반지름을 점점 증가시키며 계산하면, 프랙털 구조를 가진 이상한 끌개에서 **상관 차원**이 도출된다. 에농 사상에서 구한 상관

13 시계열 x_t의 상관함수는 $C(R)=\frac{1}{N(N-1)}\sum_{m\leq t\neq s\leq N} H(R-|x_t-x_s|)$으로 정의한다. 여기서 $H(x)$는 헤비사이드 함수(Heaviside function)으로 $x\geq 0$이면 $H(x)=1$이고, $x<0$이면 $H(x)=0$이다. 이상한 끌개와 같은 프랙털 구조에서 $C(R)=kR^{d_c}$이고, k는 비례상수이고 d_c는 **상관 차원**(correlation dimension)이다.

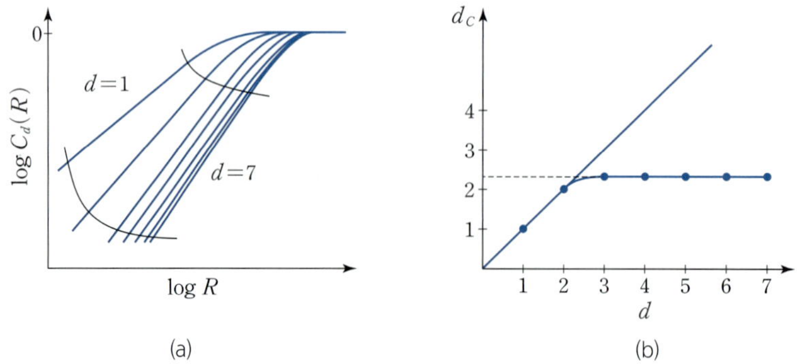

[그림 10.5] 데이터를 덮는 반지름 R대 상관함수의 (a) 로그-로그 그래프와 (b) 매립차원 d대 상관차원 d_c 그래프, 상관차원의 수렴으로 이 시스템의 최소 매립차원은 3차원이다.

차원은 1.26이었다.

에농 사상은 변수가 2개인 결정론적 점화식이기 때문에 상태공간 역시 2차원으로, 상관 차원이 2보다 작은 실수이다. 이러한 특성은 프랙털 구조를 가진 이상한 끌개의 특징이다. 수학적 사상에서 얻은 데이터는 잡음이 없기 때문에 깨끗한 상관함수를 구할 수 있지만, 실제 현실의 경제 시계열에서는 잡음이 존재하기 때문에 상관 차원을 구하는 과정이 더 복잡하다. 이제 현실에서 얻는 경제 시계열에서 상관 차원을 구하는 방법에 대해 생각해 보자.

쉬바르츠B. Schwartz와 유세피S. Yousefi[14]는 2003년에 환율 데이터를 대상으로 상관 차원을 계산했다. 그들은 먼저 일차원 시계열 데이터를 고차원의 매립 공간으로 투영한 후, 상관함수를 계산했다. 이 과정에서 매립 공간의 차원을 변화시키면서 상관함수의 변화를 관찰했다. 상관함수를 구할 때, 두 데이터 사이의 거리를 변화시켜 가면서 상관함수가 어떻게 변하는지 살펴보면, 상관함수는 점점 증가하는 경향을 보인다.

14 B. Schwartz, S. Yousefi, "On complex behavior and exchage rate dynamics", Choas, Solitons and Fractals 18, 503-523 (2003).

거리를 가로축에, 상관함수를 세로축에 두고, 두 축에 로그를 취해 그래프를 그리면, 그림 10.5(a)와 같이 직선으로 나타나는 구간을 볼 수 있다. 이 직선의 기울기가 바로 상관 차원을 의미한다. 매립 공간의 차원을 증가시키면, 상관 차원의 기울기도 증가하게 된다. 그러나 두 데이터 사이의 거리가 너무 작거나 너무 크면, 로그-로그 그래프에서 직선에서 벗어나기 시작한다. 이는 실제 데이터에서 프랙털의 축척이 일정한 범위 내에서만 성립하기 때문이다. 따라서 하한과 상한을 제외한 직선 구간에서 기울기를 구해 상관 차원을 계산해야 한다.

그림 10.5(b)에서 가로축에 매립 공간의 차원을, 세로축에 상관 차원을 두고 그린 그래프를 보여준다. 이 그래프에서 상관 차원은 매립 공간 차원이 증가하다가 일정한 값으로 수렴하는 것을 확인할 수 있다. 이렇게 수렴하기 시작하는 매립차원에서 얻은 상관차원이 시계열의 진정한 상관 차원이다. 그림 10.5에서 상관차원은 매립차원이 3차원 이상일 때 수렴하기 때문에 최소 매립차원은 3차원이고, 상관 차원은 약 2.5이다. 상관차원은 실제 데이터를 사용했을 때 프랙털 특성을 설명해 주는 중요한 지표다.

1969년, 망델브로와 윌리스J. R. Walis[15]는 기상 현상에서 두 가지 중요한 개념인 '노아효과'와 '요셉효과'를 지적했다. **'노아효과**Noah effect'는 성경의 창세기에서 노아의 시대에 "하늘이 열려 40일 동안 주야로 비가 내려 온 땅이 물에 잠겼다"는 대홍수 사건에서 유래된 개념으로, 기상 현상에서 극단적인 사건을 의미한다. 반면, **'요셉효과**Joseph effect'는 성경에서 요셉의 시대에 "이집트 땅에 일곱 해 동안 큰 풍년이 들고, 그 후에 일곱 해 동안 흉년이 들었다"는 이야기에 기반한 개념이다. 이는 극단적인 기상 현상이 오랜 기간 동안 지속되는 현상을 뜻한다. 즉, 요셉효과는 장기적인 기후 변화, 예를 들어 장기간의 가뭄이나 긴 우기가 반복되는 현상을 설

---

15 B. Mandelbrot, J. R. Walis, "Noah, Joseph, and operational hydrology", Wat. Resou. Res. 4(5), 909-918 (1968).

명한다. 이러한 극단적인 홍수나 긴 건기와 같은 현상은 예측하기 매우 어렵다.

최근 기후 변화로 인해 이러한 불규칙한 기상 현상이 더 빈번해지고 있다. 폭우가 내리면 매우 극단적인 양으로 쏟아지거나, 반대로 가뭄이 오랫동안 지속되기도 한다. 이러한 기후 패턴은 자연재해를 더욱 심각하게 만들고 있다. 가뭄과 강풍은 산불을 일으키거나, 산불이 발생했을 때 피해를 키우는 원인이 된다. 양간지풍의 영향으로 발생한 산불로 인해 강원도 지역에 큰 피해를 준 사례가 있다.

홍수와 가뭄에 대비하기 위해 여러 강에는 댐이 설치되어 있다. 댐의 역할은 수위를 일정하게 유지함으로써 홍수나 가뭄의 피해를 줄이는 것이다. 하지만 최근에 기후가 극단적으로 변하면서 댐의 수위를 일정하게 유지하는 것이 점점 더 어려워지고 있다. 댐의 수위는 강우량과 그전에 저장된 물의 양에 따라 결정되지만, 매년 강수량을 예측하기 어렵기 때문에 다음 해의 강우량을 예상해 댐 수위를 조절한다. 특히, 댐의 수위는 비정상적이고 지속적인 특성을 가진 시계열로 나타난다. 이는 기상 현상이 불규칙하고 극단적이기 때문에 더욱 관리하기 어려운 상황을 만든다.

10.3 주식시장의 프랙털

1963년에 망델브로는 수문학에서 '**허스트 퍼즐**Hurst puzzle'이라는 현상에 대해 알게 되었다. 이 현상은 1951년에 영국의 수문학자 해롤드 어윈 허스트H. E. Hurst, 1880-1978가 연구한 문제에서 비롯된다. 허스트는 "나일강에서 댐의 수위를 어떻게 적절하게 유지할 수 있을까?"라는 문제를 해결하기 위해 과거의 댐 수위 데이터를 분석했다. 우기가 오기 전에 댐의 수위를 적절하게 조절하는 것이 매우 중요한데, 수위가 너무 높으면 홍수를 통제하지 못할 수 있고, 반대로 너무 낮으면 가뭄이 올 때 물을 충분히 공급할 수 없기 때문이다.

허스트는 이러한 문제를 해결하기 위해 비선형 시계열, 즉 댐의 수위 데이터를 분석했다. 이 데이터를 분석하는 방법 중 하나가 "**재조정 범위 분석**R/S Analysis[16]"이다. 우선, 시계열 데이터에서 평균을 계산한 후, 이를 기준으로 데이터를 누적하여 새로운 시계열을 만든다. 이 시계열의 최댓값과 최솟값의 차이를 **재축척 범위**Rescaled Range, R라고 하고, 이를 표준편차Standard debiation, S로 나눈 R/S 값의 시간에 따른 축척 지수를 "**허스트 지수**Hurst exponent"라고 부른다.

허스트 지수는 시계열이 어떻게 변하는지, 즉 데이터가 일정한 경향성을 가지고 있는지 여부를 알려준다. 허스트 지수가 0.5이면 시계열이 완전히 무작위로 변하는 것을 의미하며, 이를 랜덤 워크라고 한다. 하지만 허스트 지수가 0.5보다 크면 시계열이 "**지속 행동**"을 보인다고 한다. 예를 들어 올해의 댐 수위가 상승했다면, 내년에도 비슷하게 수위가 상승할 가능성이 높다는 것을 뜻한다. 반면, 허스트 지수가 0.5보다 작으면 "**반지속 행동**"을 보이게 된다. 이는 올해 수위가 상승했으면 내년에 수위가 감소할 가능성이 높다는 것을 의미한다.

허스트는 나일강의 수위 변화를 분석한 결과, 그 지수가 0.7에 가까운 값을 보였고, 다른 강에서도 0.85보다 높은 값을 기록했다. 이 연구는 강의 수위 변화가 완전히 무작위적이지 않다는 점을 보여주었다. 망델브로와 월리스는 이 데이터를 바탕으로 매우 긴 가뭄이나 장기적인 홍수 현상을 설명할 수 있음을 발견했다. 즉, 강의 수위 시계열은 프랙털 성질을 가지며, 장기적인 기억 효과가 있는 시계열이었다는 것이다.

금융 시계열을 고차원의 매립 공간으로 사상하여 자기 닮음성을 파악하는 것은, 시계열 데이터를 기하학적으로 재구성하고 그 구조를 분석하는 방식이다. 이

16 주가 수익률이나 댐의 수위와 같은 요동하는 시계열을 $\{x(1), x(2), \cdots, x(N)\}$이라 하자. 먼저 누적 시계열을 $y_i = \sum_{i=1}^{n}(x_i - \langle x \rangle)$으로 정의한다. 여기서 평균은 $\langle x \rangle = \sum_{i=1}^{n} x_i / n$으로 정의한다. 시간 n까지 누적 시계열에서 재축척 범위(Rescaled range) $R_n = Max(y_i)_{1 \le i \le n} - Min(y_i)_{1 \le i \le n}$으로 정의한다. 또한 이 범위에서 표준 편차(Standard deviation)를 S_n이라 하자. 재축척 범위와 표준편차의 비율 R/S를 시간 n의 함수로 표현하면, $(R/S)_n \sim n^H$이다.

과정에서는 시계열의 데이터 패턴과 반복되는 특성을 관찰할 수 있다. 그러나 시계열의 요동, 즉 변동성 자체의 구조를 분석하는 방법도 있다. 예를 들어, 수문학에서 댐 수위의 변동성을 분석해 프랙털 구조를 발견한 것처럼, 금융 시계열에서도 요동의 패턴을 통해 프랙털 구조를 파악할 수 있다.

이러한 접근은 시계열 데이터의 단순한 값 변화뿐 아니라 그 변동성 자체에도 프랙털적 특성이 존재할 수 있음을 시사한다. 금융 시장에서 가격 변동의 규모나 빈도, 그리고 변동성의 지속성 등을 분석하면, 그 내부에 숨어 있는 자기 닮음 구조와 복잡한 패턴을 발견할 수 있는 것이다.

경기대학교의 김상락 교수 그룹[17]은 1997년에 한국 주식시장에 R/S 해석 방법을 적용하여 우리나라에서 혼돈 연구에 선구적인 역할을 했다. 이들은 코스피 주가지수의 로그 수익률을 분석한 결과, 시간이 지남에 따라 멱함수 법칙을 따르며, 허스트 지수가 0.5에서 1 사이에 놓여 지속 행동을 보인다는 사실을 발견했다. 이는 주가지수가 일정한 경향성을 가지고 있다는 의미이다.

2014년에 크리스토페크L. Kristoufec와 보스브르다M. Vosvrda[18]는 2000년 1월부터 2011년 8월까지의 전 세계 38개 주가지수 시계열에 대한 허스트 지수를 계산했다. 그들은 미국의 다우존스 산업평균지수(DJI)의 허스트 지수가 0.4477임을 확인했으며, 다른 나라 주가지수의 허스트 지수도 대부분 0.5 이하인 것을 발견했다. 하지만 이 허스트 지수 값은 나라별로 차이가 있었다. 코스피 지수의 경우, 그들은 허스트 지수를 0.4414로 측정했다. 이 값은 김상락 교수팀이 보고한 값보다 약간 낮았지만, 주가지수 시계열이 비정상 시계열이기 때문에 분석에 사용한 데이터의 시작과 종료 시점에 따라 허스트 지수가 달라질 수 있다.

---

17 유성희, 김상락, "한국주가지수 수익률의 변동특성에 관한 연구-R/S 분석을 중심으로", 재무경영연구 14(3), 183-201 (1997).

18 L. Kristoufec, M. Vosvrda, "Measuring capital market efficiency: long-term memory, fractal dimension and approximation entropy", Eur. Phys. J. B 87, 162 (2014).

에버르츠C. J. G. Evertsz와 베르크너K. Berkner[19]는 독일의 DAX 주가지수에 포함된 30개 주식의 허스트 지수를 계산했다. 그들의 연구에서 허스트 지수는 0.5에 매우 가까운 값을 나타냈다. 에버르츠는 독일 마르크와 미국 달러 환율 시계열에 대해 좀 더 높은 허스트 지수를 얻었다. 2005년 필자 그룹[20]은 1992년부터 1999년까지의 1분 간격 코스피 주가지수 시계열에 R/S 분석을 적용했다. 1분의 시차를 두고 분석한 로그 수익률의 허스트 지수는 0.921이었고, 시차를 10분으로 늘리니 허스트 지수가 0.944로 증가했다. 이 기간 동안 코스피 주가지수는 상당한 지속 행동을 보였다. 전 세계 여러 주가지수 수익률의 R/S 분석에서 허스트 지수는 0.5에서 벗어나 서로 다른 값을 보여 보편성이 없었다. 무작위로 움직이는 시계열에서는 허스트 지수가 0.5이기 때문에 주가지수와 환율 등 경제 시계열은 상당한 지속성과 자기 닮음성을 가진다.

그림 10.6은 2013년부터 2023년까지의 일별 코스피 주가지수 수익률 시계열에 R/S 분석을 적용한 결과를 나타낸 것이다. 여기서 기울기는 허스트 지수를 나타내며, 이 시기에 구한 허스트 지수는 0.586이었다. 이 값은 0.5보다 크기 때문에 시계열이 약한 지속성을 지닌다는 것을 의미한다. 코스피 주가지수는 혼돈적인 성격을 가지며 동시에 프랙털 속성도 지니고 있다.

주가지수와 같은 경제 시계열을 오랜 시간 동안 관찰하면 많은 진동이 발생하지만, 지수 자체는 전체적으로 지수함수적으로 증가하는 경향을 보인다. 따라서 지수의 프랙털 구조보다 지수의 트렌드를 제거하고 남은 순수한 요동이 더욱 중요하다.

1994년에 스탠리 그룹은 DNA의 염기 서열을 DNA 걷기 방식으로 변환한 후, 이 걷기의 요동 구조를 분석하기 위해 "**트렌드 제거 요동 분석**Detrended Fluctuation Analysis, DFA" 방법을 제안했다. 이어서 2001년에는 피지카 에이 학술지에 주가지

19 C. J. Evertsz, "Fractal geometry of finanical time sereis", Fractals, 3, 609–616 (1995)

20 K. E. Lee, J. W. Lee, "Multifractality of the KOSPI in Korean stock market", J. Korean Phys. Soc. 46, 726–729 (2005).

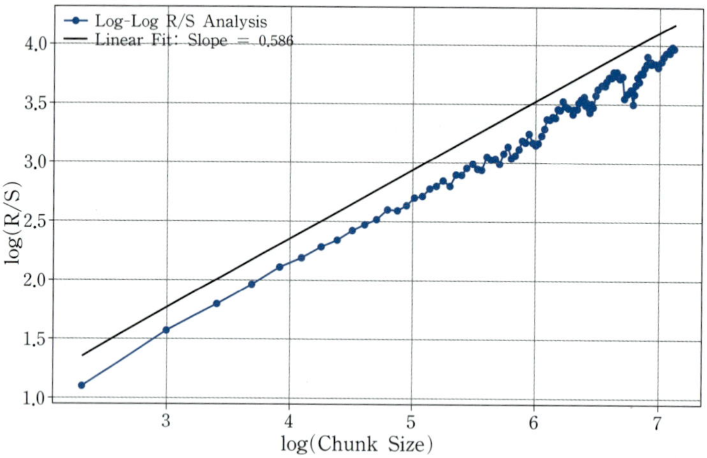

[그림 10.6] 코스피 주가지수 수익률 시계열에 적용한 R/S 분석. 기울기가 허스트 지수이며 H=0.586로 약한 지속성을 가진다.

수의 트렌드를 제거하고 요동을 분석하는 DFA 방법을 소개했다. 이들은 DNA 걷기에 적용했던 DFA 방법을 주가지수 수익률 분석에 활용하였다.

주가지수 분석에 DFA 방법을 적용하는 사례를 살펴보자. 주가지수의 로그 수익률 시계열의 **누적 시계열**[21]을 구하고, 누적 시계열의 평균을 구한다. 전체 시계열에서 트렌드를 제거하는 것이 쉽지 않기 때문에, 전체 시계열을 특정 길이로 분할한다. 그림 10.7(a) 각 구획의 시계열을 **폴리노미얼 함수**[22]로 맞춤한다. 만약 맞춤 함수가 직선이면 1차 폴리노미얼 함수이고, 2차 함수이면 2차 폴리미널 함수라고 부른다.

각 구획에서 누적 시계열에서 폴리노미얼 맞춤함수를 뺀 후, 그림 10.7(b)와 같이 각 구획의 시계열 요동의 크기[23]를 계산할 수 있다. 이 요동의 크기를 '**요동 함수**[24]'

21 누적 시계열(cumulative time series)은 $X(k)=\sum_{i=1}^{k}(x_i - \langle x \rangle)$로 정의한다. 여기서 평균 $\langle x \rangle = \sum_{i=1}^{k} x_i / k$로 정의한다.

22 차수 n 폴리노미얼 함수(polynomial function)는 $f_n = a_o + a_1 x + a_2 x^2 + \cdots + a_n x^n$ 이다.

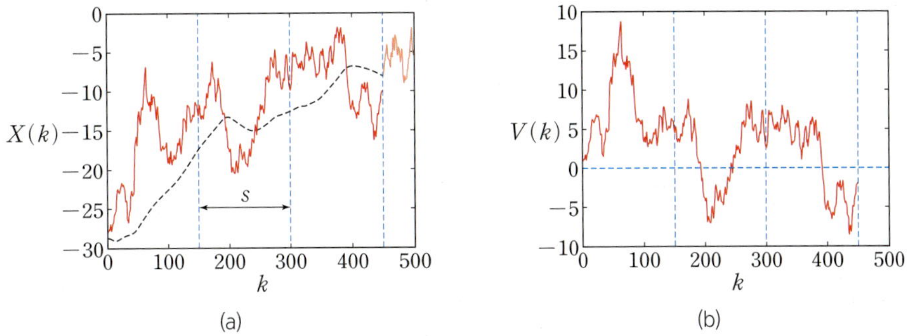

[그림 10.7] 트렌드 제거 요동 분석 방법 적용 예. (a) 누적 시계열은 길이 S인 구간으로 구획한 다음 폴리노미얼 함수로 맞춤한다. (b) 각 구획 구간에서 트렌드를 빼서 요동 시계열을 얻는다.

라고 하며, 이를 통해 시계열의 요동이 자기 닮음성 구조를 가지는지 확인할 수 있다. 만약 시계열의 요동이 자기 닮음성 구조를 갖는다면, 이 요동 함수는 허스트 지수를 가지고 축척한다.

R/S 분석이 전체 시계열의 최대 진폭과 표준편차를 이용하여 축척 구조를 구하는 반면, DFA는 전체 시계열을 구획으로 나누어 각 구획 내에서 트렌드를 제거하기 때문에 요동 성분만을 더 세밀하게 추출할 수 있다. 구획의 크기를 증가시키면 요동의 크기도 증가하는데, 이는 시계열에 자기 닮음성이 포함되어 있기 때문이다. 따라서 요동 함수는 구획의 크기에 대해 허스트 지수를 가지면서 축척[25]한다. DFA 방법이 소개된 이후, 다양한 경제 시계열 분석에 적용되었다.

R/S 분석과 DFA는 모두 단일 프랙털 분석 기법이다. 단일 프랙털 분석에서는 시계열의 요동 함수가 일정한 축척 변화에 따라 동일한 비율로 변화한다. 즉, 시계

---

23 요동의 크기는 $V^2(j,s) = \frac{1}{s}\sum_{i=1}^{s}\{X[(j-1)s+i] - f_j(i)\}^2$ 이고, 여기서 $j = 1,2,\cdots,N_s$로 각 구획을 나타낸다. f_j는 각 구획에서 맞춤 함수이다.

24 요동함수(fluctuation function)는 $F_2(s) = \left\{\frac{1}{N_s}\sum_{j=1}^{N_s} V^2(j,s)\right\}^{1/2}$ 으로 정의한다.

25 요동함수는 $F_2(s) \sim s^H$ 으로 축척한다.

열의 어느 부분을 보든지 같은 패턴으로 변동한다고 볼 수 있다. 이러한 분석은 시계열이 동일한 자기 닮음성을 가진다고 가정하며, 모든 부분에서 같은 허스트 지수라는 값을 가진다.

그러나 경제 시계열의 변동이나 혼돈 현상, 자연의 프랙털 구조를 살펴보면, 상황에 따라 서로 다른 자기 닮음성을 보이는 경우가 있다. 즉, 시계열의 일부가 다른 프랙털 차원을 가진 구조로 나타날 수 있다. 이러한 현상을 **다중 프랙털**이라고 부르며, 서로 다른 프랙털 차원이 마치 중첩되어 있는 것처럼 보인다.

흥미롭게도, 경제 시계열의 변동은 **다중 프랙털** 구조를 가지고 있다는 사실이 밝혀졌다. DFA 방법은 다중 프랙털 분석으로 쉽게 확장될 수 있는데, 이를 **다중 프랙털 요동 분석**Multifractal Detrended Fluctuation Analysis, MFDFA[26]이라고 한다. 이 방법은 요동의 크기에 특정 가중치를 부여한 일반 요동 함수를 계산하는 방식이다. 만약 시계열이 다중 프랙털 구조를 가지고 있다면, 이 요동 함수는 특정한 축척[27]을 따르게 된다. 이때의 축척 변화에 따른 값을 "**일반화 허스트 지수**"라고 부른다. 만약 시계열이 단일 프랙털 구조를 가진다면, 이 지수는 일정하게 유지된다. 반면, 다중 프랙털 구조를 가진 시계열에서는 일반화 허스트 지수가 축척에 따라 달라진다.

그림 10.8은 코스피 주가지수에 다중 프랙털 요동 분석을 적용한 결과를 보여준다. 이 그래프에서 요동함수의 멱지수 q의 크기에 따라 기울기가 달라지는 것을 확인할 수 있는데, 이것이 다중 프랙털 구조의 증거이다. 특히, 그래프에서 **크로스오버 시간**이라는 특이점이 나타나며, 이 시간 지점을 기준으로 두 영역의 축척 구조가 달라진다. 그림 10.7에서 크로스오버 시간이 대략 100분 정도이고, 이

---

26 다중 프랙털 요동 분석 방법(Multifractal Detrended Fluctuation Analysis)은 $F_q(s) = \left\{ \frac{1}{N_s} \sum_{j=1}^{N_s} V^q(j,s) \right\}^{1/q}$으로 정의한다.

27 일반 요동함수(Generalized fluctuation function)는 $F_q(s) \sim s^{H(q)}$의 축척을 따른다.

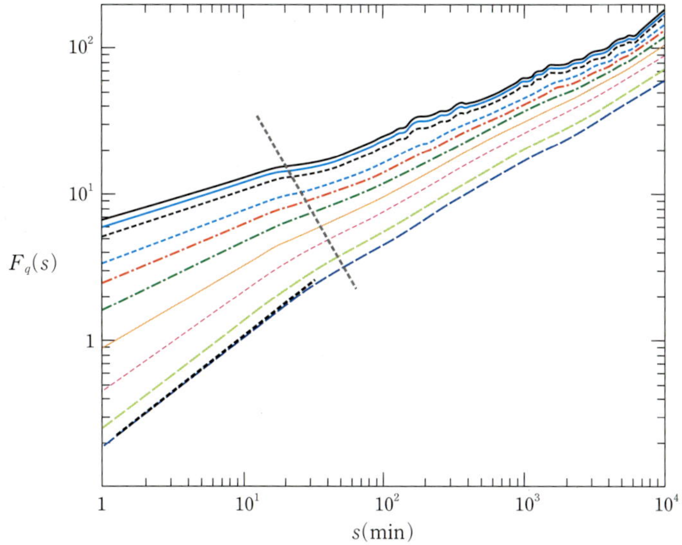

[그림 10.8] 코스피 주가지수의 로그 수익률에 대한 프랙털 요동함수 대 시간 창 길이의 축척. 그래프의 기울기가 일반화 허스트 지수이다. 점선을 기준으로 두 영역의 다중 축척이 존재한다.

시간 이전과 이후의 다중 축척 구조가 서로 다르게 나타난다. 짧은 시간 영역에서 나타나는 축척과 더 긴 시간 영역에서의 축척이 다른 양상을 보인다.

이러한 다중 프랙털 구조는 어디에서 비롯된 것일까? 필자는 플로리다 주립대학교의 리크볼트P. A. Rikvold 교수와 함께 그 기원을 알아보기 위해 새로운 방법을 제안했다. 시계열 데이터를 **가우시안 콘볼루션 커널**[28]을 사용해 매끄럽게 만드는 방법이었다. 가우시안 콘볼루션 커널은 주어진 시계열을 매끄럽게 피팅하면서 급격하게 변하는 요동을 부드럽게 연결한다. 이를 통해 맞춤 함수의 불연속성을 제거하는 것이 가능해졌다.

그림 10.9는 코스피 주가지수에 가우시안 콘볼루션을 적용한 결과를 볼 수 있

28 가우시안 콘볼루션 커널(Gaussian convolution kernel) 방법은 트렌드를 제거하는 요동함수 기법과 달리 불규칙하게 변하는 시계열 데이터에서 잡음을 제거하는 기법이다. 작은 요동은 제거하고 큰 변화는 남겨지므로 요동분석 방법과 대비된다.

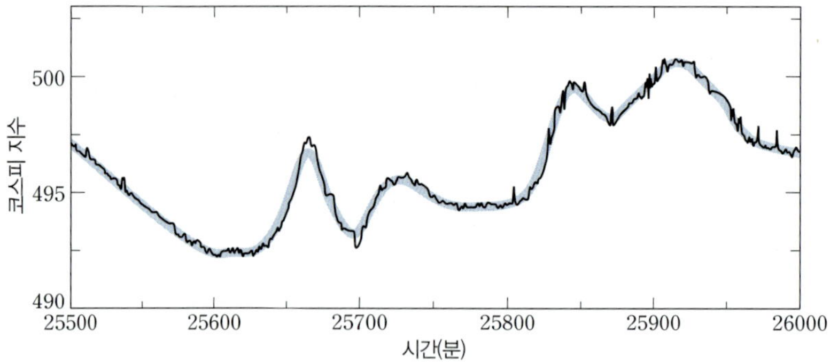

[그림 10.9] 코스피 주가지수를 가우시안 함수로 콘볼루션한 그림. 시계열을 콘볼루션하면 찌글거리는 시계열은 매끄럽게 연결된다.

다. 시계열을 매끄럽게 처리한 후에 다시 DFA 분석을 수행한 결과, 가우시안 콘볼루션을 적용하기 전과 비교해 허스트 지수가 변화했다.

시계열 데이터를 가우시안 콘볼루션으로 매끄럽게 처리하면, 원래 시계열에 내재된 급격한 변동이나 낙차를 부드럽게 만들고 연속적인 곡선으로 변환하게 된다. 그런데 시계열에는 다양한 크기의 낙차들이 다중 프랙털 구조로 존재하는 경우가 많다. 이러한 낙차들을 매끄럽게 처리하면 다중 프랙털 구조의 일부가 지워지거나 숨겨지게 된다.

필자와 리크볼트[29]는 이러한 콘볼루션 과정을 통해 시계열에 내재된 낙차 구조 속에서 다중 프랙털이 존재한다는 사실을 발견했다. 특히 크로스오버 시간 이하의 짧은 시간 영역에서 나타나는 다중 축척 구조는 콘볼루션을 거치면서 사라지는 현상이 나타났다. 이는 짧은 시간 안에 발생하는 급격한 변화나 작은 스케일에서의 프랙털 패턴이 매끄럽게 처리되는 과정에서 지워진다는 것을 의미한다.

주가지수 시계열은 다양한 경제 주체들이 개입하여 형성되기 때문에 여러 종

29 J. W. Lee, K. E. Lee, P. A. Rikvold, "Multifractal behavior of the Korean stock-market index KOSPI", Physica A 364, 355-361 (2006).

류의 프랙털 구조가 겹쳐진 형태로 나타난다. 하지만 이렇게 얽힌 다중 프랙털 구조가 각각 어떤 요인에 의해 발현되는지에 대해서는 더 깊이 이해할 필요가 있다.

경제 시계열은 매우 다양한 특성을 지니고 있다. 이는 경제가 수많은 행위자들의 복잡한 상호작용을 통해 발생하기 때문이다. 이러한 상호작용은 종종 비선형적이며, 되돌릴 수 없는 비가역적인 특징을 보이기도 한다. 이러한 비선형적이고 복잡한 시스템으로서의 경제를 이해한다면, 시장을 더 깊이 파악할 수 있을 것이다.

11
경제
네트워크

경제 현상은 다양한 네트워크가 얽혀 있는 복잡한 시스템이다. 예를 들어, 자동차를 생산할 때 여러 부품이 필요한데, 이 부품들은 각기 다른 공장에서 생산된 후 최종 조립 공장으로 보내진다. 이는 생산 네트워크를 형성하는 과정이다. 한 국가에서 생산된 제품은 그 나라에서 소비되기도 하지만, 다른 나라로 수출되기도 한다. 이렇게 수출과 수입을 통해 다양한 상품이 국가 간에 이동하게 되고, 이를 통해 국제 교역 네트워크가 형성되며, 이는 비교적 안정된 구조를 유지한다.

경제나 사회 현상에서 나타나는 네트워크를 연구하기에 앞서, 과학자들은 자연에서 발견되는 다양한 네트워크[1]를 연구해 왔다. 예를 들어, 화학자들은 원자들이 결합해 분자를 형성할 때의 분자 결합을 연구했다. 분자 결합은 원자 간의 연결을 의미한다. 분자들이 결합해 중합체, 단백질, DNA와 같은 고분자를 이루면 그 연결은 더욱 복잡해진다. 다이아몬드 같은 보석은 독특한 결정 구조를 형성하며, 이 역시 원자들이 만들어낸 네트워크다. 우리의 일상에서 접하는 모든 물체는 기본적으로 원자들 간의 다양한 연결 구조로 이루어져 있다.

1 네트워크(network) 또는 그래프(graph)는 점(node)과 연결선(link)으로 그릴 수 있다. 점은 원자, 분자, 사람, 상품, 교차로 등 시스템에 따라 다르며, 연결선은 노드 사이의 관계에 따라 두 노드를 연결한다.

우리가 사용하는 일상적인 사물도 네트워크로 볼 수 있다. 예를 들어, 눈금이 그려진 공책이나 바둑판은 이차원적인 사각형 격자로 구성되어 있고, 벌집은 육각형 방들이 서로 연결된 형태다. 고기를 잡는 그물은 실용적인 네트워크이다. 거미집은 생태계에서 흔히 볼 수 있는 네트워크이다. 생태계에서 생물들 사이의 먹이 사슬은 생존에 직결된 네트워크이며, 벌과 꽃처럼 서로에게 이익을 주는 공생 관계도 있다. 반대로, 기생충은 숙주에 의존하며 기생 관계 네트워크를 형성한다.

고분자나 고체 같은 물질은 화학적 또는 물리적인 연결을 통해 네트워크를 형성하지만, 사회나 경제에서는 사람들 간의 상호작용이나 관계가 네트워크를 형성한다. 이들은 고정된 연결이 아닌 매우 유연한 형태를 띤다. 같은 직장에서 일하는 사람들 간의 관계는 인간관계 네트워크를 이루며, 친구들 간의 연결은 친구 관계망을 형성한다. 또한, 식당에서 밥을 먹고 돈을 지불하는 행위는 경제 활동 네트워크의 일부분이다.

사회나 경제에서 나타나는 이러한 연결성은 시간에 따라 변동하는 동적인 네트워크를 이룬다. 인간관계 네트워크나 친구 관계망에서 관계가 소원해지거나 단절되면, 이를 연결하는 관계선이 사라진다고 볼 수 있다. 시간의 흐름에 따라 기존의 네트워크가 사라지기도 하고, 새로운 네트워크가 형성되기도 한다.

11.1 복잡계 네트워크

20세기 초에 물리학자, 화학자, 생물학자들은 규칙적으로 연결된 격자 구조나 고분자 네트워크에 큰 관심을 가졌다. 20세기 중반에 이르러 수학자들은 무질서하게 연결된 네트워크, 즉 "**무작위 망**[2]"에 대한 수학적 구조에 관심을 가지기 시작

2 무작위 망(random network)은 노드들 사이의 연결이 멋대로 형성된 네트워크를 말한다.

했다. 1951년, 에르되시Paul Erdos, 1913-1996와 레니Afred Renyi, 1921-1970는 점과 선이 무작위로 연결된 네트워크 모델을 제안했으며, 이를 "**에르되시-레니 무작위 망**[3]"이라고 부른다.

1967년에 미국의 사회학자 스탠리 밀그램은 '개똥이를 찾아라!'라는 실험을 진행했다. 이 실험에서 그는 미국 중부의 외딴 마을에 사는 296명의 주민을 무작위로 선정했다. 이들에게는 이름만 적혀 있고 주소는 없는 편지 꾸러미를 줬고, 편지 발송자들에게 편지 뒷면에 자신의 이름과 보낸 곳을 적은 뒤, 목표 인물인 개똥이를 알 것 같은 친구에게 편지를 전달해 달라고 요청했다. 이 과정을 반복하면 편지가 결국 개똥이에게 도달하게 되는 것이다.

놀랍게도, 상당수의 편지가 실제로 개똥이에게 전달되었고, 평균적으로 약 5.2단계 만에 편지가 도착했다. 이는 사람들이 생각했던 것보다 훨씬 짧은 경로로 연결되어 있음을 보여주었다. 이러한 발견은 1990년 존 구아르에 의해 "**여섯 단계의 분리**[4]"로 불리게 되었고, 이는 사람들이 서로 얼마나 좁은 관계망으로 연결되어 있는지를 나타내는 개념으로 자리 잡았다. 이를 **좁은세상망**small-world network라고 부르며, 우리나라의 싸이월드 1촌 네트워크를 분석했을 때는 5단계 만에 사람들이 서로 연결된다는 사실이 밝혀졌다.

1990년대에 들어서면서 세계는 인터넷을 통해 연결되었고, 월드와이드웹이 활발히 사용되기 시작했다. 인터넷에서 다양한 빅데이터가 생성되고 저장되면서, 많은 사람이 일상적으로 이메일을 사용하고, 정보를 얻기 위해 인기 있는 웹사이트를 방문했다. 이러한 변화 속에서 1998년에 왓츠D. J. Watts와 스트로가츠S. H.

---

3 에르되시-레니 무작위 망(Erdos-Renyi random network)은 헝가리 출신의 수학자 폴 에르되시(Paul Erdos)와 알프레드 레니(Alfred Renyi)가 제안한 그래프이다. 먼저 N개의 노드를 생성한 다음 임의의 두 점을 멋대로 선택한 다음 연결 확률 p로 두 노드를 연결한다.

4 존 구아르(John Guare)는 1990년에 희극 <Six degrees of seperation>을 브로드웨이에서 초연하였다. 이후 좁은 세상을 "6단계의 분리"라고 부르게 되었다.

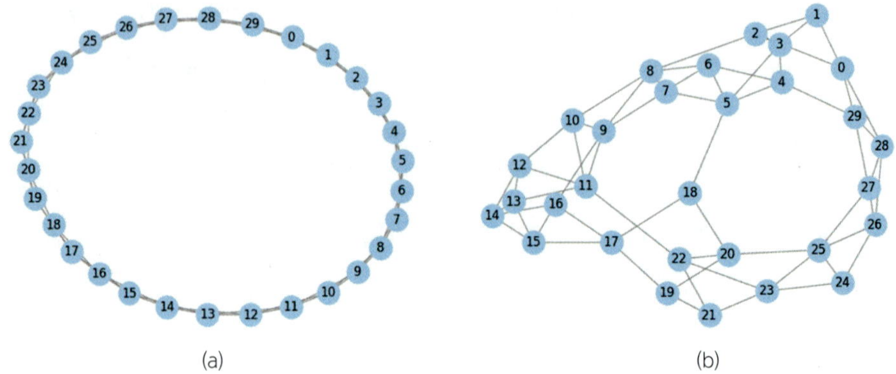

[그림 11.1] 왓츠-스트로가츠 모형으로 생성한 좁은세상망. (a)노드 총수 $N=30$이고, 최인접 연결선수 $k=4$인 정규 연결망 (b)정규 연결망에서 기존 연결선을 끊고 다른 노드에 연결할 확률을 $p=0.1$ 놓고 다시 생성한 좁은세상망.

Strogatz는 네이처 학술지에 "**좁은 세상 망**[5]"의 성질을 가지는 간단한 수학적 모델을 제시했다.

그들의 모델은 규칙적으로 연결된 네트워크에서 일부 연결선을 끊고, 임의로 선택한 노드들 사이에 새로운 연결선을 만드는 방식이다. 이를 통해 기존 네트워크에 **지름길**을 추가하는 것이다. 그림 11.1은 왓츠-스트로가츠 모델을 나타낸 것이다. 그림 11.1(a)에서 각 노드는 링 모양의 정규 네트워크에 속하며, 이웃한 노드와 네 개의 연결선을 가지고 있다. 이때, 각 연결선을 끊고 임의로 선택된 다른 노드와 다시 연결하는 과정을 되풀이한다. 이 과정을 리와이어링이라고 한다.

그림 11.1(b)에서 전체 노드 수와 각 노드당 연결선 수, 그리고 재연결 확률이 주어져 있다. 재연결할 때 두 노드 사이에 이중 연결선을 만들거나, 노드가 자기 자신과 연결되는 경우는 허용되지 않는다. 이러한 리와이어링 과정에서 멀리 떨어진 노드들과 지름길이 형성되면서 네트워크는 좁은 세상 망으로 변하고, 이는 밀그램

5 D. J. Watts, S. H. Strogatz, "Collective dynamics of small world network", Nature 393, 440-442 (1998)

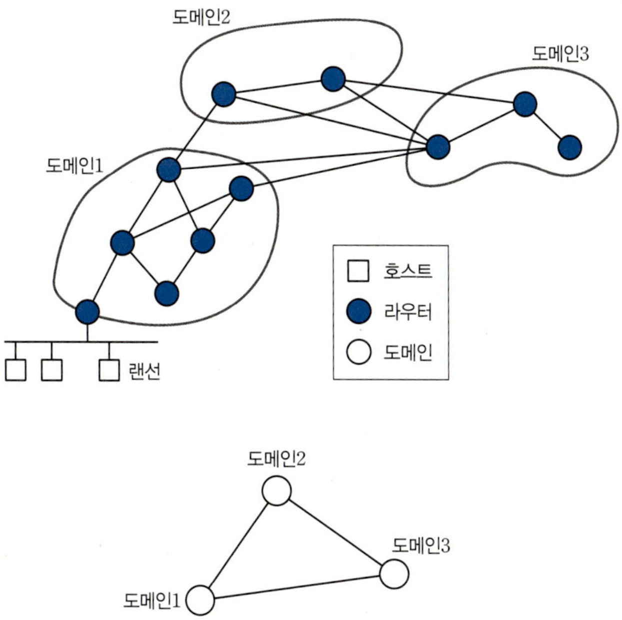

[그림 11.2] 팔로웃소스 형제가 분석했던 인터넷의 구조. 그들은 도메인 영역에서 인터넷의 연결을 분석하였다.

의 "여섯 단계의 분리"라는 특징을 유발한다.

1999년에 팔로웃소스 형제는 당시 빠르게 확장되던 인터넷 구조에 큰 관심을 가졌다. 그들은 "인터넷의 구조는 과연 어떻게 생겼을까?"라는 질문을 던지며, 그 답을 찾아내기 위해 분석을 시작했다. 이를 위해 그들은 자신들의 컴퓨터 프로그램 실력을 활용하여 인터넷의 라우터[6]와 도메인 네임[7]에 대한 데이터를 수집하고 분석했다. 도메인 이름은 인터넷에서 특정 사이트를 식별하는 주소로, 예를 들어 "http://www.inha.ac.kr"에서 "inha.ac.kr"이 도메인 이름이다.

팔로웃소스 형제는 인터넷의 도메인 간 연결을 분석했는데, 이때 도메인을 네

6 인터넷에서 라우터(router)는 컴퓨터 네트워크 간에 데이터 패킷을 전송하는 네트워크 장치이다. 패킷의 위치를 추출하여, 그 위치에 대한 최적의 경로를 지정하며, 이 경로를 따라 데이터 패킷을 다음 장치로 전달한다.

7 도메인 네임(domain name)은 네트워크상에서 컴퓨터를 식별하는 호스트 명을 의미한다.

트워크의 노드로 보고, 도메인 사이의 연결을 링크로 취급했다. 그들은 1997년 말과 1998년 말에 인터넷 도메인 영역에서의 연결 구조를 분석했고, 한 노드에서 나가는 연결선의 수, 즉 연결선수 분포를 조사했다. 분석 결과, 한 노드에서 나가는 연결선수 분포가 멱함수 법칙을 따르고 있다는 사실을 발견했다. 이때 멱함수 법칙 지수는 약 2와 3 사이로 측정되었다. 즉, 인터넷의 구조가 축척 구조의 특성이 있음을 처음으로 밝혀낸 것이다.

이들의 발견은 1999년 8월 30일에 「인터넷 토폴로지에서의 멱함수 법칙 관계에 대하여」라는 제목으로 "ACM SIGCOMM Computer Communication Review"라는 컴퓨터 과학 저널에 발표되었다. 이 논문이 8월 30일에 게재 되었으므로 논문 심사과정을 생각하면 더 일찍 초고가 완성되었을 것이다. 아쉽게도 게재된 논문에 최초로 제출된 날짜가 명시되어 있지 않다. 이 논문은 물리학자들이 읽지 않는 컴퓨터 과학 저널에 실렸기 때문에, 당시에 네트워크를 연구하던 많은 통계 물리학자에게는 거의 알려지지 않았다.

1990년대 말, 월드와이드웹WWW의 구조에 관심을 가진 통계물리 학자들이 팔로웃소스보다 조금 앞서서 연구를 시작했다. 미국 노터데임대학교의 바라바시 그룹 소속이던 알버트R. Abert, 정하웅[8], 바라바시A.-L. Barabasi는 1999년 7월 3일 arXiv에 WWW의 구조를 분석한 논문[9]을 게재했다.

세 연구자는 이 논문을 1999년 9월 9일 네이처Nature에 「월드와이드웹의 지름Diameter of the World-Wide Web」이라는 제목으로 출판했다. 바라바시는 이메일과 웹 연결망 데이터를 분석하기를 원했으나 데이터를 얻는 데 어려움을 겪고 있었

8 정하웅은 현재 KAIST 물리학과의 교수이다.

9 arXiv.org는 코넬대학교에서 운영하는 무료 논문저장 사이트로 고에너지 입자물리학자에 처음 개설한 이후에 응집물질물리학, 통계물리학 등 다양한 분야의 논문을 공식 저널에 투고하기 전에 미리 게시하는 사이트로 동료 심사 없이 논문의 형식만 갖춰지면 프리프린트(preprint) 논문을 게제해 준다. 알버트, 정하웅, 바라바시가 게재한 논문 주소는 https://arxiv.org/abs/cond-mat/9907038이다.

다. 그러던 중 그는 1998년에 서울대학교에서 박사학위를 받은 정하웅 박사를 연구원으로 영입했다. 정하웅은 바라바시의 제안에 따라 노터데임대학교 도메인 nd.edu의 웹페이지 데이터를 자동으로 수집할 수 있는 웹 크롤러 프로그램을 개발했다. 정하웅의 프로그램 덕분에 몇 주 만의 분석에 필요한 수준의 데이터를 모을 수 있었다.

바라바시 그룹은 웹페이지를 네트워크의 노드로, 두 웹페이지 사이에 링크가 있을 때 이를 연결선으로 삼아 네트워크를 구성했다. 그 결과, WWW의 페이지들이 특정 규칙에 따라 연결된다는 사실을 발견했다. 이 네트워크의 연결선수 분포 함수는 거듭제곱 법칙을 따랐으며, 나가는 링크와 들어오는 링크의 거듭제곱 지수는 각각 특정 값으로 나타났다. 이 구조는 "**축척 없는 네트워크**scale-free network"로 불렀고, 네트워크에서 두 노드 사이의 평균 거리를 계산한 결과 18.59로, 좁은 세상 구조의 특징을 보였다.

한편, 팔로웃소스와 바라바시 그룹이 서로의 연구를 알고 있었는지는 확실하지 않다. 팔로웃소스의 논문에는 바라바시 그룹의 연구가 인용되지 않았고, 마찬가지로 정하웅과 바라바시의 논문에서도 팔로웃소스의 연구를 언급하지 않았다. 이들은 서로 다른 분야에서 연구하던 사람들이기 때문에 각자의 존재를 몰랐을 가능성이 크다.

노터데임대학교의 바라바시 연구팀은 월드와이드웹WWW 네트워크가 축척 없는 구조임을 발견한 후, 이러한 구조가 나타나는 원리를 발표했다. 1999년 10월 15일, 알버트와 바라바시는 사인스지에 「무작위 망에서 축척의 발현Emergence of Scaling in Random Networks[10]」이라는 제목의 논문을 발표했다. 이 논문에서는 축척 없는 네트워크를 생성할 수 있는 원리를 설명하고 있다.

웹페이지는 계속해서 증가하고 있으며, 이 네트워크는 성장하는 네트워크이다.

---

10 A.-L. Barabasi, R. Albert, "Emergence of scaling in random networks", Science 286, 509-512 (1999)

새로운 웹페이지가 개설될 때, 운영자는 자신의 웹페이지에 어떤 웹페이지를 링크할지를 고민하게 된다. 일반적으로 사람들은 유명하고 인기 있는 웹페이지를 링크하는 경향이 있으며, 인기가 없는 개인 웹페이지는 링크하지 않는 경우가 많다. 이는 유명한 포털 웹페이지가 많은 방문자를 유치하는 반면, 개인 웹페이지는 상대적으로 방문자가 적다는 것을 나타낸다. 바라바시와 알버트는 이 점에 착안해 "**선호 붙임**preferential attachment" 원리를 웹페이지 성장에 적용하였다.

새로운 노드가 기존의 네트워크에 추가될 때, 연결선 수가 많은 기존 노드에 링크할 확률이 각 노드의 연결선 수에 비례하도록 하였다. 이러한 방식으로 네트워크를 성장시키면 "부자는 더욱 부자가 되고 가난한 자는 더 가난해진다"라는 "**마태의 원리**"를 따르는 네트워크가 만들어지며, 이러한 네트워크가 **스케일 프리 네트워크**이다. 바라바시와 알버트가 발견한 원리는 네트워크가 "성장"하면서 "선호 붙임"을 가지게 될 때 스케일 프리 네트워크가 자연스럽게 형성된다는 것을 보여준다.

이들이 제시한 모형은 "**바라바시-알버트 모형**BA model"이라고 부른다. BA 모형은 노드 수가 지속적으로 증가하기 때문에 "비평형 시스템"이며, 한 번 연결된 노드는 그 위치를 변경하지 않기 때문에 "비가역 시스템"이다. 이러한 비평형성과 비가역성은 BA 모형의 성공적인 요소로 작용한다.

1998년에 왓츠와 스트로가츠가 발견한 좁은 세상 망과 1999년에 바라바시 그룹이 발표한 스케일 프리 네트워크는 "**복잡계 네트워크**complex network"라는 새로운 연구 분야를 여는 계기가 되었다. 이 발견들은 단순한 네트워크 구조를 넘어, 네트워크의 복잡성과 다양한 상호작용을 이해하는 데 중요한 역할을 했다. 이후 통계물리학뿐만 아니라 사회학, 경제학, 생태학 등 다양한 분야에서 복잡계 네트워크의 구조를 연구하는 "**네트워크 과학**network science"에 대한 연구가 급격히 증가했다. 이러한 복잡계 네트워크 연구는 자연스럽게 경제 물리학 분야로도 확장되었다.

11.2 경제 네트워크

경제 물리학에서 복잡계 네트워크 개념은 주식 시장에 쉽게 적용할 수 있다. 주가지수나 개별 회사의 주식 가격 데이터를 활용해 주식 네트워크를 추출할 수 있다. 주식 가격은 시간에 따라 변화하는 시계열 데이터로, 이 데이터를 어떻게 네트워크로 변환할 수 있을까? 그런데 시계열에서 네트워크를 생성하는 방법은 혼돈 현상과 뇌파 연구에서 이미 알려져 있었다.

뇌전도Electroencephalography, EEG 기법을 사용하면 뇌의 전기 활동을 측정할 수 있다. 뇌에 전극을 붙여 특정 영역의 뇌파를 기록하고, 두 지점의 뇌파 활동이 동시에 활발하게 나타날 경우, 이 두 지점을 선으로 연결할 수 있다. 이를 위해서는 전극이 부착된 각 부위에서 발생하는 뇌파 시계열의 **상관계수**를 계산한다. 만약 이 상관계수가 특정 문턱값보다 크다면 두 부위를 연결선으로 연결할 수 있다. 전극을 붙인 뇌의 부위는 노드가 되고, 상관성으로부터 연결선을 부여하여 복잡계 네트워크를 형성한다. 뇌파를 이용한 이러한 **상관관계 네트워크**는 1990년대 이후 복잡계 연구에 널리 활용되고 있다.

뇌파 분석의 방법을 주가지수 시계열에 그대로 적용하여 주식시장 네트워크를 추출할 수 있다. 특정 시점에서 한국의 주식 시장인 코스피에 속한 각 회사의 주식 가격을 고려해 보자. 먼저 개별 회사의 주식 가격에 대한 로그 수익률 시계열에서 평균과 표준편차를 계산한다.

그다음 두 회사의 수익률 간의 **규격화 상관계**Normalized Correlation Coefficient, NCC[11]를 계산한다. 이 상관계수는 두 회사 수익률 간의 상호 상관관계를 나타내며, 값은 −1에서 1 사이의 범위를 가진다.

---

11 i회사 주식 가격의 수익률을 R_i라 하면, 규격화 상관계수는 $C_{ij} = [< R_i R_j > - < R_i >< R_j >]/\sigma_i \sigma_j$로 정의한다. 여기서 σ_i는 회사 i의 수익률 표준편차이다.

그림 11.3에서 2004년과 2008년에 코스피 주식 시장에 속한 회사들의 주가 로그 수익률에서 구한 규격화된 상관계수의 분포함수를 보여준다. 2004년은 글로벌 금융위기 이전의 정상 시장으로, 2008년은 금융 위기가 발생했을 때의 위기 시장으로 설정하였다. 정상 상태와 위기 상태에서의 상관계수 분포를 비교할 수 있다.

그림에서 보듯이 정상 시장에서는 상관계수 분포가 좁고 날카롭게 나타난다. 반면에 위기 시장에서는 상관계수 분포가 평균적으로 더 큰 값으로 이동하고, 분포의 폭이 넓어지는 경향이 있다. 금융위기 상황에서는 주가지수가 함께 급락하는 경향이 있어 서로 강한 양의 상관관계를 가지게 된다. 반면 정상 시장에서는 상관관계가 줄어드는 경향을 보인다.

글로벌 금융위기와 같이 시장에 큰 영향을 미치는 현상이 발생하면 동조 급락을 피하기 어렵고, 이때 주식의 시계열 움직임은 비슷한 패턴을 나타내므로 상관관계가 증가한다. 정상 시장이나 위기 시장 모두 음의 상관관계를 가지는 회사는 많지 않다. 금융 위기가 발생하면 음의 상관관계를 가진 주식은 더 급격히 줄어드는 경향이 있다.

NCC가 1이면 두 회사의 수익률은 완벽하게 함께 움직인다는 의미이다. 즉, 한 회사의 주가가 오르면 다른 회사의 주가도 오른다는 것이다. 이때 두 회사의 수익률 변화 양상이 완전히 동기화되어 함께 움직인다. 일반적으로 같은 섹터에 속하거나 동종 업계의 주가는 높은 상관관계를 가진다. 예를 들어 삼성전자와 하이닉스의 주가는 서로 비슷하게 변하는 경향이 있다.

반대로 NCC가 -1이면 두 회사의 수익률은 반대 방향으로 움직인다. 한 회사의 주가가 오르면 다른 회사의 주가는 내린다는 의미이다. 만약 NCC가 0이라면 두 회사의 주가 수익률은 서로 상관없이 움직인다. 이는 두 회사의 주가가 무작위로 오르내리는 것과 같다.

상관계수는 비슷한 업종에 속하는 경우 양의 상관관계를 가지는 경우가 많고, 서로 아무 상관이 없는 업종에 속하는 경우에는 상관계수가 0에 가깝다. 음의 상

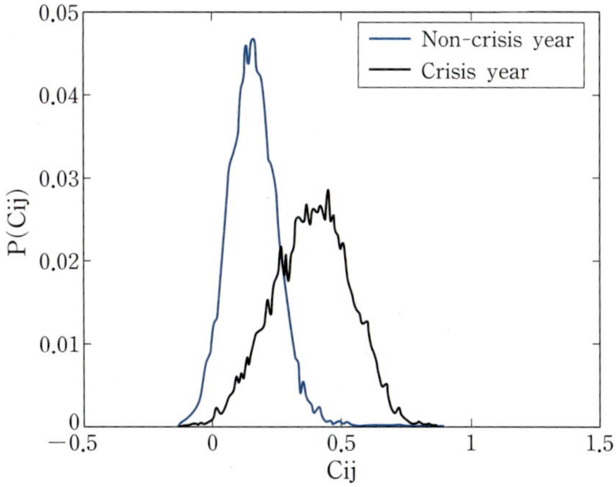

[그림 11.3] 글로벌 금융 위기 이전(2004)과 글로벌 금융 위기(2008)가 발생한 해의 코스피 주가지수 상관계수의 분포함수.

관계수는 두 회사의 주가가 서로 반대로 움직이므로 서로 부정적인 영향을 주어야 한다. 예를 들어, 오일 회사의 주가와 항공 회사의 주가는 서로 반대로 움직일 가능성이 높다. 기름값이 오르면 오일 회사의 수익률이 높아져 주가도 상승한다. 반면 기름값이 오르면 항공 회사의 수익률은 하락하고 주가도 내려가게 된다. 이러한 이유로 두 회사의 주가 수익률은 서로 반대 방향으로 움직이며, 음의 상관관계를 형성하게 된다.

이제 상관관계를 통해 네트워크를 추출하는 방법에 대해 살펴보자. 주식 가격 수익률의 규격화된 상관계수를 이용하여 두 회사 사이의 **상관 거리**[12]를 정의할 수 있다. 두 회사의 상관 거리는 1에서 상관계수를 뺀 값에 제곱근을 취한 값으로 표현된다.

두 회사의 로그 수익률이 완전 상관관계에 있으면, 상관계수는 1이 된다. 이럴 때 두 회사의 상관 거리는 0이 된다. 만약 두 회사의 로그 수익률의 상관계수가 0이

---

12 두 회사의 상관 거리는 $d_{ij}=\sqrt{2(1-C_{ij})}$로 정의한다. 두 회사의 로그 수익률이 완전상관 관계 $C_{ij}=1$이면, $d_{ij}=0$이고, 로그 수익률의 상관계수가 $C_{ij}=-1$이면, $d_{ij}=2$이다. 상관 거리는 $0 \le d_{ij} \le 2$이다.

라면, 상관 거리는 1이 된다. 상관거리는 0보다 크거나 같은 양수이고 상관거리가 작다는 것은 두 회사 주가 수익률 사이에 강한 상관성이 있다는 뜻이다.

이처럼 두 회사 사이의 상관관계나 상관 거리를 활용하여 다양한 네트워크를 추출할 수 있다. 이러한 네트워크는 주식 시장 내의 관계를 이해하고 분석하는 데 도움이 될 수 있다.

첫 번째 네트워크는 **최소신장트리**minimal spanning tree, MST이다. 노드의 총수가 N인 네트워크에서 최소신장트리는 총연결선 수가 $N-1$인 트리(tree) 구조로 이루어져 있다. 이 구조에서는 노드들 사이에 고리(loop)는 형성되지 않는다.

최소신장트리는 두 노드 사이 연결선의 가중치가 다를 때 만들 수 있다. 그림에서는 가중치를 갖는 네트워크에서 최소신장트리를 형성한 모습을 보여준다. 여기서 가중치가 작을수록 두 노드 사이의 거리가 짧다고 가정한다.

최소신장트리를 추출하기 위해 **크루스컬 알고리즘**Kruskal's algorithm을 적용한다. 알고리즘의 시작은 각 노드가 고립된 상태에서, 가장 작은 가중치를 가진 연결선을 찾는 것으로 시작된다. 예를 들어, 그림 11.4에서 (1, 2)와 (1, 6) 사이의 가중치가 각각 1이라고 가정하면, 두 가중치가 같아서 둘 중 하나를 먼저 선택할 수 있다. 예를 들어, (1, 2) 노드를 먼저 연결한다고 하자. 다음으로 (1, 6)을 연결한다.

가중치가 1인 연결선이 모두 사용되었으므로 이제 가중치가 2인 (5, 6)을 연결한다. 이어서 가중치가 3인 (5, 7) 노드를 연결하고, (2, 3)와 (2, 4)도 연결한다. 그 다음에는 가중치가 4인 연결선들을 연결해야 하는데, 만약 노드 (6, 7)을 연결하게 되면 노드 (5, 6, 7) 사이에 루프가 생기므로 이 연결은 배제해야 한다.

신장트리는 트리 구조이므로 루프가 생기지 않도록 주의해야 한다. 마지막으로 (2, 3)와 (2, 4)를 연결하면 총 6개의 연결선에 도달하게 되어 더 이상 선을 잇지 않고 멈춘다. 이렇게 추출한 트리가 크루스컬 알고리즘을 사용하여 형성한 최소신장트리이다.

최소신장트리에서 "**신장**"이라는 용어는 한 노드에서 출발하여 연결선을 따라

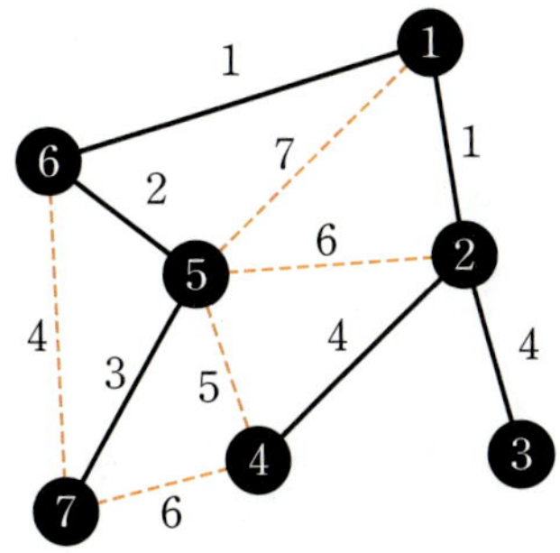

[그림 11.4] 크루스칼 알고리즘에서 가중치가 작은 순으로 연결하여 최소신장트리를 추출한다. 선 위에 표시된 가중치 숫자가 두 노드 사이의 거리라면 거리가 짧은 순으로 연결된다. 노드가 7개이므로 6개인 연결선으로 트리가 형성되면 루프는 형성되지 않는다.

가면 다른 노드와 서로 연결되어 있다는 의미이다. 최소신장트리는 일종의 "**뼈대 네트워크**skeleton network"로 이해할 수 있다.

또한 최소 상관 거리 대신 상관 거리가 큰 것부터 연결하여 최대신장트리를 얻는 방법도 있다. 그림 11.5와 그림 11.6은 코스피 200에 속한 개별 회사들의 주가 로그 수익률의 상관계수로부터 추출한 최소신장트리를 보여준다. 그림 11.5는 1997년 IMF 외환위기 이전에 구한 최소신장트리이고, 그림 11.6은 IMF 위기가 진행 중일 때의 최소신장트리이다. 이 두 그림은 200개 회사의 상관계수를 큰 순서대로 연결하여 트리를 형성한 결과를 나타낸다.

IMF 이전의 최소신장트리는 주로 증권사와 같은 **금융 업종**을 뼈대로 형성하고 있다. 이 구조는 뼈대인 금융 업종에 큰 가지들이 연결된 형태이다. 연결선수가 가장 많은 허브는 쌍용시멘트 산업으로, 총연결선수가 20이며 대우증권과 연결되어 있다. IMF 위기가 오기 전에는 안정된 경제 상황에서 금융회사들과 주요 산업 업종들이 서로 연결되어 안정적인 최소신장트리 구조를 형성하고 있었다.

최소신장트리 구조는 전체 상관계수 중에서 상관성이 가장 큰 링크들을 순서대로 연결한 것이기 때문에, 전체 상관관계 네트워크의 극히 일부만을 보여준다. 노드 번호 144인 삼성전자는 금융 업종의 뼈대에 연결되어 독자적인 가지를 형성

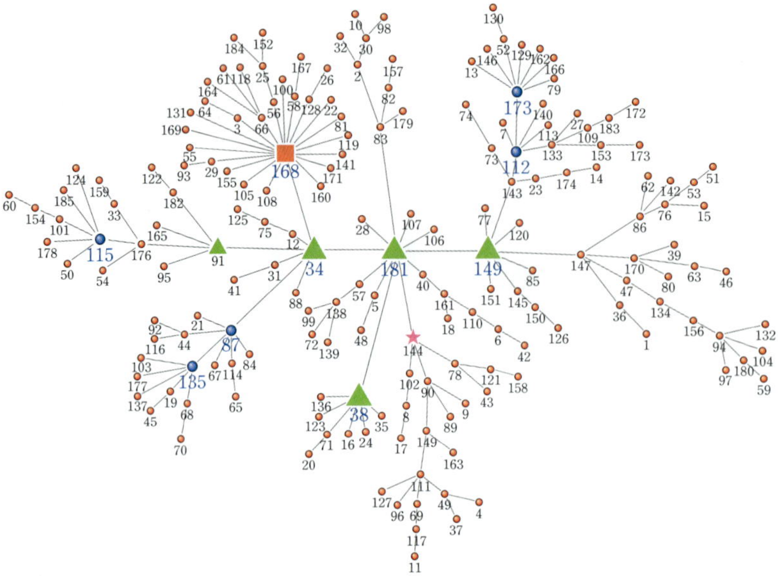

[그림 11.5] 1997년 IMF 이전의 코스피 200에서 추출한 최소신장트리. 허브는 168(Ssangyoung cement industry)이고, MST의 뼈대는 초록색의 증권회사들이 차지하고 있다. (181; Woori investment securities, 149: Samsung securities, 34: Daewoo securities, 38: Daeshin securities)이다. 144는 삼성전자이다.

하고 있다. 각 가지에 있는 회사들은 상관성이 크기 때문에 동종 업계에 속할 가능성이 높다.

IMF 외환위기나 2008년 글로벌 금융위기와 같은 시장 붕괴 상황에서는 주식시장에서 엄청난 **동조현상**이 발생한다. 경제 호황기였던 1994년 11월, 코스피 지수는 1,145포인트로 정점을 찍었지만, IMF 외환위기 이후인 1998년 6월에는 코스피가 최저점인 277포인트까지 하락하였다. IMF 외환위기가 발생할 때, 각 회사의 주식 가격은 연일 폭락했고, 이는 거의 모든 회사에서 일어났다. 이러한 주식 시장의 거대한 투매 동조현상은 주가 시계열에서 큰 양의 상관관계를 의미한다.

그림 11.3에서 상관관계 분포함수가 오른쪽으로 크게 이동한 것을 통해 이러한 동조현상을 확인할 수 있다. IMF 외환위기가 발생한 시기에 최소신장트리(MST)를 구해보면, 이러한 시장의 동조현상을 가시적으로 확인할 수 있다. 그림 11.6은

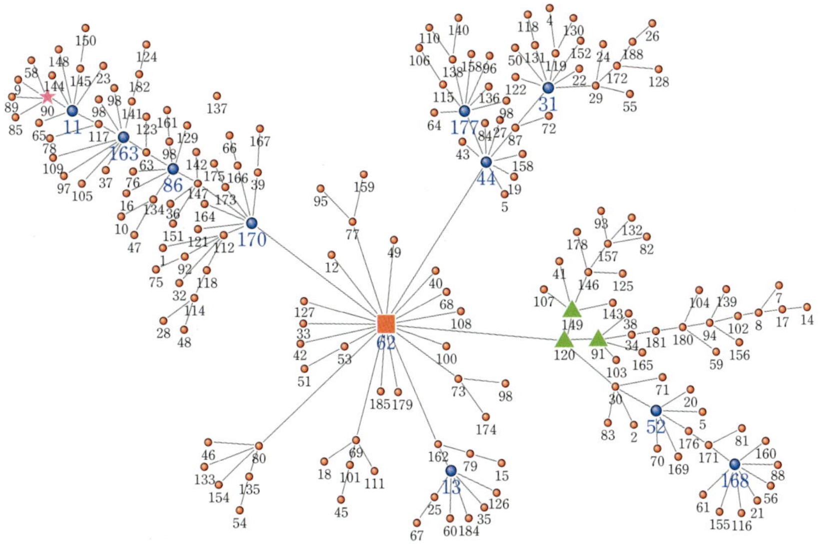

[그림 11.6] 1997년 IMF 외환위기가 발생하던 시기의 주식 가격 시계열에서 추출한 최소신장트리 구조. 네트워크의 구조는 IMF 발생 전에 비해서 극단적으로 변형되었다. 금융 업종은 더 이상 MS의 뼈대를 형성하지 못하고 하나의 가지로 전락하였다. (62: Hanjin heavy industries and construction, 44: Donbu steel Co. Ltd. 170: STX offshore and shipbuilding)

IMF 외환위기가 진행 중이던 시기의 주식 가격 시계열로부터 추출한 최소신장트리이다. 이 그림은 그림 11.5와 같은 방법으로 최소신장트리를 추출한 결과이다.

IMF 외환위기 발생 시기에 추출한 최소신장트리는 IMF 이전의 선형적 뼈대 구조에서 갑자기 극단적인 별 모양으로 변형되었다. 여기서 허브 역할을 하는 62번 노드는 한진중공업이며, 그 주변에는 44번 동부철강과 170번 STX 조선이 자리 잡고 있다. IMF 이전에 뼈대를 형성하고 있던 금융 분야 노드들은 91번, 120번, 149번으로, 이들은 허브인 62번에 연결되어 하나의 가지를 형성하고 있다. 삼성전자(144)는 북서쪽 방향 가지의 말단으로 이동해 있는 상황이다.

주식 가격 시계열은 매일 생성되므로, 1년에서 2년 단위의 시계열을 사용해 지속적으로 MST의 변화를 모니터링하고 구조의 변화를 파악한다면, 시장에 형성된 거품이나 위기의 전조 현상을 찾을 수 있을 것이다. 데이터가 많이 쌓인다면

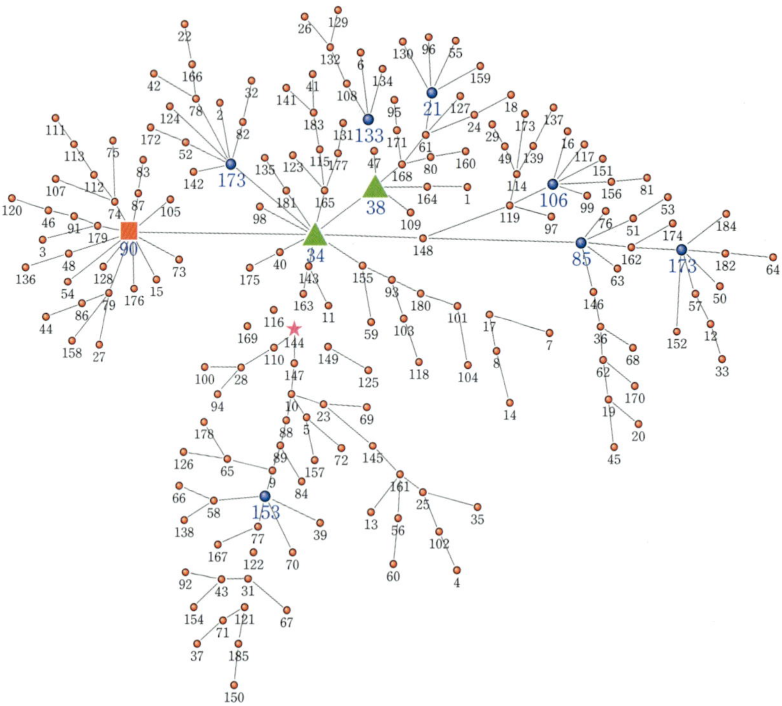

[그림 11.7] IMF 외환위기 이후 주식 가격 시계열에서 추출한 최소신장트리 구조. 번호 144는 삼성전자이다.

이를 딥러닝이나 머신러닝으로 학습하여 다가오는 위기나 시장의 호황 상황 등을 읽을 수 있는 지표로 활용할 수 있을 것이다.

그림 11.7은 IMF 외환위기에서 벗어난 이후에 추출한 MST 구조를 보여준다. IMF 외환위기 때 나타났던 별 모양 트리 구조는 상당히 완화되었고, 다시 IMF 이전에 나타났던 MST 구조로 복원되고 있는 것을 확인할 수 있다. 특히 IMF 이전에 MST의 뼈대구조를 형성했던 증권회사들이 다시 뼈대에 등장하고 있다. 금융위기가 없을 때 주식 시장에서 추출한 MST는 금융 업종의 기업들이 중심 뼈대를 형성하고, 비슷한 분야의 업종들이 가지를 형성한다. IMF 시기에 가지의 말단으로 밀려났던 삼성전자(144)도 다시 중심 부근으로 이동해 있는 것을 볼 수 있다.

11.3 무역 네트워크

세계 경제에서 고립된 국가는 없다. 우리나라는 많은 상품을 수출하고 석유나 원자재를 수입한다. 최근에는 한류의 영향으로 음원, 드라마, 영화 등도 많이 수출하고 있다. 각 국가 간의 무역 데이터는 다양하게 수집되어 공개되고 있으며, 그 중 UN 무역통계인 UN Comtrade Database[13]에 쉽게 접근할 수 있다.

그림 11.8에서 그림 11.10까지는 각각 1960년, 1980년, 2000년에 **세계 무역 네트워크**World Trade Network, WTN에서 돈의 흐름을 나타내고 있다. 각 국가는 다양한 상품을 교역하면서 돈이 이동하게 된다. 물건을 수입하면 상대방 국가에 대금을 지급하고, 수출하면 대금이 유입된다. 한 국가의 수출액에서 수입액을 빼면 그 국가의 무역수지가 된다. 한 국가의 국부는 국내 생산이 증가하고 무역수지가 흑자를 내면 증가하게 된다.

WTN을 그릴 때 노드는 각 국가를 나타내며, 노드의 크기는 각 국가의 GDP를 상대적으로 표시한다. 노드의 크기가 클수록 GDP가 상대적으로 크다는 의미이다. 예를 들어, 미국의 GDP가 가장 크기 때문에 노드의 크기가 가장 큰 것을 볼 수 있다. 그림 11.8은 1960년에 전 세계의 무역수지 네트워크의 뼈대 네트워크를 나타내고 있다. 이 그림은 무역 네트워크의 전체를 나타내는 것이 아니라 한 국가를 기준으로 가장 큰 무역수지 적자를 기록한 나라와 연결된 뼈대만을 보여준다. 각 국가는 다양한 나라들과 무역하며, 그 과정에서 무역수지가 발생하기 때문에 이 그림은 단순한 트리 구조가 아니라 완전 연결망에 가깝고 매우 복잡한 네트워크 형태를 나타낸다.

무역 네트워크에서 핵심 국가와의 관계를 이해하기 위해, 무역수지가 가장 큰 국가들 사이의 연결선만을 유지하여 그림 11.8~11.10을 작성하였다. 따라서 두 국가

13 UN Comtrade Database는 http://comtradeplus.un.org이다.

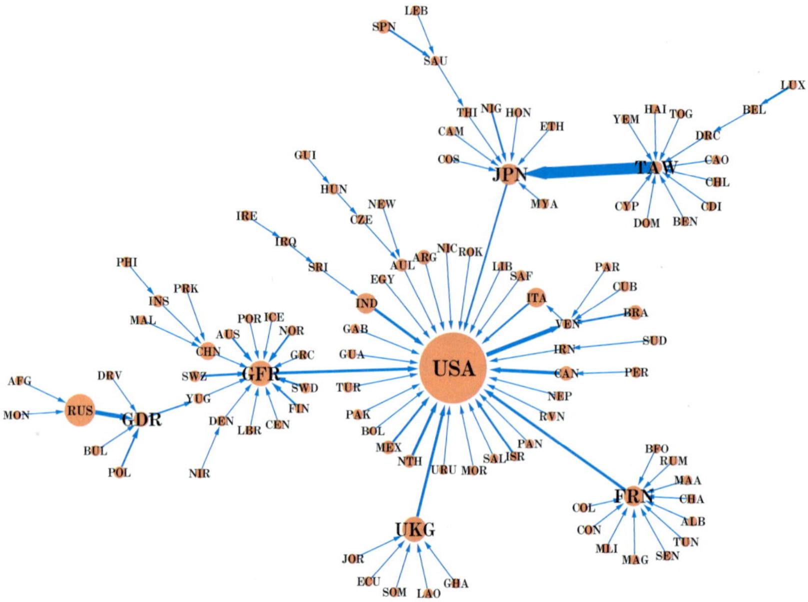

[그림 11.8] 1960년 국제 무역 네트워크의 변화 모습. 그림에서 노드의 크기는 해당 국가의 GDP를 상대적으로 나타낸 것이고, 연결선의 굵기는 한 국가의 무역수지 적자의 상대적 규모를 나타낸다. ROK가 대한민국이다.

사이의 연결선은 오직 하나의 방향만을 가지며, 각 연결선의 방향성과 두께로 무역수지를 시각화하였다.

무역수지가 흑자인 국가로의 연결선은 화살표가 들어오는 형태로 나타나며, 이 화살표는 한 국가에서 다른 국가로 돈이 흘러가는 방향을 보여준다. 연결선의 두께는 한 국가가 다른 나라와의 교역에서 발생한 무역수지 적자의 상대적 크기에 따라 달라진다. 예를 들어, 타이완과 일본 간의 무역역조가 대부분을 차지하기 때문에 이들 사이의 연결선은 두껍게 그려졌다.

1960년대에는 미국, 영국, 프랑스, 일본, 독일과 같은 선진국들이 무역의 중심에 있으며, 대한민국은 미국과 연결되어 있다. 1980년에 세계 무역 네트워크의 구조는 극적인 변화를 보여준다. 1979년 이란 혁명으로 촉발된 제2차 **오일쇼크**는 전 세계에 큰 영향을 미쳤으며, 그 결과가 WTN에 고스란히 반영되었다. 여러 나라

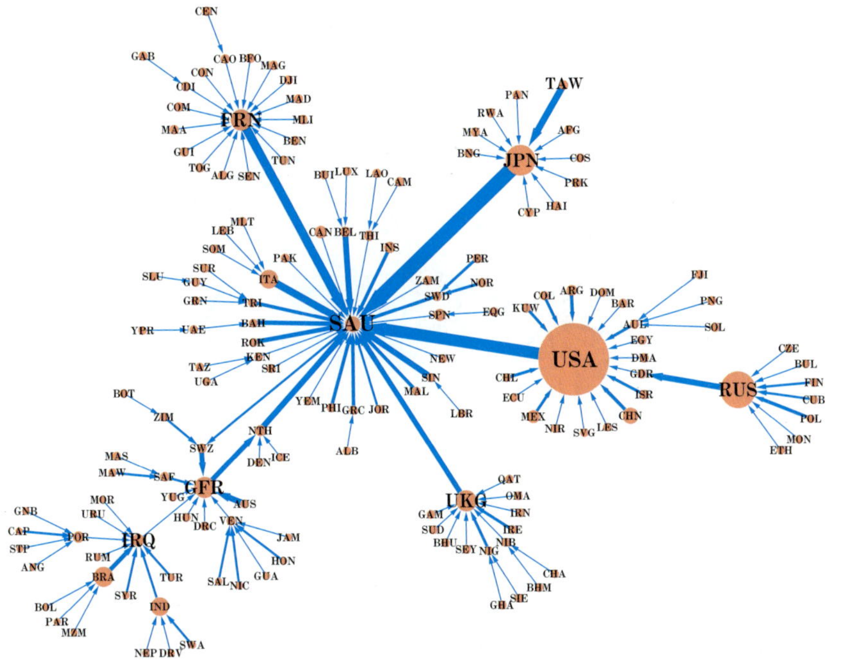

[그림 11.9] 1980년 국제 무역 네트워크의 모습. 제2차 오일쇼크는 전 세계 무역 네트워크의 극적인 변화를 유발하였다.

가 사우디아라비아와 이라크와 같은 산유국들과 대규모 무역적자를 기록하고 있으며, 심지어 선진국들조차 사우디아라비아에 대해 상당한 무역적자를 보인다. 우리나라 역시 사우디아라비아와의 무역에서 적자를 겪고 있어, 오일쇼크의 영향이 얼마나 컸는지를 짐작할 수 있다. 당시 한국은 경공업과 중화학공업을 육성하여 수출 국가로 성장하고 있었지만, WTN에서의 그 영향력은 아직 미미한 상태였다. 이러한 변화는 한국이 국제 무역에서 더욱 중요한 역할을 하게 되는 과정에서의 전환점을 의미한다고 할 수 있다.

그림 11.10은 2000년 세계 무역 네트워크의 모습을 나타낸다. 우리나라는 1997년 IMF 국가부도 사태 이후 회복을 시작하여 2000년대의 닷컴 버블 시대를 맞이하고 있었다. 이 시기의 WTN에서 무역의 대변화와 블록화 현상이 나타나는 것을

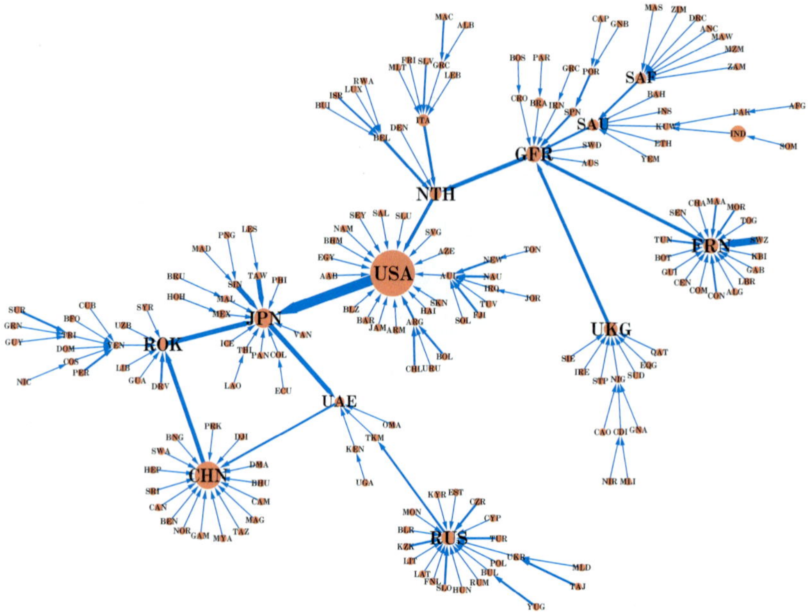

[그림 11.10] 2000년 국제 무역 네트워크의 모습. 대한민국은 IMF 체계를 극복해 가면서 무역에서 새로운 지위를 차지한다. 중국으로부터 대규모 흑자를 내고 있지만 일본과의 무역적자는 해소되지 않고 있다.

볼 수 있다. 유럽의 선진국들은 서로 강하게 연결되어 있으며, 미국은 아시아와 유럽의 무역 연결망 사이에 자리 잡고 있다.

이 시점에서 러시아는 독립적인 무역망을 형성하고 있으며, 대한민국은 무역 네트워크에서 중요한 위치를 차지하게 되었다. 한국은 중국과의 무역에서 대규모 흑자를 기록하고 있지만, 일본에 대해서는 고질적인 무역적자를 보인다. 이러한 상황은 한국이 중국에서 벌어들인 돈을 일본에 지출하고, 일본은 석유 구매에 큰 무역적자를 기록하는 형태로 이어진다. 이 과정에서 아랍에미리트UAE에도 무역적자가 발생하게 된다. 결과적으로 대한민국에서 일본으로, 일본에서 UAE로, UAE에서 중국으로, 그리고 다시 대한민국으로 이어지는 무역적자 고리가 형성된다.

무역 네트워크는 경제 물리학의 분석 대상으로, 무역을 통해 돈의 흐름을 파악하는 데 유용하다. 이를 통해 각 국가 간의 경제적 관계와 상호작용을 분석할 수 있다.

11.4 생산 네트워크

경제 활동에서 다양한 네트워크가 형성된다. 경제 물리학자들은 데이터를 바탕으로 은행 간의 거래 네트워크, 은행과 회사 간의 거래 네트워크, 그리고 회사 소유자 간의 네트워크 등을 분석해왔다. 2000년에 브로더A. Broder 등[14]은 방향성 네트워크에서 "**강연결망**Strongly Connected Component, SCC" 개념을 소개했다. 그림 11.11에서 SCC1에 속한 각 노드는 방향성 연결선을 따라가면 모든 노드를 방문할 수 있다. 예를 들어 노드 1에서 출발하여 1에서 4로, 4에서 5로, 5에서 3으로, 그리고 다시 3에서 1로 가는 순서로 연결선을 따라가면 SCC1에 속한 모든 노드를 방문할 수 있다. 이처럼 연결선으로 루프가 형성된 "**부분 네트워크**subnetwork"를 강연결망이라고 한다.

반면, 방향성을 모두 무시하고 얻은 연결망을 "**약연결망**Weakly Connected Network, WCC"이라고 한다. 약연결망에서는 노드 간의 방향성이 고려되지 않기 때문에, 노드들이 서로 연결되어 있는지만을 기준으로 네트워크가 구성된다.

보더 등은 203,549,046개의 웹페이지 연결을 분석하여 그림 11.12와 같이 입력망In Network, 출력망Out Network을 확인하였다. 웹페이지 네트워크의 경우 강연

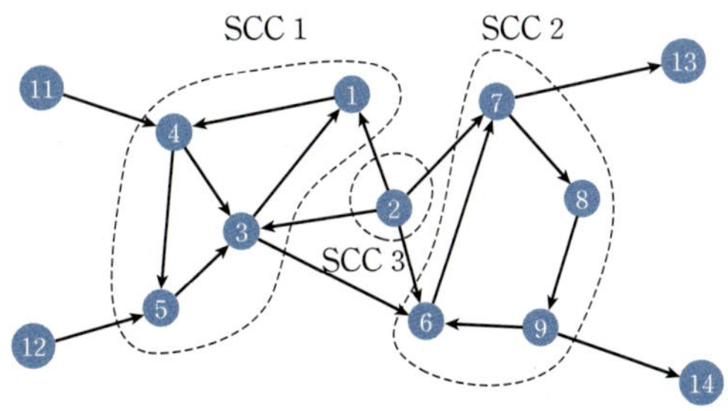

[그림 11.11] 방향성 네트워크에서 강연결망의 구조. 이 연결망에서 강연결망은 세 개를 형성하고 있다.

---

14 A. Broder, et al. "Graph structure in the web", Comp. Net. 33, 309-320 (2000).

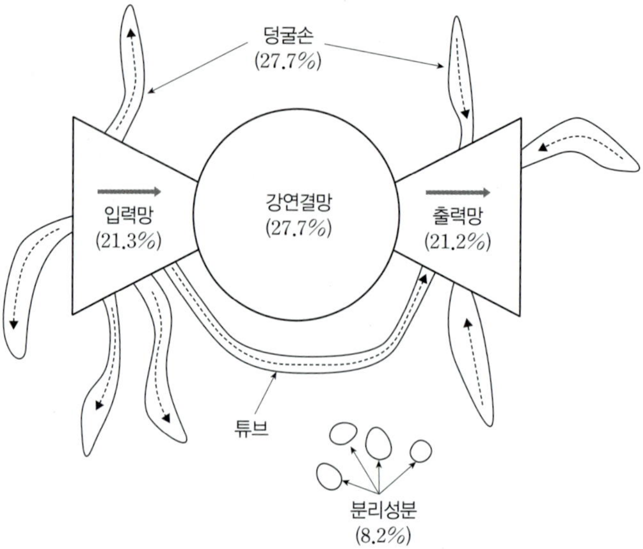

[그림 11.12] 보더 등이 인터넷 웹페이지 구조에서 확인한 나비넥타이(Bow Tie) 구조

결망은 약 27.7%, 입력망은 21.3%, 출력망은 21.2%, 덩굴손은 21.5%, 고립된 연결망은 8.2%를 차지하는 것으로 나타났다. 이 결과에서 고립 네트워크를 제외하면 비슷한 비율로 분포하고 있는 것을 확인할 수 있다.

브로더 등은 그림 11.12의 네트워크 구조가 마치 나비넥타이처럼 생겼기 때문에 이 구조를 "**나비넥타이**bow tie" 구조라고 불렀다. 방향성을 가진 웹페이지 네트워크의 전체적인 구조가 보우타이 구조를 형성해야 하는 이유는 아직 명확하게 밝혀지지 않았지만, 성장하면서 발전한 웹페이지 구조에는 선호 붙임 이외에도 보우타이 구조를 나타내는 어떤 원리가 숨어 있을 것으로 추측된다.

보우타이 구조는 네트워크의 복잡성과 상호작용을 이해하는 데 중요한 통찰을 제공하며, 웹페이지 간의 연결 관계와 그로 인해 형성된 네트워크의 성질을 분석하는 데 유용한 프레임워크로 작용한다.

우리는 일상생활에서 다양한 물건이나 서비스를 생산하고 소비한다. 한 회사는 물건을 생산하기 위해 원자재와 부품을 사들이고, 노동, 기술, 자본을 투입하여

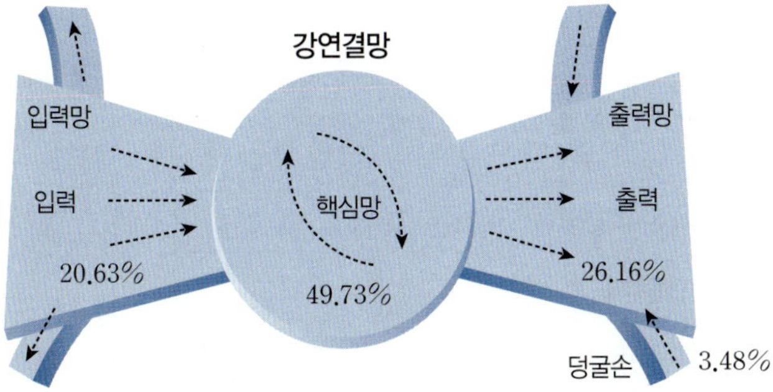

[그림 11.13] 푸지와라와 아오야마 교수가 일본 기업의 생산망을 분석하여 얻은 보우타이 구조

독특한 상품을 생산한다. 생산한 상품은 다른 회사에 납품되거나 소비자에게 판매되어 소비된다. 소비자가 물건이나 서비스를 소비하면서 지급한 돈은 다시 물건을 판 회사로 흘러 들어가며, 이 자금은 다시 물건을 생산하는 데 사용된다.

상품의 생산관계를 나타내는 연결망을 "**생산망**production network"이라고 부른다. 필자는 한국, 일본, 미국 등에서 복잡계 연구자들과의 소규모 학회를 열어 연구 교류를 하고 있다. 이 학회에 정기적으로 참여하는 효고대학교의 요시 푸지와라Y. Fujiwara 교수와 교토대학교 물리학과의 히데키 아오야마H. Aoyama 교수는 도쿄상공리서치Tokyo Shoko Research Ltd.에서 발행한 일본 기업들의 생산 네트워크 데이터를 확보했다.

이 두 일본 통계 물리학자들은 필자와 유사한 시기에 경제 물리학 분야의 연구를 시작하였으며, 2006년 9월에 발행된 데이터를 분석하였다. 이 데이터에는 수백만 개의 기업이 포함되어 있으며, 링크의 총수는 상당한 규모를 자랑한다. 이를 통해 기업 간의 관계 및 상호작용을 분석하고, 생산망의 구조와 특성을 이해하는 데 이바지할 수 있다.

한 기업이 다른 기업에 물건을 납품할 때, 첫 번째 기업은 공급자가 되고 두 번째 기업은 소비자가 된다. 이 두 회사 간의 거래는 공급자에서 소비자로 향하는 방향을 가진 연결선으로 표현된다. 그래서 생산 네트워크는 방향성이 있는 네트워크로 구성된다.

푸지와라와 아오야마 교수는 이러한 생산망을 두 가지로 분석했다. 하나는 방향성이 있는 네트워크이고, 다른 하나는 방향성을 무시한 네트워크이다. 경제 네트워크에서 나타나는 다양한 구조는 경제적 의미를 내포하고 있다. 이런 구조를 이해하는 것이 중요하다.

기업들 간의 생산망을 정확히 알면 상품의 생산과정에서 부품 조달의 핵심고리를 파악할 수 있다. 자동차 생산을 예로 들어보자. 내연 기관 자동차의 부품수는 약 3만여 개라고 한다. 파업 또는 지진과 같은 천재지변으로 부품회사들이 특정 부품을 생산하지 못하면 전체 자동차 생산에 막대한 차질을 빚을 수 있다. 이때 생산 네트워크를 정확히 파악하고 있으면, 어떤 부품 수급이 전체 생산에 막대한 지장을 초래할지 파악할 수 있다. 생산 시스템의 리스크를 줄이기 위해서 독점 부품 공급과 같은 보틀넥 부품은 수급을 다변화하여 가급적 여러 부품회사로부터 조달하는 체계를 형성한다면 전체 생산 시스템의 리스크를 줄일 수 있다.

경제 네트워크는 과거의 경제 데이터를 바탕으로 형성되기 때문에 역사적인 경제 동향이나 사건이 네트워크 구조에 반영된다. 예를 들어, 오일쇼크나 금융위기와 같은 대규모 경제 충격은 실질 경제 지표에 그대로 나타나며, 이에 따라 네트워크 구조도 변화한다.

경제 네트워크의 변화를 실시간으로 모니터링하고, 이러한 변화를 기반으로 향후 경제 상황을 예측할 수 있다면, 네트워크 분석은 중요한 의미가 있다. 현재 여러 가지 방법으로 회귀 분석에 경제 네트워크의 다양한 지표를 활용하려는 시도가 이루어지고 있다. 이는 복잡계 네트워크 분석 방법이 경제 물리학의 이해에 이바지할 수 있는 좋은 예시가 된다.

이러한 접근은 경제학적 모형화 및 예측에서 새로운 통찰을 제공할 수 있으며, 실제 경제 현상을 더 정확하게 이해하고 대응하는 데 중요한 역할을 할 수 있다.

12
퀀트의 성공과 실패

주식 거래에 참여하는 투자자들은 각자 고유한 투자 전략을 가지고 있다. 어떤 투자자는 과거의 주가 변동을 따라가는 트렌드 팔로워이고, 또 다른 투자자는 저평가된 주식을 찾아 장기 투자하는 가치 투자자다. 주식 시장에는 개인 투자자뿐만 아니라 기관 투자자, 외국인 투자자, 펀드를 운영하는 투자자 등 다양한 참여자가 있다. 이처럼 서로 다른 투자자들의 전략은 뚜렷한 차이를 보인다. 예를 들어, 많은 개인 투자자는 단기 투자를 선호하지만, 대규모 자금을 운용하는 펀드매니저나 기관 투자자, 외국인 투자자는 상대적으로 장기 투자를 선호하는 경향이 있다.

주식 시장과 금융 시장의 다양한 특성을 기반으로 많은 사람이 큰돈을 벌 수 있다는 기대를 품고 시장에 참여하고 있다. 1980년대에는 NASA 출신 과학자들이 월스트리트로 진출하면서 "**로켓 과학자**"라는 별명을 얻었다. 1990년대 들어 인터넷이 활성화되고 대규모 데이터가 축적되면서, 월스트리트에서는 마이크로초 단위로 거래 정보를 생산하기 시작했다. 이를 분석해 거래에 활용하기 위해 많은 과학자와 전문가들이 고용되었다. 컴퓨터 프로그램 전문가, 수학 박사, 이론 물리학 박사들이 대거 월스트리트에 진출했으며, 이들을 "**퀀트**" 또는 "정량적 분석가"라고 부른다.

퀀트는 금융, 수학, 컴퓨터 소프트웨어 기술을 기반으로 시장을 분석하고 예측한다. 이들은 주식, 파생상품, 옵션, 선물 등의 모델을 개발하고 실제 거래에도 참여한다. 또한 보험사, 상업은행, 투자은행, 헤지펀드, 사모펀드 등에서 데이터 분석과 해석을 담당하며, 금융 상품 개발, 위험성 평가, 가치 계산, 펀드 운용 등 다양한 활동을 수행한다.

퀀트의 정확한 출현 시점을 특정하기는 어렵지만, 경제 물리학의 역사에서 중요한 이정표들이 정량적 금융 분석의 발전을 이끌었다. 1900년에 루이 바슐리에는 주식시장을 정량적으로 탐구한 최초의 논문으로 알려진 연구를 발표했다. 이후 1952년, 해리 마코위츠는 포트폴리오 이론을 제시하며 정량적 재무 이론의 발전에 기여했다. 1959년에는 오스본이 주식시장에서 주가지수의 브라운 운동을 다룬 논문을 발표했다.

1963년, 만델브로는 면화 가격의 변동성이 정규 분포가 아닌 레비 분포를 따른다는 사실을 발견했다. 이 주장은 당시 경제학계에 큰 충격을 주었지만, 주류 경제학자들은 이를 진지하게 받아들이지 않았다. 같은 해에 윌리엄 샤프는 자본자산 가격결정 이론을 발표하며 시장 민감도인 베타 개념을 소개했다. 이를 통해 베타 값이 클수록 변동성이 크지만, 높은 수익을 기대할 수 있다는 사실이 주목받았다.

1965년에는 유진 파마가 "효율적 시장 가설"을 주장했고, 같은 해 MIT의 폴 새뮤얼슨은 주식시장에서 수익률이 무작위로 변동한다는 견해를 내놓았다. 1973년, 블랙과 숄즈는 옵션 가격을 결정하는 "블랙-숄즈 방정식"을 발표했으며, 머튼은 이를 확률 미분방정식으로 표현하여 이론적 정교함을 더했다. 이 방정식은 옵션 가격이 정규 분포를 따른다고 가정해 기초 자산 가격을 계산할 수 있도록 했다.

그러나 블랙-숄즈 방정식에는 한계가 있었다. 변동성이 정규 분포를 따른다는 가정은 만델브로가 주장한 멱함수 법칙의 두꺼운 꼬리 분포를 반영하지 못했다.

이러한 한계는 1980년대 이후 발생한 심각한 금융위기를 예측하지 못하는 결과를 초래했다.

12.1 퀀트의 출현

미국을 중심으로 퀀트와 그들의 도구를 다룬 책들이 많이 출간되고 있다. 퀀트의 역사와 그들이 사용했던 기법들을 간단히 살펴보자. 여기서 소개하는 퀀트들은 저자의 주관적인 선택에 따른 것임을 밝힌다. 퀀트의 역사에서 수학, 컴퓨터, 데이터를 활용하여 주식이나 파생상품 거래를 시작한 최초의 인물을 특정하기는 어렵다.

하지만 윌리엄 샤프William F. Sharpe, 1934~는 경제학자로서 퀀트의 발전에 중요한 기여를 한 인물로 잘 알려져 있다. 그는 **샤프 비율**Sharpe Ratio[1]과 자본 자산 가격 모형Capital Asset Pricing Model, CAPM[2]으로 널리 알려져 있으며, 그의 연구는 퀀트 금융의 기초를 다지는 데 큰 영향을 미쳤다.

샤프 비율은 포트폴리오의 수익률과 변동성을 이용하여 포트폴리오를 평가하는 지표다. 이 비율은 자산이나 포트폴리오의 수익률에서 무위험 수익률을 뺀 값을 자산의 변동성을 나타내는 표준편차로 나누어 계산된다. 여기서 자산의 수익률은 포트폴리오의 수익률을 의미하며, 무위험 수익률은 코스피와 같은 지수

---

1 샤프비율은 포트폴리오의 수익률과 변동성을 이용하여 포트폴리오를 평가하는 지수로써 윌리엄 샤프가 처음 제안하였다. 샤프비율은 $S_m = E(R_m - R_f)/\sqrt{var(R_m)} = E(R_m - R_f)/\sigma_m$이다. 여기서 R_m는 자산이나 포트폴리오의 수익률이고, R_f는 무위험 수익률로써 코스피 같은 지수의 수익률 또는 은행 예금과 같은 위험이 없는 자산의 수익률이다. 따라서 $E(R_m - R_f)$는 자산의 초과 수익률이고, σ_m는 자산의 변동률을 나타내는 표준편차이다. 투자자는 샤프비율이 큰 경우를 선호한다.

2 자산자본가격모형(Capital Asset Pricing Model)은 자산의 예상 수익률을 시장 위험과 무위험 수익률을 기반으로 계산한 금융이론이다. CAPM 공식은 $E(R_i) = R_f + \beta_i[E(R_m) - R_f]$이다. 여기서 $E(R_i)$는 자산 i의 예상 수익률이고, R_f는 무위험 수익률(예, 국채 수익률), $E(R_m)$은 시장 포트폴리오의 예상 수익률이다. β_i는 자산 i의 베타값으로 시장에 대한 자산의 민감도를 나타낸다.

의 수익률 또는 은행 예금과 같은 위험이 없는 자산의 수익률을 가리킨다. 따라서 샤프 비율은 자산이 초과 수익률을 얼마나 효율적으로 제공하는지를 나타내는 지표다.

샤프 비율이 높을수록 변동성 대비 수익성이 우수하다고 평가되기 때문에 투자자들은 샤프 비율이 높은 포트폴리오를 선호한다. 샤프의 이론은 퀀트 금융의 초기 모델 개발에 중요한 토대를 제공했으며, 이후 수많은 퀀트들의 연구와 실무에 큰 영향을 미쳤다.

샤프는 1990년에 해리 마르코위츠Harry Markowitz, 머튼 밀러Merton Miller와 함께 노벨경제학상을 수상하며 계량 재무학의 기초를 다지는 데 크게 기여했다. 그는 1955년에 캘리포니아 주립대학 로스앤젤레스UCLA에서 경제학 학사 학위를, 1956년에 경제학 석사 학위를, 1961년에 경제학 박사 학위를 취득했다.

샤프는 대학원 시절 랜드 주식회사에서 일하며 해리 마르코위츠를 알게 되었다. UCLA에서 경제학을 공부하던 시기에는 웨스턴J. F. Weston 교수가 마르코위츠의 "포트폴리오 이론Portfolio Theory"을 소개해 주었다. 이후 랜드 주식회사LAND Corporation에서 마르코위츠와 같은 부서에서 근무하면서 포트폴리오 이론에 대해 깊게 논의할 기회를 가졌다. 이 과정에서 샤프는 마르코위츠에게 많은 영향을 받았다. 1964년에 샤프는 "자본 자산 가격 결정 모형"을 발표하며 재무학 분야에 큰 발자취를 남겼다. 이 연구는 후대에 걸쳐 금융 이론과 실무에 지대한 영향을 끼쳤다.

에드워드 소프Edward Oakley Thorp, 1932~는 대학 시절 블랙잭과 룰렛 같은 카지노 게임의 확률적 분석에 관심을 가지며 딜러를 이기는 방법을 연구했다. 그는 "카드 카운팅"이라는 기법을 통해 확률을 계산하고, 이를 바탕으로 배팅 전략을 세웠다. 이 전략을 활용해 라스베이거스의 카지노에서 실제로 돈을 따기도 했다.

소프는 1958년에 UCLA에서 수학 박사 학위를 취득했으며, 1959년부터 1961년까지 MIT에서 연구를 이어갔다. MIT에서 그는 클로드 섀넌Claude Elwood Shannon, 1916-2001과 함께 룰렛에서 승리 확률을 높이는 방법을 연구했다. 섀넌은 컴퓨터 정보 이론의 창시자로, 정보의 양을 섀넌 엔트로피라는 개념으로 정의한 정보 과학의 선구자였다.

소프와 섀넌은 중고 룰렛 게임기를 구입해 공이 멈추는 지점을 수학적으로 분석하려 했다. 룰렛에는 38개의 포켓이 있었으며, 이를 크게 8개의 구역으로 나눌 수 있었다. 이 구역은 각각 5개의 포켓으로 구성된 6개 구역과 4개의 포켓으로 구성된 2개 구역으로 이루어져 있었다. 이들은 공이 투입된 후 공의 속도를 기반으로 공이 어느 구역에 떨어질지를 계산하려 했으나, 예상만큼 쉽게 해결되지는 않았다.

소프와 섀넌은 블랙잭에서 이기는 확률을 높이는 방법을 연구했다. 그들은 "켈리 공식Kelly's Criterion[3]"을 사용해 도박에서 승리 확률, 패배 확률, 그리고 순 배당률에 기반하여 매 판에서 최적의 배팅 비율을 결정하는 방법을 제안했다. 순 배당률이란 1원을 걸었을 때 승리하면 원금에 추가로 얼마를 받는지를 나타낸다. 켈리 공식은 승리 확률과 승리 배당률이 주어졌을 때, 각 라운드에서 걸어야 할 금액의 비율을 계산하는 데 사용된다. 이 공식은 1956년에 벨연구소에서 근무하던 물리학자 존 켈리가 처음으로 제시한 것이다.

소프는 켈리 공식을 통해 "승리 확률이 높아질 때는 더 많은 금액을 베팅하고, 확률이 나빠지면 바로 게임을 그만두라"는 의미를 이해했다. 이 공식은 도박꾼이 가진 자금의 일부만 베팅하도록 유도하여 "도박꾼의 파멸gambler's ruin[4]"을 방지하고, 돈을 따는 기준을 제공했다.

---

3 켈리의 공식은 다음과 같다. 도박에서 승리 확률이 p, 패배 확률이 $q=1-p$, 순배당률이 b일 때 매판에서 걸어야 할 최적의 배팅 비율 f들 결정한다. 순배당률 b는 1원을 걸었을 때 승리할 경우 원금에 더해서 b원을 추가로 받게 된다. 켈리의 공식은 $f=(bp-q)/b = [p(b+1)-1]/b$이다.

4 도박꾼의 파멸(gambler's ruin)은 도박꾼이 돈을 잃었을 경우 매 라운드 마다 판돈을 2배로 키우는 경우 자금이 유한한 도박꾼은 결국 망하게 된다.

1961년, 소프는 **카드 카운팅** 기법을 활용해 블랙잭에서 승리 확률을 높이는 방법을 연구한 논문을 미국학술원회보PNAS에 제출했다. 당시 PNAS에 논문을 제출하려면 미국학술원 회원의 추천이 필요했으며, 소프의 협력자였던 섀넌이 회원 중 한 사람이었다. 소프는 논문의 제목을 「행운의 공식: 블랙잭 필승전략Fortune's Formula: A Winning Strategy for Blackjack」으로 정하고자 했으나, 섀넌은 PNAS가 보수적인 학술 기관임을 고려해 제목을 「21에 대한 선호전략A Favorable Strategy for Twenty-One[5]」으로 변경할 것을 제안했다.

블랙잭은 딜러와 플레이어의 카드 숫자의 합이 21에 가까울수록 승리하는 게임으로, 플레이어의 카드 합이 21을 초과하면 딜러가 승리하게 된다. 결국 소프의 논문은 섀넌의 추천을 받아 1961년에 PNAS에 게재되었으며, 이후 1966년에는 그의 연구를 바탕으로 한 베스트셀러 『딜러를 이겨라Beat the Dealer』를 출판하여 큰 인기를 끌었다.

1965년에 에드워드 소프는 캘리포니아 대학교 어바인University of California, Irvine의 수학과 교수로 임용되었다. 어바인에서 그는 주식 투자 상품인 "**신주인수권**Warrant"에 관심을 가지기 시작했다. 어바인 캠퍼스에서 그는 워런트에 투자하던 쉰 카수프Sheen T. Kassouf 교수와 만나게 되었는데, 카수프는 워런트의 가격을 결정하는 방법에 대해 고민하고 있었으나 명확한 해답을 찾지 못한 상태였다.

소프와 카수프는 공동 연구를 통해 "과학적 주식시장 시스템"이라는 계량적 투자 전략을 개발했다. 이들은 시장에서 잘못된 가격으로 거래되는 워런트가 많이 존재한다는 사실을 발견했다. 이러한 연구 결과를 바탕으로 1967년에 『시장을 이겨라: 과학적 주식시장 시스템Beat the Market: A Scientific Stock Market System』이라는 책을 출판했다. 이 책에서 두 사람은 시장 수익률보다 높은 수익률을 꾸준히

---

5 블랙잭은 딜러와 게임자의 카드 숫자의 합이 21에 가까울수록 승리하게 된다. 게임자의 카드 숫자의 합이 21보다 커지면 딜러가 승리한다.

올리는 것이 가능하다고 주장했다. 이는 유진 파마와 폴 사무엘슨이 제안한 효율적 시장 가설과 충돌하는 내용이었다.

소프와 카수프는 시장의 가격이 무작위로 변하지 않는다고 보았으며, 따라서 효율적 시장 가설은 단지 시장을 학문적으로 분석하기 위한 도구일 뿐이라고 주장했다. 이들의 견해는 실제로 금융시장이 붕괴할 때 입증되었으며, 이는 시장의 비효율성을 보여주는 중요한 사례로 남아 있다.

1969년에 소프는 필라델피아의 한 증권 중개회사에서 일하던 제이 레건Jay Regan과 함께 캘리포니아 롱비치에 "프린스턴 뉴포트 파트너스Princeton/Newport Partners, PNP"라는 헤지펀드를 설립했다. 헤지펀드라는 개념은 1949년 호주 출신의 타임지 작가 겸 편집자였던 A.W. 존슨Alfred Winslow Jones이 처음 제안했다. 존슨은 자신의 이름을 딴 A.W. Jones를 설립하면서, 투자 수익이 발생하면 20%를 성과 보수로 책정하는 방식을 도입했다.

존슨은 주식 가격이 하락할 때 수익을 얻기 위해 특정 주식을 공매도하는 동시에, 주가 상승으로부터 수익을 얻기 위해 다른 주식을 매수하는 "롱-쇼트 헤지 전략long-short hedge strategy"을 사용했다. 여기서 "롱 전략long strategy"은 매수를, "숏 전략short strategy"은 매도를 의미한다. 이러한 전략은 시장 전체의 상승이나 하락에 관계없이 포트폴리오가 중립적인 상태를 유지하도록 설계되었다.

결과적으로, 포트폴리오의 가치는 시장의 전반적인 방향이 아니라 관리자가 어떤 주식을 사고파는지에 따라 결정된다. 헤지펀드라는 용어는 "매수 포지션으로 헤지된 매도 포지션"을 의미하며, 금융 시장이 발전하면서 일반적으로 활용되는 전략으로 자리 잡았다.

헤지 전략에서 중요한 역할을 하는 매도 포지션은 "**숏 포지션**" 또는 "**숏 셀링**"이라고 부른다. 이는 투자자가 실제로 소유하지 않은 자산, 예를 들어 주식, 상품, 또는 통화를 빌려서 시장에 파는 방식의 투자 전략이다. 주식 시장에서 **공매도**가 이러한 숏 포지션의 대표적인 사례이다.

공매도를 실행할 때, 투자자는 증권사나 브로커로부터 주식을 빌린다. 이 과정에서 투자자는 빌린 주식에 대한 일정 수수료를 지불해야 한다. 빌린 주식을 현재 시장 가격으로 팔면, 그 판매 대금은 투자자의 계좌에 예치된다. 이후 투자자는 주식 가격이 하락하기를 기다린다. 만약 주식 가격이 실제로 하락한다면, 투자자는 더 낮은 가격에 그 주식을 다시 매수하고, 이를 증권사나 브로커에게 돌려준다. 이 과정에서 발생하는 매도 가격과 매수 가격 간의 차익이 투자자의 수익이 된다.

공매도의 주요 위험성은 주식 가격이 하락하지 않고 상승할 때 발생한다. 투자자가 빌린 주식의 가격이 상승하면, 이를 상환해야 할 시점에 초기 빌린 가격보다 더 높은 가격으로 주식을 매수해야 한다. 이 과정에서 발생하는 추가 비용은 투자자의 손실로 이어진다. 특히 주식 가격이 계속 상승할 경우, 손실 규모는 이론적으로 제한이 없기 때문에 매우 커질 수 있다. 이는 매도 포지션이 상승장에서는 리스크가 큰 전략임을 보여준다.

소프는 과대평가 된 워런트에 헤지 전략을 최초로 적용한 인물로, 이를 통해 금융 시장에서 혁신적인 기법을 제시했다. 그는 과대평가된 워런트를 제삼자로부터 빌려 공매도하는 방식을 사용했다. 이 전략은 비싸게 워런트를 팔고, 이후 가격이 하락하면 저렴하게 다시 사들여 빌린 워런트를 갚음으로써 차익을 얻는 방식이었다. 이러한 방식으로 소프는 워런트 가격이 하락할 경우 이익을 볼 수 있었으나, 이 전략에는 위험도 존재했다. 워런트의 가격은 기초 주식의 가격에 따라 움직이기 때문에, 만약 기초 주식의 가격이 상승하면 워런트 가격도 오르게 되어 손실 가능성이 생기며, 이 손실은 이론적으로 무한대가 될 수 있었다. 그러나 이런 상황은 주로 경제위기와 같은 예외적인 경우에만 발생했다.

소프가 이 공매도 전략을 통해 얻은 이익은 "**차익거래**arbitrage"라는 개념에 기반을 두고 있다. 차익거래는 자산의 가격 차이를 이용해 수익을 창출하는 방식이다. 소프는 자신이 소유하지 않은 자산을 빌려 거래하며 수수료만 지불했고, 이 과정에서 시장에 유동성을 공급하여 거래를 활성화하는 부수적인 효과도 가져왔다.

소프와 카수프는 과대평가된 워런트를 공매도하면서 그 위험을 줄이기 위해 워런트의 기초 주식을 구매했다. 이들은 위험을 헤지하기 위해 얼마나 많은 기초 주식을 매수해야 하는지 계산하는 방법을 발견했다. 이 전략은 이후 "**전환사채 차익거래**"로 알려졌으며, 그들의 헤징 방식은 "**델타헤징**[6]"이라는 이름으로 널리 사용되었다. 소프는 수학과 통계학을 투자에 최초로 적용한 선구자로 평가받으며, 그의 혁신적인 접근법은 오늘날 월가의 은행과 헤지펀드에서 중요한 기법으로 자리 잡았다.

소프는 1973년에 시카고 대학교의 피셔 블랙과 마이런 숄즈가 발표한 「옵션 가격결정 공식」 논문을 접하게 되었다. 이 논문은 금융 경제학에서 혁신적인 돌파구로 평가된다. 피셔 블랙은 하버드대학교에서 물리학 학사와 응용수학 박사 학위를 받은 후, 컨설팅 회사인 "아서 디 리틀Arthur D. Little"에서 일하며 재무학에 관심을 갖게 되었다. 1965년에 그는 회사 동료인 잭 트레이너로부터 "자본자산 가격결정 모형CAPM" 개념을 접하면서 경제학 연구에 매진했다. 1971년부터 시카고 대학교에서 방문교수로 활동하며, 이듬해 증권가격 연구센터의 책임자로 임명되어 CAPM 모형을 발전시켰다.

옵션은 미래에 특정 자산을 정해진 가격에 구매하거나 판매할 수 있는 권리를 제공하는 금융 계약이다. 이는 특정 회사의 주식 가격에 대한 예상에 기반하여 거래가 이루어진다. 예를 들어, 한 회사의 현재 주식 가격이 10만 원이고, 투자자가 이 주식이 1년 후 20만 원으로 오를 것이라고 예측한다고 가정하자. 투자자는 지금 주식을 구매하는 대신, 1년 후에 10만 원으로 주식을 구매할 수 있는 옵션을 살 수 있다.

만약 1년 후 주식 가격이 예상대로 20만 원으로 오른다면, 투자자는 옵션을 행

6 델타는 수학에서 차이를 뜻하므로 차익 거래를 델타헤징이라 부른다.

사하여 큰 수익을 얻는다. 반면, 주가가 오르지 않거나 하락했다면, 투자자는 옵션을 행사하지 않고 옵션 구매 비용만 손실로 감수한다. 이러한 옵션 거래는 투자자의 리스크를 관리하는 동시에 높은 잠재적 수익을 제공할 수 있는 도구로 널리 활용되고 있다.

그렇다면 옵션을 살 때 얼마를 지불해야 할까? 이 질문에 답하기 위해 피셔 블랙은 수학을 도입했다. 그는 옵션 가격을 계산하는 방정식을 만들어냈지만, 그 경제적 의미를 명확히 설명하는 데 어려움을 겪었다. 이 과정에서 마이런 숄즈의 도움을 받아, 함께 옵션 가격을 결정하는 편미분 방정식을 유도했다.

1973년에 피셔 블랙은 「옵션과 기업 부채의 가격 결정」이라는 논문을 발표했으며, 여기에는 "**블랙-숄즈 방정식**"이 포함되었다. 이 방정식은 옵션 가격을 결정하는 데 필요한 주요 변수를 포함하고 있다. 주요 변수는 다음과 같다:

1) 기초 주식의 가격
2) 주식의 변동성(즉, 주가 변동의 표준 편차)
3) 옵션 행사까지 남은 시간
4) 무위험 자산의 이자율(예: 국채)

이 방정식은 옵션 거래와 가격 결정에서 매우 중요한 역할을 했고, 이후 금융시장에서 널리 사용되었다. 블랙이 이 방정식을 처음 고안할 때, 그는 열역학과 물리학의 개념을 바탕으로 유도했기 때문에 경제학계에서 초기에는 쉽게 받아들여지지 않았다. 그러나 블랙은 시카고대학교 경제학 교수였던 마이런 숄즈와 협력하여, 방정식에 경제적인 설명을 추가하여 논문으로 발표했다. 블랙과 숄즈의 공동연구자였던 로버트 머튼은 블랙-숄즈 방정식을 "확률 미분방정식"으로 표현하고 이를 다시 편미분 방정식으로 바꾸어 쓴 결과를 1973년에 논문으로 발표하였다. 머튼은 이 논문에서 블랙-숄즈 방정식이란 이름을 처음 사용했으며, 머튼의

미분방정식은 컴퓨터 코딩으로 쉽게 구현할 수 있어 널리 사용되고 있다.

블랙과 숄즈가 함께 개발한 이 모델은 옵션 가격을 보다 정교하게 평가할 수 있는 방법을 제공했으며, 투자자들이 포트폴리오의 위험을 줄이는 데 중요한 도구로 자리 잡았다. 이 혁신적인 접근법은 현대 금융 이론의 기반이 되었고, 이후 금융 공학의 발전에 엄청난 기여를 했다.

투자자가 특정 기업의 주가 하락을 예상하면, 정해진 가격에 주식을 팔 수 있는 옵션을 구매하여 하락에 따른 손실을 줄일 수 있다. 1973년 블랙-숄즈 방정식이 발표되었고, 같은 해 세계 최초의 옵션 전용 거래소인 시카고 옵션 거래소가 열렸다. 이 방정식은 시카고 옵션 거래소에서 옵션 가격을 계산하는 데 바로 사용되었고, 그 후 옵션 시장은 급격히 성장했다.

피셔 블랙은 1975년 MIT 슬론 경영대학원으로 옮겼고, 1984년에는 골드만삭스에 합류했다. 그는 금융 업계에서 활동하다가 1995년에 암으로 세상을 떠났다. 1997년, 마이런 숄즈와 로버트 머튼은 블랙-숄즈 방정식의 공로로 노벨경제학상을 수상했으나, 블랙은 이미 사망했기 때문에 이 상을 받지 못했다.

블랙-숄즈 방정식은 주식의 움직임이 무작위적이며 일정한 패턴 없이 진행된다고 가정했다. 이는 "효율적 시장 가설"과 비슷한 생각으로, 주가 변동은 평균적인 범위 내에서 이루어지고 큰 변동 없이 정규 분포를 따른다고 전제했다. 즉, 급격하고 예기치 못한 가격 변동은 방정식에서 크게 고려되지 않았다.

하지만 소프는 이 방정식을 사용하면서도 그 한계를 잘 알고 있었다. 그는 사람들이 비합리적으로 행동할 수 있다는 점을 인지했고, 이로 인해 주식 가격이 정규분포에서 벗어난 급격한 변동을 겪을 수 있다는 사실을 이해했다. 따라서 소프는 그런 상황에 대비할 필요가 있다고 생각했다.

1982년에 소프는 UC 어바인의 교수직을 사직하고 자산 관리에 집중하기 시작했다. 이후 그는 시장에서 두 자릿수의 수익을 올리며 성공적인 투자자로 활동을 이어갔다. 1985년에 소프는 모건 스탠리를 떠난 트레이더 게리 뱀버거Gerry Bamberger를 만났다. 뱀버거는 컬럼비아대학교에서 컴퓨터과학을 전공했으며, 우연히 "**통계적 차익거래**Statistical Arbitrage"라는 주식 거래 기법을 개발했다. 이 기법은 "**스태트 아브**Stat Arb"로도 불리며, 주식 거래에서 손실을 최소화하는 것을 목표로 했다. 뱀버거는 이 전략을 실행하기 위해 "**페어 전략**pair strategy"을 사용했으며, 이는 상관성이 높은 두 주식의 움직임을 모니터링하는 방법이다.

페어 전략은 두 주식 중 하나가 상승하고 다른 하나가 하락할 때, 상승한 주식을 팔고 하락한 주식을 매수하는 방식이다. 이 전략은 두 주식 간의 가격 차이가 시간이 지나면서 다시 수렴할 것이라는 가정에 기반한다. 즉, 두 주식의 가격 차이가 벌어지면 다시 좁혀질 것이라는 예측에 따라 베팅하는 것이다. 뱀버거는 두 주식의 가격 차이를 포착해 매우 빠르게 거래를 실행하고, 가격이 원래 상태로 돌아왔을 때 수익을 실현했다.

뱀버거는 모건 스탠리에서 이 통계적 차익거래 기법으로 상당한 성공을 거두었으며, 1985년에는 3천5백만 달러 규모의 자산을 운용하고 있었다. 모건 스탠리는 뱀버거의 성공을 견제하기 위해 타타글리아(Nunzio Tartaglia)를 영입했다. 타타글리아는 뱀버거의 기법을 더 발전시켜 '**자동화 프롭 트레이딩**Automated Proprietary Trading, APT'을 개발했고, 이 기법으로 1987년에 5천만 달러의 이익을 냈다.

타타글리아는 1987년에 APT의 기술 부문을 더 강화하기 위해, 컬럼비아대학교의 컴퓨터 전문가 데이비드 쇼D. E. Shaw를 영입했다. 데이비드 쇼는 컴퓨터를 활용한 거래 기법을 빠르게 익혔고, 이를 바탕으로 "계량 및 계산 재무" 연구를 위한 독립적인 팀을 구성해 달라고 모건 스탠리 경영진에게 요청했다. 그러나 그의 제안은 받아들여지지 않았다.

이에 쇼는 모건 스탠리를 떠나, 2천8백만 달러의 자본금을 바탕으로 'D. E. 쇼 펀드'를 설립했다. 그는 통계적 차익거래 기법을 활용하여 펀드를 운영했고, 이 기법을 통해 엄청난 성공을 거두게 되었다.

모건 스탠리에서 밀려난 게리 뱀버거는 금융계의 전설로 불리는 에드 소프와 함께 새로운 펀드를 설립했다. 이들은 소프, 레건, 그리고 뱀버거의 이름을 조합해 펀드 이름을 "보스 파트너스BOSS Partners"로 지었다. 이름의 약자는 뱀버거Bamberger, 소프의 중간 이름인 오클리Oakley, 레건의 중간 이름인 서튼Sutton, 그리고 증권(Securities)을 뜻했다.

보스 파트너스는 1988년까지 1억 달러 규모의 자산을 운용하며 빠르게 성장했다. 그러나 시간이 지나며 수익률이 점차 감소하자, 뱀버거는 펀드를 정리하기로 결정하고 뉴욕주립대학교 버펄로 캠퍼스로 자리를 옮겼다.

퀀트 투자 분야의 전설로 꼽히는 제임스 사이먼스James Simons, 1938-2024는 1938년 미국 매사추세츠주 케임브리지에서 태어났다. 어릴 때부터 수학에 뛰어난 재능을 보였던 그는 매사추세츠 공과대학교MIT에서 수학을 전공했으며, 23세에 캘리포니아 대학교 버클리에서 수학 박사학위를 받았다. 이후 MIT와 하버드대학교에서 수학을 가르치며, 국방 분석 연구소Institute for Defense Analyses, IDA에서 암호 해독 전문가로도 일했다. 특히 프린스턴대학교에 위치한 IDA 분원에서의 경험은 훗날 그가 자신의 회사를 설립하는 데 큰 영향을 주었다.

1968년, 사이먼스는 베트남 전쟁에 반대하는 칼럼을 썼다가 연구소에서 해고되었다. 이후 뉴욕주립대학교 스토니브룩 캠퍼스로 자리를 옮겨 수학을 가르치며 학과장을 맡았다. 그는 학과를 혁신해 명성을 높였고, 1974년 중국의 수학자 천싱셴과 함께 발표한 "천-사이먼스 이론Chern-Simons theory"으로 세계적인 주목을 받았다. 이 이론은 3차원 양자장론과 끈 이론 같은 이론물리학 분야에 큰 영향을 미쳤고, 사이먼스는 1975년에 국가로부터 기하학상을 수상하며 학문적 업적을 인정받았다.

또한 스토니브룩 대학교에서 수학과 학과장으로 재직하며, 여러 뛰어난 인재들을 영입했다. 이들 중 다수는 이후 그가 운영한 헤지펀드 회사에서 핵심적인 역할을 맡았다. 사이먼스는 학계에서의 혁신뿐 아니라 금융계에서도 독보적인 위치를 차지하며, 퀀트Quant 기법을 성공적으로 적용한 대표적 인물로 평가받고 있다.

1978년, 사이먼스는 40세가 되던 해에 수학을 그만두고 롱아일랜드 북쪽 해안의 스토니브룩 동쪽에 위치한 세토킷Setauket의 작은 쇼핑몰에 투자회사인 "모네메트릭스Monemetrics"를 설립했다. 수학에서 중요한 방정식을 발견하며 학문적 성공을 이룬 그가 갑작스럽게 금융 투자로 전향하자 많은 동료가 놀라워했다. 하지만 사실 그는 대학 시절부터 금융 투자에 깊은 관심을 가져왔었다.

"모네메트릭스"라는 이름은 'Money(돈)'와 'Econometrics(계량경제학)'의 합성어로, 수학적 모델과 경제 데이터를 결합해 투자에 활용하겠다는 그의 의도를 반영하고 있다. 초기에는 통화상품에 집중했지만, 점차 투자 범위를 넓혀갔다. 예를 들어, 아프리카 정치 뉴스, 아시아 국가의 은행 통계, 페루의 감자 가격과 같은 다양한 데이터를 분석해 시장 패턴을 예측했다. 이러한 데이터 기반 접근법은 큰 수익을 창출하며 사이먼스의 투자 전략을 성공으로 이끌었다.

사이먼스의 이러한 데이터 분석과 통계적 기법을 활용한 방식은 금융 시장에서 퀀트 전략의 시초로 평가받는다. 그는 금융 투자에 혁신적인 접근법을 도입한 선구자로 자리 잡았다.

1970년대 말에 사이먼스는 IDA에서 함께 일했던 수학자 레너드 바움Leonard E. Baum, 1931-2017을 자신의 회사인 모네메트릭스에 영입했다. 바움은 "은닉 마르코프 모형Hidden Markov Model"을 기반으로 한 기대수익률 최대화 알고리즘인 "바움-웰치 알고리즘Baum-Welch Algorithm[7]"을 제안한 수학자로 잘 알려져 있다. 이 알고리즘은 은닉 마르코프 모형에서 알 수 없는 변수를 추정하기 위해 사용되는 기댓값 최적화 기법이다. 모네메트릭스에서 바움은 통화 거래를 위한 수학적 모델을 개발했으며, 단순하지만 효과적인 추세선 기반 트레이딩 기법을 도입했다. 그의 전략은 통화가 추세선 아래로 떨어지면 매수하고, 추세선을 넘으면 매도하는

---

7 바움-웰치 알고리즘은 은닉 마르코프 모형에서 모르는 변수를 구하기 위해서 사용하는 기대값 최적화 알고리즘이다.

방식으로 설계되었다.

1979년, 사이먼스는 “림로이 펀드Limroy Fund”를 설립하며 더 큰 도전에 나섰다. 그는 바움의 거래 기법을 평가하고 발전시키기 위해, 스토니브룩 수학과에서 뛰어난 수학자인 제임스 액스James Ax, 1937-2006를 영입했다. 액스는 1967년 정수론에서 “액스-코첸 정리Ax-Kochen Theorem”를 발견한 업적으로 유명한 수학자였다. 액스는 바움의 알고리즘을 영국 파운드화 거래에 적용할 가능성을 발견했고, 이를 통해 막대한 수익을 창출했다. 이처럼 사이먼스와 그의 팀은 수학적 모델과 데이터를 활용해 금융 시장의 새로운 길을 개척하며 퀀트 기법의 토대를 마련했다.

사이먼스는 또 다른 수학자이자 데이터 분석 전문가인 산도르 스트라우스Sandor Straus를 영입했다. 스트라우스는 주식, 환율, 옵션, 선물 등 다양한 금융 상품의 과거 시계열 데이터를 수집하고, 이들 간의 상관성과 숨겨진 패턴을 분석하는 데 중추적인 역할을 했다. 사이먼스는 스트라우스를 비롯한 여러 수학자와 데이터 분석 전문가들과 협력하며 롱아일랜드에서 “기술적 분석 방법”을 개발했다. 이를 통해 그의 투자 기법은 점점 더 정교하고 효율적으로 다듬어졌다.

1982년에 사이먼스는 자신의 투자회사의 이름을 “모네메트릭스”에서 “**르네상스 테크놀로지**Renaissance Technologies”로 변경했다. 그는 사람의 직관에 의존하지 않는 수학적 알고리즘 기반의 거래 시스템, 즉 **시스템 트레이딩**System Trading을 구축하고자 했다. 이를 위해 그는 기존의 네트워크뿐만 아니라 새롭게 등장하는 수학자, 물리학자, 그리고 전산 전문가들을 적극적으로 영입했다.

제임스 액스는 캘리포니아의 날씨를 좋아했기 때문에 1985년에 자신의 연구 그룹을 로스앤젤레스의 헌팅턴비치로 이전했다. 그는 스트라우스와 함께 “액스콤 리미티드Axcom Limited”라는 새로운 트레이딩 회사를 설립하며 르네상스 테크놀로지에서 분사했다. 사이먼스는 이 분사를 승인하며 액스콤의 지분 25%를 보유했고, 르네상스 테크놀로지의 금융 데이터 분석과 알고리즘 개발을 조건으로 제시했다. 액스는 자신이 설계한 트레이딩 시스템에 확률적 방정식을 도입해 시스템을 더욱 발전시켰다.

1986년에 사이먼스의 추천으로 엘윈 벌캄프Elwyn Berlekamp가 액스콤에 합류했다. 벌캄프는 MIT에서 클로드 섀넌의 지도 아래 박사학위를 취득했으며, 이후 벨 연구소에서 존 켈리John Kelly의 연구 보조원으로 활동했다. 벌캄프는 이후 버클리 전기공학과에서 조교수로 재직하며 다항식을 인수 분해하는 "벌캄프 알고리즘Berlekamp Algorithm"을 개발했다. 액스콤에서 벌캄프는 단기적인 시장 기회를 포착해 거래하는 전략을 제안했다. 그러나 액스는 이 제안을 받아들이지 않았다. 이로 인해 두 사람 간의 견해 차이가 발생했지만, 이러한 논의는 이후 알고리즘 트레이딩 발전에 중요한 영향을 미쳤다.

1988년에 사이먼스와 액스는 기존의 림로이 펀드를 폐쇄하고, 르네상스 테크놀로지내에 "**메달리온 펀드**Medallion Fund"를 새롭게 설립했다. 메달리온 펀드는 설립 이후 폐쇄될 때까지 연평균 66%라는 놀라운 수익률을 기록하며, 누적 수익이 1천억 달러를 초과하는 전설적인 펀드로 자리 잡았다.

사이먼스의 정량적 투자, 즉 퀀트 전략은 메달리온 펀드의 성공을 통해 월스트리트의 새로운 표준으로 자리 잡았다. 이전까지 투자자들은 주로 직감, 인맥, 기업 분석 등에 의존했지만, 사이먼스의 접근법은 금융 시장에 컴퓨터 기반의 데이터 분석과 수학적 모델을 중심으로 한 새로운 투자 방법론을 도입했다. 이를 통해 투자 방식은 점차 과학적이고 체계적인 방향으로 변화했으며, 금융 시장의 패러다임이 바뀌는 계기가 되었다.

2010년에 은퇴할 당시, 사이먼스는 현재 화폐 가치로 160억 달러 이상을 벌어들이며 금융계의 전설로 남았다. 그의 회사 르네상스 테크놀로지는 물리학, 수학, 컴퓨터 과학 등 다양한 분야의 박사학위 소지자 90명 이상을 고용하고 있다. 이 회사는 하루 40TB가 넘는 데이터를 분석하며, 50,000대의 클러스터 코어를 통해 초당 150GB의 데이터를 처리하는 첨단 기술을 활용하고 있다.

사이먼스는 금융에서 얻은 부를 다양한 분야에 기부하며 사회에 환원했다.

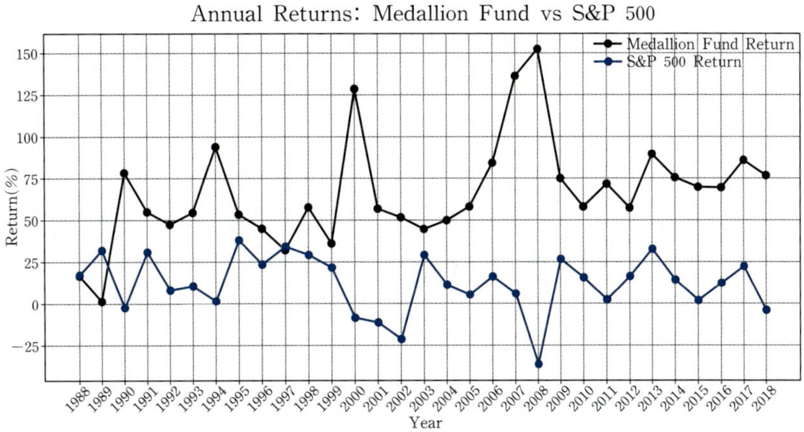

[그림 12.1] 메달리온 펀드 수익률과 S&P 500 수익률 비교 그래프. 2008년 글로벌 금융위기에 메달리온 펀드는 더 큰 수익을 올렸다.

그는 양자 물리학, 천체 물리학, 신경 과학, 수학, 생물학 등 자연 과학 연구를 지원하기 위해 사이먼스 재단Simons Foundation을 설립했다. 이를 통해 자신이 학문적으로 받은 혜택을 사회와 과학계에 되돌려 주는 데 집중했다.

정치적으로는 진보적인 민주당을 지지했던 사이먼스와 달리, 그의 동료이자 르네상스 테크놀로지의 공동 최고 경영자였던 로버트 머서Robert Mercer는 보수 성향의 우파로, 도널드 트럼프Donald Trump에게 막대한 금액을 기부했다. 이로 인해 두 사람 간의 정치적 입장이 충돌했으며, 결국 2017년 사이먼스는 머서를 르네상스 테크놀로지의 회장에서 해임했다.

사이먼스는 또한 스토니브룩 대학교에 5억 달러를 기부했는데, 이는 미국 역사상 가장 큰 대학 기부금으로 기록되었다. 이러한 기부는 그가 학문적 고향에 깊은 애정을 가지고 있음을 보여주는 상징적인 행보였다.

12.2 1987년의 실패

1976년에 캘리포니아 대학교 버클리 캠퍼스의 헤인 리랜드Hayne E. Leland는 투자 회사에서 일하던 형과 금융 시장에 대해 이야기를 나누었다. 당시 그의 형은 1973-74년의 경제 침체기 동안 연기금 펀드들이 주식 시장에서 대규모로 빠져나갔고, 그 결과 1975년의 주식 시장 상승 랠리를 놓쳤다고 말했다. 그는 "만약 보험이 있었다면 이 펀드들이 다시 주식 시장으로 돌아올 수 있었을 텐데"라고 덧붙였다. 이 말을 들은 리랜드는 "**포트폴리오 보험**portfolio insurance"이라는 아이디어를 떠올렸다. 그는 주식 포트폴리오를 다양한 주식으로 구성된 바구니로 비유하며, 이를 보호할 방법을 고민했다.

리랜드는 포트폴리오 보험이 개별 주식이 아닌 전체 포트폴리오에 적용되는 풋옵션과 비슷하다고 생각했다. 풋옵션은 주식을 미리 정한 가격에 팔 수 있는 권리를 말한다. 당시에는 옵션 거래소가 없었지만, 1977년에 시카고상품거래소CBOE에서 옵션 거래가 시작되었다. 리랜드는 이미 블랙-숄즈 방정식을 알고 있었으며, 이를 활용해 실제 옵션을 생성할 수 있다는 가능성을 깨달았다. 이 방정식은 "**동적 헤지**dynamic hedging"를 통해 주식으로 옵션의 위험을 상쇄하면서 무위험 수익을 창출하는 방법을 설명한다.

그러나 리랜드는 이와는 반대로 접근했다. 그는 주식을 무위험 자산으로 동적으로 헤지하여 옵션을 생성할 수 있다고 생각했다. 이 아이디어는 주식 시장의 변동성에도 불구하고 포트폴리오 전체의 가치를 보호하려는 혁신적인 접근법이었다. 이는 이후 금융 시장에서 위험 관리와 헤지 전략의 중요한 기반이 되었다.

차익거래를 통해 옵션을 확보하는 방법에는 두 가지가 있었다. 첫 번째는 필요한 옵션을 시장에서 직접 구매하는 것이고, 두 번째는 기초 자산인 주식과 무위험 자산(예: 국채)을 조합해 동적인 방식으로 옵션을 생성하는 방법이다. 리랜드는 단일 주식뿐만 아니라 포트폴리오 전체에 대해서도 원하는 행사가격이나 만기일에 맞춘 옵션을 만들어낼 수 있다고 보았다.

이러한 개념을 바탕으로 고안된 것이 바로 포트폴리오 보험전략이다. 이 전략은 "주가가 오르면 이익을 보고, 떨어지면 손실을 막아준다"는 기본 원칙을 따른다. 전략의 핵심은 "**방어적 풋 전략**protective put strategy"이다. 투자자는 자신의 자산 중 일부를 사용해 풋옵션을 구매하고, 나머지 자산으로 주식을 매입한다. 풋옵션은 주가가 하락할 경우 손실을 상쇄해주는 보험 역할을 한다. 반대로 주가가 상승하면 옵션은 사용되지 않지만, 주식 매입에서 얻은 이익을 통해 수익을 얻는다.

그러나 이 전략은 완전히 무료가 아니다. 풋옵션을 구매하는 데 들어가는 비용이 명시적 비용으로 발생하며, 묵시적인 비용도 존재한다. 예를 들어 주가가 상승하면 풋옵션은 소용이 없게 되므로, 결과적으로 옵션 구매 비용만큼 손해를 보게 된다. 이는 보험료를 지불하면서 안전성을 확보하는 것이지만, 시장 상황에 따라 이 비용이 수익률을 일정 부분 제한할 수 있다.

리랜드는 옵션 전문가가 아니었기 때문에 포트폴리오 보험의 정확한 가격을 계산하는 데 어려움을 겪었다. 그래서 그는 옵션 이론과 컴퓨터 전문가인 마크 루빈스타Mark Edward Rubinstein인과 협업하기로 했다. 두 사람은 함께 포트폴리오 보험을 설계하고, 컴퓨터로 계산을 거치면서 자신들의 이론이 맞다는 것을 확신할 수 있었다. 이후, 그들은 여러 은행을 방문해 포트폴리오 보험을 소개하는 세미나를 열었지만, 처음에는 누구도 이 보험에 투자하려 하지 않았다.

1980년에 리랜드와 루빈스타인의 포트폴리오 보험을 처음으로 구매한 투자자는 존 오브라이언John W. O'Brien이었다. 오브라이언은 포트폴리오 분석 서비스를 제공하는 회사를 운영하고 있었으며, 포트폴리오 보험의 가능성을 인식하고 리랜드와 루빈스타인과 공동 사업을 논의했다. 이들은 1981년에 "LORLeland O'Brien Rubinstein Associates Inc."라는 회사를 설립했다. LOR의 포트폴리오 보험은 주로 연기금으로 구성된 기관 투자자들 사이에서 인기를 얻었고, 1987년에는 약 1천억

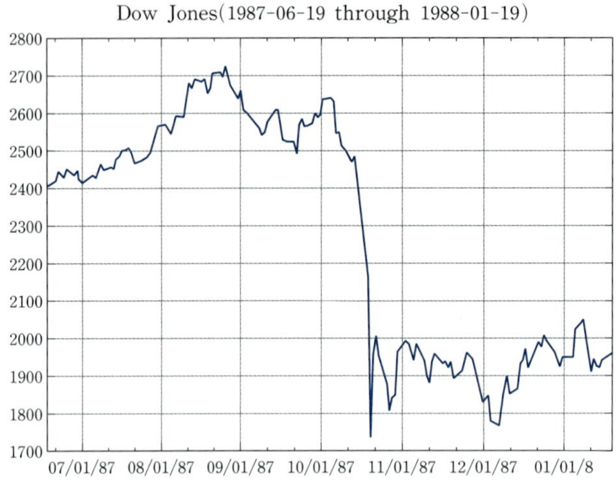

[그림 12.2] 1987년 6월 19일부터 1988년 1월 19일까지 DJIA 지수의 변화. 1987년 10월 19일 월요일에 뉴욕증시는 갑작스럽게 폭락했다. 이를 블랙먼데이라 한다.

달러의 자산을 보호하게 되었다. 그 해, 리랜드, 루빈스타인, 오브라이언은 포춘지에서 선정한 "올해의 사업가"에 뽑히는 영예를 안았다.

포트폴리오 보험 전략은 시장이 하락할 때 고객에게 주식이나 지수 선물stock index futures을 매도하여 헤지하도록 요구하였다. 그러나 그림 12.2와 같이 1987년 10월 19일에 "**블랙 먼데이**Black Monday"라고 불리는 사건이 발생했다. 이 날 다우 주가지수는 갑자기 22.6% 하락했으며, 이러한 대폭락의 주요 원인 중 하나로 포트폴리오 보험이 지목되었다. 상반기 동안 다우 주가지수가 40% 이상 상승했으나, 하락장이 시작되자 LOR은 대량으로 주가지수 선물을 매도해야 했고, 이는 주가에 더 큰 하락 압력을 가했다. 선물 매도와 주가 하락은 서로 연관되어 양의 피드백 루프를 형성하며, 포트폴리오 보험 전략이 주가 폭락의 한 원인이 되었다. "브래디 보고서(1988)[8]"에 따르면, 10월 19일 거래에서 포트폴리오 보험 전략에 의

8 1988년에 "브래디 위원회(Brady Commission)"에서 발표한 1987년 블랙먼데이 조사 보고서인 "Brady commission report)"로 정식 명칭은 "United State Presidential Task Force on Market Mechanisms"이다.

한 주식과 주식 선물의 매도는 전체 주식의 약 15%에 달했다고 한다.

블랙 먼데이의 주요 원인은 포트폴리오 보험과 프로그램 매매, 유동성 문제, 시장의 심리적 요인 등이 복합적으로 작용한 결과였다. 초창기 프로그램 매매는 투자자들의 동조 매매에 의한 대규모 폭락에 대한 대응책이 전무했으며, 한번 시장이 붕괴하자 프로그램 매매는 주가지수 하락을 더욱 촉진하는 피드백 효과를 가져왔다. 블랙 먼데이가 발생하자 연방준비이사회는 1987년 10월 20일에 공개시장 매수를 통해서 170억 달러의 구제 금융을 투입했다. 연준은 수 주 동안 공개시장 매수를 통해서 시장에 유동성을 공급하여 시장을 안정시켰다.

12.3 1997년의 실패

1987년 블랙 먼데이가 발생했지만, 미국 금융가에서 프로그램 매매와 퀀트는 더욱 늘어나고 있었다. 롱텀 캐피털 매니지먼트Long-Term Capital Management, LTCM는 1994년에 블랙-숄즈 방정식의 창시자인 로버트 머튼과 마이런 숄즈, 그리고 존 메리웨더John Meriwether가 공동으로 설립한 헤지펀드이다. 메리웨더는 시카고 대학 MBA 출신으로, 살로먼 브라더스에서 채권 거래 부사장을 역임한 후, 선물 시장 차익 거래에서 큰 성공을 거두었으며, 이는 LTCM의 창립에 중요한 역할을 했다.

LTCM은 설립 초기부터 뛰어난 성과를 거두었으며, 그림 12.3과 같이 1994년에 28%, 1995년에 59%, 1996년에 57%의 수익률을 기록하며 투자 업계에서 큰 주목을 받았다. 특히 1997년에는 로버트 머튼과 마이런 숄즈가 노벨 경제학상을 수상하면서, 이들의 이론적 기초에 대한 신뢰가 더욱 강화되었고, 투자자들은 LTCM의 투자 전략을 의심하지 않았다.

LTCM의 주요 투자 전략은 레버리지와 공매도를 활용한 차익 거래였으며, 이를 통해 수익을 창출했다. LTCM의 투자 방식은 "**상대 가치 거래**relative-value trades"

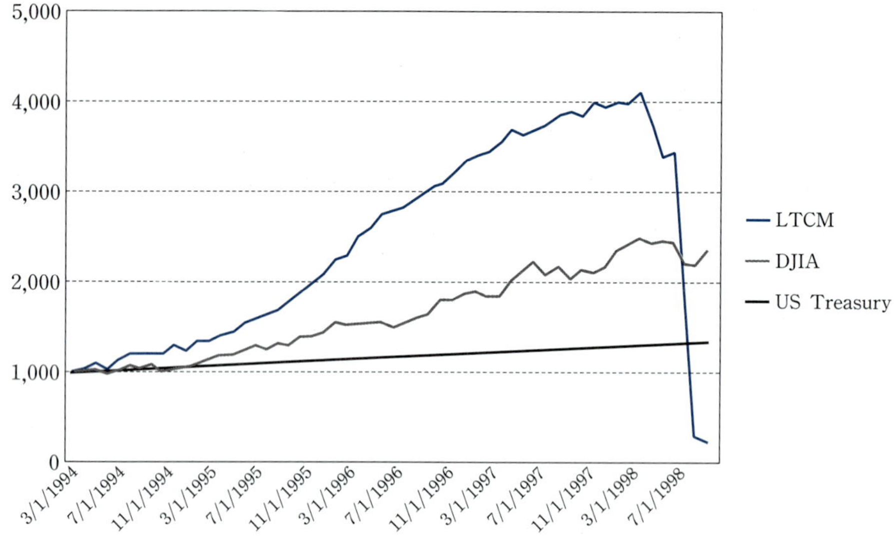

[그림 12.3] 롱텀캐피털 매니지먼트의 수익률, 다우존스지수, 미국 국채 시계열.

로, 자산의 이론적 가격을 계산한 후, 상대적으로 가격이 낮은 자산을 매수하고, 가격이 높은 자산을 공매도하여 이익을 추구했다. 이 방식은 시장에서 가치가 과소평가된 자산을 사고, 과대평가된 자산을 팔아 차익을 실현하는 전략으로, 이론적으로 저위험 고수익을 추구할 수 있었다. 이러한 전략 덕분에 LTCM은 초기에는 큰 성공을 거두었고, 금융 시장에서도 퀀트 투자와 프로그램 매매가 더욱 활성화되는 계기가 되었다.

롱텀 캐피털 매니지먼트는 금융 공학과 수학적 모델링을 활용하여 고수익을 추구하는 헤지펀드로, 특히 신규 채권과 기존 채권 간의 스프레드를 이용한 전략으로 유명했다. LTCM은 최첨단 컴퓨터 시스템을 갖추고, 대규모로 금융 공학자들을 고용하여 금융 시장에서 새로운 길을 개척하였다. 이들은 자산의 매도 포지션을 구하기 위해 "VaRValue-at-risk[9]" 기법을 사용하였다. VaR은 특정 기간 동안

9 VaR는 위험 관리를 위해 만들어진 개념으로, 목표 보유기간 동안 일정한 신뢰수준에서 발생 가능한 최대손실 금액을 통계적으로 표현한 수치이다. 예를 들어 '95% 신뢰수준의 1일 VaR가 100억 원'이라 하면, 이는 하루

예상 가능한 최대 손실 금액을 통계적으로 정량화하여, 기업이나 투자자가 얼마나 위험을 감수할 수 있을지 판단하는 도구로 활용되었다. 예를 들어, 95% 신뢰수준에서 하루 손실이 10억 원을 넘지 않을 확률을 제공하는 방식이다.

그러나 LTCM이 이 기법을 사용하여 투자 전략을 펼쳤을 때, 소프는 부정적인 의견을 제시했음에도 불구하고 LTCM은 이를 무시하고, 전략을 계속 고수하였다. LTCM의 거래 전략이 상당한 성공을 거두자, 월가의 많은 투자 회사들이 LTCM의 방식을 모방하기 시작했다.

1997년에 LTCM은 미국 국채 금리와 러시아 국채 금리의 차이가 커진 것을 발견하고, 러시아 국채에 대규모로 투자하였으며 미국 국채는 공매도했다. 이들은 러시아의 국채 금리가 상승하고 미국의 국채 금리는 하락할 것이라고 예상했다. 그러나 1997년 아시아 금융위기의 여파가 러시아 경제에도 영향을 미쳤고, 미국은 상대적으로 큰 영향을 받지 않았다.

1998년 러시아 금융위기는 롱텀 캐피털 매니지먼트의 파산 위기를 촉발한 중요한 사건이었다. 1998년 전반부에 LTCM은 상대 차익 거래를 통해 일부 손실을 경험했지만, 그 피해는 초기에는 관리할 수 있을 정도였고 큰 위기를 맞지 않았다. 그러나 러시아 경제의 급격한 악화는 LTCM에 심각한 영향을 미쳤다.

소련 붕괴 이후 러시아는 생산성 저하, 만성 적자, 고정 환율 정책 등으로 경제적 어려움을 겪고 있었고, 아시아 금융위기까지 겹치면서 러시아의 주요 수출품인 원유와 비철금속에 대한 수요가 감소했다. 이로 인해 러시아의 외환 보유고는 급격히 감소했고, 1998년 8월 17일에는 외환 보유고가 바닥나면서 외채 상환이 불가능해졌다. 결국, 러시아 정부는 디폴트 선언을 하게 되었고, 이를 1998년 "**러시아 금융위기**"라 부른다.

동안 발생할 수 있는 손실이 100억 원을 초과하지는 않을 것이라는 의미인데 이를 100% 자신하지는 못하고 95% 자신한다는 의미이다. 따라서 이는 100억 원 이상 손실을 볼 가능성이 5%는 된다는 뜻이다.

러시아의 디폴트 선언은 러시아 국채를 사실상 휴지 조각으로 만들었고, 반면 미국 국채는 급등하며 투자자들의 안전 자산 선호가 강해졌다. LTCM은 러시아 국채에 대규모로 투자하고, 미국 국채를 공매도하는 전략을 사용했기 때문에, 이 투자 전략은 완전히 잘못된 선택이 되었다. 러시아의 디폴트와 함께 LTCM은 큰 손실을 입었고, 이는 파산 위기로 이어졌다.

당시 LTCM은 레버리지 비율이 매우 높았다. 자산 50억 달러에 대해 1,200억 달러의 규모로 투자하고 있었으며, 24배의 레버리지를 사용하고 있었다. 이런 고위험 전략이 실패하면서, 마진콜[10]이 쇄도하게 되었고, 이에 따라 LTCM에 투자한 투자자들에게 큰 손실을 안겨주었다. 이로 인해 미국 금융 시장은 붕괴 위험에 처하게 되었고, 다우존스 지수는 1,000포인트 이상 하락하며 금융 시장은 심각하게 불안정해졌다.

LTCM이 파산 위기에 몰리자, 미국 중앙은행인 연방준비은행은 이를 구하기 위한 방법을 찾기 시작했다. 하지만 연방준비은행은 민간 회사인 LTCM에 직접 돈을 빌려줄 수 없었다. 대신, 월가의 주요 금융회사들과 협력해 36억 5천만 달러를 지원하기로 했다. 이 과정에서 LTCM의 지분 95%를 담보로 확보했다. 또, 연방준비은행은 금융시장의 혼란을 줄이기 위해 7번이나 기준금리를 낮췄다. 이러한 노력 덕분에 LTCM의 즉각적인 파산은 막을 수 있었지만, 결국 LTCM은 2000년에 문을 닫았다.

LTCM의 파산은 미국 금융시장이 큰 위기를 겪을 뻔한 사건이었다. 그러나 월가 금융회사들과 연방준비은행이 빠르게 개입하면서, 금융시장은 큰 충격을 피할 수 있었다. 이 과정에서 수학과 컴퓨터를 활용해 투자 전략을 세운 퀀트 전문가들도 대거 물러날 가능성이 있었지만, 당시 다른 투자은행들이 여전히 높은 수익을

---

10 금융시장에서 선물 거래를 중개하는 회사가 당일 결제를 정산하여 손실액이 일정 수준을 초과하면 추가 증거금을 채워 넣도록 고객에게 요구하는 것을 말함.

내고 있어 그들의 역할은 계속 유지됐다. 그러나 이러한 상황은 이후 2008년 금융 위기가 발생하는 데 영향을 미치는 계기가 되었다. 미국은 연준의 적극적인 개입으로 위기를 극복했지만, 우리나라는 1997년 말부터 외환이 고갈되어 국가부도 사태에 직면하였다. 국가부도를 막기 위해서 IMF 체제에 들어감으로써 고통스러운 구조조정을 단행할 수 밖에 없었다.

이마뉴엘 더만Emanuel Derman, 1945~은 물리학자로 시작해 퀀트로 전향하며 성공과 실패를 모두 경험한 인물이다. 그는 1945년 남아프리카공화국에서 태어나 케이프타운 대학교에서 학사 학위를 마친 뒤, 1973년 노벨 물리학상 수상자인 리정다오Tsung-Dao Lee, 1926-2024의 지도를 받아 이론 물리학 박사 학위를 받았다. 리정다오는 약한 상호작용에서 반전 대칭성이 깨진 현상을 발견해 1957년 노벨 물리학상을 받은 인물이다. 그는 학생을 선별적으로 지도하며 높은 엘리트 의식을 가진 것으로도 유명했다.

더만은 2004년에 출간한 자서전 『퀀트로서 나의 삶: 물리학과 금융학에 대한 성찰』에서 리정다오 밑에서 받았던 스트레스를 솔직히 털어놓았다. 박사 학위 취득 후, 그는 1973년부터 1980년까지 펜실베이니아 대학교, 옥스퍼드 대학교, 록펠러 대학교, 콜로라도 대학교 볼더 캠퍼스 등에서 연구 활동을 이어갔다. 이후 1980년부터 1985년까지 AT&T 벨연구소에서 근무하며, 소프트웨어 개발, 프로그래밍 언어, 수치 해석 알고리즘 같은 분야에서 전문성을 쌓았다.

1985년에 더만은 벨연구소를 떠나 골드만삭스Goldman Sachs에서 퀀트로 일하기 시작했다. 그는 물리학자로서의 배경을 활용해 금융 분야에 기여하기 시작했으며, 1990년부터 2000년까지 골드만삭스의 정량전략그룹을 이끌었다. 이 기간 동안 그는 지역 변동성 모델local volatility model과 **변동성 스마일**volatility smile[11]

11 내재 변동성(implied volatility)은 블랙-숄즈모형의 가정 하에서 주어진 옵션 가격으로부터 얻어 낸 기초자산 수익률의 변동이다. 변동성 미소(volatility smile)는 x축을 옵션의 행사가격, y축을 내재 변동성으로 그렸을 때, 그래프가 아래로 볼록한 형태로 그려지며, 마치 스마일처럼 보이기 때문에 붙인 이름이다.

을 연구하고 이를 실무에 적용했다. 변동성 스마일은 내재 변동성implied volatility을 옵션의 행사가격strike price에 따라 그래프로 나타낸 것으로, 그래프가 아래로 볼록한 모양이 스마일처럼 보여 붙여진 이름이다. 내재 변동성은 블랙-숄즈 모형에서 주어진 옵션 가격을 바탕으로 기초자산의 수익률 변동성을 계산한 값이다.

2000년에 더만은 골드만삭스의 양적 위험 전략 그룹Quantitative Risk Strategies Group 책임자가 되었고, 2002년에는 은퇴 후 콜롬비아 대학교에서 금융공학을 가르쳤다. 더만이 골드만삭스에 입사했을 당시, 피셔 블랙Fischer Black이 정량전략그룹을 이끌고 있었다. 피셔 블랙은 1984년 로버트 루빈Robert Rubin의 초청으로 매사추세츠 공과대학교MIT에서 골드만삭스로 영입되었다. 로버트 루빈은 1966년부터 1992년까지 골드만삭스에서 근무하며 회장 자리에 올랐고, 이후 1995년부터 1999년까지 빌 클린턴 정부에서 재무장관을 역임했다. 피셔 블랙은 학계에서 월스트리트로 자리를 옮긴 초기 금융학자 중 한 명이었다.

당시, 주식 기반 옵션의 가격은 블랙-숄즈 방정식으로 계산할 수 있었지만, 채권 옵션과 같은 다른 파생상품의 가격을 산출할 모델은 없었다. 더만은 피셔 블랙과 빌 토이Bill Toy와 함께 이러한 파생상품의 가격을 결정하는 "블랙-더만-토이 모델Black-Derman-Toy model"을 개발했으며, 이를 1990년에 논문으로 발표했다.

더만은 이론 물리학자로서의 배경과 벨연구소에서 익힌 컴퓨터 프로그래밍 기술 덕분에 골드만삭스에 입사한 이후 다양한 금융 기법을 빠르게 익힐 수 있었다. 그는 트레이더들을 위한 직관적인 프로그램을 개발하며 금융 분야에 혁신을 가져왔다. 특히, 현장에서 실행되는 트레이딩 모델과 재무학의 이론적 모델을 효과적으로 결합할 수 있었다. 그는 재무학에서 사용하는 **확률적 미분 방정식**stochastic differential equation[12]을 물리학 문제로 변형하여 이해했으며, 이를 **포커-플랑크**

---

12 확률미분방정식(Stochastic differential equation)은 변수의 변화가 확률에 따라서 결정되는 미분방정식을 말한다. 브라운 운동을 확률 미분방정식으로 묘사할 수 있다.

방정식Fokker-Planck equation[13]으로 바꿔 활용하는 방법을 발견했다.

옵션 가격을 계산하는 블랙-숄즈 방정식도 이와 같은 맥락에서 이해할 수 있었다. 블랙, 숄즈, 머튼은 옵션 가격 결정에 관한 블랙-숄즈 방정식을 1973년에 동시에 발표했다. 그러나 1997년 노벨 경제학상은 숄즈와 머튼만이 수상했다. 블랙은 1995년 암으로 세상을 떠나 노벨상을 받을 기회를 잃었다. 또한, 블랙이 금융업계에서 일하고 있었다는 이유로 노벨상 위원회가 그를 배제했을 가능성이 있다는 의혹이 제기되기도 했다. 당시 블랙의 암 투병 사실이 알려져 있었기 때문에 이러한 의혹은 더욱 신빙성을 얻었다.

더만은 처음에는 물리학자가 금융 투자 회사에서 어떤 기여를 할 수 있을지 확신하지 못했다. 그러나 자신이 익힌 물리학적 이론과 과학적 사고, 컴퓨터 활용 능력을 실무에 적용하면서 자신감을 얻었다. 그의 물리학적 배경은 경제학자나 금융공학자가 가지지 못한 통합적이고 논리적인 문제 해결 능력을 제공했다. 초기에는 경제학과 재무학의 새로운 이론과 기법을 익히는 데 어려움을 겪었지만, 특유의 적응력으로 금융 현장에서 큰 성과를 냈다.

월스트리트에서는 많은 수학자와 물리학자들이 퀀트로 활동하며 금융 분야에서 다양한 기여를 하고 있다. 반면, 한국에서는 물리학을 전공한 사람들이 퀀트로 진출하는 경우가 드물다. 하지만 통계 물리학이나 비선형 동역학을 배경으로 가진 물리학자들이라면 퀀트 분야에 진입하는 데 큰 어려움이 없을 것이다. 통계 물리학에서 사용하는 몬테카를로 방법[14]이나 확률적 미분 방정식과 같은 기법은 퀀트들이 일상적으로 사용하는 도구들이다. 다만, 채권, 옵션, 파생상품, 모기지, 선물 등 금융 투자에 필요한 기본적인 지식을 사전에 익혀둔다면 퀀트로 진

---

13 포커-플랑크 방정식(Fokker-Planck equation)은 확률변수의 확률밀도함수의 시간적 변화를 묘사하는 편미분 방정식을 말한다. 블랙-숄즈 방정식은 옵션 가격의 변화에 대한 일종의 포커-플랑크 방정식이다.

14 몬테카를로 방법(Monte Carlo Method)은 확률적 샘플링으로 확률적 변수를 결정하는 방법으로 물리학, 공학, 금융학 등에서 널리 사용되는 방법이다.

입하는 데 훨씬 유리할 것이다.

12.4 2008년의 실패

2008년 글로벌 금융위기는 2007년부터 2008년 사이에 미국을 중심으로 발생한 금융위기를 말한다. 이 위기의 결과로 미국의 주요 투자은행 중 하나인 리먼 브라더스Lehman Brothers Holings Inc.가 파산했으며, 골드만삭스와 모건 스탠리는 투자은행에서 상업은행으로 전환하게 되었다. 미국 연방준비이사회는 금융시장의 붕괴를 막기 위해 7천억 달러의 구제 금융을 투입하였다.

이 금융위기의 원인은 여러 가지로 분석되지만, 여기서는 주요 요인 네 가지를 살펴본다. 첫 번째는 엔 캐리 트레이드, 두 번째는 저금리와 베이비부머 세대의 주택 수요가 결합해 발생한 주택 거품, 세 번째는 증권화, 네 번째는 도덕적 해이와 무규제이다.

글로벌 금융위기의 첫 번째 원인은 엔 캐리 트레이드 때문이다. 1985년 9월 22일, 미국, 독일, 프랑스, 영국, 일본의 재무장관들이 뉴욕 맨해튼의 프라자 호텔에서 환율 조정을 위한 합의를 맺었다. 이를 **플라자 합의**라고 한다. 당시 미국은 1970년대부터 이어진 경기 침체와 물가 상승이 동시에 발생하는 스태그플레이션을 겪고 있었고, 이를 해결하기 위해 고금리와 강한 달러 정책을 유지하고 있었다. 하지만 이러한 정책은 무역과 재정적자 문제를 악화시켰고, 환율 조정이 필요한 상황에 이르렀다.

당시 일본은 미국과의 무역에서 큰 흑자를 기록하고 있었지만, 미국은 대규모 무역적자와 재정적자를 동시에 겪고 있었다. 이러한 상황은 흔히 쌍둥이 적자라고 부른다. 플라자 합의의 목적은 일본 엔화와 독일 마르크화의 가치를 올리고, 달러 가치를 낮추는 것이었다. 이 합의 이후 2년 동안 엔화와 마르크화는 달러에 대해 각각 65.7%와 57% 절상되었다. 그러나 기대와 달리 미국의 경상수지 적자는 개선되지 않았다.

이러한 엔화 절상은 이후 **엔 캐리 트레이드**라는 금융 현상을 촉발시켰다. 엔 캐리 트레이드는 일본의 낮은 금리를 이용해 엔화를 빌려 다른 자산에 투자하는 전략으로, 글로벌 금융시장에 큰 영향을 미쳤다. 이는 금융위기의 원인 중 하나로 지목된다.

일본의 엔화 가치가 크게 상승하면서, 1986년 12월부터 1991년 2월까지 일본은 이른바 "**거품 경제**" 시기에 접어들었다. 이 기간 동안 일본은 달러 대비 엔화 가치가 급등했으며, 금리 인하와 부동산 대출 규제 완화 정책을 시행했다. 엔화 가치 상승과 대규모 무역흑자 덕분에 일본 경제는 호황을 누렸고, 부동산 규제 완화로 인해 부동산 시장에 거품이 생겨났다.

당시 일본의 은행과 부동산 회사들은 뉴욕 등 해외 주요 도시의 부동산을 대규모로 매입하며 공격적으로 투자했다. "도쿄를 팔면 미국을 살 수 있다"는 말이 나올 정도로 일본 자본의 해외 진출이 활발했다. 금리 인하로 인해 일본에서는 개인 투자자가 외환 거래에 참여하는 사례도 늘어났다. 이 과정에서 등장한 개념이 바로 "**와타나베 부인**"이다.

와타나베 부인은 일본의 가정주부를 지칭하는 말로, 본래는 남편의 수입으로 가정을 꾸려가는 전업주부를 의미했다. 하지만 국제 금융 시장에서는 일본의 소액 외환 투자자를 뜻한다. 당시 많은 일본 주부 투자자들이 저금리의 엔화 대출을 활용해 해외 고금리 금융 상품에 투자하면서 수익을 추구했다. 이들은 주로 환율 변동성이 큰 국가의 통화에 투자했는데, 이런 방식은 높은 수익을 기대할 수 있는 반면, 상당한 위험도 수반했다. 일부는 사기에 연루되거나 큰 손실을 보기도 했다.

미국 투자은행들과 퀀트들도 이러한 저금리 엔화를 활용해 높은 수익을 노리는 엔 캐리 트레이드를 적극적으로 활용했다. 엔 캐리 트레이드는 일본의 낮은 금리로 엔화를 빌린 뒤, 금리가 높은 국가의 자산에 투자하는 방식이다. 일본의 금리가 낮을 때에는 이러한 전략이 잘 작동했지만, 엔화 금리가 상승하면 손실 위험이 커지며 문제가 발생할 수 있었다. 이러한 위험은 2008년 글로벌 금융위기와 같은 대규모 금융 불안정을 초래하는 데 기여했다.

2008년 글로벌 금융위기의 두 번째 요인은 미국 **베이비부머** 세대의 **대규모 주택 수요** 증가였다. 베이비부머는 제2차 세계대전 이후인 1946년부터 1965년 사이에 태어난 세대를 의미하며, 이들은 약 7,300만 명으로 미국 인구의 약 21%를 차지했다.

2000년대 초반, 닷컴 버블의 여파로 경제 구조가 재편되면서 캘리포니아와 플로리다 같은 선벨트Sunbelt[15] 지역에서 주택 수요가 폭발적으로 증가했다. 특히 베이비부머 세대가 40대에 접어들며 경제 활동이 가장 활발했던 시기였기에, 이들의 주택 구매 수요는 급격히 늘어났다. 이러한 수요 증가는 주택 공급 증가로 이어졌고, 자연스럽게 주택 대출도 폭발적으로 늘어났다.

주택 대출 수요가 급증하자 은행과 금융 기관들은 잠자고 있는 자금을 끌어오기 위한 방법을 모색했다. 이를 뒷받침하듯, 연방준비이사회는 2000년 5월부터 2001년 12월까지 기준금리를 11차례에 걸쳐 6.5%에서 1.75%로 대폭 인하했다. 이에 따라 은행들은 더 낮은 금리로 대출을 제공할 수 있게 되었고, 주택 수요와 낮은 금리가 시너지 효과를 일으키면서 미국 전역에 **주택 거품**이 형성되기 시작했다.

이 시기에 등장한 "**서브프라임 모기지**Subprime Mortgage"는 주택 거품의 핵심적인 촉매제 역할을 했다. 서브프라임 모기지는 신용도가 낮은 대출자에게 상대적으로 높은 금리로 대출을 제공하는 제도였다. 특히 2004년부터 2007년 사이에 서브프라임 모기지 대출은 급격히 증가했으며, 연간 약 15% 이상의 성장률을 보였다.

---

15 선벨트(Sun Belt)는 미국 남부 북위 37도 이하의 따듯한 지역을 말한다. 동부의 플로리다, 노스캐롤라이나, 사우스캐롤라이나 주로부터 서부의 캘리포니아 주에 걸친 지역이다.

은행들은 이 대출에 **풍선상환**balloon payment 방식을 적용했다. 풍선상환 방식은 대출 만기 시점에 대출금 대부분을 한꺼번에 상환해야 하는 구조로, 대출자에게 큰 부담을 지우는 동시에 높은 위험을 수반했다. 서브프라임 대출의 확대는 단기적으로 주택 시장을 활성화시켰지만, 대출자들이 만기 상환 의무를 이행하지 못할 가능성을 키우며 시장 붕괴의 씨앗을 심었다.

결과적으로, 베이비부머 세대의 주택 수요 증가와 이를 뒷받침한 금융 시스템은 주택 거품을 부풀렸고, 이는 서브프라임 대출의 위험성과 맞물려 2008년 글로벌 금융위기의 중요한 원인이 되었다.

2008년에 발생한 글로벌 금융위기의 세 번째 원인은 **증권화**Securitization라는 금융 기법이다. 증권화는 1980년대 미국에서 시작되었고, 베이비부머 세대가 집을 대거 구입하기 시작하면서 더욱 활발히 이용되었다. 당시 미국에는 저축대부조합이라는 금융 기관들이 있었는데, 이들은 지역마다 자금 상황이 매우 달랐다. 예를 들어, 캘리포니아와 플로리다처럼 주택 수요가 많았던 선벨트 지역은 항상 많은 자금이 필요했다. 반면에, 디트로이트와 피츠버그처럼 자동차나 철강 산업 중심지였던 러스트 벨트Rust Belt[16] 지역은 자금 수요가 적고 여유 자금이 넘쳐났다.

채권 트레이더들은 이러한 지역 간 자금 차이를 이용해 새로운 방식으로 돈을 벌기 시작했다. 그들은 러스트 벨트 지역에서 여유 자금을 모아 선벨트 지역으로 보내는 금융 상품을 만들어 거래했고, 이 과정에서 수수료를 챙겼다. 이 금융 기법이 바로 증권화다.

증권화란 원래 쉽게 거래되지 않는 자산을 모아, 이를 투자자들이 사고팔 수 있는 형태로 만든 것이다. 발행자는 주택 담보 대출이나 소비자 부채, 상업 부채

---

16 러스트 벨트(Rust Belt)는 미국의 중서부 지역과 북동부 지역의 일부 지역을 부르는 용어이다. 자동차 산업 중심지인 디트로이트, 철강 산업 중심지 피츠버그, 그 외에 필라델피아, 볼티모어, 멤피스 등이 속한다. 주로 따지면 선거에서 스윙 스테이트인 미시간, 인디애나, 위스콘신, 일리노이, 웨스트버지니아, 업스테이트 뉴욕, 오하이오, 펜실베이니아 등이 속한다.

같은 금융 자산을 모아 하나의 상품으로 묶는다. 이렇게 만들어진 상품은 투자자들에게 이자와 원금을 돌려주는 방식으로 수익을 제공한다.

증권화의 대표적인 예로는 주택 담보 대출을 기반으로 한 **주택저당증권** Mortgage-Backed Securities, MBS이 있다. 또 다른 예는 자동차 대출이나 신용카드 대출, 학자금 대출 같은 소비자 부채를 기반으로 한 **자산유동화증권**Asset-Backed Securities, ABS이다. 증권화는 초기에는 자금을 효율적으로 이동시키는 데 기여했지만, 나중에는 부실한 대출까지 포함하면서 금융위기의 주요 원인 중 하나가 되었다.

증권화는 유동성이 부족한 자산을 보유한 은행이나 보험 회사와 유동성을 창출할 수 있는 투자은행의 이해가 맞아떨어지는 상품이다. 증권화는 대출과 같은 자산을 보유한 은행이나 회사인 "**자산 보유자**originator"로부터 시작된다. 자산 보유자는 대차대조표에서 어떤 자산을 제거할지 결정한다. 은행은 대출이 많을 경우, 그에 비례해 지불준비금을 쌓아야 하므로, 유동성이 낮은 대출을 대차대조표에서 제외하고 싶어 한다. 또한, 은행은 더 이상 관리하고 싶지 않거나 추가 대출을 위한 자금을 조달하기 위해, 주택담보대출이나 개인 대출을 대차대조표에서 제거하려 한다. 이러한 자산 그룹을 "**기준 포트폴리오**reference portfolio"라고 부른다.

증권 발행자인 증권사나 투자회사는 이러한 대출 상품을 사들인 후, 포트폴리오 내 자산에 대한 지분을 가진 거래 가능한 증권을 만든다. 투자자들은 채무자나 차입자가 기초 대출과 채무에 대해 지불하는 원금과 이자에 기반한 수익률을 얻어 이익을 취하게 된다.

그림 12.4와 같이 ABS의 발행 과정은 여러 단계로 이루어져 있다. 첫 번째 단계는 **자산 창출**이다. 이 단계에서 은행과 같은 대출 기관은 차입자에게 다양한 유형의 대출을 실시한다. 이러한 대출에는 신용 대출, 주택 담보 대출, 신용카드 채권, 자동차 대출, 학자금 대출 등이 포함된다.

두 번째 단계는 **자산 풀 생성**이다. 대출 기관은 대출의 특성을 고려하여 대출

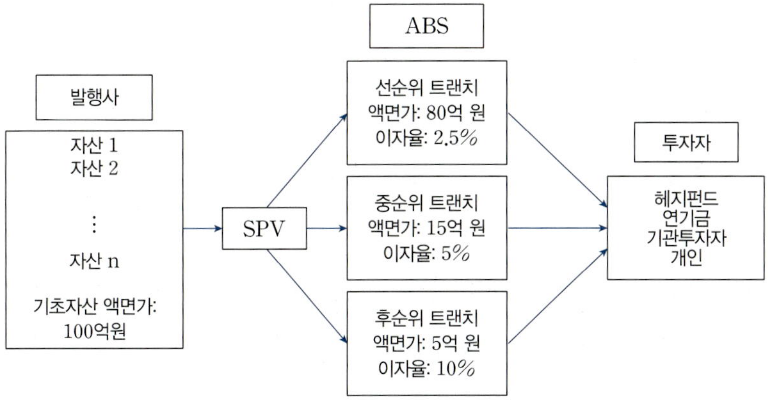

[그림 12.4] 자산유동화증권의 발행 과정. 발행사는 여러 자산을 묶은 자산풀을 형성하고 우선순위를 가지는 트랑셔를 투자자들에게 판매한다.

유형, 만기, 신용의 질에 따라 자산을 풀로 만든다. 이 대출 풀은 증권 발행을 위한 담보 역할을 하게 된다.

세 번째 단계는 **특수목적기구**Special Purpose Vehicle, SPV 또는 **특수목적법인**을 설립하는 것이다. 이 회사는 재무위험으로부터 회사를 격리하기 위해 설립된 페이퍼 컴퍼니로, 실질적인 운영은 하지 않는다.

네 번째 단계는 **자산 이전**이다. 대출 기관은 대출 풀을 SPV에 판매하여 자산을 이관한다. 이렇게 하면 대출 기관의 대차대조표에서 대출이 제거되며, 추가로 지불준비금을 적립할 필요가 없어지면서 조달된 자금을 다시 대출에 사용할 수 있다. 이는 시장에 인위적인 현금 유동성을 공급하는 효과가 있다.

다섯 번째 단계는 **트랜치**tranche[17] **분할**이다. SPV는 대출 풀을 서로 다른 리스크 등급으로 나누어 트랜치를 생성한다. 이 트랜치는 대출 유형, 만기일, 이자율, 남은 원금 등에 따라 그룹화된 개별 자산들로 구성된다. 각 트랜치는 위험 수준이 다르며, 위험에 따라 수익률도 달라진다. 일반적으로 트랜치는 선순위 트랜치

17 Tranche는 영어로 트랜치라고 하고 불어로 트랑셔라고도 부른다.

Senior Tranche, 메자닌 트랜치Mezzanine Tranche, 주니어 또는 에쿼티 트랜치Equity Tranche로 구분된다.

여섯 번째 단계는 **신용 강화**다. SPV는 발행된 증권의 가치를 높이기 위해 신용 강화 기법을 활용한다. 여기에는 과잉담보, 준비금 계정, 제3자 보증과 같은 방법이 포함된다.

일곱 번째 단계는 **평가 단계**다. SPV는 각 트랜치의 신용도를 신용평가 기관에 의뢰하여 등급을 받는다. 가장 높은 등급은 시니어 트랜치가 받게 되며, 가장 낮은 등급은 주니어 트랜치가 받는다.

여덟 번째 단계는 **마케팅**과 **판매**다. 설계된 트랜치는 투자은행을 통해 투자자에게 마케팅되고 판매된다. 투자자들은 자신의 리스크 감내 수준과 투자 목표에 따라 다양한 트랜치를 구입할 수 있다.

아홉 번째 단계는 **현금 배분**이다. 기초 대출의 차입자가 대출을 상환하면, 현금을 증권의 조건에 따라 투자자에게 배분한다. 이때 시니어 트랜치가 주니어 트랜치보다 먼저 대금을 지급 받는다.

마지막 단계는 **모니터링** 및 보고서 제공이다. 발행사는 증권의 전체 기간 동안 기초 대출의 성과를 모니터링하고, 투자자에게 정기적으로 보고서를 제공한다.

1983년에 살로먼 브라더스사와 퍼스트 보스턴 사는 **모기지 담보부 증권**, 즉 **CMO**Collateralized Mortgage Obligation라는 새로운 증권화 상품을 개발하였다. CMO는 주택 담보 대출을 기반으로 한 자산 풀을 이용하여 설계된 투자 상품이다.

이 담보 풀은 다양한 유형의 만기와 유가 증권으로 구성되어 있으며, 원금과 이자를 재포장한 형태를 띤 **복합 재무 증권**이다. CMO는 주택담보부증권MBS보다 더 많은 트랜치를 묶어서 잘라낸 후 다시 조합한 복잡한 구조를 가지고 있다. 이로 인해 CMO는 다양한 리스크 프로필과 수익률을 가진 여러 개의 트랜치로 나뉘어져 투자자에게 제공된다.

증권화의 결과로 여러 가지 변화가 일어났다. 첫째, 은행 외의 투자자들을 유치하여 차입자들에게 더 많은 모기지 대출을 공급할 수 있게 되었다. 둘째, 은행들은 매입한 대출 자산을 외부 투자자들에게 넘기는 구조로 인해, 최초 대출 시 신용평가를 철저히 할 필요가 줄어들었다. 셋째, 늘어난 모기지 공급은 부동산 시장의 유효 수요를 증가시켰고, 이로 인해 부동산 가격이 상승하면 모기지의 신용도가 높아졌으며, 다시 모기지 공급을 늘리는 순환 구조가 형성되었다.

그러나 이후 부동산 시장이 침체에 접어들면서, 이미 신용이 낮은 차입자들에게 많은 대출이 이루어졌기 때문에 모기지 원리금 대출을 상환하지 못하는 가계가 대규모로 발생했다. 이 지점에서 주목해야 할 것은 서로 다른 경제 주체 간의 **채무 불이행** 확률 사이에 상관관계가 있다는 점이다. 정상적인 경제 상황에서는 한 쪽이 파산하더라도 다른 쪽의 파산 확률이 높아지지 않는다. 그러나 경기 침체 상황에서는 한 사람의 파산이 다른 사람의 파산 임박을 알리는 신호가 된다. 즉, 개별 위험보다 **"시스템 리스크"**의 비중이 커진 상황에서는 포트폴리오의 분산 효과가 나타나지 않게 된다.

2008년 금융위기가 발생하면서 모기지 원리금 상환이 제대로 이루어지지 않자 최초의 채권 매입자인 은행뿐만 아니라 그 채권을 기반으로 발행한 자산유동화증권ABS의 투자자들도 손실을 입었다. 또한, 이러한 ABS를 기반으로 한 **부채담보부증권**Collateralized Debt Obligation, CDO[18]의 투자자들 또한 큰 손해를 겪었다. 한 시장에서 발생한 위기가 파생상품을 통해 여러 경제 주체들에게 연쇄적인 위기를 초래한 것이다.

---

18 부채담보부증권(Collateralized Debt Obligation)은 유동화회사가 기업 또는 기관의 차입채무(회사채, 대출채권 등)를 기초자산으로 하고, 기초자산에서 발생하는 신용위험 및 수익을 근거로 발행한 유동화증권이다. 대개 CDO는 CDS(Credit Default Swap, CDS)를 담보로 하여 발행한다. 크레디티 디폴트 스와프는 채권발행사가 부도 등으로 어려움을 겪을 경우 손실을 일부 또는 전부를 보전받을 수 있는 보험 성격의 신용파생상품이다. 예를 들어 A은행이 B기업에 돈을 빌려줄 때 A은행은 B기업이 부도날 위험에 대비하기 위해서 C금융업체에 연간 수수료를 지불하고 CDS 거래를 체결할 수 있다. C금융업체는 수수료 수익을 얻지만, B기업이 부도가 날 경우 B기업이 빌린 채무를 A은행에 상환해야 한다.

2008년 글로벌 금융위기의 네 번째 요인은 신종 파생상품에 대한 **규제 부족**과 이해관계자들의 **도덕적 해이**에 있었다. 월가의 증권화 회사들은 카이만 군도나 아일랜드 더블린과 같은 조세 피난처에 페이퍼 컴퍼니를 설립하고, '**부외거래회계**[19]'라는 새로운 회계 방법으로 회계 조작을 일삼았다. 투자은행들은 대출을 소유하지 않았기 때문에 대차대조표에 많은 자본금을 유지할 필요가 없었다. 이들은 매수자와 매도자 사이에서 파생상품 증권을 중개하며 중개 수수료를 챙겼다. 대공황 시기인 1933년에 제정된 "**글래스-스티갈 법**[20]"이 1999년에 부분적으로 폐지됨에 따라 은행, 증권회사, 보험회사 등이 시장에 진출하여 합병할 수 있게 되었다. 그 결과, "**대마불사**too big to fail"를 믿는 대형 은행들이 등장하게 되었다. 한편, 미국 증권거래위원회는 은행들의 지급불능 상태를 방지하기 위한 자본과 부채의 비율인 순자본 비율을 완화해 주었다. 이로 인해 증권화 상품을 규제하기보다는 모기지 기반 증권인 MBS 투자를 장려하게 되었다. 결과적으로 투자은행들은 막대한 이익을 올렸고, 위험을 제대로 평가하지 않은 파생상품이 범람하게 되었다.

1980년대부터 시작된 세계 경제의 장기간 안정과 성장 시기인 "**대안정기**[21]"에 젖은 은행, 정부, 그리고 경제학자들은 경제의 변동성을 망각하게 되었다. 규제 기관들은 위험을 제대로 인식하지 못했으며, 오히려 규제를 완화하는 방향으로 나아갔다. **탈규제**는 시장과 정치에서 하나의 흐름으로 작용하게 되었다. 새롭게 등장

---

19 부외거래회계(Off Balance Sheet Account)는 금융기관의 대차대조표 상에 자산이나 부채로 기록되지 않는 거래, 즉 회계장부에 기재되지 않는 거래를 말한다.

20 글래스-스티갈 법(Glass-Steagall legislation)은 1933년에 제정된 미국의 은행법으로 상업은행과 투자은행의 분리에 관한 내용을 담고 있다.

21 대안정기(Great Moderation)는 1980년부터 시작하여 현재까지 이어지는 미국의 거시 경제적 안정기를 뜻한다. 이 기간 동안 완만한 경기변동을 나타내었으며, 실질 GDP 성장률, 산업생산, 실업률, 물가지수 등 주요 경제 변수의 변동성이 낮아졌고, 인플레이션이 하락했으며 경기 침체가 덜했다. 다만 2007~2008년에 글로벌 금융위기로 대안정기가 끝났는지 아니면 일시적인 예외적인 현상인지에 대한 논란이 있다. 대안정기란 용어는 제임스 스톡(James Stock)과 마크 왓슨(Mark Watson)이 2002년 논문에서 처음 사용했다.

하는 파생상품의 위험성을 제대로 파악하지 못한 데다, 복잡한 증권화 상품을 개발했던 퀀트나 금융 전문가들조차도 이러한 상품의 위험성을 간과하였다. 사람들이 합리적으로 행동한다는 믿음으로 만든 금융 상품들은 사람들이 비합리적으로 행동할 때 붕괴할 수밖에 없었다.

시장 붕괴의 신호는 주택 시장에서 나타나기 시작했다. 2005년부터 주택 판매량이 줄어들고, 가격도 하락하기 시작했다. 주택 구매자가 감소하고 주택 가격이 하락함에 따라 대출금보다 주택 가치가 낮아지는 "**깡통주택**underwater"이 속출하게 되었다. 이로 인해 서브프라임 대출자의 파산이 증가하였고, 주택 가격은 더욱 하락하였다. 서브프라임 대출을 트랜치로 포함한 MBS의 가치는 크게 하락했다. 증권화 상품의 가치 하락은 은행과 투자 회사의 포트폴리오에 심각한 결과를 초래하였다. 미국에서 발행된 MBS는 유럽의 다른 나라에서도 매매되었기 때문에 미국에서 발생한 위험은 전 세계적으로 확산되기 시작했다.

그림 12.5와 같이 주택 시장에서 발생한 문제는 증권화 시장의 부실을 더욱 심화시켰으며, 주택 가격 하락 → 주택 수요 감소 → 깡통주택 증가 → 서브프라임 대출자 파산 증가 → 증권화 상품 부실화 → 주택 및 금융 시장 불안정 → 주택 가격 추가 하락으로 이어지는 양의 피드백 루프가 형성되었다. 증권화 부실이 커지면서 MBS 등에 과도하게 투자했던 회사, 은행, 그리고 헤지펀드와 모기지 대출 기관은 막대한 손실을 입기 시작했다. MBS의 신용이 하락하자 신용평가 기관들은 MBS 상품의 등급을 강등하였고, 이는 시장의 패닉을 더욱 가중시켰다.

패닉이 일어나자 손실로 파산하는 회사들이 속출하였다. 표 12. 1은 2007년부터 2008년 사이에 발생한 주요 회사들의 파산이나 인수 합병을 요약한 것이다. 2007년 4월, 미국 최대 서브프라임 대출 기관 중 하나인 뉴센츄리 파이낸셜이 파산 선언을 하였고, 8월에는 프랑스 최대 은행인 BNP 파리바가 수십억 달러의 손실을 발표했으며, 2007년 6월, 미국 10대 모기지 판매회사인 아메리칸 홈 모기지 인베스트먼트 그룹도 파산을 선언하였다. 모기지 시장이 얼어붙자 MBS 판매를

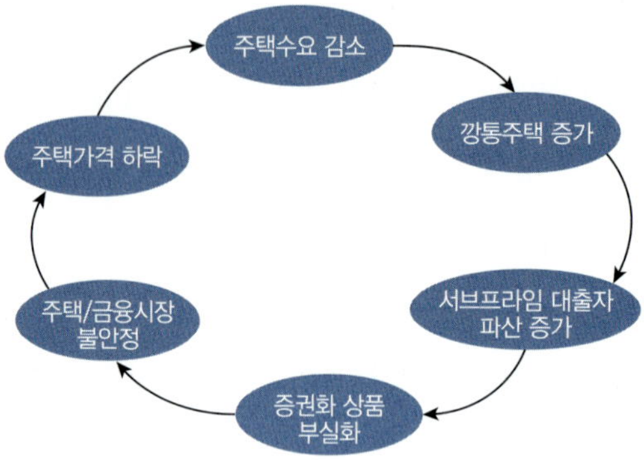

[그림 12.5] 서브프라임 대출의 부실화와 증권화 시장의 부실 악순환 구조

통해 서브프라임 대출을 위한 자금을 조달할 수 없게 되었고, 이로 인해 투자회사들의 투자 손실이 누적되었다.

미국에서 촉발된 위기는 유럽과 아시아의 많은 은행과 투자회사들이 MBS에 투자하고 있었기 때문에 전 세계로 확산되었다. 2007년 9월, 영국의 5대 모기지 대출 기관인 노던 록이 영란은행에 구제 금융을 신청하자 은행 파산을 우려한 뱅크 런이 발생하였다. 미국 연방준비제도FED는 기준 금리를 낮추는 등의 조치를 취했지만, 붕괴를 막을 수는 없었다.

2008년 1월, 미국 최대 모기지 대출 기관인 컨트리와이드 파이낸셜이 뱅크 오브 아메리카에 인수되었다. 위험은 투자은행들을 압박하기 시작했으며, 2008년 3월에는 베어 스턴스가 제이피 모건에 인수되었다. 2008년 8월에 미국 연방 모기지 협회[22]와 연방 주택금융 모기지 공사[23]가 심각한 유동성 위기에 직면하였다.

---

22 패니 메이(Fannie Mae)는 1938년 대공황 시기에 뉴딜 정책의 일부로 설립된 회사로 미국의 정부후원 기업으로 1968년부터 공개회사로 전환되었다. 주택저당증권의 모기지론을 유동화하여 2차 모기지 시장을 확대한다.

23 프레디 맥(Freddie Mac)은 1970년에 미국 내 모기지론의 부가 판권시장을 확장하기 위해서 설립되었다. 부가 판권시장은 공연, 영화, 방송 등의 문화 상품을 극장 상영, 본 공연, 본 방송 등이 아닌 그 다음 단계에서 소비하는 시장이다. 저장매체의 발달로 일회성에 그칠 문화 상품을 기록 및 유통하게 함으로써 소비자가 원하는 시간과 장소에서 원하는 횟수만큼 서비스를 누릴 수 있다. 부가 판권 시장은 홈비디오 시장이라고도 불린다. 프래디 맥은 모기지를 사들이고 개방 시장의 투자자들에게 주택저당증권 등 증권을 판매한다.

이 두 기관은 주택 대출을 사고팔 수 있는 유동성을 모기지 대출 기관에 제공하기 위해 설립된 기관이었기 때문에, 이 두 기관이 파산할 경우 예상치 못한 파장이 일어날 수 있었다. 결국 미국 재무부는 2008년 9월 두 기관을 국유화하면서 약 1.6조 달러의 부채를 떠안았다.

2008년 글로벌 금융위기의 결정타는 168년의 역사를 자랑하던 투자은행 **리먼 브라더스**Lemann Brothers[24]의 파산이었다. 리먼 브라더스는 1850년에 설립된 국제 금융회사로, 2008년 파산 직전까지 미국의 4대 투자은행 중 하나였다. 이 은행은 서브프라임 모기지 부실로 인해 2008년 9월 15일 파산을 신청했다. 리먼 브라더스는 글로벌 금융위기 속에서 발생한 큰 손실을 감당할 수 없었고, 인수자를 찾으려고 했지만 실패했다. 대한민국 산업은행에 인수를 제안했지만, 산업은행은 이를 거절했고, 결국 리먼 브라더스는 큰 타격을 입었다.

산업은행이 인수를 거절한 다음 날, 미국 최대 보험회사인 AIG가 위기에 처하자, 연방준비제도(연준)는 850억 달러를 대출해주었다. AIG는 파생상품인 신용부도스왑CDS에서 대규모 손실을 입었다. CDS는 채권을 발행한 기업이나 국가가 부도날 경우, 원금을 돌려받을 수 있는 금융 파생상품이다. 이 상품은 MBS를 포함한 다양한 부채 상품을 보유한 사람들이 부채 상환 불이행 시, 그 손실을 보상해 주는 역할을 한다.

2008년 금융위기가 정점에 달하자, 미국의 경제학자들과 재무부 관리들은 미국 금융 시스템의 붕괴를 우려하여 구제 금융과 규제조치를 취하였다. 조지 W. 부시 행정부는 7,000억 달러의 구제 금융을 발행하여 MBS와 부실한 금융 자산을 매입하였다. 대표적인 투자은행이었던 골드만삭스와 제이피 모건은 상업은행으로 전환하였다. 새로 집권한 오바마 행정부는 2009년 2월에 7,870억 달러의 재정

---

24 리먼 브라더스(Lehman Brothers Holdings Inc)는 1850년에 설립된 국제 금융회사로 2008년 파산 직전에 미국 4대 투자은행이었다. 서브프라임 모기지 부실로 2008년 9월 15일에 파산을 선언하였다.

표 12.1 2007~2008년 글로벌 금융위기가 진행할 때 파산하거나 인수 합병된 주요 회사

날짜	관련 회사	역할
2007년 4월	뉴 센투리 파이넨셜(New Century Financial Group) 파산 신청	미국 최대 서브프라임 대출 기관 중 하나
2007년 6월	아메리칸 홈 모기지 인베스트먼트(American Home Mortgage Investment Group) 파산 선언	미국 10번째 대형 모기지 기업
2007년 9월	노던 록(Northern Rock) 구제금융 요청으로 뱅크런 발생	영국의 5번째 모기지 대출 기관
2008년 1월	컨트리와이드 파이낸셜(Country Wide Financial)이 뱅크 오브 아메리카(Bank of America)에 인수됨	미국 최대 모기지 대출 기관
2008년 3월	베어 스턴스(Bear Sterns)가 JP Morgan에 인수됨	대형 투자회사
2008년 9월	미국 연방 모기지 협회(Fannie Mae)와 주택연방 모기지 공사(Freddie Mac) 파산 위기, 두 기관은 국유화됨	주택대출을 사고팔 수 있는 유동성을 모기지 대출 기관에 제공하는 기관
2008년 9월 15일	리먼 브라더스(Lehman Brothers) 파산	미국 4대 투자은행
2008년 9월 16일	연방준비제도 AIG에 850억 달러 대출	미국 최대 보험회사
2008년 9월 20일	골드만삭스(Goldman Sachs)와 모건 스탠리(Morgan Stanley) 투자은행에서 상업은행으로 전환	당국의 규제 하에 놓임
2008년 9월 23일	Berkshire Hathaway 골드만삭스에 50억 달러 투자	골드만삭스 회생

을 풀어 경기 부양 정책을 실시하였다.

2008년 글로벌 금융위기는 엄청난 여파를 남겼다. 수백만 명이 집과 직장을 잃고 장기 실업자가 되었으며, 2010년에는 실업률이 10%에 육박했다. 집과 직장을 잃은 사람들은 빈곤에 빠져 큰 고통을 겪었고, 대중은 도덕적 해이에 빠진 월스트리트에 분노했으며, 새롭게 등장한 금융 상품을 제대로 이해하지 못한 규제 당국을 원망했다.

이 금융위기는 결국 "시스템 리스크"의 폭발이었다. 미국은 발권력을 동원하여 구제 금융을 제공하고, 금융기관 간의 유동성 이전을 통해 문제를 해결하려 했다. 그러나 실제 피해를 입은 국민들에게 혜택이 돌아가지는 않았다. 금융위기

에서 중요한 역할을 한 "증권화"는 투자회사의 상품 개발자, 금융학자, 경제학자, 수학자, 물리학자, 컴퓨터 전문가 등의 합작품이었다. 이들은 상품의 위험성을 효율적 시장 가설 바탕으로 설계했다. 그들은 사람들이 대출을 성실하게 상환하고 비이성적으로 행동하지 않는다고 가정하여 파생상품을 만들었다.

월스트리트의 금융가들은 증권화 상품으로 최대한의 이윤을 얻기 위해 위험을 제대로 평가할 수 없는 복잡한 복합 증권을 만들어냈고, 누구도 이해할 수 없는 상품들을 팔았다. 그들은 호황이 계속될 것이라고 믿으며 갑작스러운 위기의 도래를 예상하지 못했다. 정규 분포에서 25 **시그마**[25]에 해당하는 사건은 일어나지 않을 것이라고 예측했지만, 2008년 글로벌 금융위기는 효율적 시장 가설에서는 발생할 수 없는 극단적인 사건을 일으켰다. 결국 시장은 비합리적이고 비이성적이며 제한된 정보를 바탕으로 판단하는 비합리적 시장이었다. 경제 행위자들 간의 얽힌 상호작용은 극단적인 따라 하기 행동을 유발하여 제어할 수 없는 위기를 초래했다.

글로벌 금융위기에서 증권화 상품에 투자하지 않았던 퀀트들은 살아남았지만, 그 수는 극히 적었다. 2008년 금융위기는 퀀트들에게도 큰 타격을 주었다. 그들은 평온한 시기 동안 맞는 이론과 전략으로 금융 상품을 개발하고 트레이딩 전략을 세웠지만, 따라 하기 행동이 유발한 시스템 리스크를 감당할 수 있는 투자 전략은 전혀 고려하지 못했다. 글로벌 금융위기로 퀀트들이 큰 위기를 맞았지만, 금융시장이 여전히 운영되고 있기 때문에 퀀트에 대한 수요는 사라지지 않았다. 퀀트들은 이제 더 세련된 투자 전략을 개발해야 했지만, 비합리적 시장을 계산할 수 있는 이론의 부재로 여전히 어려움을 겪고 있다.

비합리적 경제 원자에 기반한 비합리적 시장을 이해하기 위해서는 복잡계 경제

---

25 정규 분포에서 절대로 일어날 수 없는 극단적인 사건으로 정규분포에서 평균으로부터 25 시그마 떨어진 사건이 일어날 확률은 10의 -135승(10^{-135})이다.

학과 경제 물리학에서 발견된 법칙과 원리가 큰 도움이 될 수 있다. 복잡하게 얽힌 경제 시스템을 이해하려면 미시적 경제 원자의 특성을 바탕으로 경제 원자들 간의 얽힌 상호작용을 전체적으로 이해해야 한다. 복잡계 과학과 경제 물리학은 복잡계 경제 시스템을 이해하는 데 중요한 발판이 될 것이다.

참고문헌

1 | 경제 원자

이재우, “복잡계 과학 이야기”, 자유아카데미, 2023.

윌리엄 번스타인, “부의 탄생”, 시아출판사, 2005.

D. Rickles, “Econophysics for philosophers”, Stud. Hist. Philos. Mod. Phys. 38, 948-978 (2007).

P. Samuelson, “Causality and teleology in economics”, In D. Lerner (Ed.), Cause and Effect, The Free Press, New York, pp. 99-143 (1965).

H. E. Stanley, V. Afanasyev, L. A. N. Amaral, S. V. Buldyrev, A. L. Goldberger, S. Havlin, “Anomalous fluctuations in the dynamics of complex systems: From DNA and physiology to econophysics”, Physica A 224, 302-321 (1996).

J. Persky, “Retrospectives: Pareto’s law”, J. Econ. Pers. 6, 181-192 (1992).

V. M. Yakovenko, J. B. Rosser, Jr. “Statistical mechanics of money, wealth, and income”, Rev. Mod. Phys. 81, 1703-1725 (2009).

Great Depression,
https://www.investopedia.com/terms/g/great_depression.asp

Peter Lynch: “If anybody can predict interest rates, they’d be a billionaire.”
https://youtu.be/LXhWy4pUJQ0?si=tIjn0vLMiHHEMVuA

콘서트-핸드폰 라이트
https://youtube.com/shorts/W1IyaNttyUQ?si=cLCAg0lhxEeyYcoA

2 | 경제학과 물리학은 쌍둥이

이재우, “생활과 과학”, 교문사, 2022.

J. Bernstein, “Bachelier”, American Journal of Physics 73, 395 (2005).

F. Black, “Toward a Fully Automated Stock Exchange (Part I)”, Financial Analysts Journal 27 (4), 28-35 (1971).

E. F. Fama, “The behavior of stock-market prices”, J. Bus. 38(1), 34-105 (1965).

E. F. Fama, “Efficient capital markets: A review of theory and empirical work”, J. Fin. 25(2), 383-417 (1969).

E. F. Fama, “Portfolio Analysis in a Stable Paretian Market”, Management Science 11(3), 404-419 (1965).

C. Hauert, G. Szabo, “Game theory and physics”, American Journal of Physics 73, 405 (2005).

T. A. Huber and D. Sornette, Eur. Phys. J. Special Topics 225, 3187–3210 (2016).

B. Mandelbrot, R. L. Hudson, The Misbehavior of Markets, Basic Books, New York (1963).

R. N. Mantegna, "Levy walks and enhanced diffusion in Milan stock exchange", Physica A 179(2), 232–242 (1991).

M. F. M. Osborne, "Brownian motion in the stock market", Operations Research 7(2), 145–173 (1959).

M. F. M. Osborne, "Letter to the Editor—Reply to 'Comments on Brownian Motion in the Stock Market'", Operations Research 7(6), 807–811 (1959).

D. Rickles, "Econophysics for philosophers", Stud. Hist. Philos. Mod. Phys. 38, 948–978 (2007).

P. A. Samuelson, "Proof that properly anticipated prices fluctuate randomly", Int. Manag. Rev. 6(2), 41 (1965).

W. F. Sharpe, "Capital asset prices: A theory of market equilibrium under conditions of risk", J. Fin. 19(3), 425–442 (1964).

E. O. Thorp, S. T. Kaussouf, Beat the Market: A Scientific Stock Market System, Random House (1967).

U. Ulam, "Marian Smoluchowski and the Theory of Probabilities in Physics", American Journal of Physics 25, 475 (1957).

Harry Markowitz, https://en.wikipedia.org/wiki/Harry_Markowitz

William F. Sharpe, https://en.wikipedia.org/wiki/William_F._Sharpe

Modern Portfolio Theory: What MPT Is and How Investors Use It,

https://www.investopedia.com/terms/m/modernportfoliotheory.asp

Harry Markowitz's Modern Portfolio Theory: The Efficient Frontier,

https://www.guidedchoice.com/video/dr-harry-markowitz-father-of-modern-portfolio-theory/

Edward Thorp's 20% Annual Return For 30 Years

https://www.forbes.com/sites/prestonpysh/2017/03/13/edward-thorp-blackjack-beat-the-dealer/?sh=e4f7ffa13de5

The Life of Matthew Fontaine Maury Osborne

https://www.investmentoffice.com/Observations/Capital_Markets/The_Life_of_Matthew_Fontaine_Maury_Osborne.html

William F. Sharpe Biographical

https://www.nobelprize.org/prizes/economic-sciences/1990/sharpe/biographical/

3 | 경제물리학

김기식, 박형규 (미첼 월드롭 저), "카오스에서 인공생명으로", 김영사, 2006.
마크 뷰캐넌, "내일의 경제학", 사이언스북스, 2014.
브라언 아서, "복잡계 경제학 I: 수확체증과 비즈니스의 신세계", 평범사, 1997.
이재우, "복잡계 과학 이야기", 자유아카데미, 2023.
이재우, "통계열역학", 교문사, 2022.
W. B. Arthur, "Complexity and the Economy", Science 284, 107 (1999).
W. B. Arthur, "Foundations of complexity economics", Nat. Rev. Phys. 3, 137 (2021).
(Helbing 2013) D. Helbing, "Globally networked risks and how to respond", Nature 497, 51 (2013).
(Mitra 2023) A. Mitra, R. Shaw, "Systemic risk from a disaster management perspective: a review of current research", Environ. Sci. Pol. 140, 122–133 (2023).
"From economics to physics", Nature (08 February 2021), https://www.nature.com/collections/egbdijgjae
"The atlas of economic complexity", https://atlas.cid.harvard.edu/ (Harvard Growth Lab).
(WEF 2024) WEF, "The global risks-Report 2024",
경제학자 카를 멩거, 윌리엄 스탠리 제본즈, 레옹 발라에 대해 알아보기, https://blog.naver.com/sgleemba/120189892710 (2013.5.13.)

4 | 뉴턴도 피하지 못한 시장의 붕괴

김인준, "대한민국, 경제학에 길을 묻다", 중앙북스 (2009)
양동휴, "1930년대 세계대공황과 2008년 위기", 금융경제연구, 407, 1–39 (2009)
전창환, "2008년 미국의 금융위기", 동향과 전망, 75호, 1–40 (2008)
A. Beattie, "The evolution of stock exchange", Investopedia (Feb 8, 2024)
A. Odlyzko, "Newton's financial misadvantures in the south sea bubble", Notes Rec. 73, 29–59 (2019)
A. Odlyzko, "Issac Newton and the perils of the financial South Sea", Physics Today 73(7), 30–36 (2020)
T. Stewart, "The south sea bubble", Historic-uk
E. Wicker, "The banking panics of the Great Depression", Cambridge University Press (1996)
W. Williams, "Timeline of US stock market crashes", Investopedia (May 4, 2024)
"South Sea Bubble"
https://www.britannica.com/event/South-Sea-Bubble
"The Great Depression"

https://www.federalreservehistory.org/essays/great-depression
"Great Depression History"
https://www.history.com/topics/great-depression/great-depression-history
"Causes of the Great Depression"
https://www.britannica.com/story/causes-of-the-great-depression
"1934 Dust Bowl - Drought"
https://www.history.com/topics/great-depression/dust-bowl#section_3
"1997년 외환위기와 이후 한국 경제사회의 변화"
https://97imf.kr/exhibits/show/ex-12/ex-12-p02
"1997 동아시아 외환위기의 전개과정과 함의"
https://joohyeon.com/247
"What Is a Stock Market Crash?"
https://www.investopedia.com/terms/s/stock-market-crash.asp
"Timeline of U.S. Stock Market Crashes"
https://www.investopedia.com/timeline-of-stock-market-crashes-5217820
"What Is a Stock Market Crash?"
https://www.businessinsider.com/personal-finance/biggest-stock-market-crashes-in-history
"What Prior Market Crashes Taught Us in 2020"
https://www.morningstar.com/features/what-prior-market-crashes-can-teach-us-in-2020
"Returns and Log Returns"
https://gregorygundersen.com/blog/2022/02/06/log-returns/
"Extreme Value Theory"
https://medium.com/@emilykmarsh/extreme-value-analysis-and-time-series-modeling-260f380f4af2

5 | 부의 불평등

토마 피게티, "21세기 자본", 글항아리, 2014.

F. Clementi, T. Di Matteo, M. Gallegati, "The power-law tail exponent of income distributions", Physica A 370, 49-53 (2006).

Corrado Di Guilmi, Mauro Gallegati, Edoardo Gaffeo, "Power Law Scaling in the World Income Distribution," Economics Bulletin, Access Econ 15(6), pages 1-7 (2003).

A. Dragulescu, V. M. Yakovenko, "Exponential and power-law probability distributions of wealth and income in the United Kingdom and the United States", Physica A 299, 213-221 (2001).

M. Levy, S. Solomon, “New evidence for the power-law distribution of wealth”, Physcia A 242, 90-94 (1997).

B. Mandelbrot, R. L. Hudson, “The misbehavior of market”, Basic Books, 2006.

E. Saez, G. Zucman, “Wealth inequality in the United States since 1913: Evidence from capitalized income tax data”, Q J Econ 31:519-578 (2016).

M. Scheffer, et al. “Inequality in nature and society”, PNAS 114(50), 13154-13157 (2017).

A. C. Silva, V. M. Yakovenko, “Temporal evolution of the thermal and superthermal income classes in the USA during 1983-2001” Europhys. Lett. 69, 304-310(2005).

S. Sinha, “Evidence for power-law tail of the wealth distribution in Indida”, Physica A 359, 555-562 (2006).

H. ter Steege, et al. “Hyperdominance in the Amazonian tree flora”, Science 342, 1243092 (2013).

“Income distribution”

https://en.wikipedia.org/wiki/Income_distribution

“국내총생산”, 지표누리

https://www.index.go.kr/unify/idx-info.do?idxCd=5001

“소득분배지표”, KOSIS

https://kosis.kr/statHtml/statHtml.do?orgId=101&tblId=DT_1HDLF05&checkFlag=N

피게티 열풍을 몰고 온 <21세기 자본>

https://eiec.kdi.re.kr/material/clickView.do?click_yymm=201512&cidx=2212

“Simon Kuznets: Who Was He and What Is the Kuznets Curve?”

https://www.investopedia.com/terms/s/simon-kuznets.asp

“Economic inequality”, Our world in data

https://ourworldindata.org/income-inequality

Max Roser and Esteban Ortiz-Ospina (2013) - “Income Inequality”. Published online at OurWorldInData.org. Retrieved from: ‘https://ourworldindata.org/income-inequality’

6 | 날강도 경제

J.-P. Bouchaud and M. Mezard, “Wealth condensation in a simple model of economy”, Physica A 282, 536 (2000).

A. Chakraborti, B. K. Chakrabarti, Statistical mechanics of money: how saving propensity affects its distribution. Eru. Phys. J. B. 17, 167-170 (2000).

M.-Y. Cha, J. W. Lee, D.-S. Lee, D. H. Cha, “Wealth dynamics in world trade”, Comp. Phys. Commun. 182, 216 (2011).

A. Dragulescu and V. M. Yakovenko, “Statistical mechanics of money”, Eur. Phys. J. B 17, 723 (2000).

S. Ispolatov, P. L. Krapivsky, and S. Redner, "Wealth distributions in asset exchange models", Eur. Phys. J. B. 2, 267-276 (1998).
Nicholas Kaldor (1961). "Chapter 10: Capital Accumulation and Economic Growth". In Lutz, Friedrich; Hague, Douglas (eds.). Capital Accumulation and Economic Growth. MacMillan and Co. Ltd. pp. 177-222.
K. Thebault, S. Bradley, A. Reutilinger, "Modelling inequality", Brit. J. Phil. Sci. 69, 691 (2018).
"2019~2023년 1인당 세부담", 연합뉴스
https://www.yna.co.kr/view/GYH20190915000100044
"1% 부자가 세계 부 43% 자지...560억 이상 한자산가 2003명", 대한경제 (2020년 10월 24일)
https://m.dnews.co.kr/m_home/view.jsp?idxno=202010232026139650707
"Global economic inequality: insights", 2022 world inequality report
https://wir2022.wid.world/chapter-1/
"심각해지는 불평등 지수"전북일보 (2022년 1월 15일)
https://www.jjan.kr/article/20220105747770
"World inequality report 2022", World inequality database (Dec 7, 2021)
https://wid.world/news-article/world-inequality-report-2022/

7 | 스타일라즈드 팩트

X. Gabaix, P. Gopikrishnan, V. Plerou, E. Stanley, "A unified econophysics explanation for the power-law exponents of stock market activity", Physica A 382, 81-88 (2007).
P. Gopikrishnan, M. Meyer, L.A.L. Amaral, H. E. Stanley, "Inverse cubic law for the distribution of stock price variations", Eur. Phy. J. B 3, 139-140 (1998).
P. Gopikrishnan, V. Plerou, X. Gabaix, H. E. Stanley, "Statistical properties of share volume traded in fanancial market", Phys. Rev. E 62, R4493-R4496 (2000).
B. H. Hong, K. E. Lee, J. K. Hwang, J. W. Lee, "Fluctuations of trading volume in a stock market", Physica A 388, 863-868 (2009).
E. Jondeau, S.-H. Poon, M. Rockinger, "Financial modelling under non-Gaussian distributions", Springer New York 2007.
Y. Liu, P. Gopikrishnan, P. Cizeau, M. Meyer, C.-K. Peng, H. E. Stanley, "Statistical properties of the volatility of price fluctuations", Phys. Rev. E 60, 1390 (1999).
R. N. Mantegna and H. E. Stanley, "Scaling behavior in the dynamics of an economic index", Nature 376, 46 (1995).
"What is the best measure of sotck price volatility?", Investopedia.
https://www.investopedia.com/ask/answers/021015/what-best-measure-given-stocks-volatility.asp

8 | 주식시장의 기억력

김혜민, 김누리, “가상자산의 수익률: 통계적 특징과 자산배분에의 시사점”, 한국증권학회지, 51(5), 635-664 (2022).

J.-P. Bouchaud, M. Potters, “More stylized facts of financial markets: leverage effect and downside correlations”, Physica A 299, 60-70 (2001).

J. Y. Campbell, S. J. Grossman, J. Wang, “Trading volume and serial correlations in stock returns”, The Quart. J. Econ. 108, 905-939 (1993).

R. Cont, “Empirical properties of asset returns: stylized facts and statistical issues”, Quan. Fin. 1, 223-236 (2001).

J.-P. Gueyie, M. S. Diallo, M. F. Diallo, “Relationship between stock returns and trading volume at the Bourse Regionale des Vleurs Mobilieres, West Africa”, Int. J. Finan. Stud. 10, 113 (2022).

B. H. Hong, K. E. Lee, J. K. Hwang, J. W. Lee, “Fluctuations of trading volume in a stock market”, Physica A 388, 863-868 (2009).

P. Gopikrishnan, V. Plerou, X. Gabaix, H. E. Stanley, “Statistical properties of share volume traded in financial market”, Phys. Rev. E 62, R4493-R4496 (2000).

P. Gopikrishnan, V. Plerou, L. A. N. Amaral, M. Meyer, H. E. Stanley, “Scaling of the distribution of fluctuations of financial market indices”, Phys. Rev. E 60, 5305 (1999).

K. E. Lee, J. W. Lee, “Scaling and multiscaling properties in the Korean stock market”, J. Korean Phys. Soc. 50, 178-181 (2007).

B. Mandelbrot, “When can prices be arbitraged efficiently? A limit to the validity of random walk and martingage models”, Rev. Economics Statistics 53, 225-236 (1971).

R. N. Mantegna, H. E. Stanley, “An introduction to econophysics: correlations and complexity in finance”, Cambridge University Press, Cambridge, 2000.

B. Podobnick, D. Horvatic, A. M. Petersen, H. E. Stanley, “Cross-correlation between volume change and price change”, PNAS 106, 22079-22084 (2009).

9 | 잡음일까 혼돈일까?

J. A. Bastos, J. Caiado, Reccurrence quantification analysis of global stock markets. Physica A 390, 1315-1325 (2011).

W. A. Brock, W. Dechert, J. Scheinkman, “A test for independence based on the correlation dimension”, Working paper, University of Wisconsin at Madison, Univerity of Houston, and University of Chicago.

Faggini M. Chaotic time series analysis in economics: balance and perspectives. Chaos 2014;24(4):42101. doi: 10.1063/1.4903797.

H. Niu, J. Wang, "Complex dynamic behaviors of oriented percolation-based financial time series and Hang Seng index", Chaos, Solitons & Fractals, 52, 36-44 (2013).

E. Pana, V. Ninni, Are oil markets chaotic? A non-linear dynamic analysis. Energy Econ. 22, 549-568 (2000).

F. Takens, Detecting strange attractors in turbulence. in: D. Rand, L. Young (Ed.), Dynamical systems and turbulence, Springer, Berlin, 1981, pp.366-381.

L. Tang, H. Lv, F. Yang, L. Yu, Complexity testing techniques for time series data: a comprehensive literature review. Chaos Solitons Fractals 81, 117-135 (2015). doi: 10.1016/j.chaos.2015.09.002.

10 | 이상한 끌개와 시장

유성희, 김상락, "한국주가지수 수익률의 변동특성에 관한 연구-R/S 분석을 중심으로", 재무경영연구 14(3), 183-201 (1997).

이재우, "복잡계 과학 이야기", 자유아카데미, 2023.

Bradley E, Kantz H. Nonlinear time-series analysis revisited. Chaos 2015;25(9):097610.

C. J. G. Evertsz, "Fractal geometry of finanical time sereis", Fractals, 3, 609-616 (1995)

C. J. G. Evertsz, K. Berkner, "Large deviation and self-similarity analysis of graphs: DAX stock prices", Chaos, Solitons & Fractals, 6, 121-130 (1995).

E. F. Fama, "Mandelbrot and the stable Paretian hypothesis", J. Bus. 36, 420-429 (1963).

Faggini M. Chaotic time series analysis in economics: balance and perspectives. Chaos 2014;24(4):42101.

H. E. Hurst, Long-term storage capacity of reservoirs. Tran. Am. Soc. Civil Eng. 116(1), 770 (1951).

K. E. Lee, J. W. Lee, "Multifractality of the KOSPI in Korean stock market", J. Korean Phys. Soc. 46, 726-729 (2005).

J. W. Lee, K. E. Lee, P. A. Rikvold, "Multifractal behavior of the Korean stock-market index KOSPI", Physica A 364, 355-361 (2006).

L. Kristoufec, M. Vosvrda, "Measuring capital market efficiency: long-term memory, fractal dimension and approximation entropy", Eur. Phys. J. B 87, 162 (2014).

C. Krytsou, W. C. Labys, M. Terraz, "Noisy chaotic dynamics in commodity markets", Emp. Econ. 29, 489-502 (2004).

B. Mandelbrot, "Fractals and scaling in finance", Springer, 1997.

B. Mandelbrot, "How long is the coast of Britain? Statistical self-similarity and Fractional Dimension", Science 156, 636-638 (1967).

B. Mandelbrot, "The variation of certain speculative prices", J. Bus. 36, 394-419 (1963).

B. B. Mandelbrot, Comptes-rendus Acad. Sci. Paris 260 (1965) 3274, pp. 422-437.

B. B. Mandelbrot, and J. W. Van Ness, (1968). Fractional Brownian motions, fractional noises and applications. SIAM Rev. 10 422-437.

B. B. Mandelbrot, J. R. Walis, "Robustness of the rescaled range R/S in the measurement of noncyclic long run statistical dependence", Wat. Resour. Res. 5, 967-988 (1969).

B. B. Mandelbrot, J. R. Wallis, "Noah, Joseph, and operational hydrology", Wat. Resou. Res. 4(5), 909-918 (1968).

M. F. M. Osborne, "Browinian motion in the stock market", Operations Research, 7, 145-173(1959).

M. F. M. Osborne, "Comments on Browinan motion in the stock market", Operations Research, 7(6), 807-811 (1959).

B. Schwartz, S. Yousefi, "On complex behavior and exchange rate dynamics", Chaos, Solitons and Fractals, 18, 503-523 (2003).

Fractional Brownian Motion (Mandelbrot, 1965)

11 | 경제 네트워크

알버트 라슬로 바라바시, "네트워크 사이언스", 에이콘출판사, 2023.

A.-L. Barabasi, R. Albert, "Emergence of scaling in random networks", Science 286, 509-512 (1999)

A. Border, et al. "Graph structure in the Web", Comp. Net. 33, 309-320 (2000)

R. Albert, H. Jeong, A.-L. Barabasi, "Diameter of the world-wide web", Nature 401, 130-131 (1999)

M.-Y. Cha, J. W. Lee, D.-S. Lee, "Patterns of international trade and a nation's wealth", J. Korean Phys. Soc. 56, 998-1002 (2010)

C. Di Guilmi, Y. Fujiwara, "Does the Supply Network Shape the Firm Size Distribution? The Japanese case", Research Institute of Economy, Trade and Industry of Japan, Discussion Paper 22-E-082 (2022)

Y. Fujiwara and H. Aoyama, "Large-scale structure of a nation-wide production network", Eur. Phys. J. B 77, 565-580 (2010)

M. Faloutsos, P. Faloutsos, C. Faloutsos, "On power-law relationships of the internet topology", ACM SIGCOMM Computer Communication Review, 29(4), 251-262 (1999. Aug. 30)

A. Nobi, T. H. Lee, J. W. Lee, "Structure of trade networks for world commodities", Physica A 556, 124761 (2020)

D. J. Watts, S. H. Strogatz, "Collective dynamics of small world network", Nature 393, 440-442 (1998)

12 | 퀀트의 성공과 실패

그레고리 주커만, "시장을 풀어낸 수학자: 짐 사이먼스가 일으킨 퀀트 혁명의 역사", 크로미디어, 2021

스캇 패터슨, "퀀트", 다산북스, 2011

에드워드 O. 소프 (신가을 옮김), "딜러를 이겨라", 이레미디어, 2015

F. Black, E. Derman, W. Toy, "A one-factor model of interest rates and its application of treasury bond options", Financial Analysts Journal, 46(1), 33-39 (1990)

J.-P. Bouchaud and M. Potters, "Theory of financial risk: From statistical physics to risk management", Cambridge Univ. Press, Cambridge, 1999

Shing-Shen Chern, James Simons, "Charactersistic forms and geometric invariants", Annals of Mathematics Second Series, 99(1), 48-69 (1974)

E. Derman, "My life as a Quant: Reflections on physics and finance", Wiley, New Jersey, 2008

"Report of The Presidential Task Force on Market Mechanisms", Brady Report (1988): Nicholas F. Brady, U.S. Government Printing Office (1988)

Hayne E. Leland and Mark Rubinstein (1976), "The Evolution of Portfolio Insurance", In: Luskin, D.L., Ed., Portfolio Insurance: A Guide to Dynamic Hedging, Wiley, 1988

M. Rubinstein, H. E. Leland, "Replicating options with positions in stock and cash", Financial Analysts Journal, 37(4), 63-72 (1981)

Scott Patterson, "The Quants: How a new brand of math whizzees conquered Wall Street and nearly destroyed it", Crown Currency, 2011

P. Mehrling, A. Brown, "Fischer Black and the revolutionary idea of finance", Wiley, 2011

W. Poundstone, "Fortune's formula: The untold story of the scientific betting system that beat the casinos and Wall Street", Hill and Wang, 2005

W. Sharpe, "Capital asset prices: A theory of equilibrium under conditions of risk", J. Fin. 19(3), 425-442 (1964)

E. O. Thorp, "A favorable strategy for twenty-one", PNAS 47, 110-112 (1961)

Edward O. Thorp, "Beat the dealer: A winning strategy for the game of twenty-one", Vintage, 1966

E. O. Thorp, S. T. Kassouf, "Beat the market: A scientific stock market system", Random House, 1967

"Alfred Winslow Jones", wikipedia
https://en.wikipedia.org/wiki/Alfred_Winslow_Jones

"블랙-숄즈 주가 모형으로 알아보는 주가 변화와 자산의 위험 정도"
https://steemit.com/kr/@hunhani/chapter-6

"Fischre Balck: Derivative Data", History of data science (2021)
https://www.historyofdatascience.com/fischer-black-derivative-data/
"Did rocket scientists destroy world markets?"
https://www.france24.com/en/20080613-did-rocket-scientists-destroy-world-markets-subprime-crisis
"Quants", youtube
https://youtu.be/ed2FWNWwE3I
"Quants: The Rocket Scientists of Wall Street". Investopedia
https://www.investopedia.com/articles/financialcareers/08/quants-quantitative-analyst.asp
"Jim Simons, Math Genius Who Conquered Wall Street, Dies at 86", The New York Times (10 May 2024)
https://www.nytimes.com/2024/05/10/business/dealbook/jim-simons-dead.html
Renaissance,
https://www.rentec.com/Home.action?index=true
Portfolio Insurance란? PI 개념 및 구현: CPPI 소개|작성자 인사이저
"Hayne Leland", Wikipedia,
https://en.wikipedia.org/wiki/Hayne_Leland
"천재들의 실패, 롱텀캐피탈 매니지먼트(LTCM)의 실패는?", 미래에셋증권 (2019년 5월)
https://webzine.securities.miraeasset.com/bbs/board.php?bo_table=MD12&wr_id=89
"Long-Term Capital Management", Wikipedia,
https://en.wikipedia.org/wiki/Long-Term_Capital_Management
"변동성 미소(Volatility Smile)"
https://blog.naver.com/chunjein/100157784333
"미국 베이비붐 세대의 은퇴 후 주거지역 선택 분석"
https://50plus.or.kr/org/detail.do?id=8443699
"Financial crisis of 2007-08", Britannica Money,
https://www.britannica.com/money/financial-crisis-of-2007-2008
"Securitization: Definition, Pros & Cons, Example", Investopedia
https://www.investopedia.com/terms/s/securitization.asp

찾아보기

ㄱ

ㄴ

ㄷ

ㄹ

ㅁ

ㅂ

ㅅ

ㅇ

ㅈ

ㅊ

ㅋ

ㅌ

ㅍ

ㅎ

기타

H

I

J

K

L

M

N

O

P

Q

R

S

T

U

V

W

시장의 숨겨진 패턴

복잡성으로 밝히는 비밀

저　　자　이재우
발 행 인　김지영
발 행 처　자유아카데미
주　　소　경기도 파주시 회동길 37-42
파주출판도시
전　　화　031-955-1321
팩　　스　031-955-1322
홈페이지　www.freeaca.com
전자우편　main@freeaca.com (대표)
editor@freeaca.com (편집)
crm@freeaca.com (영업)
등　　록　제406-2003-017호, 1980. 7. 12
제1판1쇄　2025년 7월 25일 발행

ISBN 979-11-5808-729-6 93400